JN437186

물류관련법규

Law and Practice of Physical Distribution

이 양 우 저

도서출판 두남

머리말

오늘날 국가와 기업의 경쟁우위를 결정하는 핵심요소가 물류와 글로벌공급망관리라고 볼 수 있다. 부가가치가 높은 물류서비스를 제공하고 효율적인 글로벌공급망을 통해 글로벌기업으로 성장하는 중요한 요소가 되기 때문이다. 경쟁력 있는 글로벌공급망을 유지하기 위해서는 하드웨어적인 측면과 소프트웨어적인 측면, 그리고 휴먼웨어적인 측면을 모두 갖추어야 한다. 즉 물류의 3요소인 노드(NODE), 링크(LINK), 모드(MODE)뿐만 아니라 효율적인 운영을 위한 정보화프로그램 및 물류전문 핵심역량을 갖춘 물류인력양성을 위해 노력해야 한다.

우리나라는 물류산업의 급속한 변화에 대응하고, 물류산업의 선진화를 촉진하기 위하여 많은 물류관련법규를 제정 및 개정해 왔다. 특히 2007년 8월 화물유통촉진법이 물류정책기본법으로 전면 개편되었고, 물류시설의 개발 및 운영에 관한 법률, 화물자동차운수사업법, 항만운송사업법, 유통산업발전법, 철도사업법, 그리고 농수산물유통 및 가격안정에 관한 법률로 이루어져 있다.

이와 같은 물류관련법규는 다음과 같은 목적으로 제정 및 개정되고 있다. 첫째, 물류가 국가 경제활동의 중요한 원동력임을 인식하고, 신속·정확하면서도 편리하고 안전한 물류활동을 촉진하며, 정부의 물류관련 정책이 서로 조화롭게 연계되도록 하여 물류산업이 체계적으로 발전하게 하는 것을 기본이념으로 한다. 둘째, 물류시설의 합리적인 배치·운영으로 국가경쟁력을 강화하고 국토의 균형 있는 발전과 국민경제의 발전에 이바지함을 목적으로 한다. 셋째, 물류체계 효율화 및 국제물류 활성화를 위한 선진기법, 교육프로그램 및 교육교재의 개발·보급으로 물류분야의 기능인력 및 전문인력을 양성함을 목적으로 한다.

이러한 목적을 수행할 수 있는 물류전문가에게 필요한 과목이 물류관련법규이며, 물류관련법규는 법률과 시행령 및 시행규칙으로 체계화되어 있다. 물류관련법규를 공부하는 데 있어서 물류관련법전은 필수적인 것이지만 보다 효율적인 연구 및 학습을 위해서는 해설서로서 논리적인 체계를 잡은 다음, 물류법전을 통하여 대조·확인·해석하는 것이 바람직하다.

본 교재의 의도는 물류를 이해하고자 하는 분이나 물류분야에 경험이 있는 분들이 물류전문가로 가는 길목에서 반드시 알아야 할 법규를 쉽게 이해할 수 있도록 하는 것이다. 법규는 기본적으로 암기과목이라고 할 수 있다. 그러나 법조문을 암기하기 보다는 중요사항을 이해할 수 있도록 설명하였다. 따라서 물류에 관한 전문지식이 필요한 사항에 대하여 계획·조사·연구·진단 및 평가 또는 이에 관한 상담·자문 기타 물류관리에 필요한 직무를 수행할 수 있는 물류관리사 자격시험에 대비할 수 있도록 이해의 폭을 넓히고자 알기 쉽게 기술하였다.

본 교재는 전체 8개의 장과 부록으로 구성하였다. 제1장에서는 물류의 기초개념을 이해하고, 제2장은 물류정책기본법, 제3장은 물류시설의 개발 및 운영에 관한 법률, 제4장은 화물자동차운수사업법, 제5장은 항만운송사업법, 제6장은 유통산업발전법, 제7장은 철도사업법, 제8장은 농수산물유통 및 가격안정에 관한 법률로 구성되어 있다. 마지막으로 부록에서는 물류관련법시행령과 별표를 첨부하였다.

저자는 본 교재가 나오기까지 많은 도움을 주신 도서출판 두남의 사장님과 임직원 분들께 진심으로 감사드리며, 아울러 출간을 위해 교정과 다양한 도움을 주신 동료 교수님, 가족들에게 감사의 마음을 전한다.

끝으로 본 교재는 물류에 관한 기초개념의 이해와 물류관련법규 내용의 습득으로 물류전문가의 폭을 넓히는 계기가 되기를 바란다.

2022년 9월

저자 이 양 우

차 례

Chapter 04 화물자동차 운수사업법 / 159

Chapter 07 철도사업법 / 261

Chapter 01

물류의 기초개념

물류는 재화의 흐름에 관한 경제활동이다. 즉 재화를 공급자에서 수요자에게 이동시키는 과정과 관련되는 제 활동이다. 이러한 물류의 정의는 시대의 변천에 따라 물적유통(physical distribution), 로지스틱스(logistics), 공급사슬관리(supply chain management) 등으로 변모해 왔다.

제1절 물류의 개념

물류는 물적유통의 줄임말이다. 물적유통은 유통활동의 상적유통(commercial distribution)과 대별되는 것이다. 물적유통(이하 물류라고 함)에서는 물자의 이동관리와 관련한 운송, 보관, 하역, 포장, 정보활동이 이루어지고, 상적유통(이하 상류라고 함)에서는 판매 및 거래행위, 소유권 이전, 대금결제와 관련된 활동이 일어난다. 따라서 물류는 상류의 성립 이후 물리적인 물의 흐름이며, 재화의 공간적, 시간적 이동활동이다.

1. 물류의 정의

물류(physical distribution)란 개념은 1901년 크로웰(Crowell)의 농산물 유통에 관한 산업위원회의 보고서에 처음 나타났다. 그 후 1916년 쇼(A. W. Shaw) 교수는 경영활동을 생산활동, 유통활동 및 조성활동으로 구분하고, 유통활동을 수요창조활동과 물적 공급활동으로 나누어 기업 경영상 물류가 중요하다고 보았다. 또한 클라크(F. G. Clark) 교수는 1922년 마케팅기능에 유통기능을 포함시키고, 물류기능의 중요성을 주장하고 있다. 즉 유통 근대화의 한 영역으로서 재화의 물리적인 이전과정에 초점을 맞추어 자본의 투입과 하드웨어와 소프트웨어의 혁신기술을 도입함으로써 물류의 생산성을 증진해야 한다고 주장하고 있다. 이들의 주장은 유통시스템의 하부시스템으로서의 물류를 독자적인 경제과정으로 인식케 해준 것으로 평가받을 수 있다.

물류에 관한 정의는 미국 마케팅협회(AMA : American Marketing Association, 1948) 와 미국 물류관리협의회(NCPDM : National Council of Physical Distribution Management, 1962), 그리고 우리나라 물류정책기본법에서 다음과 같이 정의하고 있다.

1) 미국 마케팅협회(AMA : American Marketing Association, 1948)

물류는 생산의 단계에서 소비 또는 이용의 단계에 이르기까지의 재화의 이동을 취급하고 관리하는 것으로 마케팅 용어집에서 정의하고 있다. 이 시대의 물류는 마케팅 또는 유통활동의 일부분의 기능을 하는 것으로 인식하였다. 즉 물류활동을 생산물류활동과 판매물류활동에 국한해서 보고 있다는 데 그 특징이 있다.

2) 미국 물류관리협의회(NCPDM : National Council of Physical Distribution Management, 1962)

물류는 완성품을 생산라인의 종점으로부터 소비자에게로 유효하게 이동하는 것과 관련된 폭넓은 활동을 뜻하며, 원자재를 공급선으로부터 생산라인의 시점까지 이동시키는 것이라고 정의하고 있다. 이 활동에는 화물운송, 보관, 하역, 시장예측 및 고객서비스를 포함한다라고 되어있다. 미국 물류관리협의회의 정의는 완제품을 소비자에게 이전하는 판매물류활동과 원재료 공급원으로부터 생산라인까지의 조달물류활동을 물류활동에 포함시키고 있지만, 공장 내에서의 생산물류활동을 포함하고 있지는 않고 있다.

3) 우리나라 물류정책기본법

물류란 재화가 공급자로부터 조달·생산되어 수요자에게 전달되거나 소비자로부터 회수되어 폐기될 때까지 이루어지는 운송·보관·하역(荷役) 등과 이에 부가되어 가치를 창출하는 가공·조립·분류·수리·포장·상표부착·판매·정보통신 등을 말한다.

이상의 물류에 관한 정의를 살펴볼 때, 물류는 생산단계에서 소비에 이르기까지 재화의 이동 및 취급을 관리하는 판매물류이며, 원자재 공급자로부터 생산단계까지 원자재의 이동 및 취급을 관리하는 조달물류를 포함하는 것으로 정의되고 있다. 또한 물류를 마케팅 영역의 한 기능으로 인식하여 결과적으로 고객서비스를 개선하고, 기업의 이윤을 확대한다는 개념으로 파악하고 있다. 따라서 물류는 생산자로부터 소비자까지의 유통단계의 실시로, 유형의 재화와 무형의 서비스를 대상으로 포장, 수송, 보관, 하역 등 물류활동을 내용으로 하고, 각 활동을 종합적으로 계획·통제하는 것이다.

2. 물류의 기능

물류는 생산과 소비 사이의 거리(gap)를 조정하는 사회·경제적 기능을 가지고 있다. 사회·경제적 관점에서의 물류의 기능은 다음과 같다.

1) 생산과 소비의 장소적 거리를 조정하는 기능

생산과 소비의 장소적 거리는 경제와 사회의 분화 및 발전의 과정이 진화함에 따라 확대하는 경향이 있다. 운송은 생산과 소비의 장소적 거리를 조정하는 기능이 있다.

2) 생산과 소비의 시간적 거리를 조정하는 기능

생산과 소비의 시간적 거리의 조정으로 과잉생산과 과소비를 억제하고, 재화의 흐름을 신속하게 하여 생산활동과 소비활동을 적기에 이루어지도록 한다. 중간연료 제품과 같이 생산과 동시에 다음단계로 투입되어 소비되는 제품 이외의 대부분의 재화는 생산시기와 소비시기에 차이가 있다. 보관은 이러한 시간적 거리를 조정한다.

3) 생산과 소비의 수량적 거리를 조정하는 기능

생산자의 생산단위 수량과 소비자의 소비단위 수량과는 차이가 존재한다. 즉, 생산시점에서는 대량으로 생산되나 소비시점에서는 여러 곳으로 분산되어 소량으로 소비되기 때문에 대량생산된 재화를 소단위로 분해, 조합하는 기능이 중요시된다. 이러한 역할은 물류기능 중 집하나 배송이 담당한다.

4) 생산과 소비의 품질적 거리를 조정하는 기능

생산자가 제공하는 재화와 소비자가 요구하는 재화는 그 품질이 일치하지 않는다. 특히 오늘날과 같이 동일의 효용을 구비한 재화도 소비의 다양화, 개성화, 패션화가 진행되고 있는 시대에 있어서는 품질적 차이를 조정하는 기능이 필요하다. 이 기능은 가공·조립·포장을 통해 달성할 수 있다.

5) 생산과 소비의 가격적 거리를 조정하는 기능

생산자와 소비자간의 장소적·시간적 효용을 높여 제품의 원가를 절감하며, 물류비용의 절감으로 시장에서의 제품가격이 효율적으로 조정된다.

6) 생산과 소비의 인격적 거리를 조정하는 기능

생산자와 소비자가 서로 다른 인격을 지니고 있고, 또한 분업이 진행되고 있기 때문에 수많은 종류의 생산과 소비의 결합이 이루어져 복잡한 유통구조를 갖게 된다. 따라서 생산자와 소비자를 인격적으로 결합하여 유기적으로 생산·유통·소비를 도모하는 기능이 필요하다. 이 기능은 운송이나 상거래를 통해 수행된다.

3. 물류의 목적과 원칙

물류의 목적은 고객서비스의 수준을 향상시키면서 동시에 물류비를 최소화하여 시장경쟁에서 우위를 확보하는 것이다. 그러나 물류비와 고객서비스 사이에는 트레이드 오프(trade-off)[1] 관계가 있다. 즉, 고객서비스가 높아지면 물류비도 상승하는 관계를 가지고 있다.

기업에 있어서 물류의 목표는 "필요한 물품을, 필요한 장소에, 필요한 시간에, 적절한 가격으로 전달하는 것"이라고 할 수 있다. 이를 위해 신속(speedy), 저렴(low), 안전(safety), 확실(surely)하게 물품을 거래상대방에게 전달하는 3S 1L 원칙으로 수행되어야 한다.

또한, 스미키(E. W. Smykey) 교수는 물류의 목적을 달성하기 위해 고객서비스를 대상으로 하여 7R원칙을 주장하였다. 즉, "고객에게 적절한 상품을(right commodity), 적절한 품질(right quality)로써, 적절한 양(right quantity)만큼, 적절한 시기(right time)에, 적절한 장소(right place)에, 좋은 인상(right impression)을 주면서, 적절한 가격(right price)으로 거래선에게 전달하는 것"이다. 여기에서 '적절한(right)'이란 것은 고객이 요구하는 서비스수준에 부합한다는 의미이다. 기업이 이러한 7R원칙을 잘 실행하기 위해서는 하역, 포장, 보관, 수송, 정보, 유통가공 등의 물류구성요소들이 동일한 물류목표를 지향하도록 종합적인 시스템이 필요하다.

---

1) 트레이드 오프(trade-off)란 상호이율배반 또는 일치되지 않는 관계란 뜻으로, 한 부문의 비용절감이 다른 부문의 비용증가로 나타나는 현상이다. 즉, 한 부문의 목적을 보다 많이 달성하려면 다른 쪽의 목적 달성에서 일부분이 희생되어지는 관계를 의미한다.

4. 물류의 구성과 영역

1) 물류의 구성

물류는 상품의 물리적 이동에 관계되는 활동을 의미한다. 물류활동은 크게 물자유통활동과 정보유통활동으로 나눌 수 있다. 그리고 물류활동을 원활하게 하기 위한 물류의 구성요소는 유통경로(Link), 수송수단(Mode), 물류거점(Node)으로 분류할 수 있다. 유통경로는 물류체계 내의 결절점을 잇는 운송네트워크를 의미하고, 도로, 철로, 항로 등이다. 수송수단은 트럭, 화차, 선박, 항공기를 의미한다. 물류거점은 보관 또는 가공을 위해 물품의 이동이 멈추는 지점을 말한다. 즉, 가공을 위한 공장이나 원자재 보관창고 또는 판매를 위한 완제품 보관창고, 유통센터 또는 배송센터를 말한다.

(1) 물자유통활동

물자유통활동은 수송기초시설활동, 수송활동, 보관활동, 하역활동, 포장활동, 유통가공활동으로 나눌 수 있다.

① 수송기초시설활동

수송기초시설활동은 철도, 도로, 항만, 공항, 트럭터미널 등의 기본시설 및 부대설비를 제공하는 활동이다.

② 수송활동

수송은 자동차, 철도 선박, 항공기 등의 수송수단을 이용하여 물품을 장소적으로 이동시키는 것이다. 수송활동은 수송수단을 제공하고 물품을 수송하는 활동이다. 수송비가 물류비 중에서 차지하는 비중이 크기 때문에 수송활동은 물류시스템의 효율화에 큰 영향을 미친다.

③ 보관활동

보관은 물품을 물리적으로 보존·관리하는 것이다. 보관활동은 보관설비의 제공과 설비를 이용하여 물품을 보관하는 활동이다. 보관활동은 단지 물품의 저장뿐만 아니라 재고관리차원에서 고려되어야 한다.

④ 하역활동

하역활동은 보관과 수송의 접점에서 물품을 취급하는 활동이다. 하역 설비의 제공과 설비를 이용하여 하역을 하는 활동이다.

⑤ 포장활동

포장은 물품의 수송·보관활동 중에 그 가치·상태를 보호하기 위해 적절한 재료, 용기를 사용하는 기술 또는 상태를 말한다. 낱포장(개장), 속포장(내장), 겉포장(외장)으로 나눈다. 포장활동은 포장설비의 제공활동과 설비를 이용해 포장하는 활동이다.

⑥ 유통가공활동

유통가공은 물류과정에서 물품에 부가가치를 향상시키는 것이다. 유통가공활동은 유통가공설비의 제공활동과 설비를 이용해 유통가공을 하는 활동이다.

(2) 정보유통활동(통신)

정보를 유통시키는 경제활동을 정보유통활동이라 하며, 물품의 유통을 촉진시키기 위해 필요한 정보를 의미한다. 정보유통활동은 통신시설기초활동, 전달활동으로 구분된다.

① 통신기초시설활동

통신기초시설활동은 물류활동 중 수송기초시설활동에 대응하는 개념으로, 전신, 전화, 우편, 팩스 등 주요 산업용 통신의 기본시설 및 부대활동 을 말한다.

② 전달활동

전달활동은 물류활동 중 수송활동에서 유통가공활동에 대응하는 개념으로 메시지 및 메시지 담당자에 의한 정보의 시간적·공간적 전달 및 정보 통신의 유통가공을 말한다.

2) 물류의 영역

물류는 고객서비스 수준의 향상과 물류비의 절감을 목적으로 다양한 기능을 수행하고 있으며, 최근에 와서 물류활동이 보다 종합적·시스템적으로 그 범위를 확대시켜 나가고 있다. 물류는 여러 가지 형태로 발전되고 있으며, 다음과 같이 구분할 수 있다.

(1) 물류의 내용에 따른 구분

① 조달물류

조달물류(supply distribution)는 공급업자로부터 제조공장이나 제조창고로 원자재,

부품, 혹은 완성재를 반입하는 과정을 말한다. 다시 말해서 조달물류는 원자재 및 부품을 조달해서 자재창고에 입하시킬 때까지의 물류를 의미한다. 이 과정에 관한 용어는 주체별로 상이하게 사용되고 있다. 즉, 제조업자의 경우는 구매(purchasing)로, 정부부문의 경우는 조달(procurement)로, 도소매업체의 경우는 매입(buying)이라는 용어를 사용하고 있다. 또한 이들 용어를 총칭하여 반입물류(inbound logistics)라고 한다. 조달물류의 세부 활동은 자재계획, 공급업자 선정, 주문, 반입용 수송, 수령과 검사, 하역 및 보관, 품질검사 등으로 구성된다.

② 생산물류

생산물류(production distribution)는 자재창고의 출고작업에서 생산공정으로의 운반과 생산공정에서의 하역, 그리고 제품창고의 입고까지 포함된다. 생산물류의 주요기능은 생산계획을 정형화하고, 원자재, 부품 및 재공재고가 적절한 시기에 가용되도록 조정하는 것이다.

③ 판매물류

판매물류physical distribution)는 생산된 최종재를 소비자에게 전달하는 과정을 말한다. 제품창고에서 출고하는 과정과 중간 유통거점인 배송센터까지의 수송, 그리고 보관 및 유통가공, 제품의 분류작업이 행하여지고, 고객에게 배송하는 작업 등이 포함된다.

④ 회수물류

회수물류(reverse logistics)는 포장재 및 빈용기를 고객으로부터 회수하여 재사용하기 위한 과정이다. 회수물류는 재활용을 위한 음료회사의 빈병회수활동이나 운송과 관련해서 팔레트나 컨테이너의 회수활동 등이 포함된다.

(2) 물류의 추진주체에 따른 구분

① 거시적물류

거시적물류란 정부의 물류정책 차원에서의 물류를 의미하며 사회적 차원의 물류를 말한다. 따라서 거시적물류는 국가 경쟁력 확보를 목표로 하여 국가차원에서 물류인프라, 물류시설 등의 합리화 및 효율화를 위해 추진된다.

② 미시적물류

미시적물류란 기업 전략적 차원의 물류를 의미하며 기업 차원의 물류를 말한다. 따라서 기업의 경영 합리화 및 경쟁력 강화를 목표로 하여 해당 기업의 물류시스템을 혁신하기 위해 추진된다.

▌표 1▐ 거시적 물류와 미시적 물류의 비교

	거시적 물류(사회적 물류)	미시적 물류(기업전략적 물류)
목 표	• 국가경제성장의 추진력 강화 • 제3의 국가 경쟁력 확보	• 기업경영 합리화, 경쟁력 강화
방 법	• 국가(지역)물류의 근대화, 합리화, 효율화 • 교통사회자본의 정비, 확충 • 물류시설, 기관, 기기의 개발, 합리화	• 기업내 물류기능의 시스템화 • 포장, 하역, 보관, 수송, 가공, 정보 등 개별기능의 통합
효 과	• 국민 생활수준의 향상 • 지역의 균형발전 • 소비자 물가의 안정화 • 국가자원 낭비의 억제 • 국가경쟁력의 강화(원가경쟁력, 상품경쟁력)	• 기업이익의 증대(제3의 이익원) • 원가 절감(물류비 절감) • 신수요 창조 • 매출 증대

(3) 국내물류와 국제물류

① 국내물류

국내물류(domestic logistics)는 동일 국가 내에서 생산과 소비의 시간적·공간적 차이를 극복하기 위한 유·무형의 재화에 대한 물리적인 경제활동이다. 국내물류는 운영 및 제도, 그리고 운송, 보관, 하역, 포장, 정보 등의 기능면에서 볼 때 국제물류와 차이가 있다. 즉 국내물류는 대부분 국내유통에 중점을 두기 때문에 물품이 생산자로부터 중간상인 도·소매업자를 통하여 소비자로 이전된다.

② 국제물류

국제물류(international logistics)는 완제품과 생산원료를 외국의 소비자에게 가장 효율적으로 이전시키는데 있어 직·간접으로 관련되는 제 활동이다. 국제물류의 특징은 첫째, 원료조달, 생산가공, 제조판매활동 등이 생산지와 소비지가 동일 국가가 아닌 국경을 초월하여 2개국 이상에 걸쳐 행해지고 있다. 둘째, 물류의 주요활동 내용은 국제운송을 중심으로 하여 보관, 하역, 포장, 유통가공 및 정보 등의 제 활동이 수행되고 있다. 따라서 국제물류는 재화의 이동과 관련하여 수출입수속절차, 수출입통관

절차, 운송영역 및 운송방식의 다양화로 인한 환경적 제약을 많이 받게 되며, 국내물류보다 훨씬 복잡하고 여러 유형의 위험에 노출되어 있다.

(4) 물류의 업종별 구분

수송, 보관, 하역, 포장, 정보 등 물류활동의 내용은 업종별로 유사하게 이루어지나 물류활동의 흐름 및 관리방법은 업종별로 다소 차이를 보인다.

① 제조업물류

제조업 물류의 특징은 물류의 출발점이 공장이라는 점에 있다. 이것은 공장의 입지에 의해 물류가 커다란 영향을 받는다는 것을 의미한다. 제조업의 경우 관리대상 화물의 형태는 원재료, 반제품, 완제품 등 다양하며 조달 및 판매물류와 함께 공장내에서의 생산물류가 중요한 관리대상이 된다. 또한 물류표준화가 비교적 효과적으로 추진될 수 있다.

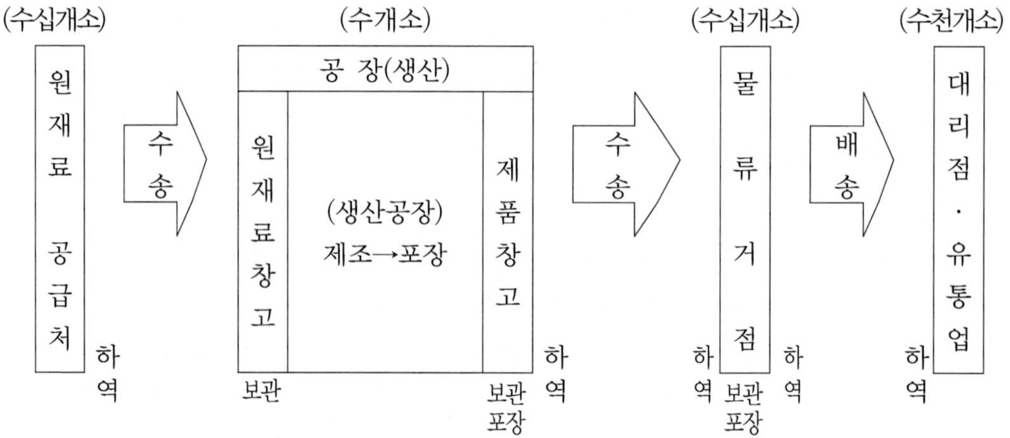

② 도매업물류

도매업 물류는 고객이 소매점이라는 점이 특징이 있는데, 다빈도소량의 주문, 유통가공 등 소매점의 요구에 부응하는 물류가 요구되는 것이 현실이다. 소매점은 한정된 점포 내에서 가능한 많은 상품진열, 즉 소량의 물류를 원하고 있다. 그러므로 도매업은 소매점이라는 고객에게 판매할 상품을 제조업체로부터 매입하는 것이다. 한편, 제조업체는 가능한 대량의 물류를 원하고 있다. 1개 및 2개와 같은 개품물류 등은 아니고, 최저 상자 단위의 거래를 원하고 있다. 따라서 소매점의 소량지향과 재조업체의 대량지향의 조정역할을 담당하는 것이 도매업 물류이다.

③ 소매업물류

소매업 물류는 도매업이나 제조업과는 약간 성격이 다르다. 통상적으로 기업은 자신이 생산 내지는 구매한 상품을 고객이나 시장을 향해 밀어내는 방향을 취한다. 그러나 소매업의 경우, 고객을 향한 물류가 아니라 일반적으로 조달물류라고 할 수 있는 상품의 판매 포인트에 즉, 상품의 공급부문에 물류를 집중한다. 소매업 물류의 관리대상 화물은 완제품이고 생산물류가 존재하지 않는다. 이러한 소매업 물류는 슈퍼마켓 및 편의점 등 조직화된 소매업이 자사상품 조달의 구조를 형성하기 시작한 것에서 출발하였다.

④ 물류업 물류

물류업의 경우는 제조업 또는 도·소매업의 물류활동을 위탁받음으로서 사업을 영위하게 되며 물류표준화의 추진에 어려움이 수반된다. 또한 제조업 및 도·소매업은 물류비 절감을 위해 물류업체에게 운임인하를 요구하게 되나 물류업은 수익성을 높이기 위해 운임을 가급적 높게 책정하려 하기 때문에 상호 물류비용 측면에서 상충관계(trade-off)가 발생할 수 있다.

(5) 자사물류와 제3자물류

① 자사물류

자사 물류(1PL ; 1st Party Logistics)는 자사에서 전적으로 물류 업무를 처리하는 단계를 말하며, 2자 물류(2PL ; 2nd Party Logistics)는 분사화를 통해 물류 자회사에 의해 서비스를 수행하는 것이다. 여기서 1st party = supplier(제조업자), 2nd party = buyer(도소매업)와 같은 물자의 소유권자인 화주업체를 일컫는 말이다.

② 제3자물류

3자 물류(TPL ; Third Party Logistics)라는 용어는 1988년 미국물류관리협회에서 처음 사용하였다. 3자 물류는 화주기업이 물류서비스의 향상, 물류비용의 절감, 물류활동의 효율향상 등을 목적으로 물류활동의 전체 혹은 일부를 제3의 전문업체에게 위탁하는 것이다. 3자 물류는 수탁자의 전문지식을 활용하고 위탁자는 핵심업무에 자원을 집중하는 경영전략이다. 3자 물류업체는 고객기업의 물류문제를 해결해 주고 물류비용을 낮추는 물류전문가이다.

5. 물류의 환경변화

세계적으로 경제가 고도화되고 소비자의 환경이 변화되면서 물류환경도 변하고 있다. 세계화·정보화·다빈도 소량수송 및 다품종 소량생산에 대비할 수 있는 물류를 관리해야 한다.

1) Globalization의 확산

기업은 다국적 기업이나 초국가적 기업의 형태를 벗어나 아예 국적의 개념이 없는 무국적 형태로 자리 잡아 가고 있다. 기업은 세계에서 가장 좋은 생산지를 찾아 글로벌 생산네트워크를 형성해 나가고 있다. 그러므로 종래와 같은 원재료 수입, 완제품 수출이라는 단순한 교역형태도 변화되어 다양한 형태를 취하고 있다. 이에 따라 국제간의 물동량은 더욱 늘어나고, 국제간의 물류효율화는 어느 나라를 막론하고 중요한 과제로 인식되고 있다.

따라서 국제물류의 효율화를 위해 항만 및 공항의 건설, 국제복합운송체제의 확립, 내륙화물기지의 정비, 컨테이너, 팔레트 등 물류기기의 표준화와 규격화, 국내법 개정 등이 재정비되고 있는 것이다.

2) 물류의 소량다빈도화

소비자의 욕구는 소득이 증대되면서 다양화·고도화되고 있다. 그 결과 기업은 제품의 생산을 다품종소량체제로 전환하고 유통의 소량다빈도화가 초래하고 있다. 유통의 소량다빈도화는 물류의 소량다빈도로 이어져 물류비 상승 요인이 된다. 물류비 절감을 위해 기업은 유통경로의 단축, 재고수준의 인하 등 물류합리화를 추진하고 있다.

소량다빈도의 물류수요에 대응하기 위해 정보네트워크의 정비가 필요하고, 정보 및 상류와 일치한 물류시스템 구축이 불가결하다. 서비스 경제의 진전, 지식산업의 성장, 경쟁격화 등은 부가가치가 높은 배송서비스를 요구하고 있다. 따라서 다품종 소량다빈도 물류에 대응하기 위해서는 각종 물류기기와 정보통신 시스템에 의한 물류시스템화와 화물추적시스템 등의 구축으로 물류품질의 향상이 지속되어야 한다.

3) 환경규제의 강화

환경규제 강화의 관점으로는 도로의 정체나 배기가스 등 교통공해에 대한 규제가 강화될 것이다. 폐기물 대책으로는 포장·용기회수의 의무가 강제되고 있으며, 환경

기준의 강화도 세계적인 추세이다. 이와 같이 환경문제가 중요시 되는 가운데 그린물류가 부상하고 있다. 그린물류란 수송·보관·포장·하역 등에서 발생하는 환경피해를 최소화하려는 물류활동이다. 어느 한 영역에 국한되지 않고 모든 부문에서 친환경 물류를 수행하고 친환경적으로 개선하는 물류활동이다.

그린물류는 물류네트워크 재설계와 같은 전략적 단계부터 판매이후 회수 및 폐기의 역물류(reverse logistics)와 운전자의 에코드라이브(eco-drive) 등의 행동수준까지 그 범위가 매우 다양하다.

따라서 트럭에서 철도 및 연안해운으로의 전환(modal shift)을 그린물류의 핵심정책으로 간주하고, 물류공동화 등 여러 가지 방안을 추진 중에 있다.

4) 로지스틱스로의 진전

경제활동은 생산, 소비, 그리고 이것을 매개하는 유통활동으로 구성된다. 이러한 관계는 상호 유기적인 구조라서 그 하나가 변하면 연쇄적으로 변하게 된다. 즉, 상류가 변하면 물류구조도 변한다. 또한 물류의 제약이나 변화에 따라 상류도 변하는 경우도 있다.

물류통합화가 진행되면서 이미 수송, 하역, 보관, 포장, 유통가공 등 물류업무의 통합에 그치지 않고, 생산과 유통전체로 대응해야 할 필요가 생기게 되었다. 생산, 유통, 소비, 폐기 혹은 재활용까지의 전 과정을 물의 기본흐름으로 하는 일체적인 시스템으로 다루어지고 있다. 즉 로지스틱스의 사고방식으로 통합시스템을 구축하는 것이 요구되고 있는 것이다.

제 2 절 Logistics의 개요

Logistics는 '물류관리'라는 의미로 표현된다. 앞에서의 Physical distribution과는 범위와 성격에 있어서 다소 차이가 있다. 근래에 와서 기업에서는 물류의 개념이 응용되어 비즈니스 로지스틱스라는 용어로 사용되고 있다. 즉 그 개념은 원재료의 조달에서부터 제품화되어 고객에게 인도될 때까지의 전체적인 화물의 흐름을 관리한다는 것이다.

따라서 조달물류, 생산물류, 판매물류가 함축되어 원재료의 조달계획에서부터 최종

소비에 이르기까지 화물수송과 보관에 관계된 많은 물류활동을 일부분의 물류활동으로만 인식하지 않고, 물류활동을 효과적으로 결합시킨 전체 물류활동에서 최적화·효율화를 달성하면서 저렴한 비용으로 고객서비스 수준향상을 실현하는 것을 목적으로 하고 있다.

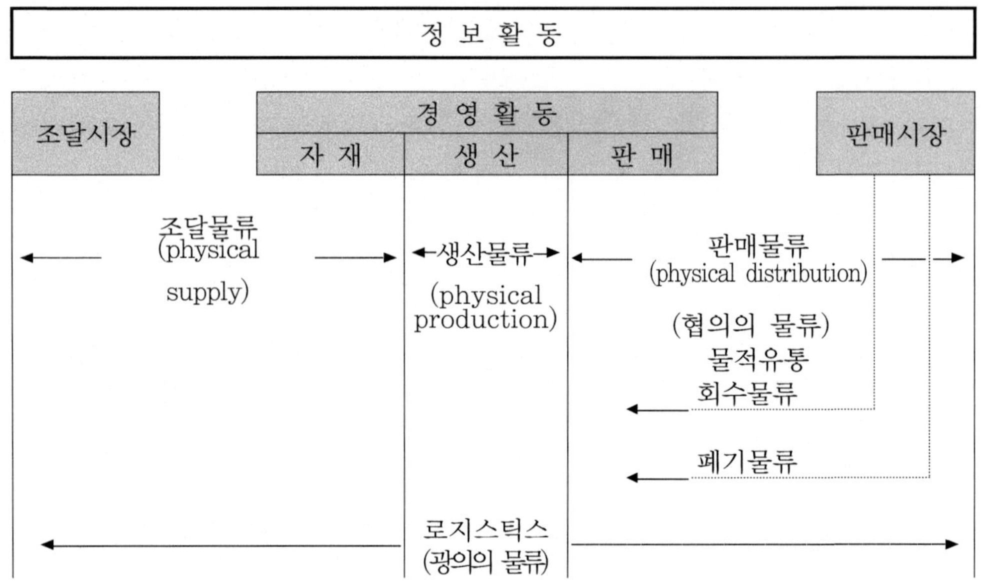

▮ 그림 1 ▮ 물류와 로지스틱스의 영역범위

1. Logistics의 정의

Logistics는 프랑스의 나폴레옹이 자기 군인들에게 음식을 공급하고, 말에게 사료를 공급하는 부대를 'Logistique'라 명명한데서 유래되었다고 한다. 미국에서는 이것을 '병참'이라는 군대용어로 사용해 왔다. 미군 규정에 따르면 병참이란 군수물자의 생산계획, 발주, 구매, 재고관리, 배급, 운송, 통신 외에도 규격화, 품질관리 등 군작전에 필요한 물자관리의 모든 것이 포함된다. 이것들이 기업에서 원재료 및 완제품의 주문처리, 재고관리, 운송, 보관, 유통가공, 포장, 하역, 배송, 정보, 통신, 공장 및 창고의 입지선정 등을 구성요소로 하여 총비용 개념이 도입된 시스템적 물자관리로 원용된 것이다.

이에 따라 미국 로지스틱스관리협의회(CLM : Council of Logistics Management, 1985)

에서는 기존의 물류개념을 확대한 로지스틱스의 개념을 사용하고 있다. 즉 로지스틱스란 고객의 요구조건에 부합하기 위해 생산지점에서 소비지점에 이르기까지 원재료, 반제품, 완성품 및 관련정보의 흐름과 보관을 효율적이면서 비용을 최소화하기 위한 계획입안, 실시, 통제하는 과정이라고 정의하고 있다. 이러한 정의는 로지스틱스의 관리대상 영역이 그 이전과 같이 창고나 관리하고, 트럭이나 몰며, 물건이나 실어 나르는 일들의 범주를 훨씬 넘어서는 것이라는 뜻이다. 이른바 고객 서비스, 수요예측, 유통정보, 재고 관리, 물자 관리, 주문 처리, 스페어파트 관리, 애프터서비스, 공장 및 창고의 입지 결정, 구매, 창고 관리, 포장, 반품 처리, 폐기물 회수 등을 포함하는 개념으로의 확대를 의미하는 것이다.

2. 로지스틱스의 특성

로지스틱스는 생산, 판매와 더불어 현대 기업 경영의 3대 중심축으로 부상하고 있다. 로지스틱스는 구매 부문의 조달물류 뿐만 아니라 전체 판매 유통망에 걸친 물류 활동들도 포함하는 광범위한 영역을 포함하는 활동이다. 그러므로 그 대상은 조달과 사내 이동, 판매, 반품 등과 관련된 기업 활동의 전체 프로세스를 포함한다. 따라서 조달, 생산, 판매의 흐름을 공급자로부터 최종 고객에 이르기까지 하나로 연결된 선으로 생각하고, 일관되게 관리하는 것이 중요하다. 군대에서 병참선의 관리와 유지가 매우 중요하게 취급되듯이, 기업에서도 로지스틱스 프로세스가 이음매 없이 일관되게 연결되어야 한다. 이러한 로지스틱스의 특성을 살펴보면 다음과 같다.

1) 전체 최적화를 추구

로지스틱스는 판매, 생산, 구매 등과 같은 특정 부문의 최적화가 아니라 기업 전체의 최적화를 목적으로 삼는다. 오늘날과 같은 격심한 경쟁 환경에서는 부문 최적화의 접근 방법만으로는 더 이상 살아남을 수가 없다. 원재료의 조달계획에서부터 최종 소비자에 이르기까지 물품이 이동하는 데 관련되는 수많은 활동들을 더 이상 부문 활동으로서가 아니라 합목적적으로 상호 연관된 종합 활동으로 전개하여, 시너지 효과를 올려야 한다.

2) 성과 중시

로지스틱스는 효율보다는 성과를 중시한다. 지금까지의 물류는 효율을 높여 원가를 낮추는 데 역점을 두었으나, 그에 반해 로지스틱스는 성과를 중시한다. 즉 성과가 보장된다면 투자에 따른 위험을 감수하고서라도 적극적으로 대응한다는 전략적 사고방식을 갖는 것이다.

3) 재고의 일원적 관리

로지스틱스는 재고의 일원적 관리를 추구하며 원재료에서 최종 고객까지를 통합적으로 관리한다. 이를 위한 매개체 역할을 하는 것이 바로 재고이다. 조달에서 판매까지의 흐름은 재고를 통해서 일원적으로 관리된다. 곧 원재료 공급자부터 최종 고객에 이르기까지 모든 과정에서의 재고관리가 일원적으로 실시되어야 한다.

4) 고객 중시

로지스틱스는 고객의 실수요에 맞추어 제품을 공급한다. 이를 위해서는 로지스틱스 정보를 통해서 조달, 생산, 판매의 단계별로 실수요에 대응하여 제품을 공급하는 시스템의 확립이 무엇보다 필요하다. 최근 들어 온라인 리얼타임형 로지스틱스 정보관리나 화물 위치추적이 중요하게 부각되고 있는 것은 이러한 관점의 변화를 반영하는 것이다. 특히 로지스틱스는 고객에 대한 서비스 목표의 설정을 핵심으로 하고 있다. 고객에 대한 로지스틱스 서비스를 어떤 수준으로 제공해야만 고객이 만족하는 거래 요건을 충족시킬 수 있을지를 적극적으로 모색한다. 따라서 경영 전략에 기초한 로지스틱스 서비스의 목표 설정부터 시작하여, 그것을 기본으로 한 시스템의 구축이 필요하게 된다.

3. 로지스틱스의 기능

로지스틱스의 기능은 수요충족기능, 수요창출기능, 수급조정통합기능으로 구분할 수 있다.

1) 수요충족기능

로지스틱스의 역할은 “생산된 상품을 소비자에게 전달하는 과정의 모든 활동” 또는 “필요한 물품을 필요한 장소와 필요한 시간에 적정한 가격으로 전달하는 것”이다. 이러한 기능은 고객에게 상품을 공급하는 활동으로서 수요를 충족시키는 기능을 의미하는 것이다.

특히 경제성장에 따른 소비자의 요구가 고도화·다양화·개성화되어 감에 따라 다품종화가 진행되고, 판매경쟁이 치열해짐에 따라 리드타임의 단축, 정시·긴급배송 등 높은 수준의 물류서비스가 요구되고 있다.

2) 수요창출기능

경쟁이 치열한 상황에서 상품의 차별화와 판매활동이 고도화를 꾀하고 더 나아가 물류서비스를 차별화하여야 한다.

최근에는 상품의 품질이나 가격은 거의가 비슷하므로 판매경쟁수단으로써 물류를 강조할 필요가 있다. 판매촉진이나 판매지원과 같은 수요창조기능이 점점 중요하게 여겨진다. 즉, 로지스틱스의 수요창조기능은 기업경쟁력의 경쟁수단이며, 마케팅기능을 갖고 있다.

3) 수급조정통합기능

다품종화에 따라 판매예측이 불확실하고, 제품의 수명주기가 단축되어 제품의 품절이나 과잉재고가 발생하기 쉽다. 따라서 판매정보와 재고정보를 신속히 파악하는 것은 기업에게 있어 매우 중요한 일이다. 이 판매정보와 재고정보를 전사적으로 정확히 파악할 수 있는 것은 물류부문이다. 즉 물류부문은 판매계획의 실적과 차이를 신속·정확하게 파악하고 그 시정조치를 할 수 있는 위치에 있기 때문에 수요와 공급을 잘 조화시키는 수급조정통합기능이 있다. 따라서 로지스틱스는 생산과 판매를 통합하는 역할을 담당하고 있다. 이 생산과 판매를 통합하는 수급조정통합기능은 경영전략의 일환으로서 중요한 기능이다.

4. 로지스틱스 구성요소와 활동

로지스틱스의 구성요소에서 투입(input)은 물적자원, 인적자원, 재무적자원, 정보자원이며, 로지스틱스 과정이란 공급자와 판매자를 원천으로 하는 재화의 흐름이 원재료, 반제품, 완제품이라는 변환과정을 통하여 고객에 도달하기까지의 전과정을 말하고 있다. 이 전과정에서의 흐름과 재고에 관한 관리를 담당하는 것이 로지스틱스 관리이다.

또한 로지스틱스 과정은 구체적으로는 14개의 개별 로지스틱스 활동으로 구성되고 있다. 이 14개의 개별활동을 실행하고 통합함으로써 재화가 고객에게까지 도달하게 된다. 이와 같은 경제적 행위에 의해 창출되는 산출(output)은 다음의 4가지가 있다.

1) 로지스틱스 산출

로지스틱스 산출 요소는 마케팅 지향, 시간적·장소적 효용, 이용가능한 상태, 기업의 무형자산으로서의 로지스틱스 능력 등이다.

(1) 마케팅 지향

로지스틱스는 소위 마케팅 4P에서 유통을 중심으로 이루어지는 경제활동을 가리키며, 나머지 3가지의 구성부분과 함께 마케팅의 목적달성에 공헌하고 있다. 여기에서 마케팅의 목적이란 기업이 경쟁우위를 획득하는 것이다. 즉 로지스틱스 활동을 유효하게 실시함으로써 고객의 만족을 얻어 경쟁기업보다 경쟁적 우위를 획득할 수 있는 것이다.

(2) 시간적·장소적 효용의 산출

로지스틱스 활동이 창출하는 가치는 시간적 효용과 공간적 효용이다. 로지스틱스는 필요로 하는 제품을, 필요로 하는 때에, 필요로 하는 장소에, 필요로 하는 수량, 적정한 가격으로 공급하는 것이라 한다. 이것을 실행함으로써 얻어지는 가치가 공간적·시간적 가치이다. 로지스틱스의 기능은 공급자와 수요자 사이에 존재하는 공간적·시간적 차이를 극복함으로써 부가가치가 창출된다.

(3) 이용가능한 상태

제품을 고객이 효율적으로 접할 수 있게 하여 그것을 사용하고 또는 소비하는 것을 가능하게 한다. 로지스틱스 비용의 발생을 줄이고 보다 효과적으로 이용가능케 하는 데 활동의 목표가 있다.

로지스틱스 비용이 점차 증가함에 따라 공간적·시간적 효용창출인 로지스틱스 활동의 기능이 오늘날 점점 중요한 의의를 가지게 되었다.

(4) 기업의 무형자산으로서 로지스틱스 능력

기업목표를 효과적·효율적으로 달성할 수 있는 기업의 로지스틱스 시스템은 그 기업에 있어서 귀중한 무형자산이다. 그 시스템은 고객의 만족을 충분히 획득하여 경쟁시장에서 보다 우위의 지위를 유지하게 하는 것이다. 이런 무형자산은 대차대조표상에 명시적으로 표시되는 것은 아니지만, 소비자와 사회로부터의 신용과 기업인식은 유력한 자산이 될 수 있다.

2) 로지스틱스의 주요 활동과 범위

로지스틱스 활동과정에 포함되어 있는 개별활동의 특성을 살펴보면 다음과 같다.

(1) 고객서비스

고객서비스는 고객요구를 만족시키는 것을 의미한다. 고객서비스는 고객의 요구에 대한 만족도를 나타내는 비율로 서비스상태를 측정하고 관리하기 위한 지표로서 중요하다. 고객서비스 수준은 기업의 시장점유율, 물류비용, 수익성에 영향을 미친다.

(2) 주문처리

주문처리는 수요충족행동의 지원작업을 의미한다. 이것은 물류활동이 고객으로부터 주문을 받는 것부터 시작되기 때문이다. 그리고 주문처리는 주문처리작업, 통신, 여신과 회계처리의 세 가지 요소로 구성된다.

주문처리작업의 신속성과 확실성은 고객서비스의 수행수준에 큰 영향을 미친다. 그리고 이 주문처리작업이 개선된다면 고객에 대한 리드타임은 단축되며 그 결과 고객은 제품의 재고수량을 감소할 수 있으며, 또한 보관장소의 면적을 축소할 수도 있다.

(3) 유통정보교환

정보교환은 전 로지스틱스 과정 및 고객간에서 활성화된 연결고리이다. 정확하고 시기에 적당한 정보교환은 로지스틱스 관리를 성공으로 이끌며, 로지스틱스 공급시스템을 구성하는 주요부분이 된다.

(4) 재고관리

재고유지비는 로지스틱스 비용의 큰 구성요소로서, 고객의 요구와 생산부문의 요구에 적절히 대응하기 위해서는 제품과 부품, 필요자재의 재고관리는 매우 중요한 역할을 한다.

원재료, 부품, 중간제품, 완제품을 재고로 하기 위해서는 보관공간과 자금을 필요로 한다. 이들 자원은 유효한 재고관리시스템을 통해 활용됨으로써 보다 적은 로지스틱스 비용으로, 보다 수준 높은 고객서비스를 제공할 수 있는 것이다.

(5) 수요예측

수요예측활동은 로지스틱스 활동의 하부구조, 즉 기초지원활동으로 이해되고 있다. 그러나 경영의 필수요건이기 때문에 전사적 입장뿐만 아니라 생산, 판매, 로지스틱스의 모든 부문에서 적절한 필요자원의 투입계획을 책정하기 위해서는 적절한 수요예측이 전제된다.

(6) 수송

로지스틱스의 개별활동 중에서 가장 중요한 활동이 수송이다. 수송기관의 선택, 수송업체의 선택 등을 의사결정할 수 있는 수송시스템 및 소송관리시스템이 필요하다.

(7) 창고관리와 보관

창고와 물류센터 등의 물류네트워크의 물류거점(node)에서의 로지스틱스 활동도 고객서비스와 물류비용에 큰 영향력을 갖고 있다.

(8) 물류시설의 입지선정

물류시설의 입지선정은 물류시스템의 형태, 구조 등을 결정짓는 주요 의사결정사항이다. 입지선정은 물류시설의 수, 위치, 규모 등을 비용을 고려하여 과학적 해법을 이용해 결정하는 것이다.

(9) 하역

로지스틱스 활동 중 하역활동은 노동집약적인 성격을 가지고 있기 때문에 노동생산성의 향상은 중요한 주제이다. 따라서 로지스틱스를 향상시키기 위해서 단위화(Unitization)는 하나의 주요 원리가 되며, 물류모듈화에 이어 기계화·자동화를 추진하여야 한다. 그리고 인적자원, 설비자원의 효율적 활용과 기업생산성을 향상시키는 것은 물론 고객서비스를 증대시키는 것과 깊은 관계가 있다.

(10) 구매

구매과정에서 구매업자의 선정과 계약에 관한 사항은 상거래에 속한다고 간주해 왔지만, 제품과 서비스의 조달방법은 생산과 로지스틱스의 효율에 큰 영향을 준다. MRP, DRP, JIT 등의 방법활용에 따라 기업들은 구매, 생산, 물류의 각 하부시스템의 통합화가 활발하게 진행되고 있다.

(11) 애프터서비스

미래의 잠재고객을 확보하기 위하여 제품을 판매한 후의 서비스 활동이 중요하다. 그것은 인도한 제품에 클레임이 발생하면 클레임을 신속히 처리하고, 고장이 나면 고장수리, 부품이 파손되면 즉시 보수부품을 제공하는 등의 활동을 가리킨다.

(12) 포장

포장은 물류활동의 출발점으로 보관, 수송, 하역 등의 로지스틱스 활동의 효율성에 큰 영향을 준다. 또 최근 복합일관수송체제의 실현을 위해 포장의 단위화도 중요과제가 되었다.

(13) 폐기물처리

고객 또는 소비자가 제품을 사용하거나 소비 중에 발생하는 폐기물이나 그 후에 발생하는 폐기물을 공급처 등에 재순환시키는 활동을 의미한다.

(14) 반품처리

시장에서의 반품 로지스틱스는 대부분 상당히 비용이 발생하는 비경제적인 활동이다. 그러나 욕구가 다양해짐에 따라 상품의 다종류화, 상품수명의 단축화, 시장환경의 변동성의 증폭, 경쟁조건의 격화 등의 경영환경에서 반품처리는 로지스틱스의 주요활동이 된다.

5. 물류와 로지스틱스의 차이점

물류는 "생산된 상품을 소비자에게까지 이르는 과정에 있어서 활동"이기 때문에 마케팅 측면에서 판매물류를 의미한다. 따라서 관리대상 화물은 완제품이 된다. 그러나 완제품의 물류가 아무리 우수하게 이루어진다고 해도, 생산 공정의 관리가 불충분하다면 이러한 일도 허사가 된다. 생산품종이나 시기, 수량을 파악할 수 없게 되면, 제품 재고가 쌓이게 되거나 반대로 품절이 발생한다. 따라서 제품의 품질 결정은 생산만의 독자적인 기능이나 책임이라고 할 수 없으며, 제조 지원의 요소가 필요하다. 생산을 위해 필요한 원재료나 부품 및 반제품을 생산 시기에 적합하게 필요한 양을 가장 경제적인 구입 비용으로 공급하는 것은 상당히 중요한 문제다.

반면, 로지스틱스는 조달물류, 생산물류, 판매물류, 회수물류, 폐기물류 등 화물의 이동이나 정체 현상을 총칭하는 것으로 사용되고 있다. 즉 원재료 조달로부터 완제품의 판매과정에 이르기까지 그 범위가 확대된 개념으로서 관리대상 화물은 원자재·부자재·재공품·완제품 등이다. 그러므로 로지스틱스는 생산지점에서 소비지점에 이르는 제품의 부가가치 획득의 전과정을 통합적으로 인식한 것이다. 따라서 로지스틱스와 물류의 관계는 로지스틱스가 물류를 포함하는 것으로 설명할 수 있다.

표 2 물류와 로지스틱스의 차이점

구 분	물 류	로 지 스 틱 스
대 상	상품(제품)	원재료, 부품, 상품, 회수품, 폐기품
범 위	판매물류 중심	조달, 생산, 판매, 폐기, 회수 물류
목 적	비용절감	수익성 향상(매출증대, 이익확대)
기 능	• 수송, 배송, 보관, 포장, 하역, 정보 등 • 순수 물류 기능	• 주기능: 수송, 배송, 보관, 포장, 하역, 정보 등 순수 물류 기능 • 지원기능: 제품설계, 생산관리, 시설입지, 사전·사후 서비스, 유통관리 등
주안점	물류의 부분적 관리	물류의 통합적 관리

제3절 공급사슬관리

공급사슬관리(SCM : supply chain management)는 원재료 구매에서부터 최종고객까지의 전체 물류흐름을 계획하고, 통제하는 통합적인 관리방법이다. 제품의 공급과정에 관련된 모든 업체, 즉 원재료 공급업체, 제조업체, 물류센터, 유통업체, 서비스 제공업체, 최종고객에 이르기까지 업무를 통합함으로써 경로 전체의 효율성을 높이자는 목적에서 출발했다.

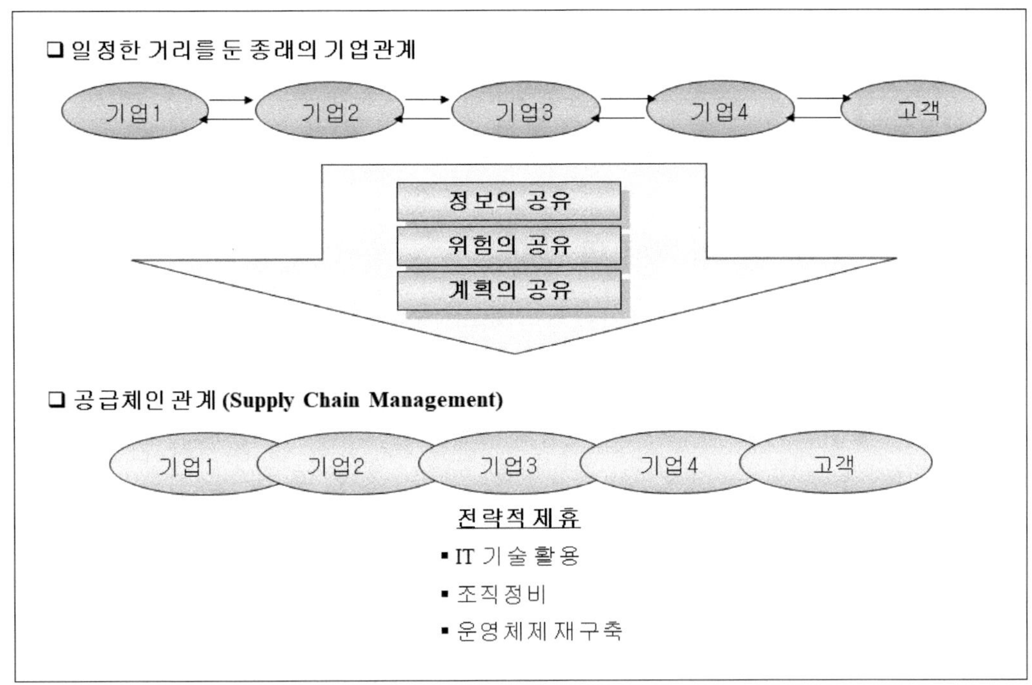

| 그림 2 | 전통적인 기업간 관계와 공급사슬관리의 차이

조직 안팎을 망라해 물류와 관련된 모든 기능을 하나의 단위로 보고 물적흐름과 정보의 흐름을 체계적으로 관리하여 전체 흐름을 최적화하기 위한 기법으로 관리자는 하나의 단일 시스템처럼 관리할 수 있어야 한다.

공급사슬관리는 원재료 공급, 생산, 유통, 최종고객까지 모든 집단이 서로 혜택을 누릴 수 있도록 경로 관계를 원활하게 관리해야 한다. 이를 위해서는 공급사슬 파트너 간에 효과적인 정보의 창출, 공유, 확산이 필수적이다. 그래야만 경로상의 재고를 효율적으로 관리할 수 있을 뿐만 아니라 파트너 간에 유기적이고 협력적인 관계를 구축함으로써 고객의 욕구를 효과적으로 충족시킬 수 있을 것이다. 공급사슬관리는 공급사슬 파트너들 간에 정보를 공유함으로써 수요 불확실성과 재고 보유를 줄이고, 유연하고 신속한 제품흐름을 구축한다는 것이 목표이다.

1. 공급사슬관리의 정의

공급사슬관리라는 개념은 1980년대 후반에 등장하여 1990년대에 확대된 것이다. 그 이전에는 로지스틱스라는 용어를 사용해 왔다. 로지스틱스와 공급사슬관리를 동일시하는 견해도 있는 반면에, 공급사슬 구성원 간의 조정이나 연결에 초점을 맞추어 공급사슬관리가 단순히 제품이나 정보의 흐름에 맞추는 로지스틱스 보다 더 폭이 넓다고 보는 견해도 있다. 다음은 공급사슬 및 공급사슬관리에 대한 몇몇 정의를 발췌한 것이다.

1) Chopra and Meindl의 정의

공급사슬은 고객의 요구를 충족시키기 위하여 직·간접으로 관여하는 모든 개체들로 구성된다. 공급사슬은 생산자와 공급자뿐만 아니라 수송자, 창고, 소매상, 고객을 포함한다. 공급사슬은 생산자와 같은 특정 조직 내부에서 고객의 요구를 충족하기 위해 관련되는 모든 기능을 포함한다. 이러한 기능들은 신제품 개발, 마케팅, 생산운영, 유통, 재무, 고객서비스 등을 포함하며 이에 국한하지 않는다.

2) Simchi-Levi and Kaminsky의 정의

공급사슬관리란 서비스수준 조건을 충족시키면서 시스템 전체의 비용을 최소화하기 위하여 제품을 적량, 적소, 적기에 생산 및 유통시키기 위하여 공급자, 생산자, 창고, 상점을 효율적으로 통합하는데 이용되는 일련의 접근법이다.

3) Burt, Dobler and Starling의 정의

세계적 수준의 공급사슬관리라는 사상은 고객이나 공급자의 수익성 및 생존뿐만 아니라 자신의 수익성 향상 및 생존 보장이라는 목적을 가지고 특정 조직의 공급시스템 과정에 대한 디자인, 개발, 관리의 지속적인 향상에 책임이 있는 활동 및 가치를 반영한다.

이상의 여러 가지 정의를 고려하여 공급사슬관리를 다음과 같이 정의한다.

공급사슬관리란 최종고객의 욕구를 충족시키기 위하여 원료공급자로부터 최종소비자에 이르기까지 공급사슬 내의 각 기업 간에 긴밀한 협력을 통해 공급사슬 전체의 물자의 흐름을 원활하게 하는 공동전략을 말한다. 즉 공급사슬 내의 각 기업이 상호 협력하여 공급사슬 프로세스를 재구축하고, 업무협약을 맺으며, 공동전략을 구사하는 것이다.

2. 공급사슬관리의 특성

공급사슬관리는 제품이나 서비스의 생산에서부터 소비까지의 모든 프로세스를 하나의 시스템으로 관리하여 탁월한 고객가치를 창출함으로써 경쟁우위를 확보하는 것이다. 이러한 공급사슬관리의 특성은 다음과 같다.

첫째, 공급사슬관리에는 원자재 공급에서부터 소비까지의 전 과정이 포함되며, 특히 최종단계인 최종소비자까지 포함된다는 것이다.

둘째, 공급사슬관리는 공급사슬 전체를 하나의 시스템으로 관리한다는 것이다. 따라서 공급사슬의 개별 구성원에 초점을 맞추어 의사결정이 이루어진다고 보는 것이다. 즉 로컬 최적화가 글로벌 최적화를 보장하는 것이 아니므로, 로컬 최적화보다는 글로벌 최적화를 추구한다는 것이다. 이렇게 글로벌 최적화를 추구하다보면 구성원 중의 일부는 손해를 볼 수도 있다. 이러한 것을 어떻게 극복해야 하는지도 결국은 공급사슬관리에서 다루어야 할 문제인 것이다.

셋째, 공급사슬관리는 탁월한 고객가치창출에 초점을 맞추어야 한다. 여기서 말하는 고객이란 공급사슬의 마지막 단계에 있는 소비자만을 의미하는 것은 아니다. 생산자는 원자재 공급자의 고객이 되며, 소매상은 생산자의 고객이 되고, 소비자는 소매상의 고객이 된다. 고객에게 가치를 창출해야만 고객과의 지속적인 관계를 유지할 수가 있다. 공급사슬관리는 고객 혹은 시장에 의하여 주도되므로 공급사슬관리에서 공급이라는 용어 대신에 수요라는 용어로 대체되어야 한다고 보는 견해도 있다.

넷째, 공급사슬관리의 목적은 경쟁우위확보에 있다는 것이다. 경쟁우위는 기업을 전체적으로 보아서는 이해할 수 없다. 경쟁우위는 기업이 디자인, 생산, 마케팅, 배송, 제품에 대한 지원 등을 위해 수행하는 많은 개별적인 활동들로부터 발생한다. 이러한 활동들은 각기 기업의 상대적인 비용상태에 기여하며 차별화의 토대가 된다. 경쟁우위를 확보한다는 것은 단순히 일등 기업이 된다는 의미보다도 경쟁에서 살아남는다는 의미가 강하다. 요즈음 산업의 글로벌화와 세계적으로 우수한 기업과의 경쟁에서 생존하는 것이 쉽지가 않다. 이러한 상황에서 경쟁우위가 없는 기업은 시장에서 도태될 것이 틀림없다.

3. 공급사슬관리의 주요 이슈

공급사슬관리와 관련하여 주요하게 부각되는 이슈들은 다음과 같다.

1) 고객가치창출

기업의 생존과 성장을 위한 경쟁우위를 확보하기 위해서는 고객에게 경쟁자보다 탁월한 가치를 제공하는 것이 중요하다. 특히 제품의 차별화가 점점 어려워지고 있는 상황에서 공급사슬관리 측면에서의 차별화를 통하여 경쟁우위를 확보하는 것이 가능한데, 이렇게 하기 위해서는 공급사슬의 디자인이 고객가치를 창출하는 방향으로 이루어져야 한다는 것이다.

2) 린 접근법과 시스템 접근법

요즈음의 경쟁에 기업 간의 경쟁이 아닌 공급사슬 간의 경쟁으로 전환되고 있음을 반영하면 공급사슬관리는 공급사슬 전체를 하나의 시스템으로 관리하는 방향으로 가는 것이 옳다. 따라서 로컬 최적화가 아닌 글로벌 최적화에 초점이 맞추어져야 하는데, 이때 적용할 수 있는 시스템 철학이 바로 Goldratt와 Cox가 제창한 제약이론이다. 여기에 경재우위의 확보를 위하여 추가적으로 적용할 수 있는 개념이 린(lean)[2] 개념이다. 이러한 린 개념의 적용을 통하여 낭비요소를 제거함으로써 경쟁자에 비하여 비용우위를 확보할 수 있다.

3) 경쟁력 있는 공급사슬의 디자인

경쟁력 있는 공급사슬을 만들기 위해서는 제품의 특성에 맞는 공급사슬 형태를 갖추는 것이 중요한데, Fisher가 주장한 바와 같이 기능적인 제품의 경우에 물리적으로 효율적인 공급사슬 형태가 적합하며, 혁신적인 제품의 경우에 시장 대응적인 공급사슬 형태가 적합하다고 할 수 있다. 공급사슬이 경쟁력을 갖기 위해서는 대응성을 갖추는 것이 중요하며 이러한 대응성을 갖추는데 가장 중요한 것이 리드타임의 단축과 공급사슬 구성원 간의 정보공유이다.

4) 전략적 제휴

공급사슬 구성원들이 공동의 목적을 위해 노력하는 차원에서 공급자와의 효과적인

---

2) 린(lean) 개념은 낭비요소를 제거하자는 것으로 이 개념을 공급사슬관리에 적용할 경우 다음과 같은 시나리오를 생각해볼 수 있다. 즉 소비자가 소매상에게 제품을 주문(혹은 수요)하고 소매상은 보유하고 있던 재고를 이용하여 이 주문을 즉시 충족시킨 후 재고보충을 위해 생산자에게 주문을 한다. 생산자는 소매상의 주문을 충족하기 위하여 보유 원자재를 이용하여 즉시 제품을 만들어 배송하고, 소모된 원자재의 보충을 위해 원자재 공급자에게 주문을 한다.

파트너십을 구축하는 것이 중요하다. 공급자와의 전략적 제휴의 형태로는 신속대응 전략, 연속재고보충전략, VMI(vendor managed inventory)시스템, CPFR(collaborative planning, forecasting, and replenishment) 등이 있으며, 로지스틱스 서비스 제공자와의 파트너십의 형태로는 3PL(third party logistics), 크로스 도킹(cross docking), 수송 중 병합, 판매 대리인 모델 등이 있다.

5) 수요예측과 재고관리

고객의 요구에 대한 신속한 대응을 위하여 수요를 예측하여 대응책을 미리 마련하는 것이 중요하다. 이러한 수요예측을 바탕으로 생산이나 주문이 이루어지게 된다. 수요가 불확실한 상황에서 재고관리 차원에서 주문량과 주문시기를 결정하는 것과 갑작스러운 수요증가에 대비한 안전재고수준을 결정하는 것이 중요하다.

6) 구매전략

구매는 비용절감 차원에서 매우 중요하며 또한 품질에도 중요한 영향을 미친다. 특히 신제품 개발에 있어서 공급자를 참여시키는 공급자 통합이 중요하며, 기업이 경쟁우위 확보를 위한 구매전략을 세우는 것도 중요하다.

7) 신속대응을 위한 생산전략

모듈러 디자인, 대량맞춤 등과 같이 로지스틱스 비용의 절감과 고객서비스수준의 향상을 고려한 제품 및 공정의 디자인이 중요하며, 시장변화나 고객의 요구에 대한 대응성을 높이기 위하여 생산 유영성을 가지는 것이 중요하다.

8) 배송 및 유통네트워크 디자인

보유시설이 분산되면 고객과의 거리가 짧아지므로 대응성이 높아지고 출고수송비용은 감소하지만 입고수송비용은 규모의 경제의 효과를 얻을 수 없어 증가한다. 반대로 시설이 중앙집중화되면 규모의 경제의 효과를 얻을 수 있어 입고수송비용은 절감되지만 대응성은 낮아지고 출고수송비용이 증가하게 된다. 이러한 것과 수송량과 수송거리에 따른 규모의 경제문제 및 생산자 직접배송, 유통센터의 설치, 크로스 도킹 등 여러 형태의 유통네트워크의 장단점을 고려하여 공급사슬 네트워크의 디자인이 되어야 한다.

9) 역공급사슬

정부로부터의 규제 때문이거나 추가적인 수익창출의 기회의 일환으로 기업은 고객으로부터의 반품 수거에 나서는 추세이다. 이런 상황에서 역로지스틱스를 통하여 반품을 신속하게 처리함으로써 그렇지 않으면 없어졌을 가치를 회수할 수 있다.

10) e-공급사슬관리

정보기술을 이용한 부가가치 서비스의 제공을 통하여 고객가치 창출을 함으로써 경쟁우위를 확보할 수 있게 되었고, 공급사슬 구성원 간의 정보흐름을 촉진하게 되어 효과적인 공급사슬관리에 도움이 된다. 공급사슬관리를 위한 다양한 프로그램들이 개발되어 있으며, 공급사슬에서도 e-비즈니스가 이용되고 있다. 이러한 e-비즈니스는 대응성 향상과 효율성 향상에 기여한다.

11) 공급사슬의 성과측정 및 개선

지속적인 개선의 노력이 없이는 경쟁우위를 확보하는 것이 어렵다. 이러한 개선활동을 체계적으로 수행하기 위하여 개발된 것이 SCOR(supply chain operations reference) 모델이다. 이 모델은 공급사슬관리에 초점이 맞추어져 있으며, 체계적인 개선을 위한 길잡이 역할과 도구를 제공한다.

4. 공급사슬관리의 전략

공급사슬관리를 위한 전략적 과정은 다음과 같이 크게 3단계로 나눌 수 있다.

첫째, 1 단계는 공급사슬 전체의 현황을 분석하는 것이다. 이 단계에서 가장 중요한 것은 Supply Chain Map(예컨대, 리드타임과 재고 수준 측면에서)을 작성함으로서 공급사슬의 현 상태의 문제점을 분석하는 것이다.

둘째, 2 단계는 상기 문제점을 공급사슬내의 관련 기업들간의 관계성 측면에서 분석한다. 즉 공급사슬내의 기업들 간의 관계 정도에 따른 해당기업의 위치를 파악하고 이들 기업과의 물류 기능의 협조가능성 및 기회를 도출한다.

셋째, 3 단계는 공급사슬의 효율성을 증대시키기 위한 구체적인 개선방법을 검토하고 실행하는 것이다. 이 단계에서 특히 중요한 것은 실물흐름 뿐만이 아니라 정보의 흐름 또한 개선 대상이라는 점이다. 이러한 과정을 통해 비용과 서비스를 향상시킬 수 있는 최적안을 선택하고 실행하는 것이다.

STEP 1 : 공급사슬 경로 지도 작성

- 리드타임과 재고수준을 고려한 경로지도 작성
- 공급사슬의 현 상태 파악
- 개선점 도출

STEP 2 : 공급자와의 관계를 고려한 자사의 위치선정

- 공급사슬 내의 기업간 관계성격 이해
- 공급사슬 내의 기업간 관계정도에 따른 자사 위치 파악
- 공급사슬 내의 물류활동 협조가능성 및 기회 파악

STEP 3 : 효율적인 공급사슬 개선방법 선택 및 실행

- 공급사슬의 효율성을 증대시키기 위한 개선방법 검토
- 정보흐름과 실물흐름 모두가 개선 대상
- 가치우위와 비용우위를 확보할 수 있는 개선안 선택

| 그림 3 | 공급사슬관리 전략

5. 로지스틱스와 공급사슬관리의 차이점

기업들은 원자재 공급자에서 완제품 소비자까지 체널상의 정보, 물자, 자금의 흐름을 통합관리하여 다양한 효율극대화 기법을 전개해 왔다. 공급사슬관리는 새로운 것이 아니라 기존의 물류관리와 가치사슬의 개념을 접목한 것이다. 가치사슬[3)]은 다양한 부가가치활동으로 이루어지고, 이러한 활동을 긴밀하게 연계하여 전체적인 가치

3) 가치사슬(value chain)은 기업을 전략적으로 의미가 있는 활동들로 분리하여 비용의 움직임이나 차별화를 위한 기존의 혹은 잠재적인 원천을 이해하는데 도움을 준다. 기업은 이러한 전략적으로 중요한 활동들을 경쟁자보다 저렴하고 보다 잘 수행하여 경쟁우위를 확보한다. 여기서 가치사슬 활동은 주활동과 지원활동의 두 가지 형태로 분류되는데, 주활동에는 입고로지스틱스, 운영, 출고로지스틱스, 마케팅 및 판매, 서비스가 포함되고, 지원활동에는 기업인프라, 인적자원관리, 기술개발, 조달 등이 포함된다.

를 증대하는 개념이다.

최근의 기업활동은 협력해야 할 외부의 파트너가 점점 많아져 상호 의존성이 더욱 높아지고 있다. 원자재 공급업체, 물류업체, 유통업체 나아가 소비자와 긴밀한 관계를 유지해야 보다 강력한 경쟁력을 갖게 된다. 이들을 하나의 유기체로 보고, 이 유기체 속에서 제품과 정보가 원활히 흐르게 하는 것이 공급사슬관리이다. 따라서 공급사슬관리의 일반적인 목적은 기업 내 부문별 최적화나 개별 기업 단위의 최적화에서 탈피하여 공급망 구성 요소들 간에 이루어지는 전체 프로세스를 대상으로 전체의 최적화를 달성하는 것이다. 물류에서 공급사슬관리로 발전되어 온 과정은 표와 같다.

▌표 3▐ 물류에서 SCM으로 발전과정

구 분	물 류	Logistics	SCM
시 기	1970~1985	1986~1995	1996~
목 적	물류부문 내 효율화	기업 내 물류 효율화	공급사슬 전체의 효율화
대 상	수송, 보관, 하역, 포장	생산, 물류, 판매	공급자, 메이커, 도소매, 고객
수단, 도구	물류부문 내 시스템 (기계화, 자동화)	기업 내 정보시스템 (POS, VAN, EDI)	파트너쉽, ERP, SCM, 기업간 정보시스템
과 제	효율화(전문화, 분업화)	물류비+서비스 대행, 다품종소량, JIT, MRP	ECR, ERP, 3PL, 재고소멸, APS
목 표	무인으로의 도전	토탈물류	통합업무 시스템

주: POS = Point of Sales
ERP = Enterprise Resource Planning
ECR = Efficient Consumer Response(효율적 소비자대응)
APS = Advanced Planning Scheduling(첨단계획시스템)

공급사슬의 적절한 관리로 기업은 시간과 비용을 절감할 수 있고, 고객은 보다 큰 만족을 얻을 수 있다. 90년대 들어 많은 기업들이 경쟁력 강화를 위해 경영혁신을 추진했다. 그러나 기업 혁신활동의 전형적인 현상은 "생산성은 증대되었지만, 수익성 향상은 없다"든지, "제조부문에서는 재고가 크게 감축되었으나 유통부문에서는 재고가 늘어 전체적인 효율성에서는 크게 변화가 없다"는 식이다. 이러한 현상은 혁신 활동이 기업 내 일부만의 최적화를 목표로 했거나, 개별 기업 내에서 만의 최적화를 목표로 했기 때문에 발생하는 현상의 사례이다. 즉 기업 내의 부문별 또는 개별 기업 내부에 한정된 혁신 노력은 외부의 부문 또는 기업에서의 활동과 연계되어 공동 또는 전체의 최적화가 되지 않으면 그 성과가 극히 제한된다는 것이다. 따라서 원재료 공급자로부터 완제품의 소비자까지 물품이 이동하는 전 과정, 즉 공급사슬 전반에 주목하게 되었다. 공급사슬 관점에서 보면, 기업 자체의 경쟁력도 중요하지만, 그 기업이 속한 공급사슬 전체의 경쟁력이 중요하다.

▌표 4▐ 로지스틱스와 공급사슬관리의 접근방식

구 분	로지스틱스 접근법	공급사슬에 근거한 접근법
재고관리	개별적, 독립적으로 관리	공급사슬상의 전체 재고를 동시에 관리
비용분석	개별회사의 비용절감을 목표로 함	공급사슬상의 전체비용을 최소화하는 방향으로 접근
시간적 요인	단기	장기
정보 공유	거래에 대한 정보요구에 제한 됨	계획 및 검사 프로세스에 필요한 정보도 공유 됨
결속력	거래에 기반을 둠	지속적으로 관계
회사/부서의 경영방침	비슷할 필요가 없다	핵심적인 관계에 있어서는 비슷해야 함
의사소통의 리더쉽	필요 없음	조정의 관점을 위해 필요 함
위험과 보상의 공유	개별회사 각자가 책임 짐	위험과 보상이 장기에 걸쳐 공유 됨
정보체계	독립적	회사들 사이에 서로 공유되어야 함
공급자의 범위	경쟁을 유발시키고 위험을 분산시키기 위해 커야 함	기업간 조정을 위해서는 작아야 함

Chapter 02

물류정책 기본법

제1절 목적 및 책무

1. 목적

물류정책기본법은 물류체계의 효율화, 물류산업의 경쟁력 강화 및 물류의 선진화·국제화를 위하여 국내외 물류정책·계획의 수립·시행 및 지원에 관한 기본적인 사항을 정함으로써 국민경제의 발전에 이바지함을 목적으로 한다.

2. 기본이념

이 법에 따른 물류정책은 물류가 국가 경제활동의 중요한 원동력임을 인식하고, 신속·정확하면서도 편리하고 안전한 물류활동을 촉진하며, 정부의 물류 관련 정책이 서로 조화롭게 연계되도록 하여 물류산업이 체계적으로 발전하게 하는 것을 기본이념으로 한다.

물류에 관한 다른 법률을 제정하거나 개정하는 경우에는 이 법의 목적과 물류정책의 기본이념에 맞도록 하여야 하며, 이 법에 규정된 것 외의 물류시설의 개발 및 운영, 물류사업의 관리와 육성 등에 관하여는 따로 법률로 정한다.

3. 국가 및 지방자치단체의 책무

국가는 물류활동을 원활히 하고 물류체계의 효율성을 높이기 위하여 국가 전체의 물류와 관련된 정책 및 계획을 수립하고 시행하여야 한다. 그리고 물류산업이 건전하고 고르게 발전할 수 있도록 육성하여야 한다.

지방자치단체는 국가의 물류정책 및 계획과 조화를 이루면서 지역적 특성을 고려하여 지역물류에 관한 정책 및 계획을 수립하고 시행하여야 한다.

4. 물류기업 및 화주의 책무

물류기업 및 화주는 물류사업을 원활히 하고 물류체계의 효율성을 증진시키기 위하여 노력하고, 국가 또는 지방자치단체의 물류정책 및 계획의 수립·시행에 적극 협력하여야 한다.

제2절 용어의 정의

1. 물류(物流)

재화가 공급자로부터 조달·생산되어 수요자에게 전달되거나 소비자로부터 회수되어 폐기될 때까지 이루어지는 운송·보관·하역(荷役) 등과 이에 부가되어 가치를 창출하는 가공·조립·분류·수리·포장·상표부착·판매·정보통신 등을 말한다.

2. 물류사업

화주(貨主)의 수요에 따라 유상(有償)으로 물류활동을 영위하는 것을 업(業)으로 하는 것으로 다음의 사업을 말한다.

1) 자동차·철도차량·선박·항공기 또는 파이프라인 등의 운송수단을 통하여 화물을 운송하는 화물운송업
2) 물류터미널이나 창고 등의 물류시설을 운영하는 물류시설운영업
3) 화물운송의 주선(周旋), 물류장비의 임대, 물류정보의 처리 또는 물류컨설팅 등의 업무를 하는 물류서비스업
4) 1)부터 3)까지의 물류사업을 종합적·복합적으로 영위하는 종합물류서비스업

3. 물류체계

효율적인 물류활동을 위하여 시설·장비·정보·조직 및 인력 등이 서로 유기적으로 기능을 발휘할 수 있도록 연계된 집합체를 말한다.

4. 물류시설

물류에 필요한 다음의 시설을 말한다.

1) 화물의 운송·보관·하역을 위한 시설
2) 화물의 운송·보관·하역 등에 부가되는 가공·조립·분류·수리·포장·상표부착·판매·정보통신 등을 위한 시설

3) 물류의 공동화·자동화 및 정보화를 위한 시설
4) 1)부터 3)까지의 시설이 모여 있는 물류터미널 및 물류단지

■ 물류정책기본법 시행령 [별표 1]

물류사업의 범위

대분류	세분류	세세분류
화물 운송업	육상화물운송업	화물자동차운송사업, 화물자동차운송가맹사업, 철도사업
	해상화물운송업	외항정기화물운송사업, 외항부정기화물운송사업, 내항화물운송사업
	항공화물운송업	정기항공운송사업, 부정기항공운송사업, 상업서류송달업
	파이프라인운송업	파이프라인운송업
물류시설 운영업	창고업(공동집배송센터 운영업 포함)	일반창고업, 냉장 및 냉동 창고업, 농·수산물 창고업, 위험물품보관업, 그 밖의 창고업
	물류터미널운영업	복합물류터미널, 일반물류터미널, 해상터미널, 공항화물터미널, 화물차전용터미널, 컨테이너화물조작장(CFS), 컨테이너장치장(CY), 물류단지, 집배송단지 등 물류시설의 운영업
물류 서비스업	화물취급업(하역업 포함)	화물의 하역, 포장, 가공, 조립, 상표부착, 프로그램 설치, 품질검사 등 부가적인 물류업
	화물주선업	국제물류주선업, 화물자동차운송주선사업
	물류장비임대업	운송장비임대업, 산업용 기계·장비 임대업, 운반용기 임대업, 화물자동차임대업, 화물선박임대업, 화물항공기임대업, 운반·적치·하역장비 임대업, 컨테이너·파렛트 등 포장용기 임대업, 선박대여업
	물류정보처리업	물류정보 데이터베이스 구축, 물류지원 소프트웨어 개발·운영, 물류 관련 전자문서 처리업
	물류컨설팅업	물류 관련 업무프로세스 개선 관련 컨설팅, 자동창고, 물류자동화 설비 등 도입 관련 컨설팅, 물류 관련 정보시스템 도입 관련 컨설팅
	해운부대사업	해운대리점업, 해운중개업, 선박관리업
	항만운송관련업	항만용역업, 선용품공급업, 선박연료공급업, 선박수리업, 컨테이너 수리업, 예선업
	항만운송사업	항만하역사업, 검수사업, 감정사업, 검량사업
종합물류 서비스업	종합물류서비스업	종합물류서비스업

5. 물류공동화

물류기업이나 화주기업(貨主企業)들이 물류활동의 효율성을 높이기 위하여 물류에 필요한 시설·장비·인력·조직·정보망 등을 공동으로 이용하는 것을 말한다. 다만, 「독점규제 및 공정거래에 관한 법률」에 따라 공정거래위원회의 인가를 받은 경우를 제외한다.

6. 물류표준

「산업표준화법」에 따른 한국산업표준 중 물류활동과 관련된 것을 말한다.

7. 물류표준화

원활한 물류를 위하여 다음의 사항을 물류표준으로 통일하고 단순화하는 것을 말한다.

1) 시설 및 장비의 종류·형상·치수 및 구조
2) 포장의 종류·형상·치수·구조 및 방법
3) 물류용어, 물류회계 및 물류 관련 전자문서 등 물류체계의 효율화에 필요한 사항

8. 단위물류정보망

기능별 또는 지역별로 관련 행정기관, 물류기업 및 그 거래처를 연결하는 일련의 물류정보체계를 말한다.

9. 제3자물류

화주가 그와 대통령령으로 정하는 특수관계에 있지 아니한 물류기업에 물류활동의 일부 또는 전부를 위탁하는 것을 말한다. 여기서 "대통령령으로 정하는 특수관계"란 경제적 연관관계 또는 경영지배관계 등 대통령령으로 정하는 관계에 있는 자로서 다음에 해당하는 관계에 있는 자를 말한다.

1) 임원의 임면권의 행사, 사업방침의 결정 등 해당 법인의 경영에 대해 사실상 영향력을 행사하고 있다고 인정되는 자와 그 친족

2) 소액주주 등이 아닌 주주 또는 출자자와 그 친족
3) 다음에 해당하는 자 및 이들과 생계를 함께하는 친족
   (1) 법인의 임원·직원 또는 비소액주주등의 직원(비소액주주등이 영리법인인 경우에는 그 임원을, 비영리법인인 경우에는 그 이사 및 설립자를 말한다)
   (2) 법인 또는 비소액주주등의 금전이나 그 밖의 자산에 의해 생계를 유지하는 자
4) 해당 법인이 직접 또는 그와 관계에 있는 자를 통해 어느 법인의 경영에 대해 지배적인 영향력을 행사하고 있는 경우 그 법인
5) 해당 법인에 100분의 30 이상을 출자하고 있는 법인에 100분의 30 이상을 출자하고 있는 법인이나 개인
6) 해당 법인이 「독점규제 및 공정거래에 관한 법률」에 따른 기업집단에 속하는 법인인 경우에는 그 기업집단에 소속된 다른 계열회사 및 그 계열회사의 임원

10. 국제물류주선업

타인의 수요에 따라 자기의 명의와 계산으로 타인의 물류시설·장비 등을 이용하여 수출입화물의 물류를 주선하는 사업을 말한다.

11. 물류관리사

물류관리에 관한 전문지식을 가진 자로서 제51조(물류관리사 자격시험)에 따른 자격을 취득한 자를 말한다.

12. 물류보안

공항·항만과 물류시설에 폭발물, 무기류 등 위해물품을 은닉·반입하는 행위와 물류에 필요한 시설·장비·인력·조직·정보망 및 화물 등에 위해를 가할 목적으로 행하여지는 불법행위를 사전에 방지하기 위한 조치를 말한다.

13. 국가물류정보화사업

국가, 지방자치단체 및 제22조(물류시설간의 연계와 조화)에 따른 물류관련기관이

정보통신기술과 정보가공기술을 이용하여 물류관련 정보를 생산·수집·가공·축적·연계·활용하는 물류정보화사업을 말한다.

제3절 물류정책의 종합·조정

1. 물류현황조사

국토교통부장관 또는 해양수산부장관은 첫째, 물류에 관한 정책 또는 계획의 수립·변경을 위하여 필요하다고 판단될 때에는 관계 행정기관의 장과 미리 협의한 후 물동량의 발생현황과 이동경로, 물류시설·장비의 현황과 이용실태, 물류인력과 물류체계의 현황, 물류비, 물류산업과 국제물류의 현황 등에 관하여 조사할 수 있다. 이 경우 「국가통합교통체계효율화법」에 따른 국가교통조사와 중복되지 아니하도록 하여야 한다.

둘째, 다음의 자에게 조사에 필요한 자료의 제출을 요청하거나 그 일부에 대하여 직접 조사하도록 요청할 수 있다. 이 경우 협조를 요청받은 자는 특별한 사정이 없으면 요청에 따라야 한다.

- 관계 중앙행정기관의 장
- 특별시장·광역시장·특별자치시장·도지사 및 특별자치도지사(시·도지사)
- 물류기업 및 이 법에 따라 지원을 받는 기업·단체 등

셋째, 물류현황조사를 효율적으로 수행하기 위하여 필요한 경우에는 물류현황조사의 전부 또는 일부를 전문기관으로 하여금 수행하게 할 수 있으며, 물류현황조사의 결과에 따라 물류비 등 물류지표를 설정하여 물류정책의 수립 및 평가에 활용할 수 있다.

2. 물류현황조사지침

국토교통부장관은 첫째, 물류현황조사를 요청하는 경우에는 효율적인 물류현황조사를 위하여 조사의 시기, 종류 및 방법 등에 관하여 대통령령으로 정하는 바에 따라 조사지침을 작성하여 통보할 수 있다.

1) 물류현황조사지침에는 다음의 사항이 포함되어야 한다.[1)]

---

1) 물류정책기본법 시행령 제4조.

- 조사의 종류 및 항목
- 조사의 대상·방법 및 절차
- 조사의 체계
- 조사의 시기 및 지역
- 조사결과의 집계·분석 및 관리
- 그 밖에 효율적인 물류현황조사를 위하여 필요한 사항

2) 물류현황조사를 수행하는 자는 물류현황조사지침에 따라 조사를 수행하여야 한다.

둘째, 국토교통부장관은 물류현황조사지침을 작성하려는 경우에는 미리 관계 중앙행정기관의 장과 협의하여야 한다.

3. 지역물류현황조사 등

시·도지사는 첫째, 지역물류에 관한 정책 또는 계획의 수립·변경을 위하여 필요한 경우에는 해당 행정구역의 물동량 현황과 이동경로, 물류시설·장비의 현황과 이용실태, 물류산업의 현황 등에 관하여 조사할 수 있다. 이 경우 「국가통합교통체계효율화법」에 따른 국가교통조사와 중복되지 아니하도록 하여야 한다.

둘째, 관할 시·군 및 구의 시장·군수 및 구청장, 물류기업 및 이 법에 따라 지원을 받는 기업·단체 등에게 지역물류현황조사에 필요한 자료를 제출하도록 요청하거나 그 일부에 대하여 직접 조사하도록 요청할 수 있다. 이 경우 협조를 요청받은 자는 특별한 사정이 없는 한 이에 따라야 한다.

셋째, 지역물류현황조사의 효율적인 수행을 위하여 필요한 경우에는 지역물류현황조사의 전부 또는 일부를 전문기관으로 하여금 수행하게 할 수 있다.

넷째, 지역물류현황조사를 요청하는 경우에는 효율적인 지역물류현황조사를 위하여 조사의 시기, 종류 및 방법 등에 관하여 해당 특별시·광역시·특별자치시·도 및 특별자치도의 조례로 정하는 바에 따라 조사지침을 작성하여 통보할 수 있다.

4. 물류개선조치의 요청

국토교통부장관 또는 해양수산부장관은 첫째, 물류현황조사 등을 통하여 물류수요가 특정 물류시설이나 특정 운송수단에 치우쳐 효율적인 물류체계 운용을 해치거나

관계 중앙행정기관의 장 또는 시·도지사의 물류 관련 정책 또는 계획이 국가물류기본계획에 위배된다고 판단될 때에는 해당 중앙행정기관의 장이나 시·도지사에게 이를 개선하기 위한 조치를 하도록 요청할 수 있다. 이 경우 국토교통부장관 또는 해양수산부장관은 미리 해당 중앙행정기관의 장 또는 시·도지사와 개선조치에 대하여 협의하여야 한다.

둘째, 개선조치를 요청받은 관계 중앙행정기관의 장이나 해당 시·도지사는 특별한 사유가 없는 한 이를 개선하기 위한 조치를 강구하여야 한다.

셋째, 관계 중앙행정기관의 장이나 시·도지사는 개선조치의 요청에 이의가 있는 경우에는 국가물류정책위원회에 조정을 요청할 수 있다.

제4절 물류계획의 수립·시행

1. 국가물류기본계획의 수립

국토교통부장관 및 해양수산부장관은 첫째, 국가물류정책의 기본방향을 설정하는 10년 단위의 국가물류기본계획을 5년마다 공동으로 수립하여야 한다.

둘째, 국가물류기본계획에는 다음의 사항이 포함되어야 한다.

- 국내외 물류환경의 변화와 전망
- 국가물류정책의 목표와 전략 및 단계별 추진계획
- 국가물류정보화사업에 관한 사항
- 운송·보관·하역·포장 등 물류기능별 물류정책 및 도로·철도·해운·항공 등 운송수단별 물류정책의 종합·조정에 관한 사항
- 물류시설·장비의 수급·배치 및 투자 우선순위에 관한 사항
- 연계물류체계의 구축과 개선에 관한 사항
- 물류 표준화·공동화 등 물류체계의 효율화에 관한 사항
- 물류보안에 관한 사항
- 물류산업의 경쟁력 강화에 관한 사항
- 물류인력의 양성 및 물류기술의 개발에 관한 사항
- 국제물류의 촉진·지원에 관한 사항

• 환경친화적 물류활동의 촉진·지원에 관한 사항
• 그 밖에 물류체계의 개선을 위하여 필요한 사항

셋째, 다음의 자에 대하여 국가물류기본계획의 수립·변경을 위한 관련 기초 자료의 제출을 요청할 수 있다. 이 경우 협조를 요청받은 자는 특별한 사정이 없는 한 이에 따라야 한다.

• 관계 중앙행정기관의 장
• 시·도지사
• 물류기업 및 이 법에 따라 지원을 받는 기업·단체 등

넷째, 국가물류기본계획을 수립하거나 대통령령으로 정하는 중요한 사항을 변경하려는 경우에는 관계 중앙행정기관의 장 및 시·도지사와 협의한 후 국가물류정책위원회의 심의를 거쳐야 한다. 여기서 대통령령으로 정하는 중요한 사항이란 다음에 해당하는 사항을 말한다.[2] 다만, 국토기본법에 따른 국토종합계획, 「국가통합교통체계효율화법」에 따른 국가기간교통망계획이나 「물류시설의 개발 및 운영에 관한 법률」에 따른 물류시설개발종합계획 등에 따른 국가물류기본계획과 관련된 다른 계획의 변경으로 인한 사항을 반영하는 내용일 경우는 제외한다.

• 국가물류정책의 목표와 주요 추진전략에 관한 사항
• 물류시설·장비의 투자 우선순위에 관한 사항
• 국제물류의 촉진·지원에 관한 기본적인 사항
• 그 밖에 국가물류정책위원회의 심의가 필요하다고 인정하는 사항

다섯째, 국토교통부장관은 국가물류기본계획을 수립하거나 변경한 때에는 이를 관보에 고시하고, 관계 중앙행정기관의 장 및 시·도지사에게 통보하여야 한다.

2. 다른 계획과의 관계

국가물류기본계획은 「국토기본법」에 따라 수립된 국토종합계획 및 「국가통합교통체계효율화법」에 따라 수립된 국가기간교통망계획과 조화를 이루어야 한다.

국가물류기본계획은 다른 법령에 따라 수립되는 물류에 관한 계획에 우선하며 그 계획의 기본이 된다.

2) 물류정책기본법 시행령 제5조.

- 특별시장 또는 광역시장은 지역물류기본계획의 연도별 시행계획을 수립하려는 경우에는 미리 국토교통부장관, 관계 중앙행정기관의 장, 해당 특별시·광역시·도 및 특별자치도에 인접한 시·도의 시·도지사와 협의한 후 지역물류정책위원회의 심의를 거쳐야 한다.
- 특별시장 또는 광역시장은 지역물류시행계획을 수립한 경우에는 국토교통부장관, 관계 중앙행정기관의 장, 해당 시·도에 인접한 시·도의 시·도지사, 관할 시·군 및 구의 시장·군수 및 구청장에게 이를 통보하여야 한다.
- 해당 시·도에 인접한 시·도의 시·도지사, 관할 시·군·구의 시장·군수·구청장 및 관련 법령에 따라 해당 시·도 또는 시·군·구의 지원을 받는 기업 및 단체 등은 지역물류시행계획의 원활한 시행을 위하여 적극 협조하여야 한다.

3. 연도별시행계획의 수립

국토교통부장관 및 해양수산부장관은 국가물류기본계획을 시행하기 위하여 연도별 시행계획을 매년 공동으로 수립하여야 한다.

- 국토교통부장관 및 해양수산부장관은 국가물류기본계획의 연도별 시행계획을 수립하려는 경우에는 미리 관계 중앙행정기관의 장, 특별시장·광역시장·특별자치시장·도지사 및 특별자치도지사와 협의한 후 물류정책분과위원회의 심의를 거쳐야 한다.
- 국토교통부장관은 수립된 연도별시행계획을 관계 행정기관의 장에게 통보하여야 하며, 관계 행정기관의 장은 연도별시행계획의 원활한 시행을 위하여 적극 협조하여야 한다.
- 관계 행정기관의 장은 전년도의 연도별시행계획의 추진실적과 해당 연도의 시행계획을 매년 2월 말까지 국토교통부장관 및 해양수산부장관에게 제출하여야 한다.

연도별시행계획의 수립·변경을 위한 자료제출의 요청 등에 관하여는 제11조제3항[3]을 준용하며, 연도별시행계획의 수립 및 시행에 필요한 사항은 대통령령으로 정한다.

---

3) 물류정책기본법 제11조 3항 : 국토교통부장관 및 해양수산부장관은 다음 각 호의 자에 대하여 국가물류기본계획의 수립·변경을 위한 관련 기초 자료의 제출을 요청할 수 있다. 이 경우 협조를 요청받은 자는 특별한 사정이 없는 한 이에 따라야 한다.
   1. 관계 중앙행정기관의 장
   2. 시·도지사
   3. 물류기업 및 이 법에 따라 지원을 받는 기업·단체 등

4. 지역물류기본계획의 수립

특별시장 및 광역시장은 지역물류정책의 기본방향을 설정하는 10년 단위의 지역물류기본계획을 5년마다 수립하여야 한다. 그리고 특별자치시장·도지사 및 특별자치도지사는 지역물류체계의 효율화를 위하여 필요한 경우에는 지역물류기본계획을 수립할 수 있다. 지역물류기본계획은 국가물류기본계획에 배치되지 아니하여야 하며, 다음의 사항이 포함되어야 한다.

- 지역물류환경의 변화와 전망
- 지역물류정책의 목표·전략 및 단계별 추진계획
- 운송·보관·하역·포장 등 물류기능별 지역물류정책 및 도로·철도·해운·항공 등 운송수단별 지역물류정책에 관한 사항
- 지역의 물류시설·장비의 수급·배치 및 투자 우선순위에 관한 사항
- 지역의 연계물류체계의 구축 및 개선에 관한 사항
- 지역의 물류 공동화 및 정보화 등 물류체계의 효율화에 관한 사항
- 지역 물류산업의 경쟁력 강화에 관한 사항
- 지역 물류인력의 양성 및 물류기술의 개발·보급에 관한 사항
- 지역차원의 국제물류의 촉진·지원에 관한 사항
- 지역의 환경친화적 물류활동의 촉진·지원에 관한 사항
- 그 밖에 지역물류체계의 개선을 위하여 필요한 사항

국토교통부장관 및 해양수산부장관은 지역물류기본계획의 수립방법 및 기준 등에 관한 지침을 공동으로 작성하여야 하며, 국토교통부장관은 지침을 작성한 경우 특별시장 및 광역시장에게 통보하여야 한다.

5. 지역물류기본계획의 수립절차

특별시장 및 광역시장은 다음의 자에 대하여 지역물류기본계획의 수립·변경을 위한 관련 기초 자료의 제출을 요청할 수 있다. 이 경우 협조를 요청받은 자는 특별한 사정이 없는 한 이에 따라야 한다.

- 인접한 시·도의 시·도지사
- 관할 시·군·구의 시장·군수·구청장
- 이 법에 따라 해당 시·도의 지원을 받는 기업·단체 등

특별시장 및 광역시장이 지역물류기본계획을 수립하거나 대통령령이 정하는 중요한 사항을 변경하려는 경우에는 미리 해당 시·도에 인접한 시·도의 시·도지사와 협의한 후 지역물류정책위원회의 심의를 거쳐야 한다. 이 경우 특별시장 및 광역시장은 수립하거나 변경한 지역물류기본계획을 국토교통부장관 및 해양수산부장관에게 통보하여야 한다.

지역물류기본계획의 중요한 사항의 변경에서 "대통령령이 정하는 중요한 사항"이란 다음에 해당하는 사항을 말한다.

- 지역물류정책의 목표와 주요 추진전략에 관한 사항
- 지역의 물류시설·장비의 투자 우선순위에 관한 사항
- 지역 차원의 국제물류의 촉진·지원에 관한 기본적인 사항
- 그 밖에 지역물류정책위원회의 심의가 필요하다고 인정하는 사항

특별시장 및 광역시장은 지역물류기본계획을 수립하거나 변경한 때에는 이를 공고하고, 인접한 시·도의 시·도지사, 관할 시·군·구의 시장·군수·구청장 및 이 법에 따라 해당 시·도의 지원을 받는 기업 및 단체 등에 이를 통보하여야 한다.

국토교통부장관 또는 해양수산부장관은 통보받은 지역물류기본계획에 대하여 필요한 경우 관계 중앙행정기관의 장과 협의한 후 물류정책분과위원회의 심의를 거쳐 변경을 요구할 수 있다.

6. 지역물류기본계획의 연도별 시행계획의 수립

지역물류기본계획을 수립한 특별시장 및 광역시장은 그 계획을 시행하기 위하여 연도별 시행계획을 매년 수립하여야 한다. 지역물류시행계획의 수립·변경을 위한 자료제출의 요청 등에 관하여는 제15조제1항[4]을 준용한다. 지역물류시행계획의 수립 및 시행에 필요한 사항은 대통령령으로 정한다.

---

4) 물류정책기본법 제15조 1항 : 특별시장 및 광역시장은 다음 각 호의 자에 대하여 지역물류기본계획의 수립·변경을 위한 관련 기초 자료의 제출을 요청할 수 있다. 이 경우 협조를 요청받은 자는 특별한 사정이 없는 한 이에 따라야 한다.
  1. 인접한 시·도의 시·도지사
  2. 관할 시·군·구의 시장·군수·구청장
  3. 이 법에 따라 해당 시·도의 지원을 받는 기업·단체 등

제5절 물류정책위원회

1. 국가물류정책위원회의 설치 및 기능

국가물류정책에 관한 주요 사항을 심의하기 위하여 국토교통부장관 소속으로 국가물류정책위원회를 둔다.

1) 국가물류정책위원회에는 5명 이내의 비상근 전문위원을 둘 수 있다.
2) 전문위원은 다음에 해당하는 자 중에서 국토교통부장관이 위촉한다.
   - 중앙행정기관의 장이 추천하는 자
   - 물류 관련 분야에 관한 전문지식 및 경험이 풍부한 자
   - 전문위원의 임기는 3년 이내로 하되, 연임할 수 있다. 이 경우 보궐위원의 임기는 전임자의 잔임기간으로 한다.
   - 전문위원은 위원회와 분과위원회에 출석하여 발언할 수 있다.
3) 국가물류정책위원회는 다음의 사항을 심의·조정한다.
   - 국가물류체계의 효율화에 관한 중요 정책 사항
   - 물류시설의 종합적인 개발계획의 수립에 관한 사항
   - 물류산업의 육성·발전에 관한 중요 정책 사항
   - 물류보안에 관한 중요 정책 사항
   - 국제물류의 촉진·지원에 관한 중요 정책 사항
   - 이 법 또는 다른 법률에서 국가물류정책위원회의 심의를 거치도록 한 사항
   - 그 밖에 국가물류체계 및 물류산업에 관한 중요한 사항으로서 위원장이 회의에 부치는 사항

2. 국가물류정책위원회의 구성 등

국가물류정책위원회는 위원장을 포함한 23명 이내의 위원으로 구성한다. 국가물류정책위원회의 위원장은 국토교통부장관이 되고, 위원은 다음의 자가 된다.

1) 기획재정부, 교육부, 과학기술정보통신부, 외교부, 농림축산식품부, 산업통상자원부, 고용노동부, 국토교통부, 해양수산부, 중소벤처기업부, 국가정보원 및 관세청의 고위공무원단에 속하는 공무원 또는 이에 상당하는 공무원 중에서 해당

기관의 장이 지명하는 자 각 1명

2) 물류 관련 분야에 관한 전문지식 및 경험이 풍부한 자 중에서 위원장이 위촉하는 10명 이내의 자(위원의 해촉 등)

① 위원을 지명한 자는 위원이 다음의 어느 하나에 해당하는 경우에는 그 지명을 철회할 수 있다.

- 심신장애로 인하여 직무를 수행할 수 없게 된 경우
- 직무와 관련된 비위사실이 있는 경우
- 직무태만, 품위손상이나 그 밖의 사유로 인하여 위원으로 적합하지 아니하다고 인정되는 경우
- 위원 스스로 직무를 수행하는 것이 곤란하다고 의사를 밝히는 경우

② 위원회의 위원장은 위원이 해당 위원을 해촉(解囑)할 수 있다.

국가물류정책위원회의 사무를 처리하기 위하여 간사 1명을 두되, 간사는 국토교통부 소속 공무원 중에서 위원장이 지명하는 자가 된다. 그리고 공무원이 아닌 위원의 임기는 2년으로 하되, 연임할 수 있다.

또한, 물류정책에 관한 중요 사항을 조사·연구하기 위하여 대통령령으로 정하는 바에 따라 국가물류정책위원회에 전문위원을 둘 수 있다.

3. 분과위원회

국가물류정책위원회의 업무를 효율적으로 추진하기 위하여 다음의 분과위원회를 둘 수 있다.

- 물류정책분과위원회
- 물류시설분과위원회
- 국제물류분과위원회

각 분과위원회는 그 소관에 따라 다음의 사항을 심의·조정한다.

- 국가물류정책위원회에서 심의·조정할 안건으로서 사전 검토가 필요한 사항
- 국가물류정책위원회에서 위임한 사항
- 이 법 또는 다른 법률에서 분과위원회의 심의·조정을 거치도록 한 사항

분과위원회가 심의·조정한 때에는 분과위원회의 심의·조정을 국가물류정책위원

회의 심의·조정으로 본다.

4. 지역물류정책위원회

지역물류정책에 관한 주요 사항을 심의하기 위하여 시·도지사 소속으로 지역물류정책위원회를 둔다. 지역물류정책위원회의 구성 및 운영에 필요한 사항은 대통령령으로 정한다.

1) 지역물류정책위원회는 위원장을 포함한 20명 이내의 위원으로 구성한다.
2) 지역물류정책위원회의 위원장은 해당 지역의 시·도지사가 되고, 위원은 다음의 자 중에서 위원장이 위촉 또는 지명하는 자가 된다.
   - 관할 및 인접 시·군·구의 시장·군수·구청장
   - 해당 시·도의 물류 관련 업무를 담당하는 3급 이상의 공무원
   - 물류 관련 분야에 관한 전문지식 및 경험이 풍부한 자

공무원이 아닌 위원의 임기는 2년으로 하되, 연임할 수 있다. 지역물류정책위원회에 관하여는 제10조(물류개선조치의 요청)부터 제12조(다른 계획과의 관계)까지 및 제14조(지역물류기본계획의 수립)를 준용한다. 그리고 그 밖에 지역물류정책위원회의 구성 및 운영에 필요한 사항은 해당 시·도의 조례로 정한다.

제6절 물류체계의 효율화

1. 물류시설·장비의 확충

국토교통부장관·해양수산부장관 또는 산업통상자원부장관은 효율적인 물류활동을 위하여 필요한 물류시설 및 장비를 확충할 것을 물류기업에 권고할 수 있으며, 이에 필요한 행정적·재정적 지원을 할 수 있다. 그리고 물류시설 및 장비를 원활하게 확충하기 위하여 필요하다고 인정되는 경우 관계 행정기관의 장에게 필요한 지원을 요청할 수 있다.

2. 물류시설 간의 연계와 조화

국가, 지방자치단체, 대통령령으로 정하는 물류 관련 기관 및 물류기업 등이 새로운 물류시설을 건설하거나 기존 물류시설을 정비할 때에는 다음의 사항을 고려하여야 한다.

1) 주요 물류거점시설 및 운송수단과의 연계성
2) 주변 물류시설과의 기능중복 여부
3) 대통령령으로 정하는 공항·항만 또는 산업단지의 경우 적정한 규모 및 기능을 가진 배후 물류시설 부지의 확보 여부
   (1) "대통령령으로 정하는 물류 관련 기관"이란 다음의 자를 말한다.
      • 「공공기관의 운영에 관한 법률」에 따른 공공기관(이하 "공공기관"이라 한다) 중 물류와 관련된 기관
      • 「지방공기업법」에 따른 지방공기업 중 물류와 관련된 기관
      • 「민법」에 따라 설립된 물류와 관련된 비영리법인
   (2) "대통령령으로 정하는 공항·항만 또는 산업단지"란 다음을 말한다.
      • 「공항시설법」에 따른 공항 중 화물의 운송을 위한 시설을 갖춘 공항
      • 「항만법」에 따른 항만 중 화물의 운송을 위한 시설을 갖춘 항만
      • 「산업입지 및 개발에 관한 법률」에 따른 국가산업단지

3. 물류 공동화·자동화 촉진

국토교통부장관·해양수산부장관·산업통상자원부장관 또는 시·도지사는 첫째, 물류공동화를 추진하는 물류기업이나 화주기업 또는 물류 관련 단체에 대하여 예산의 범위에서 필요한 자금을 지원할 수 있다.

둘째, 화주기업이 물류공동화를 추진하는 경우에는 물류기업이나 물류 관련 단체와 공동으로 추진하도록 권고할 수 있으며, 권고를 이행하는 경우에 우선적으로 지원을 할 수 있다.

셋째, 물류기업이 「클라우드컴퓨팅 발전 및 이용자 보호에 관한 법률」에 따른 클라우드컴퓨팅등 정보통신기술을 활용하여 물류공동화를 추진하는 경우 우선적으로 지원을 할 수 있다.

넷째, 물류공동화를 확산하기 위하여 필요한 경우에는 시범지역을 지정하거나 시범사업을 선정하여 운영할 수 있다.

국토교통부장관·해양수산부장관 또는 산업통상자원부장관은 물류기업이 물류자동화를 위하여 물류시설 및 장비를 확충하거나 교체하려는 경우에는 필요한 자금을 지원할 수 있으며, 물류 공동화·자동화 촉진에 관한 조치를 하려는 경우에는 중복을 방지하기 위하여 미리 협의하여야 한다.

시·도지사는 물류 공동화·자동화 촉진에 관한 조치를 하려는 경우에는 중복을 방지하기 위하여 미리 해당 조치와 관련하여 국토교통부장관·해양수산부장관 또는 산업통상자원부장관과 협의하고, 그 내용을 지역물류기본계획과 지역물류시행계획에 반영하여야 한다.

제 7 절 물류표준화

1. 물류표준의 보급촉진 등

국토교통부장관 또는 해양수산부장관은 물류표준화에 관한 업무를 효과적으로 추진하기 위하여 필요하다고 인정하는 경우에는 산업통상자원부장관에게 「산업표준화법」에 따른 한국산업표준의 제정·개정 또는 폐지를 요청할 수 있다.

국토교통부장관·해양수산부장관 또는 산업통상자원부장관은 물류표준의 보급을 촉진하기 위하여 필요한 경우에는 관계 행정기관, 「공공기관의 운영에 관한 법률」에 따른 공공기관, 물류기업, 물류에 관련된 장비의 사용자 및 제조업자에게 물류표준에 맞는 장비를 제조·사용하게 하거나 물류표준에 맞는 규격으로 포장을 하도록 요청하거나 권고할 수 있다.

2. 물류표준장비의 사용자 등에 대한 우대조치

국토교통부장관·해양수산부장관 또는 산업통상자원부장관은 첫째, 관계 행정기관, 공공기관 및 물류기업 등에게 물류표준장비의 사용자 또는 물류표준에 맞는 규격으로 재화를 포장하는 자에 대하여 운임·하역료·보관료의 할인 및 우선구매 등의 우대조치를 할 것을 요청하거나 권고할 수 있다.

둘째, 물류표준장비의 보급 확대를 위하여 물류기업, 물류표준장비의 사용자 또는 물류표준에 맞는 규격으로 재화를 포장하는 자 등에 대하여 소요자금의 융자 등 필요한 재정지원을 할 수 있다.

3. 물류회계의 표준화

국토교통부장관은 해양수산부장관 및 산업통상자원부장관과 협의하여 물류기업 및 화주기업의 물류비 산정기준 및 방법 등을 표준화하기 위하여 대통령령으로 정하는 기준에 따라 기업물류비 산정지침을 작성하여 고시하여야 한다. 기업물류비 산정지침에는 다음의 사항이 포함되어야 한다.

- 물류비 관련 용어 및 개념에 대한 정의
- 영역별·기능별 및 자가·위탁별 물류비의 분류
- 물류비의 계산 기준 및 계산 방법
- 물류비 계산서의 표준 서식

국토교통부장관은 물류기업 및 화주기업이 기업물류비 산정지침에 따라 물류비를 관리하도록 권고할 수 있으며, 해양수산부장관 및 산업통상자원부장관과 협의하여 기업물류비 산정지침에 따라 물류비를 계산·관리하는 물류기업 및 화주기업에 대하여는 필요한 행정적·재정적 지원을 할 수 있다.

제8절 물류정보화

1. 물류정보화의 촉진

국토교통부장관·해양수산부장관·산업통상자원부장관 또는 관세청장은 물류정보화를 통한 물류체계의 효율화를 위하여 필요한 시책을 강구하여야 하며, 물류정보화를 통한 물류체계의 효율화 시책을 강구할 때에는 다음의 사항이 포함되도록 하여야 한다.

- 물류정보의 표준에 관한 사항
- 물류분야 정보통신기술의 도입 및 확산에 관한 사항

- 물류정보의 연계 및 공동활용에 관한 사항
- 물류정보의 보안에 관한 사항
- 그 밖에 물류효율의 향상을 위하여 필요한 사항

또한, 필요한 경우에는 그 내용을 고시하거나 물류관련기관 또는 기업 등에게 이행을 권고할 수 있으며, 물류정보화를 촉진하기 위하여 필요한 경우에는 예산의 범위에서 물류기업 또는 물류 관련 단체에 대하여 물류정보화에 관련된 설비 또는 프로그램의 개발·운용비용의 일부를 지원할 수 있다.

2. 단위물류정보망의 구축

관계 행정기관 및 물류관련기관은 소관 물류정보의 수집·분석·가공 및 유통 등을 촉진하기 위하여 필요한 때에는 단위물류정보망을 구축·운영할 수 있다. 이 경우 관계 행정기관은 전담기관을 지정하여 단위물류정보망을 구축·운영할 수 있다.

관계 행정기관이 전담기관을 지정하여 단위물류정보망을 구축·운영하는 경우에는 소요비용의 전부 또는 일부를 예산의 범위에서 지원할 수 있다.

단위물류정보망을 구축하는 행정기관 및 물류관련기관은 소관 단위물류정보망과 국가물류통합정보센터 또는 다른 단위물류정보망 간의 연계체계를 구축하여야 한다.

단위물류정보망을 운영하고 있는 관계 행정기관 및 물류관련기관은 국가물류통합정보센터 및 다른 단위물류정보망을 운영하고 있는 행정기관 또는 물류관련기관이 연계를 요청하는 경우에는 상호 협의를 거쳐 특별한 사정이 없으면 이에 협조하여야 한다.

단위물류정보망을 구축·운영하는 관계 행정기관의 장은 국가물류통합정보센터 또는 단위물류정보망 간의 연계체계를 구축하기 위하여 필요한 때에는 국토교통부장관과 협의를 거쳐 물류시설분과위원회에 국가물류통합정보센터와의 연계 또는 단위물류정보망 간의 연계체계의 조정을 요청할 수 있다.

관계 행정기관은 대통령령으로 정하는 공공기관 또는 물류정보의 수집·분석·가공·유통과 관련한 적절한 시설장비와 인력을 갖춘 자 중에서 단위물류정보망 전담기관을 지정한다.

단위물류정보망 전담기관의 지정에 필요한 시설장비와 인력 등의 기준과 지정절차는 대통령령으로 정한다.

전담기관을 지정하여 단위물류정보망을 구축·운영하는 관계 행정기관은 단위물류정보망 전담기관이 다음에 해당하는 경우에는 그 지정을 취소할 수 있다.

- 거짓이나 그 밖의 부정한 방법으로 지정을 받은 경우
- 지정기준에 미달하게 된 경우

3. 위험물질운송안전관리센터의 설치·운영

국토교통부장관은 첫째, 다음에 따른 위험물질의 안전한 도로운송을 위하여 위험물질을 운송하는 차량을 통합적으로 관리하는 센터를 설치·운영한다. 이 경우 국토교통부장관은 대통령령으로 정하는 바에 따라 「한국교통안전공단법」에 따른 한국교통안전공단에 위험물질운송안전관리센터의 설치·운영을 대행하게 할 수 있다.

- 「위험물안전관리법」에 따른 위험물
- 「화학물질관리법」에 따른 유해화학물질
- 「고압가스 안전관리법」에 따른 고압가스
- 「원자력안전법」에 따른 방사성폐기물
- 「폐기물관리법」에 따른 지정폐기물
- 「농약관리법」에 따른 농약과 원제(原劑)
- 그 밖에 대통령령으로 정하는 물질

위험물질운송안전관리센터는 다음의 업무를 수행한다.

- 험물질 운송차량의 소유자 및 운전자 정보, 운행정보, 사고발생 시 대응 정보 등 위험물질운송안전관리센터 운영에 필요한 정보의 수집 및 관리
- 단말장치의 장착·운용 및 운송계획정보의 입력 등에 관한 교육
- 위험물질운송안전관리센터의 업무 수행을 지원하기 위한 위험물질운송안전관리시스템의 구축·운영
- 위험물질 운송차량의 사고 관련 상황 감시 및 사고발생 시 사고 정보 전파
- 「도로교통법」에 따라 각 시·도경찰청장이 공고하는 통행금지 및 제한 구간, 「물환경보전법」에 따른 상수원보호구역 등 통행제한 구간, 그 밖에 국토교통부령으로 정하는 통행제한 구간에 진입한 위험물질 운송차량에 대한 통행금지 알림 및 관계 기관 등에 해당 위험물질 운송차량의 통행제한구간 진입 사실 전파
- 관계 행정기관과의 위험물질운송안전관리시스템 공동 활용 체계 구축
- 그 밖에 위험물질 운송차량의 사고예방 및 사고발생 시 신속한 방재 지원에 필요한 사항

둘째, 예산의 범위에서 위험물질운송안전관리센터의 설치 및 운영을 대행하는 데 필요한 예산을 지원할 수 있다. 위험물질운송안전관리센터의 운영에 필요한 정보를 수집·관리 및 활용하는 자(위험물질운송안전관리센터의 설치 및 운영을 대행하는 한국교통안전공단의 임직원과 정보를 공동으로 활용하는 관계 행정기관의 소속 직원을 포함한다)는 취득한 정보를 목적 외의 용도로 사용하여서는 아니 된다. 관계 행정기관의 장은 위험물질운송안전관리시스템을 통하여 위험물질운송안전관리센터가 수집·관리하는 정보를 공동으로 활용할 수 있다.

셋째, 위험물질운송안전관리센터의 운영을 위하여 필요한 경우에는 관계 행정기관 및 공공기관·법인 등관계 행정기관의 장에게 소속 공무원 또는 임직원의 파견과 자료 및 정보의 제공 등 업무 수행에 필요한 협조를 요청할 수 있다. 이 경우 요청을 받은 관계 행정기관 등의 장은 특별한 사유가 없으면 그 요청에 따라야 한다.

4. 위험물질 운송차량의 소유자 등의 의무 등

도로운송 시 위험물질운송안전관리센터의 감시가 필요한 위험물질을 운송하는 위험물질 운송차량 중 최대 적재량이 일정 기준 이상인 차량의 소유자는 위험물질운송안전관리시스템과 무선통신이 가능하고 위험물질 운송차량의 위치정보의 수집 등이 가능한 이동통신단말장치를 차량에 장착하여야 한다. 이 경우 도로운송 시 위험물질 운송안전관리센터의 감시가 필요한 위험물질의 종류 및 위험물질 운송차량의 최대 적재량 기준 등은 관계 중앙행정기관의 장과 협의를 거쳐 국토교통부령으로 정한다.

단말장치를 장착한 위험물질 운송차량의 소유자는 단말장치의 정상적인 작동 여부를 점검·관리하여야 하며, 단말장치 장착차량의 운전자는 위험물질을 운송하는 동안 단말장치의 작동을 유지하여야 한다.

국토교통부장관은 첫째, 위험물질 운송차량의 소유자가 단말장치를 장착·운용하는 데 필요한 비용의 전부 또는 일부를 지원할 수 있다. 단말장치의 장착·기술 기준 및 점검·관리 방법 등 단말장치의 장착·운용에 필요한 사항은 국토교통부령으로 정한다. 단말장치 장착차량의 소유자는 위험물질을 운송하려는 경우 사전에 국토교통부령으로 정하는 바에 따라 해당 차량의 운전자 정보, 운송하는 위험물질의 종류, 출발지 및 목적지 등 운송계획에 관한 정보를 위험물질운송안전관리시스템에 입력하여야 한다.

둘째, 단말장치의 장착·기술 기준 및 운송계획정보를 입력하기 위하여 필요한 사항을 정할 때에는 사전에 관계 중앙행정기관의 장과 협의하여야 한다.

셋째, 단말장치의 장착·운용 및 운송계획정보의 입력에 대한 위반 여부를 확인하기 위하여 관계 공무원 또는 위험물질운송단속원으로 하여금 위험물질 운송차량을 조사하게 하거나 위험물질 운송차량의 사업장에 출입하여 관련 서류 등을 조사하게 할 수 있다. 위험물질 운송차량의 소유자, 운전자 또는 관련 사업장의 관계인은 정당한 사유 없이 출입·조사를 거부·방해 또는 기피하여서는 아니 된다. 그리고 출입·조사를 하는 공무원 또는 위험물질운송단속원은 그 권한을 표시하는 증표를 지니고 이를 관계인에게 보여주어야 한다.

5. 단말장치의 장착 및 운행중지 명령

국토교통부장관은 첫째, 단말장치를 장착하지 아니하거나 단말장치의 장착·기술기준을 준수하지 아니한 자에게 국토교통부령으로 정하는 바에 따라 기간을 정하여 단말장치를 장착하거나 개선할 것을 명할 수 있다.

둘째, 조치명령을 받은 자가 그 명령을 이행하지 아니한 경우 그 위험물질 운송차량의 운행중지를 명할 수 있다.

6. 국가물류통합데이터베이스의 구축

국토교통부장관은 첫째, 해양수산부장관·산업통상자원부장관 및 관세청장과 협의하여 관계 행정기관, 물류관련기관 또는 물류기업 등이 구축한 단위물류정보망으로부터 필요한 정보를 제공받거나 물류현황조사에 따라 수집된 정보를 가공·분석하여 물류 관련 자료를 총괄하는 국가물류통합데이터베이스를 구축할 수 있다.

둘째, 국가물류통합데이터베이스의 구축을 위하여 필요한 경우 관계 행정기관, 지방자치단체, 물류관련기관 또는 물류기업 등에 대하여 자료의 제공을 요청할 수 있다.

1) 국토교통부장관은 국가물류통합정보센터의 전부 또는 일부를 운영하는 자를 지정하려는 경우에는 미리 물류시설분과위원회의 심의를 거쳐 신청방법 등을 정하여 30일 이상 관보 또는 인터넷 홈페이지에 이를 공고하여야 한다.
2) 국가물류통합정보센터운영자로 지정받으려는 자는 공고가 있는 때에 국토교통부령으로 정하는 지정신청서에 첨부서류를 갖추어 국토교통부장관에게 제출하여야 한다.

3) 국토교통부장관은 국가물류통합정보센터운영자를 지정하려는 경우에는 신청자의 사업수행 능력과 사업계획의 타당성 등을 종합적으로 검토하여야 한다.
4) 국토교통부장관은 국가물류통합정보센터운영자를 지정한 때에는 국토교통부령으로 정하는 지정증을 발급하고, 그 사실을 관보 또는 인터넷 홈페이지에 공고하여야 한다.
5) "자본금 2억 원 이상, 업무능력 등 대통령령으로 정하는 기준과 자격"이란 다음을 말한다.
   ① 자본금이 2억 원 이상일 것
   ② 다음의 시설장비를 갖출 것
      • 물류정보 및 이와 관련된 전자문서의 송신·수신·중계 및 보관 시설장비
      • 국가물류통합정보센터를 안전하게 운영하기 위한 보호 시설장비
      • 국가물류통합정보센터의 정보시스템 관리 및 복제·저장 시설장비
      • 국가물류통합정보센터에 보관된 물류정보와 전자문서의 송신·수신의 일자·시각 및 자취 등을 기록·관리하는 시설장비
      • 단위물류정보망 및 외국의 물류정보망과의 정보연계에 필요한 시설장비
   ③ 다음의 인력을 보유할 것
      • 물류관리사 1명 이상
      • 「국가기술자격법」에 따른 정보통신기사·정보처리기사 또는 전자계산기조직응용기사 이상의 국가기술자격이나 이와 동등한 자격이 있다고 국토교통부장관이 정하여 고시하는 사람 1명 이상
      • 「국가기술자격법」에 따른 정보통신분야(기술·기능 분야)에서 3년 이상 근무한 경력이 있는 사람 1명 이상
      • 물류정보의 처리·보관 및 전송 등을 위한 표준전자문서의 개발 또는 전자문서의 송신·수신 및 중계방식과 관련된 기술 분야에서 3년 이상 근무한 경력이 있는 사람 1명 이상
      • 국가물류통합정보센터의 시스템을 운영하고, 국가물류통합정보센터가 제공하는 물류정보의 이용자에 대한 상담이 가능한 전문요원 1명 이상

7. 국가물류통합정보센터의 설치·운영

국토교통부장관은 첫째, 국가물류통합데이터베이스를 구축하고 물류정보를 가공·

축적·제공하기 위한 통합정보체계를 갖추기 위하여 국가물류통합정보센터를 설치·운영할 수 있다.

둘째, 다음에 해당하는 자를 국가물류통합정보센터의 운영자로 지정할 수 있다.

- 중앙행정기관
- 대통령령으로 정하는 공공기관
- 「정부출연연구기관 등의 설립·운영 및 육성에 관한 법률」 또는 「과학기술분야 정부출연연구기관 등의 설립·운영 및 육성에 관한 법률」에 따른 정부출연연구기관, 물류관련협회
- 그 밖에 자본금 2억 원 이상, 업무능력 등 대통령령으로 정하는 기준과 자격을 갖춘 「상법」상의 주식회사

셋째, 해양수산부장관·산업통상자원부장관 및 관세청장과 협의하여 국가물류통합정보센터의 효율적인 운영을 위하여 지정된 자에게 필요한 지원을 할 수 있다.

8. 지정의 취소 등

국토교통부장관은 국가물류통합정보센터운영자가 다음에 해당하는 경우에는 그 지정을 취소할 수 있다.

- 거짓이나 그 밖의 부정한 방법으로 지정을 받은 경우(반드시 취소)
- 지정기준에 미달하게 된 경우
- 국가물류통합정보센터운영자가 국가물류통합데이터베이스의 물류정보를 영리를 목적으로 사용한 경우

9. 전자문서의 이용·개발

물류기업, 물류관련기관 및 물류 관련 단체가 대통령령으로 정하는 물류에 관한 업무를 전자문서로 처리하려는 경우에는 국토교통부령으로 정하는 전자문서를 이용하여야 한다.

국토교통부장관은 해양수산부장관 및 산업통상자원부장관과 협의하여 표준전자문서의 개발·보급계획을 수립하여야 한다.

10. 전자문서 및 물류정보의 보안

누구든지 단위물류정보망 또는 전자문서를 위작(僞作) 또는 변작(變作)하거나 위작 또는 변작된 전자문서를 행사하여서는 아니 된다.

누구든지 국가물류통합정보센터 또는 단위물류정보망에서 처리·보관 또는 전송되는 물류정보를 훼손하거나 그 비밀을 침해·도용(盜用) 또는 누설하여서는 아니 된다.

국가물류통합정보센터운영자 또는 단위물류정보망 전담기관은 전자문서 및 정보처리장치의 파일에 기록되어 있는 물류정보를 대통령령으로 정하는 기간 동안 보관하여야 하며, 전자문서 및 물류정보의 보안에 필요한 보호조치를 강구하여야 한다.

누구든지 불법 또는 부당한 방법으로 보호조치를 침해하거나 훼손하여서는 아니 된다.

11. 전자문서 및 물류정보의 공개

국가물류통합정보센터운영자 또는 단위물류정보망 전담기관은 대통령령으로 정하는 경우를 제외하고는 전자문서 또는 물류정보를 공개하여서는 아니 된다. “대통령령으로 정하는 물류에 관한 업무” 및 “대통령령으로 정하는 물류시설의 이용 등 관련 업무”란 각각 법 및 다음의 법률과 이에 따른 명령에 의한 업무 중 물류시설의 개발 및 이용, 물류사업의 지원, 물류사업에 대한 각종 신청 및 신고 그 밖에 물류관리와 관련된 업무를 말한다.

- 「선박의 입항 및 출항 등에 관한 법률」
- 「검역법」
- 「도선법」
- 「물류시설의 개발 및 운영에 관한 법률」
- 「상법」
- 「철도사업법」
- 「공항시설법」
- 「항만법」
- 「항만운송사업법」
- 「해운법」
- 「화물자동차 운수사업법」
- 그 밖에 국토교통부장관이 관계 중앙행정기관의 장과 협의하여 고시하는 법률

국가물류통합정보센터운영자 또는 단위물류정보망 전담기관이 전자문서 또는 물류정보를 공개하려는 때에는 미리 대통령령으로 정하는 이해관계인의 동의를 받아야 한다.

12. 전자문서 이용의 촉진

국토교통부장관은 해양수산부장관 및 산업통상자원부장관과 협의하여 물류기업, 물류관련기관 및 물류 관련 단체에 대통령령으로 정하는 물류시설의 이용 등 관련 업무를 전자문서로 처리할 것을 요청할 수 있다.

국토교통부장관은 해양수산부장관 및 산업통상자원부장관과 협의하여 전자문서로 업무를 처리하는 물류기업에 대하여 물류관련기관으로 하여금 해당 화물의 우선처리·요금할인 등 우대조치를 할 것을 요청할 수 있다.

제9절 국가 물류보안 시책의 수립 및 지원 등

1. 국가 물류보안 시책의 수립 및 지원

국토교통부장관은 관계 중앙행정기관의 장과 협의하여 국가 물류보안 수준을 향상시키기 위하여 물류보안 관련 제도 및 물류보안 기술의 표준을 마련하는 등 국가 물류보안 시책을 수립·시행하여야 하며, 물류기업 또는 화주기업이 다음에 해당하는 활동을 하는 경우에는 행정적·재정적 지원을 할 수 있다.

- 물류보안 관련 시설·장비의 개발·도입
- 물류보안 관련 제도·표준 등 국가 물류보안 시책의 준수
- 물류보안 관련 교육 및 프로그램의 운영
- 그 밖에 대통령령으로 정하는 물류보안 활동

2. 물류보안 관련 국제협력 증진

국토교통부장관은 관계 중앙행정기관의 장과 협의하여 물류보안 관련 국제협력의

증진을 위한 시책을 수립·시행하여야 한다.

물류보안 관련 국제협력을 위한 외국 및 국제기구와의 물류보안 관련 공동연구, 전문인력의 상호파견, 물류보안 기술개발 정보의 공유 등 물류보안 관련 국제협력을 위하여 필요한 사항은 대통령령으로 정한다.

제10절 물류산업의 경쟁력 강화

1. 물류산업의 육성 등

국토교통부장관 및 해양수산부장관은 화주기업에 대하여 운송·보관·하역 등의 물류서비스를 일관되고 통합된 형태로 제공하는 물류기업을 우선적으로 육성하는 등 물류산업의 경쟁력을 강화하는 시책을 강구하여야 한다.

국토교통부장관·해양수산부장관 또는 산업통상자원부장관은 물류기업의 육성을 위하여 다음의 조치를 할 수 있다.

1) 이 법 또는 대통령령으로 정하는 물류 관련 법률에 따라 국가 또는 지방자치단체의 지원을 받는 물류시설에의 우선 입주를 위한 지원, 여기서 "대통령령으로 정하는 물류 관련 법률"이란 다음의 법률을 말한다.
   - 물류정책기본법 제24조제1호부터 제11호까지의 법률
   - 「유통산업발전법」
   - 「농수산물유통 및 가격안정에 관한 법률」
   - 그 밖에 국토교통부장관이 농림축산식품부장관, 산업통상자원부장관 또는 해양수산부장관과 협의하여 고시하는 법률
2) 물류시설·장비의 확충, 물류 표준화·정보화 등 물류효율화에 필요한 자금의 원활한 조달을 위하여 필요한 지원

2. 제3자물류의 촉진

국토교통부장관은 해양수산부장관 및 산업통상자원부장관과 협의하여 첫째, 화주기업과 물류기업의 제3자물류 촉진을 위한 시책을 수립·시행하고 지원하여야 한다.

둘째, 화주기업 또는 물류기업이 다음 각 호의 어느 하나에 해당하는 활동을 하는 때에는 행정적·재정적 지원을 할 수 있다.

- 제3자물류를 활용하기 위한 목적으로 화주기업이 물류시설을 매각·처분하거나 물류기업이 물류시설을 인수·확충하려는 경우
- 제3자물류를 활용하기 위한 목적으로 물류컨설팅을 받으려는 경우
- 그 밖에 제3자물류 촉진을 위하여 필요하다고 인정하는 경우

셋째, 제3자물류 활용을 촉진하기 위하여 제3자물류 활용의 우수사례를 발굴하고 홍보할 수 있다.

3. 물류신고센터의 설치 등

국토교통부장관 또는 해양수산부장관은 물류시장의 건전한 거래질서를 조성하기 위하여 물류신고센터를 설치·운영할 수 있다.

누구든지 물류시장의 건전한 거래질서를 해치는 다음의 행위로 분쟁이 발생하는 경우 그 사실을 물류신고센터에 신고할 수 있다.

- 화물의 운송·보관·하역 등에 관하여 체결된 계약을 정당한 사유 없이 이행하지 아니하거나 일방적으로 계약을 변경하는 행위
- 화물의 운송·보관·하역 등의 단가를 인하하기 위하여 고의적으로 재입찰하거나 계약단가 정보를 노출하는 행위
- 화물의 운송·보관·하역 등에 관하여 체결된 계약의 범위를 벗어나 과적·금전 등을 제공하도록 강요하는 행위
- 화물의 운송·보관·하역 등에 관하여 유류비의 급격한 상승 등 비용 증가분을 계약단가에 반영하는 것을 지속적으로 회피하는 행위

4. 보고 및 조사 등

국토교통부장관 또는 해양수산부장관은 첫째, 신고의 내용이 타인이나 국가 또는 지역 경제에 피해를 발생시키거나 발생시킬 우려가 있다고 인정하는 때에는 국토교통부령 또는 해양수산부령으로 정하는 바에 따라 해당 화주기업 또는 물류기업 등 이해관계인에게 조정을 권고할 수 있다.

둘째, 신고의 내용이 「독점규제 및 공정거래에 관한 법률」, 「하도급거래 공정화에 관한 법률」, 「대리점거래의 공정화에 관한 법률」 등 다른 법률을 위반하였다고 판단되는 때에는 관계부처에 신고의 내용을 통보하여야 한다.

셋째, 조정의 권고를 위하여 필요한 경우 해당 화주기업 또는 물류기업 등 이해관계인에게 국토교통부령 또는 해양수산부령으로 정하는 자료를 제출하게 하거나 보고하게 할 수 있다.

넷째, 조정의 권고를 위하여 필요한 경우 관계 공무원으로 하여금 해당 화주기업 또는 물류기업 등 이해관계인의 사업장 또는 그 밖의 장소에 출입하여 장부나 서류, 그 밖의 물건을 조사하게 할 수 있다. 이 경우 조사를 하는 공무원은 그 권한을 표시하는 증표를 지니고 이를 관계인에게 내보여야 한다.

제 11 절 우수물류기업의 인증

1. 우수물류기업의 인증 등

국토교통부장관 및 해양수산부장관은 첫째, 물류기업의 육성과 물류산업 발전을 위하여 소관 물류기업을 각각 우수물류기업으로 인증할 수 있다. 우수물류기업의 인증은 물류사업별로 운영할 수 있으며, 각 사업별 인증의 주체와 대상 등에 필요한 사항은 대통령령으로 정한다.

둘째, 인증을 받은 자가 우수물류기업 선정을 위한 인증의 기준·절차·방법·점검 및 인증표시의 방법 등에 필요한 요건을 유지하는지의 여부를 대통령령으로 정하는 바에 따라 점검할 수 있다.

2. 인증우수물류기업 인증의 취소 등

국토교통부장관 또는 해양수산부장관은 소관 인증우수물류기업이 다음에 해당하는 경우에는 그 인증을 취소할 수 있다.

- 거짓이나 그 밖의 부정한 방법으로 인증을 받은 경우(반드시 취소)
- 물류사업으로 인하여 공정거래위원회로부터 시정조치 또는 과징금 부과 처분을

받은 경우
- 점검을 정당한 사유 없이 3회 이상 거부한 경우
- 인증기준에 맞지 아니하게 된 경우
- 다른 사람에게 자기의 성명 또는 상호를 사용하여 영업을 하게 하거나 인증서를 대여한 때

인증우수물류기업은 우수물류기업의 인증이 취소된 경우에는 인증서를 반납하고, 인증마크의 사용을 중지하여야 한다.

3. 인증심사대행기관

국토교통부장관 및 해양수산부장관은 첫째, 우수물류기업의 인증과 관련하여 우수물류기업 인증심사 대행기관을 공동으로 지정하여 다음의 업무를 하게 할 수 있다.

1) 인증신청의 접수
2) 제38조제4항[5]의 요건에 맞는지에 대한 심사
3) 제38조제3항[6]에 따른 점검의 대행
4) 그 밖에 인증업무를 원활히 수행하기 위하여 대통령령으로 정하는 지원업무, 여기서 "대통령령으로 정하는 지원업무"란 다음의 업무를 말한다.
   - 인증의 심사방법, 심사절차 등 인증업무에 대한 세부규정 마련
   - 인증심사 계획 및 점검 계획의 수립 및 결과 보고
   - 인증심사위원의 관리
   - 인증제도 및 인증우수물류기업에 대한 홍보
   - 인증제도에 대한 연구
   - 그 밖에 공동부령으로 정하는 업무

둘째, 심사대행기관을 지정하였을 때에는 그 사실을 관보에 공고하여야 한다. 심사대행기관은 대통령령으로 정하는 바에 따라 다음의 어느 하나에 해당하는 기관 중에

---

5) 물류정책기본법 제38조 4항 : ④ 제1항에 따른 우수물류기업 선정을 위한 인증의 기준·절차·방법·점검 및 인증표시의 방법 등에 필요한 사항은 국토교통부와 해양수산부의 공동부령(이하 "공동부령"이라 한다)으로 정한다.
6) 물류정책기본법 제38조 3항 : ③ 국토교통부장관 또는 해양수산부장관은 제1항에 따라 인증을 받은 자(이하 "인증우수물류기업"이라 한다)가 제4항의 요건을 유지하는지의 여부를 대통령령으로 정하는 바에 따라 점검할 수 있다.

서 지정한다.

- 공공기관
- 정부출연연구기관

심사대행기관의 장은 업무를 수행할 때 필요한 경우에는 관계 행정기관 또는 관련 있는 기관에 협조를 요청할 수 있다. 심사대행기관의 조직 및 운영 등에 필요한 사항은 공동부령으로 정한다.

셋째, 심사대행기관을 지도·감독하고, 그 운영비의 일부를 지원할 수 있다.

4. 심사대행기관의 지정취소

국토교통부장관 및 해양수산부장관은 심사대행기관이 다음에 해당하는 경우에는 공동으로 그 지정을 취소할 수 있다.

- 거짓 또는 부정한 방법으로 지정을 받은 경우(반드시 취소)
- 고의 또는 중대한 과실로 인증 기준 및 절차를 위반한 경우
- 정당한 사유 없이 인증업무를 거부한 경우

5. 인증서와 인증마크

국토교통부장관 또는 해양수산부장관은 소관 인증우수물류기업에 대하여 인증서를 교부하고, 인증을 나타내는 표시(인증마크)를 제정하여 인증우수물류기업이 사용하게 할 수 있다.

인증마크의 도안 및 표시방법 등에 대하여는 공동부령으로 정하는 바에 따라 국토교통부장관 및 해양수산부장관이 공동으로 정하여 고시한다.

인증우수물류기업이 아닌 자는 거짓의 인증마크를 제작·사용하거나 그 밖의 방법으로 인증우수물류기업임을 사칭하여서는 아니 된다.

6. 인증우수물류기업 및 우수녹색물류실천기업에 대한 지원

국가·지방자치단체 또는 공공기관은 인증우수물류기업 또는 우수녹색물류실천기업에 대하여 대통령령으로 정하는 바에 따라 행정적·재정적 지원을 할 수 있다.

1) 국가·지방자치단체 또는 공공기관은 스스로 운영·관리하는 다음의 시설에 물류시설 우선입주대상자나 그 밖의 자보다 인증우수물류기업 또는 지정을 받은 우수녹색물류실천기업을 우선 입주하게 할 수 있다.
   - 「물류시설의 개발 및 운영에 관한 법률」에 따른 복합물류터미널·일반물류터미널 또는 물류단지
   - 「항만법」에 따른 항만배후단지 중 물류시설
   - 「산업입지 및 개발에 관한 법률」에 따른 산업단지 중 물류시설
   - 「철도산업발전기본법」에 따른 철도시설 중 물류시설 및 그 부대시설
   - 「공항시설법」에 따른 공항시설 중 공항구역 안에 있는 화물의 운송을 위한 시설과 그 부대시설 및 지원시설
   - 「유통산업발전법」에 따른 집배송시설 및 공동집배송센터
   - 그 밖에 국토교통부장관과 해양수산부장관이 관계 중앙행정기관의 장과 협의하여 공동으로 고시하는 물류 관련 시설

국가 또는 지방자치단체는 시설을 운영·관리하는 자에 대하여 물류시설 우선입주대상자나 그 밖의 자보다 인증우수물류기업 또는 우수녹색물류실천기업을 우선 입주하게 할 것을 권고할 수 있다.

국가 또는 지방자치단체는 인증우수물류기업이 다음의 사업을 수행하는 경우에는 다른 물류기업에 우선하여 소요자금의 일부를 융자하거나 부지의 확보를 위한 지원 등을 할 수 있다.

- 물류시설의 확충
- 물류정보화·표준화 또는 공동화
- 첨단물류기술의 개발 및 적용
- 환경친화적 물류활동
- 그 밖에 물류사업을 효율적으로 운영하기 위하여 필요한 사항으로서 공동부령으로 정하는 사항

국가 또는 지방자치단체는 인증우수물류기업이 해외시장을 개척하는 경우에는 지원 외에 다음의 사항을 우선적으로 지원할 수 있다.

- 법 제49조[7]에 따른 자금 지원

---

7) 물류정책기본법 제49조 : (자금의 지원) 국가는 국제물류주선업의 육성을 위하여 필요하다고 인정하는 경우에는 국제물류주선업자에게 그 사업에 필요한 소요자금의 융자 등 필요한 지원을 할 수 있다.

• 해외시장 개척에 소요되는 비용 지원

2) 국가 또는 지방자치단체는 인증우수물류기업에 대하여 다음의 자금을 우선적으로 지원할 수 있다.
   • 「물류시설의 개발 및 운영에 관한 법률」에 따른 자금
   • 「화물자동차 운수사업법」에 따른 자금

제12절 국제물류주선업

1. 국제물류주선업의 등록

국제물류주선업을 경영하려는 자는 국토교통부령으로 정하는 바에 따라 시·도지사에게 등록하여야 한다.

국제물류주선업을 등록한 국제물류주선업자가 등록한 사항 중 국토교통부령으로 정하는 중요한 사항을 변경하려는 경우에는 국토교통부령으로 정하는 바에 따라 변경등록을 하여야 한다. 등록을 하려는 자는 3억 원 이상의 자본금(법인이 아닌 경우에는 6억 원 이상의 자산평가액을 말한다)을 보유하고 그 밖에 대통령령으로 정하는 기준을 충족하여야 한다. 여기서 "대통령령으로 정하는 기준"이란 다음에 해당하는 경우를 제외하고는 1억 원 이상의 보증보험에 가입하여야 하는 것을 말한다.

• 자본금 또는 자산평가액이 10억 원 이상인 경우
• 컨테이너장치장을 소유하고 있는 경우
• 「은행법」에 따른 은행으로부터 1억 원 이상의 지급보증을 받은 경우
• 1억 원 이상의 화물배상책임보험에 가입한 경우

국제물류주선업자는 등록기준에 관한 사항을 3년이 경과할 때마다 국토교통부령으로 정하는 바에 따라 신고하여야 한다.

2. 등록의 결격사유

다음에 해당하는 자는 국제물류주선업의 등록을 할 수 없으며, 외국인 또는 외국의

법령에 따라 설립된 법인의 경우에는 해당 국가의 법령에 따라 다음의 어느 하나에 해당하는 경우에도 또한 같다.

1) 피성년후견인 또는 피한정후견인
2) 이 법, 「화물자동차 운수사업법」, 「항공사업법」, 「항공안전법」, 「공항시설법」 또는 「해운법」을 위반하여 금고 이상의 실형을 선고받고 그 집행이 종료(집행이 종료된 것으로 보는 경우를 포함한다)되거나 집행이 면제된 날부터 2년이 지나지 아니한 자
3) 이 법, 「화물자동차 운수사업법」, 「항공사업법」, 「항공안전법」, 「공항시설법」 또는 「해운법」을 위반하여 금고 이상의 형의 집행유예를 선고받고 그 유예기간 중에 있는 자
4) 이 법, 「화물자동차 운수사업법」, 「항공사업법」, 「항공안전법」, 「공항시설법」 또는 「해운법」을 위반하여 벌금형을 선고받고 2년이 지나지 아니한 자
5) 등록이 취소된 후 2년이 지나지 아니한 자
6) 법인으로서 대표자가 1)부터 5)까지의 어느 하나에 해당하는 경우
7) 법인으로서 대표자가 아닌 임원 중에 2)부터 5)까지의 어느 하나에 해당하는 사람이 있는 경우

3. 사업의 승계

국제물류주선업자가 그 사업을 양도하거나 사망한 때 또는 법인이 합병한 때에는 그 양수인·상속인 또는 합병 후 존속하는 법인이나 합병으로 설립되는 법인은 국제물류주선업의 등록에 따른 권리·의무를 승계한다.

국제물류주선업의 등록에 따른 권리·의무를 승계한 자는 국토교통부령으로 정하는 바에 따라 시·도지사에게 신고하여야 한다. 승계받은 자의 결격사유에 관하여는 제44조[8])를 준용한다.

---

8) 물류정책기본법 제44조 : 제44조(등록의 결격사유) 다음 각 호의 어느 하나에 해당하는 자는 국제물류주선업의 등록을 할 수 없으며, 외국인 또는 외국의 법령에 따라 설립된 법인의 경우에는 해당 국가의 법령에 따라 다음 각 호의 어느 하나에 해당하는 경우에도 또한 같다.
   1. 피성년후견인 또는 피한정후견인
   2. 이 법, 「화물자동차 운수사업법」, 「항공사업법」, 「항공안전법」, 「공항시설법」 또는 「해운법」을 위반하여 금고 이상의 실형을 선고받고 그 집행이 종료(집행이 종료된 것으로 보는 경우를 포함한다)되거나 집행이 면제된 날부터 2년이 지나지 아니한 자
   3. 이 법, 「화물자동차 운수사업법」, 「항공사업법」, 「항공안전법」, 「공항시설법」 또는 「해운법」

4. 사업의 휴업·폐업 관련 정보의 제공 요청

시·도지사는 국제물류주선업자의 휴업·폐업 사실을 확인하기 위하여 필요한 경우에는 관할 세무관서의 장에게 대통령령으로 정하는 바에 따라 휴업·폐업에 관한 과세정보의 제공을 요청할 수 있다. 이 경우 요청을 받은 세무관서의 장은 정당한 사유가 없으면 그 요청에 따라야 한다.

5. 등록의 취소 등

시·도지사는 국제물류주선업자가 다음의 어느 하나에 해당하는 경우에는 등록을 취소하거나 6개월 이내의 기간을 정하여 사업의 전부 또는 일부의 정지를 명할 수 있다.

- 거짓이나 그 밖의 부정한 방법으로 등록을 한 경우(반드시 취소)
- 등록기준에 못 미치게 된 경우
- 신고를 하지 아니하거나 거짓으로 신고한 경우
- 다만, 그 지위를 승계 받은 상속인이 상속일 부터 3개월 이내에 그 사업을 다른 사람에게 양도한 경우와 법인이 그 사유가 발생한 날부터 3개월 이내에 해당 임원을 개임한 경우에는 그러하지 아니하다.(반드시 취소)
- 다른 사람에게 자기의 성명 또는 상호를 사용하여 영업을 하게 하거나 등록증을 대여한 경우(반드시 취소)

을 위반하여 금고 이상의 형의 집행유예를 선고받고 그 유예기간 중에 있는 자

4. 이 법, 「화물자동차 운수사업법」, 「항공사업법」, 「항공안전법」, 「공항시설법」 또는 「해운법」을 위반하여 벌금형을 선고받고 2년이 지나지 아니한 자
5. 제47조제1항에 따라 등록이 취소(이 조 제1호에 해당하여 등록이 취소된 경우는 제외한다)된 후 2년이 지나지 아니한 자
6. 법인으로서 대표자가 제1호부터 제5호까지의 어느 하나에 해당하는 경우
7. 법인으로서 대표자가 아닌 임원 중에 제2호부터 제5호까지의 어느 하나에 해당하는 사람이 있는 경우

제13절 물류인력의 양성

1. 물류인력의 양성

국토교통부장관·해양수산부장관 또는 시·도지사는 첫째, 대통령령으로 정하는 물류분야의 기능인력 및 전문인력을 양성하기 위하여 다음의 사업을 할 수 있다.

- 화주기업 및 물류기업에 종사하는 물류인력의 역량강화를 위한 교육·연수
- 물류체계 효율화 및 국제물류 활성화를 위한 선진기법, 교육프로그램 및 교육교재의 개발·보급
- 외국 물류대학의 국내유치활동 지원 및 국내대학과 외국대학 간의 물류교육 프로그램의 공동 개발활동 지원
- 물류시설의 운영과 물류장비의 조작을 담당하는 기능인력의 양성·교육
- 그 밖에 신규 물류인력 양성, 물류관리사 재교육 또는 외국인 물류인력 교육을 위하여 필요한 사업

둘째, 다음에 해당하는 자가 사업을 하는 경우에는 예산의 범위에서 사업수행에 필요한 경비의 전부나 일부를 지원할 수 있다.

- 정부출연연구기관
- 「고등교육법」 또는 「경제자유구역 및 제주국제자유도시의 외국교육기관 설립·운영에 관한 특별법」에 따라 설립된 대학이나 대학원
- 그 밖에 국토교통부령 또는 해양수산부령으로 정하는 물류연수기관

셋째, 필요한 경우 국토교통부령 또는 해양수산부령으로 정하는 바에 따라 전문물류 인력양성 사업을 전문교육기관에 위탁하여 실시할 수 있다.

시·도지사는 전문물류인력 양성사업 등을 하려는 경우에는 중복을 방지하기 위하여 미리 국토교통부장관 및 해양수산부장관과 협의하고, 그 내용을 지역물류기본계획과 지역물류시행계획에 반영하여야 한다.

2. 물류관리사 자격시험

물류관리사는 물류에 관한 전문지식이 필요한 사항에 대하여 계획·조사·연구·진

단 및 평가 또는 이에 관한 상담·자문 기타 물류관리에 필요한 직무를 수행하는 자로서 국토교통부장관이 실시하는 시험에 합격한 자를 말한다.

- 물류관리사가 되려는 자는 국토교통부장관이 실시하는 시험에 합격하여야 한다.
- 시험에 응시하여 부정행위를 한 자에 대하여는 그 시험을 무효로 한다.
- 처분을 받은 자는 그 처분을 받은 날부터 3년간 시험에 응시할 수 없다.
- 시험의 시기, 절차, 방법, 시험과목, 출제, 응시자격 및 자격증 발급 등에 필요한 사항은 대통령령으로 정한다.
- 국토교통부장관은 시험의 관리 및 자격증 발급 등에 관한 업무를 대통령령으로 정하는 바에 따라 능력이 있다고 인정되는 관계 전문기관 및 단체에 위탁할 수 있다.

3. 물류관리사 자격의 취소

국토교통부장관은 물류관리사가 다음에 해당하는 때에는 그 자격을 취소할 수 있다.

- 물류관리사 자격을 부정한 방법으로 취득한 때(반드시 취소)
- 등록증 대여 등의 금지를 위반하여 다른 사람에게 자기의 성명을 사용하여 영업을 하게 하거나 자격증을 대여한 때

4. 물류관리사 고용사업자에 대한 우선지원

국토교통부장관 또는 시·도지사는 물류관리사를 고용한 물류관련 사업자에 대하여 다른 사업자보다 우선하여 행정적·재정적 지원을 할 수 있다.

■ 물류정책기본법 시행령 [별표 2]

물류관리사 시험과목

시험과목	비고
○물류관리론	화물운송론·보관하역론 및 국제물류론은 제외한다.
○화물운송론	
○보관하역론	
○국제물류론	
○물류 관련 법규	「물류정책기본법」, 「물류시설의 개발 및 운영에 관한 법률」, 「화물자동차 운수사업법」, 「항만운송사업법」, 「유통산업발전법」, 「철도사업법」, 「농수산물유통 및 가격안정에 관한 법률」 중 물류 관련 규정으로 한다.

시·도지사는 행정적·재정적 지원을 하려는 경우에는 중복을 방지하기 위하여 미리 국토교통부장관과 협의하여야 한다.

제14절 물류 관련 단체의 육성

1. 물류관련협회 등

물류기업, 화주기업, 그 밖에 물류활동과 관련된 자는 물류체계를 효율화하고 업계의 건전한 발전 및 공동이익을 도모하기 위하여 필요할 경우 대통령령으로 정하는 바에 따라 물류관련협회를 설립할 수 있다. 다만, 다른 법률에서 달리 정하고 있는 경우는 제외한다.

물류관련협회를 설립하려는 경우에는 해당 협회의 회원이 될 자격이 있는 기업 100개 이상이 발기인으로 정관을 작성하여 해당 협회의 회원이 될 자격이 있는 기업 200개 이상이 참여한 창립총회의 의결을 거친 후 소관에 따라 국토교통부장관 또는 해양수산부장관의 설립인가를 받아야 한다.

물류관련협회는 설립인가를 받아 설립등기를 함으로써 성립하며, 법인으로 한다. 물류관련협회에 관하여 이 법에 규정한 것 외에는 「민법」 중 사단법인에 관한 규정을 준용한다.

국토교통부장관 및 해양수산부장관은 물류관련협회의 발전을 위하여 필요한 경우에는 물류관련협회를 행정적·재정적으로 지원할 수 있다.

2. 민·관 합동 물류지원센터

국토교통부장관·해양수산부장관·산업통상자원부장관 및 대통령령으로 정하는 물류관련협회 및 물류관련 전문기관·단체는 공동으로 물류체계 효율화를 통한 국가경쟁력을 강화하고 국제물류사업을 효과적으로 추진하기 위하여 물류지원센터를 설치·운영할 수 있다.

물류지원센터는 다음의 업무를 수행한다.

- 국내물류기업의 해외진출 및 해외물류기업의 국내투자유치 지원

- 물류산업의 육성·발전을 위한 조사·연구
- 그 밖에 물류 공동화 및 정보화 지원 등 물류체계 효율화를 위하여 필요한 업무

국토교통부장관·해양수산부장관 또는 산업통상자원부장관은 물류지원센터를 효율적으로 운영하기 위하여 필요한 경우 행정적·재정적인 지원을 할 수 있다.

제15절 물류의 선진화 및 국제화

1. 물류 관련 신기술·기법의 연구개발 및 보급 촉진 등

국토교통부장관·해양수산부장관 또는 시·도지사는 첫째, 첨단화물운송체계·클라우드컴퓨팅·무선주파수인식 등 물류 관련 신기술·기법 등 물류신기술의 연구개발 및 이를 통한 첨단 물류시설·장비·운송수단 등 첨단물류시설등의 보급·촉진을 위한 시책을 마련하여야 한다.

둘째, 물류기업이 다음의 활동을 하는 경우에는 이에 필요한 행정적·재정적 지원을 할 수 있다.

- 물류신기술을 연구개발하는 경우
- 기존 물류시설·장비·운송수단을 첨단물류시설 등으로 전환하거나 첨단물류시설 등을 새롭게 도입하는 경우
- 그 밖에 물류신기술 및 첨단물류시설 등의 개발·보급을 위하여 대통령령으로 정하는 사항

국토교통부장관 또는 해양수산부장관은 물류신기술·첨단물류시설등 중 성능 또는 품질이 우수하다고 인정되는 경우 우수한 물류신기술·첨단물류시설등으로 지정하여 이의 보급·활용에 필요한 행정적·재정적 지원을 할 수 있다.

시·도지사는 제1항 또는 제2항의 조치를 하려는 경우에는 중복을 방지하기 위하여 미리 국토교통부장관 및 해양수산부장관과 협의하고, 그 내용을 지역물류기본계획과 지역물류시행계획에 반영하여야 한다.

2. 물류 관련 연구기관 및 단체의 육성 등

국토교통부장관·해양수산부장관 또는 시·도지사는 첫째, 물류 관련 기술의 진흥 및 물류신기술의 연구개발을 위하여 관련 연구기관 및 단체를 지도·육성하여야 한다.

둘째, 물류 관련 기술의 진흥 및 물류신기술의 연구개발을 위하여 필요하다고 인정하는 경우에는 공공기관 등으로 하여금 물류기술의 연구·개발에 투자하게 하거나 연구기관 및 단체에 출연하도록 권고할 수 있다.

셋째, 물류분야의 연구나 물류기술의 진흥 등에 현저한 기여를 했다고 인정되는 공공기관·물류기업 또는 개인 등에게 포상할 수 있다.

제16절 환경친화적 물류의 촉진

1. 환경친화적 물류의 촉진

국토교통부장관·해양수산부장관 또는 시·도지사는 첫째, 물류활동이 환경친화적으로 추진될 수 있도록 관련 시책을 마련하여야 한다.

둘째, 물류기업, 화주기업 또는 「화물자동차 운수사업법」개인 운송사업자가 환경친화적 물류활동을 위하여 다음의 활동을 하는 경우에는 행정적·재정적 지원을 할 수 있다.

- 환경친화적인 운송수단 또는 포장재료의 사용
- 기존 물류시설·장비·운송수단을 환경친화적인 물류시설·장비·운송수단으로 변경
- 그 밖에 대통령령으로 정하는 환경친화적 물류활동

시·도지사는 친환경적 물류의 촉진을 위한 조치를 하려는 경우에는 중복을 방지하기 위하여 미리 국토교통부장관 및 해양수산부장관과 협의하고, 그 내용을 지역물류기본계획과 지역물류시행계획에 반영하여야 한다.

2. 환경친화적 운송수단으로의 전환촉진

국토교통부장관·해양수산부장관 또는 시·도지사는 물류기업 및 화주기업에 대하

여 환경친화적인 운송수단으로의 전환을 권고하고 지원할 수 있다.

시·도지사는 환경친화적 운송수단으로의 전환촉진의 조치를 하려는 경우에는 중복을 방지하기 위하여 미리 국토교통부장관 및 해양수산부장관과 협의하고, 그 내용을 지역물류기본계획과 지역물류시행계획에 반영하여야 한다.

3. 녹색물류협의기구의 설치 등

국토교통부, 관계 행정기관, 물류관련협회, 물류관련 전문기관·단체, 물류기업 및 화주기업 등은 환경친화적 물류활동을 촉진하기 위하여 녹색물류협의기구를 설치·운영할 수 있다.

녹색물류협의기구는 다음의 업무를 수행한다.

- 환경친화적 물류활동 촉진을 위한 정책 개발·제안 및 심의·조정
- 물류기업과 화주기업의 환경친화적 협력체계 구축을 위한 정책과 사업의 개발 및 제안
- 환경친화적 물류활동 지원을 위한 사업의 심사 및 선정
- 환경친화적 물류활동 촉진을 위한 연구·개발, 홍보 및 교육 등

국토교통부장관은 녹색물류협의기구가 업무를 수행하는 데 필요한 행정적·재정적 지원을 할 수 있다.

4. 환경친화적 물류활동 우수기업 지정

국토교통부장관은 첫째, 환경친화적 물류활동을 모범적으로 하는 물류기업과 화주기업을 우수기업으로 지정할 수 있다. 우수기업으로 지정받으려는 자는 환경친화적 물류활동의 실적 등 국토교통부령으로 정하는 지정기준을 충족하여야 한다.

둘째, 지정을 받은 우수녹색물류실천기업이 요건을 유지하는지에 대하여 국토교통부령으로 정하는 바에 따라 점검을 할 수 있다.

5. 우수녹색물류실천기업 지정증과 지정표시

국토교통부장관은 우수녹색물류실천기업에 지정증을 발급하고, 지정을 나타내는

지정표시를 정하여 우수녹색물류실천기업이 사용하게 할 수 있다. 지정표시의 도안 및 표시 방법 등에 대해서는 국토교통부장관이 정하여 고시한다. 우수녹색물류실천기업이 아닌 자는 지정표시나 이와 유사한 표시를 하여서는 아니 된다.

6. 우수녹색물류실천기업의 지정취소 등

국토교통부장관은 우수녹색물류실천기업이 다음에 해당하는 경우에는 그 지정을 취소할 수 있다.

- 거짓이나 그 밖의 부정한 방법으로 지정을 받은 경우(반드시 취소)
- 요건을 충족하지 아니하게 된 경우
- 점검을 정당한 사유 없이 3회 이상 거부한 경우

우수녹색물류실천기업은 지정이 취소된 경우에는 지정증을 반납하고, 지정표시의 사용을 중지하여야 한다.

7. 우수녹색물류실천기업 지정심사대행기관

국토교통부장관은 우수녹색물류실천기업 지정과 관련하여 우수녹색물류실천기업 지정심사 대행기관을 지정하여 다음의 업무를 하게 할 수 있다.

- 우수녹색물류실천기업 지정신청의 접수
- 우수녹색물류실천기업의 지정기준에 충족하는지에 대한 심사
- 우수녹색물류실천기업에 대한 점검
- 그 밖에 지정업무를 원활히 수행하기 위하여 대통령령으로 정하는 지원업무

지정심사대행기관은 대통령령으로 정하는 바에 따라 다음에 해당하는 기관 중에서 지정한다.

- 공공기관
- 정부출연연구기관

8. 지정심사대행기관의 지정취소

국토교통부장관은 지정심사대행기관이 다음에 해당하는 경우에는 그 지정을 취소

할 수 있다.

- 거짓 또는 부정한 방법으로 지정을 받은 경우(반드시 취소)
- 고의 또는 중대한 과실로 지정 기준 및 절차를 위반한 경우
- 정당한 사유 없이 지정업무를 거부한 경우

제17절 국제물류의 촉진 및 지원

1. 국제물류사업의 촉진 및 지원

국토교통부장관·해양수산부장관 또는 시·도지사는 첫째, 국제물류협력체계 구축, 국내 물류기업의 해외진출, 해외 물류기업의 유치 및 환적(換積)화물의 유치 등 국제물류 촉진을 위한 시책을 마련하여야 한다.

둘째, 대통령령으로 정하는 물류기업 또는 관련 전문기관·단체가 추진하는 다음의 국제물류사업에 대하여 행정적인 지원을 하거나 예산의 범위에서 필요한 경비의 전부나 일부를 지원할 수 있다.

- 물류 관련 정보·기술·인력의 국제교류
- 물류 관련 국제 표준화, 공동조사, 연구 및 기술협력
- 물류 관련 국제학술대회, 국제박람회 등의 개최
- 해외 물류시장의 조사·분석 및 수집정보의 체계적인 배분
- 국가간 물류활동을 촉진하기 위한 지원기구의 설립
- 외국 물류기업의 유치
- 국내 물류기업의 해외 물류기업 인수 및 해외 물류 인프라 구축
- 그 밖에 국제물류사업의 촉진 및 지원을 위하여 필요하다고 인정되는 사항

국토교통부장관 및 해양수산부장관은 범정부차원의 지원이 필요한 국가간 물류협력체의 구성 또는 정부간 협정의 체결 등에 관하여는 미리 국가물류정책위원회의 심의를 거쳐야 한다.

국토교통부장관·해양수산부장관 또는 시·도지사는 물류기업 및 국제물류 관련 기관·단체의 국제물류활동을 촉진하기 위하여 필요한 행정적·재정적 지원을 할 수 있다.

시·도지사는 국제물류사업의 촉진 및 지원에 관한 조치를 하려는 경우에는 중복을

방지하기 위하여 미리 국토교통부장관 및 해양수산부장관과 협의하고, 그 내용을 지역물류기본계획과 지역물류시행계획에 반영하여야 한다.

2. 공동투자유치 활동

국토교통부장관·해양수산부장관 또는 시·도지사는 첫째, 물류시설에 외국인투자기업 및 환적화물을 효과적으로 유치하기 위하여 필요한 경우에는 해당 물류시설관리자(공항·항만 등 물류시설의 소유권 또는 개별 법령에 따른 관리·운영권을 인정받은 자) 또는 국제물류 관련 기관·단체와 공동으로 투자유치 활동을 수행할 수 있다. 물류시설관리자와 국제물류 관련 기관·단체는 공동투자 유치활동에 대하여 특별한 사유가 없는 한 적극 협조하여야 한다.

둘째, 효율적인 투자유치를 위하여 필요하다고 인정되는 경우에는 재외공관 등 관계 행정기관 및 「대한무역투자진흥공사법」에 따른 대한무역투자진흥공사 등 관련 기관·단체에 협조를 요청할 수 있다.

3. 투자유치활동 평가

국토교통부장관 및 해양수산부장관은 물류시설관리자의 외국인투자기업 및 환적화물에 대한 적극적인 유치활동을 촉진하기 위하여 필요한 경우에는 해당 물류시설관리자의 투자유치활동에 대한 평가를 할 수 있다.

투자유치활동의 평가대상기관, 평가방법 및 평가결과의 반영 등에 관한 사항은 대통령령으로 정한다.

제18절 보 칙

1. 업무소관의 조정

이 법에 따른 국토교통부장관·해양수산부장관 및 산업통상자원부장관의 업무소관이 중복되는 경우에는 서로 협의하여 업무소관을 조정한다.

2. 권한의 위임 및 사무의 위탁

이 법에 따른 국토교통부장관·해양수산부장관 및 산업통상자원부장관의 권한은 그 일부를 대통령령으로 정하는 바에 따라 소속 기관의 장 또는 시·도지사에게 위임할 수 있다.

이 법에 따른 국토교통부장관·해양수산부장관·산업통상자원부장관 또는 시·도지사의 업무는 대통령령으로 정하는 바에 따라 그 일부를 관계 기관·단체 또는 법인에 위탁할 수 있다.

3. 등록증 대여 등의 금지

인증우수물류기업·국제물류주선업자·물류관리사 및 우수녹색물류실천기업은 다른 사람에게 자기의 성명 또는 상호를 사용하여 사업을 하게 하거나 그 인증서·등록증·지정증 또는 자격증을 대여하여서는 아니된다.

- 물류관리사는 다른 사람에게 자기의 성명을 사용하여 사업을 하게 하거나 물류관리사 자격증을 대여하여서는 아니 된다.
- 누구든지 물류관리사로부터 그 성명을 빌려 사업을 하거나 물류관리사 자격증을 대여 받아서는 아니 되며, 이를 알선하여서도 아니 된다.

4. 과징금

시·도지사는 국제물류주선업자에게 사업의 정지를 명하여야 하는 경우로서 그 사업의 정지가 해당 사업의 이용자 등에게 심한 불편을 주는 경우에는 그 사업정지 처분을 갈음하여 1천만원 이하의 과징금을 부과할 수 있다.

과징금을 부과하는 위반행위의 종별 및 그 정도에 따른 과징금의 금액, 그 밖에 필요한 사항은 대통령령으로 정한다.

과징금을 기한 내에 납부하지 아니한 때에는 시·도지사는 「지방행정제재·부과금의 징수 등에 관한 법률」에 따라 징수한다.

5. 청문

국토교통부장관, 해양수산부장관, 시·도지사 및 행정기관은 다음에 해당하는 취소를 하려면 청문을 하여야 한다.

- 단위물류정보망 전담기관에 대한 지정의 취소
- 국가물류통합정보센터운영자에 대한 지정의 취소
- 인증우수물류기업에 대한 인증의 취소
- 심사대행기관 지정의 취소
- 국제물류주선업자에 대한 등록의 취소
- 물류관리사 자격의 취소
- 우수녹색물류실천기업의 지정취소
- 지정심사대행기관의 지정취소

6. 수수료

다음에 해당하는 신청을 하는 자는 국토교통부장관·해양수산부장관, 시·도지사, 심사대행기관 또는 지정심사대행기관의 장에게 수수료를 납부하여야 한다.

- 우수물류기업의 인증 또는 점검의 신청
- 국제물류주선업의 등록 또는 변경등록의 신청
- 물류관리사 자격시험 응시와 자격증 발급의 신청
- 우수녹색물류실천기업 지정 또는 점검의 신청

제19절 벌 칙

1. 벌칙

1) 전자문서를 위작 또는 변작하거나 그 사정을 알면서 위작 또는 변작된 전자문서를 행사한 자는 10년 이하의 징역 또는 1억원 이하의 벌금에 처한다. 이 경우 미수범은 본죄에 준하여 처벌한다.
2) 국가물류통합정보센터 또는 단위물류정보망에 의하여 처리·보관 또는 전송되는 물류정보를 훼손하거나 그 비밀을 침해·도용 또는 누설한 자는 5년 이하의 징역 또는 5천만 원 이하의 벌금에 처한다.

3) 국가물류통합정보센터 또는 단위물류정보망의 보호조치를 침해하거나 훼손한 자는 3년 이하의 징역 또는 3천만 원 이하의 벌금에 처한다.

4) 다음에 해당하는 자는 1년 이하의 징역 또는 1천만 원 이하의 벌금에 처한다.
   - 제29조제4항[9)]을 위반하여 취득한 정보를 목적 외의 용도로 사용한 자, 제33조제3항[10)]을 위반하여 전자문서 또는 물류정보를 대통령령으로 정하는 기간 동안 보관하지 아니한 자
   - 제43조제1항[11)]에 따른 국제물류주선업의 등록을 하지 아니하고 국제물류주선업을 경영한 자

5) 다음에 해당하는 자는 3천만 원 이하의 벌금에 처한다.
   - 전자문서 또는 물류정보를 공개한 자
   - 거짓의 인증마크를 제작·사용하거나 그 밖의 방법으로 인증 받은 기업임을 사칭한 자

6) 다음에 해당하는 자는 1천만 원 이하의 벌금에 처한다.
   - 위험물질 운송차량의 운행중지 명령에 따르지 아니한 자
   - 자료 제출 및 보고를 하지 아니하거나 거짓으로 한 자
   - 조사를 거부·방해 또는 기피한 자
   - 지정을 받지 아니하고 지정표시 또는 이와 유사한 표시를 사용한 자
   - 성명 또는 상호를 다른 사람에게 사용하게 하거나 인증서·등록증·지정증 또는 자격증을 대여한 자

2. 양벌규정

법인의 대표자나 법인 또는 개인의 대리인, 사용인, 그 밖의 종업원이 그 법인 또는 개인의 업무에 관하여 벌칙의 위반행위를 하면 그 행위자를 벌하는 외에 그 법인 또

---

9) 물류정책기본법 제29조 제4항 : ④ 위험물질운송안전관리센터의 운영에 필요한 정보를 수집·관리 및 활용하는 자(제1항에 따라 위험물질운송안전관리센터의 설치 및 운영을 대행하는 한국교통안전공단의 임직원과 제5항에 따라 정보를 공동으로 활용하는 관계 행정기관의 소속 직원을 포함한다)는 취득한 정보를 목적 외의 용도로 사용하여서는 아니 된다.

10) 물류정책기본법 제33조 제3항 : ③ 국가물류통합정보센터운영자 또는 단위물류정보망 전담기관은 전자문서 및 정보처리장치의 파일에 기록되어 있는 물류정보를 대통령령으로 정하는 기간 동안 보관하여야 한다.

11) 물류정책기본법 제43조 제1항 : ① 국제물류주선업을 경영하려는 자는 국토교통부령으로 정하는 바에 따라 시·도지사에게 등록하여야 한다.

는 개인에게도 해당 조문의 벌금형을 과(科)한다. 다만, 법인 또는 개인이 그 위반행위를 방지하기 위하여 해당 업무에 관하여 상당한 주의와 감독을 게을리하지 아니한 경우에는 그러하지 아니하다.

3. 과태료

다음에 해당하는 자에게는 200만 원 이하의 과태료를 부과한다.

- 자료를 제출하지 아니하거나 거짓의 자료를 제출한 자, 변경등록을 하지 아니한 자
- 신고를 하지 아니한 자
- 인증우수물류기업 인증의 취소 등을 위반하여 인증마크를 계속 사용한 자
- 우수녹색물류실천기업의 지정취소 등을 위반하여 지정표시를 계속 사용한 자
- 위험물질 운송차량의 소유자 등의 의무 등을 위반하여 단말장치를 장착하지 아니한 자
- 위험물질 운송차량의 소유자 등의 의무 등을 위반하여 단말장치를 점검·관리하지 아니하거나 단말장치의 작동을 유지하지 아니한 자
- 위험물질 운송차량의 소유자 등의 의무 등을 위반하여 운송계획정보를 입력하지 아니하거나 거짓으로 입력한 자
- 위험물질 운송차량의 소유자 등의 의무 등을 위반하여 정당한 사유 없이 출입·조사를 거부·방해 또는 기피한 자

과태료는 대통령령으로 정하는 바에 따라 국토교통부장관, 해양수산부장관 또는 시·도지사가 부과·징수한다.

Chapter 03

물류시설의 개발 및 운영에 관한 법률

제1절 총 칙

1. 목적

물류시설의 개발 및 운영에 관한 법률은 물류시설을 합리적으로 배치·운영하고 물류시설 용지를 원활히 공급하여 물류산업의 발전을 촉진함으로써 국가경쟁력을 강화하고 국토의 균형 있는 발전과 국민경제의 발전에 이바지함을 목적으로 한다.

2. 용어의 정의

1) 물류시설

물류시설은 다음의 시설을 말한다.

(1) 화물의 운송·보관·하역을 위한 시설
(2) 화물의 운송·보관·하역과 관련된 가공·조립·분류·수리·포장·상표부착·판매·정보통신 등의 활동을 위한 시설
(3) 물류의 공동화·자동화 및 정보화를 위한 시설
(4) (1)부터 (3)까지의 시설이 모여 있는 물류터미널 및 물류단지

2) 물류터미널

화물의 집화(集貨)·하역(荷役) 및 이와 관련된 분류·포장·보관·가공·조립 또는 통관 등에 필요한 기능을 갖춘 시설물을 말한다. 다만, 가공·조립 시설은 대통령령으로 정하는 규모 이하의 것이어야 한다. 여기서 "대통령령으로 정하는 규모 이하의 것"이란 가공·조립 시설의 전체 바닥면적 합계가 물류터미널의 전체 바닥면적 합계의 4분의 1 이하인 것을 말한다.[1)]

3) 물류터미널사업

물류터미널을 경영하는 사업으로서 복합물류터미널사업과 일반물류터미널사업을

1) 물류시설의 개발 및 운영에 관한 법률 시행령 제2조 1항.

말한다. 다만, 다음의 시설물을 경영하는 사업은 제외한다.

- 「항만법」의 항만시설 중 항만구역 안에 있는 화물하역시설 및 화물보관·처리 시설
- 「공항시설법」의 공항시설 중 공항구역 안에 있는 화물운송을 위한 시설과 그 부대시설 및 지원시설
- 「철도사업법」에 따른 철도사업자가 그 사업에 사용하는 화물운송·하역 및 보관시설
- 「유통산업발전법」의 집배송시설 및 공동집배송센터

4) 복합물류터미널사업

두 종류 이상의 운송수단 간의 연계운송을 할 수 있는 규모 및 시설을 갖춘 물류터미널사업을 말한다.

5) 일반물류터미널사업

물류터미널사업 중 복합물류터미널사업을 제외한 것을 말한다.

6) 물류창고

화물의 저장·관리, 집화·배송 및 수급조정 등을 위한 보관시설·보관장소 또는 이와 관련된 하역·분류·포장·상표부착 등에 필요한 기능을 갖춘 시설을 말한다.

7) 물류창고업

화주(貨主)의 수요에 따라 유상으로 물류창고에 화물을 보관하거나 이와 관련된 하역·분류·포장·상표부착 등을 하는 사업을 말한다. 다만, 다음에 해당하는 것은 제외한다.

- 「주차장법」에 따른 주차장에서 자동차의 보관, 「자전거 이용 활성화에 관한 법률」에 따른 자전거 주차장에서 자전거의 보관
- 「철도사업법」에 따른 철도사업자가 여객의 수하물 또는 소화물을 보관하는 것
- 그 밖에 「위험물안전관리법」에 따른 위험물저장소에 보관하는 것 등 국토교통부와 해양수산부의 공동부령으로 정하는 것

8) 스마트물류센터

첨단물류시설 및 설비, 운영시스템 등을 도입하여 저비용·고효율·안전성·친환경성 등에서 우수한 성능을 발휘할 수 있는 물류창고로서 국토교통부장관의 인증을 받은 물류창고를 말한다.

9) 물류단지

물류단지시설과 지원시설을 집단적으로 설치·육성하기 위하여 지정·개발하는 일단(一團)의 토지 및 시설로서 도시첨단물류단지와 일반물류단지를 말한다.

10) 도시첨단물류단지

도시 내 물류를 지원하고 물류·유통산업 및 물류·유통과 관련된 산업의 육성과 개발을 촉진하려는 목적으로 도시첨단물류단지시설과 지원시설을 집단적으로 설치하기 위하여 「국토의 계획 및 이용에 관한 법률」에 따른 도시지역에 지정·개발하는 일단의 토지 및 시설을 말한다.

11) 일반물류단지시설

화물의 운송·집화·하역·분류·포장·가공·조립·통관·보관·판매·정보처리 등을 위하여 일반물류단지 안에 설치되는 다음의 시설을 말한다.

(1) 물류터미널 및 창고
(2) 「유통산업발전법」의 대규모점포·전문상가단지·공동집배송센터 및 중소유통공동도매물류센터
(3) 「농수산물유통 및 가격안정에 관한 법률」의 농수산물도매시장·농수산물공판장 및 농수산물종합유통센터
(4) 「궤도운송법」에 따른 궤도사업을 경영하는 자가 그 사업에 사용하는 화물의 운송·하역 및 보관 시설
(5) 「축산물위생관리법」의 작업장
(6) 「농업협동조합법」·「수산업협동조합법」·「산림조합법」·「중소기업협동조합법」 또는 「협동조합 기본법」에 따른 조합 또는 그 중앙회(연합회를 포함한다)가 설치하는 구매사업 또는 판매사업 관련 시설
(7) 「화물자동차 운수사업법」의 화물자동차운수사업에 이용되는 차고, 화물취급소,

그 밖에 화물의 처리를 위한 시설

(8) 「약사법」의 의약품 도매상의 창고 및 영업소시설

(9) 그 밖에 물류기능을 가진 시설로서 대통령령으로 정하는 시설, 여기서 "그 밖에 물류기능을 가진 시설로서 대통령령으로 정하는 시설"이란 다음의 시설을 말한다.[2)]

- 「관세법」에 따른 보세창고
- 「수산식품산업의 육성 및 지원에 관한 법률」에 따른 수산물가공업시설(냉동·냉장업 시설만 해당한다)
- 「항만법」의 항만시설 중 항만구역에 있는 화물하역시설 및 화물보관·처리 시설
- 「공항시설법」의 공항시설 중 공항구역에 있는 화물운송을 위한 시설과 그 부대시설 및 지원시설
- 「철도사업법」에 따른 철도사업자가 그 사업에 사용하는 화물운송·하역 및 보관 시설
- 그 밖에 물류기능을 가진 시설로서 국토교통부령으로 정하는 시설

12) 도시첨단물류단지시설

도시 내 물류를 지원하고 물류·유통산업 및 물류·유통과 관련된 산업의 육성과 개발을 목적으로 도시첨단물류단지 안에 설치되는 다음의 시설을 말한다.

- 도시 내 물류·유통기능 증진을 위한 시설
- 「산업입지 및 개발에 관한 법률」에 따른 공장, 지식산업 관련 시설, 정보통신산업 관련 시설, 교육·연구시설 중 첨단산업과 관련된 시설로서 국토교통부령으로 정하는 물류·유통 관련 시설
- 그 밖에 도시 내 물류·유통기능 증진을 위한 시설로서 대통령령으로 정하는 시설
- (1)부터 (3)까지의 시설에 딸린 시설

13) 복합용지

시설을 하나의 용지에 전부 또는 일부 설치하기 위한 용지를 말한다.

14) 지원시설

물류단지시설의 운영을 효율적으로 지원하기 위하여 물류단지 안에 설치되는 다음

2) 물류시설의 개발 및 운영에 관한 법률 시행령 제2조 2항.

의 시설을 말한다.

(1) 대통령령으로 정하는 가공·제조 시설

여기서 "대통령령으로 정하는 가공·제조 시설"이란 다음 각 호의 시설을 말한다.

- 「농수산물유통 및 가격안정에 관한 법률」에 따른 농수산물산지유통센터(축산물의 도축·가공·보관 등을 하는 축산물 종합처리시설을 포함한다)
- 「산업집적활성화 및 공장설립에 관한 법률」에 따른 공장
- 「수산식품산업의 육성 및 지원에 관한 법률」에 따른 수산가공품 생산공장 및 수산물가공업시설(냉동·냉장업 시설 및 선상가공업시설은 제외한다)
- 그 밖에 국토교통부령으로 정하는 제조·가공시설

(2) 정보처리시설

(3) 금융·보험·의료·교육·연구·업무 시설

(4) 물류단지의 종사자 및 이용자의 생활과 편의를 위한 시설

(5) 그 밖에 물류단지의 기능 증진을 위한 시설로서 대통령령으로 정하는 시설

여기서 "대통령령으로 정하는 시설"이란 다음의 시설을 말한다.

- 「건축법 시행령」에 따른 문화 및 집회시설
- 입주기업체 및 지원기관에서 발생하는 폐기물의 처리를 위한 시설(재활용시설을 포함한다)
- 물류단지의 종사자 및 이용자의 주거를 위한 단독주택, 공동주택 등의 시설
- 그 밖에 물류단지의 기능 증진을 위한 시설로서 국토교통부령으로 정하는 시설

15) 물류단지개발사업

물류단지를 조성하기 위하여 시행하는 다음의 사업으로서 도시첨단물류단지개발사업과 일반물류단지개발사업을 말한다.

(1) 물류단지시설 및 지원시설의 용지조성사업과 건축사업

(2) 도로·철도·궤도·항만 또는 공항 시설 등의 건설사업

(3) 전기·가스·용수 등의 공급시설과 전기통신설비의 건설사업

(4) 하수도, 폐기물처리시설, 그 밖의 환경오염방지시설 등의 건설사업

(5) 그 밖에 (1)부터 (4)까지의 사업에 딸린 사업

16) 도시첨단물류단지개발사업

물류단지개발사업 중 도시첨단물류단지를 조성하기 위하여 시행하는 사업을 말한다.

17) 일반물류단지개발사업

물류단지개발사업 중 도시첨단물류단지사업을 제외한 것을 말한다.

3. 다른 법률과의 관계

다른 법률에서 물류터미널 및 물류단지 외의 물류시설의 개발·관리 및 운영 등에 관하여 규정하고 있는 경우에는 그 법률로 정하는 바에 따른다.

물류 교통·환경 정비사업과 관련된 사항에 대하여는 다른 법률에 우선하여 이 법을 적용한다.

제2절 물류시설개발종합계획의 수립

1. 물류시설개발종합계획의 수립

국토교통부장관은 물류시설의 합리적 개발·배치 및 물류체계의 효율화 등을 위하여 물류시설개발종합계획을 5년 단위로 수립하여야 한다.

물류시설개발종합계획은 물류시설을 다음의 기능별 분류에 따라 체계적으로 수립한다. 이 경우 다음의 물류시설의 기능이 서로 관련되어 있는 때에는 이를 고려하여 수립하여야 한다.

- 단위물류시설 : 창고 및 집배송센터 등 물류활동을 개별적으로 수행하는 최소 단위의 물류시설
- 집적[클러스터(cluster)]물류시설 : 물류터미널 및 물류단지 등 둘 이상의 단위물류시설 등이 함께 설치된 물류시설
- 연계물류시설 : 물류시설 상호 간의 화물운송이 원활히 이루어지도록 제공되는 도로 및 철도 등 교통시설

물류시설개발종합계획에는 다음의 사항이 포함되어야 한다.

- 물류시설의 장래수요에 관한 사항
- 물류시설의 공급정책 등에 관한 사항

- 물류시설의 지정·개발에 관한 사항
- 물류시설의 지역별·규모별·연도별 배치 및 우선순위에 관한 사항
- 물류시설의 기능개선 및 효율화에 관한 사항
- 물류시설의 공동화·집단화에 관한 사항
- 물류시설의 국내 및 국제 연계수송망 구축에 관한 사항
- 물류시설의 환경보전·관리에 관한 사항
- 도심지에 위치한 물류시설의 정비와 교외이전(郊外移轉)에 관한 사항
- 그 밖에 대통령령으로 정하는 사항, 여기서“그 밖에 대통령령으로 정하는 사항”이란 용수·에너지·통신시설 등 기반시설에 관한 사항을 말한다.

2. 물류시설개발종합계획의 수립절차

국토교통부장관은 첫째, 물류시설개발종합계획을 수립하는 때에는 관계 행정기관의 장으로부터 소관별 계획을 제출받아 이를 기초로 물류시설개발종합계획안을 작성하여 특별시장·광역시장·특별자치시장·도지사 또는 시·도지사의 의견을 듣고 관계 중앙행정기관의 장과 협의한 후 「물류정책기본법」의 물류시설분과위원회의 심의를 거쳐야 한다. 물류시설개발종합계획 중 대통령령으로 정하는 사항을 변경하려는 때에도 또한 같다.

여기서 “대통령령으로 정하는 사항을 변경하려는 때”란 물류시설별 물류시설용지 면적의 100분의 10 이상으로 물류시설의 수요·공급계획을 변경하려는 때를 말한다.

둘째, 물류시설개발종합계획을 수립하거나 변경한 때에는 이를 관보에 고시하여야 한다.

관계 중앙행정기관의 장은 필요한 경우 국토교통부장관에게 물류시설개발종합계획을 변경하도록 요청할 수 있다. 이 때 관계 중앙행정기관의 장은 물류시설개발종합계획의 변경을 요청할 때에는 국토교통부장관에게 다음의 사항에 관한 서류를 제출하여야 한다.

- 물류시설의 현황
- 자금조달계획 및 투자계획
- 그 밖에 국토교통부령으로 정하는 사항

셋째, 대통령령으로 정하는 바에 따라 관계 기관에 물류시설개발종합계획을 수립

하거나 변경하는 데에 필요한 자료의 제출을 요구하거나 협조를 요청할 수 있으며, 그 요구나 요청을 받은 관계 기관은 정당한 사유가 없으면 이에 따라야 한다. 이 때 국토교통부장관은 물류시설개발종합계획의 수립 또는 변경에 필요한 자료의 요구나 협조를 요청할 때에는 그 자료 또는 협조의 내용과 제출기간을 명확히 하여야 한다.

넷째, 물류시설개발종합계획을 효율적으로 수립하기 위하여 필요하다고 인정하는 때에는 물류시설에 대하여 조사할 수 있다. 이 경우 물류시설의 조사에 관하여는 「물류정책기본법」 제7조[3]를 준용한다.

3. 물류시설개발종합계획과 다른 계획과의 관계

물류시설개발종합계획은 「물류정책기본법」의 국가물류기본계획과 조화를 이루어야 한다.

국토교통부장관, 관계 중앙행정기관의 장 또는 시·도지사는 첫째, 물류시설을 지정·개발하거나 인·허가를 할 때 이 법에 따라 수립된 물류시설개발종합계획과 상충되거나 중복되지 아니하도록 하여야 한다.

둘째, 다음에 해당하는 경우에는 그 계획을 변경하도록 요청할 수 있다. 이 경우 조정이 필요하면 「물류정책기본법」의 물류시설분과위원회에 조정을 요청할 수 있다.

• 다른 행정기관이 직접 지정·개발하려는 물류시설 개발계획이 물류시설개발종합

3) 물류정책기본법 제7조(물류현황조사) : ① 국토교통부장관 또는 해양수산부장관은 물류에 관한 정책 또는 계획의 수립·변경을 위하여 필요하다고 판단될 때에는 관계 행정기관의 장과 미리 협의한 후 물동량의 발생현황과 이동경로, 물류시설·장비의 현황과 이용실태, 물류인력과 물류체계의 현황, 물류비, 물류산업과 국제물류의 현황 등에 관하여 조사할 수 있다. 이 경우 「국가통합교통체계효율화법」 제12조에 따른 국가교통조사와 중복되지 아니하도록 하여야 한다.
② 국토교통부장관 또는 해양수산부장관은 다음 각 호의 자에게 제1항의 조사(이하 "물류현황조사"라 한다)에 필요한 자료의 제출을 요청하거나 그 일부에 대하여 직접 조사하도록 요청할 수 있다. 이 경우 협조를 요청받은 자는 특별한 사정이 없으면 요청에 따라야 한다.
1. 관계 중앙행정기관의 장
2. 특별시장·광역시장·특별자치시장·도지사 및 특별자치도지사(이하 "시·도지사"라 한다)
3. 물류기업 및 이 법에 따라 지원을 받는 기업·단체 등
③ 국토교통부장관 또는 해양수산부장관은 물류현황조사를 효율적으로 수행하기 위하여 필요한 경우에는 물류현황조사의 전부 또는 일부를 전문기관으로 하여금 수행하게 할 수 있다.
④ 국토교통부장관 또는 해양수산부장관은 물류현황조사의 결과에 따라 물류비 등 물류지표를 설정하여 물류정책의 수립 및 평가에 활용할 수 있다.

계획과 상충되거나 중복된다고 인정하는 경우

• 다른 행정기관이 인·허가를 하려는 물류시설 개발계획이 물류시설개발종합계획과 상충되거나 중복된다고 인정하는 경우

제3절 물류터미널사업

1. 복합물류터미널사업의 등록

복합물류터미널사업을 경영하려는 자는 국토교통부령으로 정하는 바에 따라 국토교통부장관에게 등록하여야 한다. 복합물류터미널사업의 등록을 한 복합물류터미널사업자는 등록사항을 변경하려는 경우에는 국토교통부령으로 정하는 서류를 갖추어 국토교통부장관에게 변경등록신청을 하여야 한다.

복합물류터미널사업의 등록에 따른 등록을 할 수 있는 자는 다음에 해당하는 자로 한다.

1) 국가 또는 지방자치단체
2) 「공공기관의 운영에 관한 법률」에 따른 공공기관 중 대통령령으로 정하는 공공기관

   여기서 "대통령령으로 정하는 공공기관"이란 다음 각 호의 기관을 말한다.

   • 「한국철도공사법」에 따른 한국철도공사
   • 「한국토지주택공사법」에 따른 한국토지주택공사
   • 「한국도로공사법」에 따른 한국도로공사
   • 「한국수자원공사법」에 따른 한국수자원공사
   • 「한국농어촌공사 및 농지관리기금법」에 따른 한국농어촌공사
   • 「항만공사법」에 따른 항만공사
3) 「지방공기업법」에 따른 지방공사
4) 특별법에 따라 설립된 법인
5) 「민법」 또는 「상법」에 따라 설립된 법인

복합물류터미널사업의 등록을 한 복합물류터미널사업자가 그 등록한 사항 중 대통령령으로 정하는 사항을 변경하려는 경우에는 대통령령으로 정하는 바에 따라 변경

등록을 하여야 한다.

여기서"대통령령으로 정하는 사항"이란 다음 외의 사항을 말한다.

1) 복합물류터미널의 부지 면적의 변경(변경 횟수에 불구하고 통산하여 부지 면적의 10분의 1 미만의 변경만 해당한다)
2) 복합물류터미널의 구조 또는 설비의 변경
3) 영업소의 명칭 또는 위치의 변경
4) 등록을 하려는 자가 갖추어야 할 등록기준은 다음과 같다.
   (1) 복합물류터미널이 해당 지역 운송망의 중심지에 위치하여 다른 교통수단과 쉽게 연계될 것
   (2) 부지 면적이 3만3천 제곱미터 이상일 것
   (3) 다음의 시설을 갖출 것
      • 주차장
      • 화물취급장
      • 창고 또는 배송센터
   (4) 물류시설개발종합계획 및 「물류정책기본법」의 국가물류기본계획상의 물류터미널의 개발 및 정비계획 등에 배치되지 아니할 것
5) 국토교통부장관은 등록신청을 하는 경우에는 다음에 해당하는 경우를 제외하고는 같은 항에 따른 등록을 해주어야 한다.
   • 등록신청자가 등록기준을 갖추지 못한 경우
   • 결격사유에 해당하는 경우

2. 등록의 결격사유

다음의 어느 하나에 해당하는 자는 복합물류터미널사업의 등록을 할 수 없다.

1) 이 법을 위반하여 벌금형 이상을 선고받은 후 2년이 지나지 아니한 자
2) 복합물류터미널사업 등록이 취소된 후 2년이 지나지 아니한 자
3) 법인으로서 그 임원 중에 다음 각 목의 어느 하나에 해당하는 자가 있는 경우
   • 피성년후견인 또는 파산선고를 받고 복권되지 아니한 자
   • 이 법을 위반하여 금고 이상의 실형을 선고받고 그 집행이 종료(집행이 종료된 것으로 보는 경우를 포함한다)되거나 집행이 면제된 날부터 2년이 지나지 아니한 자

- 이 법을 위반하여 금고 이상의 형의 집행유예를 선고받고 그 유예기간 중에 있는 자

3. 공사시행의 인가

복합물류터미널사업자는 건설하려는 물류터미널의 구조 및 설비 등에 관한 공사계획을 수립하여 국토교통부장관의 공사시행인가를 받아야 하며, 일반물류터미널사업을 경영하려는 자는 물류터미널 건설에 관하여 필요한 경우 시·도지사의 공사시행인가를 받을 수 있다. 인가받은 공사계획 중 대통령령으로 정하는 사항을 변경하는 경우와 복합물류터미널사업자가 「산업집적활성화 및 공장설립에 관한 법률」에 따른 제조시설 및 그 부대시설과 「유통산업발전법」에 따른 대규모점포 및 준대규모점포의 매장과 그 매장에 포함되는 용역의 제공장소(점포등)를 설치하는 경우에는 해당 인가권자의 변경인가를 받아야 한다.

공사계획의 변경에 관한 인가를 받아야 하는 경우는 다음과 같다.

- 공사의 기간을 변경하는 경우
- 물류터미널의 부지 면적을 변경하는 경우(부지 면적의 10분의 1 이상을 변경하는 경우만 해당한다)
- 물류터미널 안의 건축물의 연면적(하나의 건축물의 각 층의 바닥면적의 합계를 말한다. 이하 같다)을 변경하는 경우(연면적의 10분의 1 이상을 변경하는 경우만 해당한다)
- 물류터미널 안의 공공시설 중 도로·철도·광장·녹지나 그 밖에 국토교통부령으로 정하는 시설을 변경하는 경우

국토교통부장관 또는 시·도지사는 첫째, 공사시행인가 또는 변경인가를 하려는 때에는 관할 특별자치시장·특별자치도지사·시장·군수 또는 구청장의 의견을 듣고, 관계 법령에 적합한지를 미리 소관 행정기관의 장과 협의하여야 한다. 협의를 요청받은 소관 행정기관의 장은 협의 요청받은 날부터 20일 이내에 의견을 제출하여야 하며, 그 기간 내에 의견을 제출하지 아니하면 의견이 없는 것으로 본다.

둘째, 공사계획이 국토교통부령으로 정하는 구조 및 설비기준에 적합한 경우에는 인가를 하여야 한다.

셋째, 공사시행인가 또는 변경인가를 한 때에는 국토교통부령으로 정하는 바에 따라 고시하여야 한다.

4. 토지등의 수용·사용

공사시행인가를 받은 물류터미널사업자가 물류터미널을 건설하는 경우에는 이에 필요한 토지·건축물 또는 토지에 정착한 물건과 이에 관한 소유권 외의 권리, 광업권·어업권·양식업권 및 물의 사용에 관한 권리를 수용하거나 사용할 수 있다. 다만, 다음에 해당하지 아니하는 자가 토지등을 수용하거나 사용하려면 사업대상 토지면적의 3분의 2 이상에 해당하는 토지를 소유하고, 토지소유자 총수의 2분의 1 이상에 해당하는 자의 동의를 받아야 한다.

1) 국가 또는 지방자치단체
2) 대통령령으로 정하는 공공기관
3) 그 밖에 공익 목적을 위하여 개발사업을 시행하는 자로서 대통령령으로 정하는 자, 여기서 "대통령령으로 정하는 자"란 다음의 자를 말한다.
   - 「지방공기업법」에 따른 지방공사
   - 특별법에 따라 설립된 특수법인

물류터미널사업자가 공사시행의 인가 또는 변경인가를 받으려는 경우에는 국토교통부령으로 정하는 공사시행의 인가 또는 변경인가신청서에 공사계획서를 첨부하여 복합물류터미널사업자는 국토교통부장관에게 제출하고, 일반물류터미널사업을 경영하려는 자는 특별시장·광역시장·특별자치시장·도지사 또는 시·도지사에게 제출해야 한다.

토지등을 수용하거나 사용할 때 공사시행인가의 고시가 있는 때에는 「공익사업을 위한 토지 등의 취득 및 보상에 관한 법률」에 따른 사업인정 및 사업인정의 고시를 한 것으로 보며, 재결(裁決)의 신청은 공사시행인가에서 정한 사업의 시행기간 내에 할 수 있다.

토지등의 수용·사용에 관하여는 이 법에 특별한 규정이 있는 경우 외에는 「공익사업을 위한 토지 등의 취득 및 보상에 관한 법률」을 준용한다.

5. 토지매수업무 등의 위탁

물류터미널사업자는 물류터미널의 건설을 위한 토지매수업무·손실보상업무 및 이주대책에 관한 업무를 「공익사업을 위한 토지 등의 취득 및 보상에 관한 법률」의 기관에 위탁하여 시행할 수 있다.

6. 토지 출입 등

물류터미널사업자는 물류터미널의 건설을 위하여 필요한 때에는 다른 사람의 토지에 출입하거나 이를 일시 사용할 수 있으며, 나무, 토석, 그 밖의 장애물을 변경하거나 제거할 수 있다.

다른 사람의 토지 출입 등에 관하여는 「국토의 계획 및 이용에 관한 법률」을 준용한다.

7. 국·공유지의 처분제한

물류터미널을 건설하기 위한 부지 안에 있는 국가 또는 지방자치단체 소유의 토지로서 물류터미널 건설사업에 필요한 토지는 해당 물류터미널 건설사업 목적이 아닌 다른 목적으로 매각하거나 양도할 수 없다.

물류터미널을 건설하기 위한 부지 안에 있는 국가 또는 지방자치단체 소유의 재산은 「국유재산법」, 「공유재산 및 물품 관리법」, 그 밖의 다른 법령에도 불구하고 물류터미널 사업자에게 수의계약으로 매각할 수 있다. 이 경우 그 재산의 용도폐지 및 매각에 관하여는 국토교통부장관 또는 시·도지사가 미리 관계 행정기관의 장과 협의하여야 한다.

국토교통부장관이나 시·도지사가 국가 또는 지방자치단체 소유 재산의 용도폐지 및 매각에 관하여 관계 행정기관의 장에게 협의를 요청하려는 경우에는 다음의 서류를 첨부하여야 한다.

1) 협의대상 재산의 명세서
2) 용도폐지·매각 및 재산평가방법 등에 관한 협의 내용을 적은 서류
3) 위치도
4) 미등기확인서(등기가 되어 있지 아니한 재산의 경우에만 첨부한다)

협의를 요청받은 관계 행정기관의 장은「전자정부법」에 따른 행정정보의 공동이용을 통하여 다음의 행정정보를 확인하여야 한다.

- 토지(임야)대장 등본
- 등기부 등본
- 지적도 등본

협의요청이 있은 때에는 관계 행정기관의 장은 그 요청을 받은 날부터 30일 이내에

용도폐지 및 매각, 그 밖에 필요한 조치를 하여야 한다.

물류터미널사업자에게 매각하려는 재산 중 관리청이 불분명한 재산은 다른 법령에도 불구하고 기획재정부장관이 이를 관리하거나 처분한다.

8. 사업의 승계

복합물류터미널사업자가 그 사업을 양도하거나 법인이 합병한 때에는 그 양수인 또는 합병 후 존속하는 법인이나 합병에 의하여 설립되는 법인은 복합물류터미널사업의 등록에 따른 권리·의무를 승계한다.

복합물류터미널사업의 등록에 따른 권리·의무를 승계한 자는 국토교통부령으로 정하는 바에 따라 국토교통부장관에게 신고하여야 한다.

국토교통부장관은 신고를 받은 날부터 10일 이내에 신고수리 여부를 신고인에게 통지하여야 한다. 국토교통부장관이 정한 기간 내에 신고수리 여부 또는 민원 처리 관련 법령에 따른 처리기간의 연장을 신고인에게 통지하지 아니하면 그 기간이 끝난 날의 다음 날에 신고를 수리한 것으로 본다.

9. 사업의 휴업·폐업

복합물류터미널사업자는 복합물류터미널사업의 전부 또는 일부를 휴업하거나 폐업하려는 때에는 미리 국토교통부장관에게 신고하여야 한다.

복합물류터미널사업자인 법인이 합병 외의 사유로 해산한 경우에는 그 청산인(파산에 따라 해산한 경우에는 파산관재인을 말한다)은 지체 없이 그 사실을 국토교통부장관에게 신고하여야 한다.

휴업기간은 6개월을 초과할 수 없다.

복합물류터미널사업자가 사업의 전부 또는 일부를 휴업하거나 폐업하려는 때에는 미리 그 취지를 영업소나 그 밖에 일반 공중(公衆)이 보기 쉬운 곳에 게시하여야 한다.

10. 등록증대여 등의 금지

복합물류터미널사업자는 다른 사람에게 자기의 성명 또는 상호를 사용하여 사업을 하게 하거나 그 등록증을 대여하여서는 아니 된다.

1) 등록의 취소 등

국토교통부장관은 복합물류터미널사업자가 다음에 해당하는 때에는 그 등록을 취소하거나 6개월 이내의 기간을 정하여 사업의 정지를 명할 수 있다.

- 거짓이나 그 밖의 부정한 방법으로 등록을 한 때(등록 취소)
- 변경등록을 하지 아니하고 등록사항을 변경한 때
- 등록기준에 맞지 아니하게 된 때. 다만, 3개월 이내에 그 기준을 충족시킨 때에는 그러하지 아니하다.
- 인가 또는 변경인가를 받지 아니하고 공사를 시행하거나 변경한 때
- 사업의 전부 또는 일부를 휴업한 후 정당한 사유 없이 신고한 휴업기간이 지난 후에도 사업을 재개(再開)하지 아니한 때
- 다른 사람에게 자기의 성명 또는 상호를 사용하여 사업을 하게 하거나 등록증을 대여한 때(등록 취소)
- 사업정지명령을 위반하여 그 사업정지기간 중에 영업을 한 때(등록 취소)

11. 과징금

국토교통부장관은 복합물류터미널사업자가 사업의 정지를 명하여야 하는 경우로서 그 사업의 정지가 그 사업의 이용자 등에게 심한 불편을 주는 경우에는 그 사업정지처분을 갈음하여 5천만 원 이하의 과징금을 부과할 수 있다. 복합화물터미널사업자에 대한 과징금을 부과하는 위반행위의 종류와 위반 정도 등에 따른 과징금의 금액 등 부과기준은 〈별표 1〉과 같다.

1) 과징금의 부과 및 납부

- 국토교통부장관은 과징금을 부과하려는 경우에는 해당 위반행위를 조사·확인한 후 위반사실과 이의제기의 방법 및 기간 등을 서면으로 명시하여, 이를 납부할 것을 과징금 부과대상자에게 알려야 한다.
- 통지를 받은 자는 그 통지를 받은 날부터 20일 이내에 국토교통부장관이 정하는 수납기관에 과징금을 내야 한다.
- 과징금의 납부를 받은 수납기관은 과징금을 낸 자에게 과징금영수증을 내주어야 한다.

• 과징금의 수납기관은 과징금영수증을 내주었을 때에는 국토교통부장관에게 영수필통지서를 보내야 한다.

2) 과징금의 독촉 및 징수

• 국토교통부장관은 과징금의 납부통지를 받은 자가 납부기한까지 과징금을 내지 아니한 경우에는 납부기한이 지난날부터 7일 이내에 독촉장을 보내야 한다. 이 경우 납부기한은 독촉장을 보낸 날부터 10일 이내로 한다.
• 국토교통부장관은 독촉을 받은 자가 납부기한까지 과징금을 내지 않은 경우에는 소속 공무원으로 하여금 국세강제징수의 예에 따라 과징금을 강제징수하게 할 수 있다. 이 경우 소속 공무원은 그 권한을 표시하는 증표를 지니고 이를 관계인에게 내보여야 한다.

과징금을 부과하는 위반행위의 종류와 그 정도에 따른 과징금의 금액, 그 밖에 필요한 사항은 대통령령으로 정한다.

국토교통부장관은 과징금을 내야 할 자가 납부기한까지 과징금을 내지 아니하면 대통령령으로 정하는 바에 따라 국세강제징수의 예에 따라 징수한다.

12. 물류터미널사업협회

복합물류터미널사업자 및 일반물류터미널을 경영하는 자는 물류터미널사업의 건전한 발전과 사업자의 공동이익을 도모하기 위하여 대통령령으로 정하는 바에 따라 물류터미널사업협회를 설립할 수 있다.

물류터미널사업협회를 설립하려는 경우에는 해당 협회의 회원의 자격이 있는 자 중 5분의 1 이상의 발기인이 정관을 작성하여 해당 협회의 회원 자격이 있는 자의 3분의 1 이상이 출석한 창립총회의 의결을 거친 후 국토교통부장관의 설립인가를 받아야 한다.

물류터미널사업협회는 설립인가를 받아 설립등기를 함으로써 성립하며, 법인으로 한다. 그리고 물류터미널사업협회에 관하여 이 법에서 규정한 것 외에는 「민법」 중 사단법인에 관한 규정을 준용한다.

1) 협회의 설립

물류터미널사업자는 물류터미널사업협회를 설립하려는 경우에는 사업자 7명 이상의 발기인이 창립총회의 의결을 거쳐 설립인가신청서에 다음의 서류를 첨부하여 국토교통부장관에게 제출하여야 한다.

- 정관
- 발기인의 명부 및 이력서
- 회원의 명부
- 사업계획서 및 예산의 수입지출계획서
- 창립총회 회의록

2) 정관

협회의 정관에는 다음의 사항을 포함하여야 한다.

- 목적
- 명칭
- 사무소의 소재지
- 회원 및 총회에 관한 사항
- 임원에 관한 사항
- 업무에 관한 사항
- 회계 및 회비에 관한 사항
- 정관의 변경에 관한 사항
- 해산에 관한 사항
- 공고의 방법에 관한 사항

3) 업무

협회는 다음의 업무를 한다.

- 물류터미널사업의 건전한 발전과 사업자의 공동이익을 도모하는 사업
- 물류터미널사업의 진흥·발전에 필요한 통계의 작성·관리와 외국자료의 수집·조사·연구사업
- 경영자와 종업원의 교육훈련
- 물류터미널사업의 경영개선에 관한 지도

• 국토교통부장관으로부터 위탁받은 업무

13. 물류터미널 개발의 지원

국가 또는 지방자치단체는 물류터미널사업자가 다음에 해당하는 사업을 수행하는 경우에는 소요자금의 일부를 융자하거나 부지의 확보를 위한 지원을 할 수 있다.

• 물류터미널의 건설
• 물류터미널 위치의 변경
• 물류터미널의 규모·구조 및 설비의 확충 또는 개선

국가 또는 지방자치단체는 물류터미널사업자가 설치한 물류터미널의 원활한 운영에 필요한 도로·철도·용수시설 등 대통령령으로 정하는 기반시설의 설치 또는 개량에 필요한 예산을 지원할 수 있다. 여기서 "도로·철도·용수시설 등 대통령령으로 정하는 기반시설"이란 다음에 해당하는 시설을 말한다.

• 「도로법」에 따른 도로
• 「철도산업발전기본법」에 따른 철도
• 「수도법」에 따른 수도시설
• 「물환경보전법」에 따른 수질오염방지시설

국토교통부장관은 사업의 운영을 위하여 필요하다고 인정하는 경우에는 시·도지사에게 부지의 확보 및 도시·군 계획시설의 설치 등에 관한 협조를 요청할 수 있다.

14. 물류터미널의 활성화 지원

국토교통부장관 또는 시·도지사는 건설·운영 중인 물류터미널의 활성화를 위하여 필요한 경우 제2조제2호에도 불구하고 물류터미널에 「산업집적활성화 및 공장설립에 관한 법률」에 따른 제조시설 및 그 부대시설과 「유통산업발전법」에 따른 점포등의 설치를 포함하여 공사시행 변경인가를 할 수 있다. 다만, 일반물류터미널은 화물자동차 운행에 필요한 품목의 제조 또는 판매를 위한 시설의 설치에 한정한다.

국토교통부장관 또는 시·도지사가 공사시행 변경인가를 하는 경우 다음의 사항을 준수하여야 한다.

• 제조시설 및 그 부대시설과 점포등의 설치 면적 전체의 합계가 물류터미널 전체

부지면적의 4분의 1 이하일 것

- 주변의 상권 및 산업단지 수요와의 상호관계를 고려하기 위하여 공사시행인가 또는 변경인가를 하는 경우 복합물류터미널사업에 대하여 국토교통부장관은 관계 중앙행정기관의 장과 해당 물류터미널이 소재하는 시·도지사와 협의하고, 일반물류터미널사업에 대하여 시·도지사는 해당 물류터미널이 소재하는 시장·군수·구청장과 협의할 것
- 복합물류터미널사업은 「국토의 계획 및 이용에 관한 법률」에 따른 중앙도시계획위원회, 일반물류터미널사업은 지방도시계획위원회의 심의를 받을 것

제4절 물류창고업

1. 물류창고업의 등록

다음에 해당하는 물류창고를 소유 또는 임차하여 물류창고업을 경영하려는 자는 국토교통부와 해양수산부의 공동부령으로 정하는 바에 따라 국토교통부장관 또는 해양수산부장관에게 등록하여야 한다.

- 전체 바닥면적의 합계가 1천제곱미터 이상인 보관시설(하나의 필지를 기준으로 해당 물류창고업을 등록하고자 하는 자가 직접 사용하는 바닥 면적만을 산정하되, 필지가 서로 연접한 경우에는 연접한 필지를 합산하여 산정한다)
- 전체면적의 합계가 4천500제곱미터 이상인 보관장소(보관시설이 차지하는 토지면적을 포함하고 하나의 필지를 기준으로 물류창고업을 등록하고자 하는 자가 직접 사용하는 면적만을 산정하되, 필지가 서로 연접한 경우에는 연접한 필지를 합산하여 산정한다)

물류창고업의 등록을 한 물류창고업자가 그 등록한 사항 중 대통령령으로 정하는 사항을 변경하려는 경우에는 국토교통부와 해양수산부의 공동부령으로 정하는 바에 따라 변경등록의 사유가 발생한 날부터 30일 이내에 변경등록을 하여야 한다. 여기서 "대통령령으로 정하는 사항"이란 다음에 해당하는 사항을 말한다.

- 물류창고업의 등록을 한 물류창고업자의 성명(법인인 경우에는 그 대표자의 성명) 및 상호

- 물류창고의 소재지
- 물류창고 면적의 100분의 10 이상의 증감

물류창고의 구조 또는 설비 등 물류창고업의 등록 기준에 필요한 사항은 국토교통부와 해양수산부의 공동부령으로 정한다.

물류창고를 갖추고 그 전부를 다음의 용도로만 사용하며 해당 법률에 따라 해당 영업의 허가·변경허가를 받거나 등록·변경등록 또는 신고·변경신고를 한 때에는 물류창고업의 등록 또는 변경등록을 한 것으로 본다.

- 「관세법」에 따른 보세창고의 설치·운영
- 「화학물질관리법」에 따른 유해화학물질 보관·저장업
- 「식품위생법」에 따른 식품보존업 중 식품냉동·냉장업, 「축산물 위생관리법」에 따른 축산물보관업 및 「식품산업진흥법」에 따른 수산물가공업 중 냉동·냉장업 영업의 현황을 관리하는 행정기관은 그 보관업의 허가·변경허가, 등록·변경등록 등으로 그 현황이 변경될 경우에는 국토교통부장관 또는 해양수산부장관에게 통보하여야 한다.

2. 물류창고 내 시설에 대한 내진설계 기준

국토교통부장관은 화물을 쌓아놓기 위한 선반 등 물류창고 내 시설에 대하여 내진설계(耐震設計) 기준을 정하는 등 지진에 따른 피해를 최소화하기 위하여 필요한 시책을 강구하여야 한다.

3. 스마트물류센터의 인증 등

국토교통부장관은 첫째, 스마트물류센터의 보급을 촉진하기 위하여 스마트물류센터를 인증할 수 있다. 이 경우 인증의 유효기간은 인증을 받은 날부터 3년으로 한다.

둘째, 스마트물류센터의 인증 및 점검업무를 수행하기 위하여 인증기관을 지정할 수 있으며, 스마트물류센터의 인증을 받으려는 자는 인증기관에 신청하여야 한다.

셋째, 스마트물류센터의 인증을 신청한 자가 그 인증을 받은 경우 국토교통부령으로 정하는 바에 따라 인증서를 교부하고, 인증을 나타내는 인증마크를 사용하게 할 수 있다. 인증을 받지 않은 자는 거짓의 인증마크를 제작·사용하거나 스마트물류센터임을 사칭해서는 아니 된다.

넷째, 인증을 받은 자가 기준을 유지하는지 여부를 국토교통부령으로 정하는 바에 따라 점검할 수 있다.

다섯째, 인증기관을 지도·감독하고, 인증 및 점검업무에 소요되는 비용의 일부를 지원할 수 있으며, 규정에 따른 인증의 기준·절차 및 방법, 인증기관의 조직·운영 및 지정 기준·절차에 관한 사항은 국토교통부령으로 정한다.

4. 인증의 취소

국토교통부장관은 인증을 받은 자가 다음에 해당하는 경우에는 대통령령으로 정하는 바에 따라 그 인증을 취소할 수 있다.

- 거짓이나 그 밖의 부정한 방법으로 인증을 받은 경우(반드시 취소)
- 인증의 전제나 근거가 되는 중대한 사실이 변경된 경우
- 점검을 정당한 사유 없이 3회 이상 거부한 경우
- 인증 기준에 맞지 아니하게 된 경우
- 인증 받은 자가 인증서를 반납하는 경우

스마트물류센터의 소유자 또는 대표자는 인증이 취소된 경우 인증서를 반납하고, 인증마크의 사용을 중지하여야 한다.

5. 인증기관의 지정 취소

국토교통부장관은 지정된 인증기관이 다음에 해당하면 인증기관의 지정을 취소하거나 1년 이내의 기간을 정하여 업무의 전부 또는 일부를 정지하도록 명할 수 있다.

- 거짓이나 부정한 방법으로 지정을 받은 경우
- 지정 기준에 적합하지 아니하게 된 경우
- 고의 또는 중대한 과실로 인증 기준 및 절차를 위반한 경우
- 정당한 사유 없이 인증 및 점검업무를 거부한 경우
- 정당한 사유 없이 지정받은 날부터 2년 이상 계속하여 인증 및 점검업무를 수행하지 아니한 경우
- 그 밖에 인증기관으로서 업무를 수행할 수 없게 된 경우

6. 재정지원 등

국가 또는 지방자치단체는 물류창고업자 또는 그 사업자단체가 다음에 해당하는 사업을 수행하는 경우로서 재정적 지원이 필요하다고 인정하면 자금의 일부를 보조 또는 융자할 수 있다.

- 물류창고의 건설
- 물류창고의 보수·개조 또는 개량
- 물류장비의 투자
- 물류창고 관련 기술의 개발
- 그 밖에 물류창고업의 경영합리화를 위한 사항으로서 국토교통부령으로 정하는 사항

국가·지방자치단체 또는 공공기관은 스마트물류센터에 대하여 공공기관 등이 운영하는 기금·자금의 우대 조치 등 대통령령으로 정하는 바에 따라 행정적·재정적으로 우선 지원할 수 있다.

1) 스마트물류센터에 대한 지원

① 국가 또는 지방자치단체는 다음의 지원을 할 수 있다.
- 스마트물류센터 구축에 드는 비용의 일부 보조 또는 융자
- 스마트물류센터 인증을 받은 자가 스마트물류센터의 구축 및 운영에 필요한 자금을 마련하기 위해 국내 금융기관에서 대출을 받은 경우 그 금리와 국토교통부장관이 관계 중앙행정기관의 장과 협의하여 정하는 금리와의 차이에 따른 차액의 전부 또는 일부 보전
- 스마트물류센터 신축 또는 증·개축 시 「국토의 계획 및 이용에 관한 법률」에 따라 특별시·광역시·특별자치시·특별자치도·시 또는 군의 조례로 정하는 용적률 및 높이의 상한 적용

② 「신용보증기금법」에 따라 설립된 신용보증기금 및 「기술보증기금법」에 따라 설립된 기술보증기금은 스마트물류센터의 구축 및 운영에 필요한 자금의 대출 등으로 인한 금전채무의 보증한도, 보증료 등 보증조건을 우대할 수 있다.

7. 보조금 등의 사용 등

보조금 또는 융자금 등은 보조 또는 융자받은 목적 외의 용도로 사용하여서는 아니 된다.

국토교통부장관·해양수산부장관 또는 지방자치단체의 장은 첫째, 보조 또는 융자 등을 받은 자가 그 자금을 적정하게 사용하도록 지도·감독하여야 한다.

둘째, 다음에 해당하는 경우 물류창고업자 또는 그 사업자단체에 보조금이나 융자금의 반환을 명하여야 하며 이에 따르지 아니하면 국세 또는 지방세 체납처분의 예에 따라 회수할 수 있다.

- 거짓이나 부정한 방법으로 보조금 또는 융자금을 교부받은 경우
- 보조금 또는 융자금을 목적 외의 용도로 사용한 경우

8. 과징금

국토교통부장관 또는 해양수산부장관은 물류창고업자가 사업의 정지를 명하여야 하는 경우로서 그 사업의 정지가 그 사업의 이용자 등에게 심한 불편을 주는 경우에는 그 사업정지처분을 갈음하여 1천만 원 이하의 과징금을 부과할 수 있다.

과징금을 부과하는 위반행위의 종류와 위반 정도에 따른 과징금의 금액 등에 필요한 사항은 대통령령으로 정한다. 국토교통부장관 또는 해양수산부장관은 과징금을 내야 할 자가 납부기한까지 과징금을 내지 아니하면 대통령령으로 정하는 바에 따라 국세강제징수의 예에 따라 징수한다.

제5절 물류단지의 개발 및 운영

1. 일반물류단지의 지정

일반물류단지는 다음의 구분에 따른 자가 지정한다.

1) 국가정책사업으로 물류단지를 개발하거나 물류단지 개발사업의 대상지역이 2개 이상의 특별시·광역시·특별자치시·도 또는 특별자치도(시·도)에 걸쳐 있는 경

우: 국토교통부장관

2) 제1)호 외의 경우: 시·도지사

국토교통부장관은 일반물류단지를 지정하려는 때에는 일반물류단지개발계획을 수립하여 관할 시·도지사 및 시장·군수·구청장의 의견을 듣고 관계 중앙행정기관의 장과 협의한 후 「물류정책기본법」의 물류시설분과위원회의 심의를 거쳐야 한다. 일반물류단지개발계획 중 대통령령으로 정하는 중요 사항을 변경하려는 때에도 또한 같다.

시·도지사는 일반물류단지를 지정하려는 때에는 일반물류단지개발계획을 수립하여 관계 행정기관의 장과 협의한 후 「물류정책기본법」의 지역물류정책위원회의 심의를 거쳐야 한다. 일반물류단지개발계획 중 대통령령으로 정하는 중요 사항을 변경하려는 때에도 또한 같다.

관계 행정기관의 장은 일반물류단지의 지정이 필요하다고 인정하는 때에는 대상지역을 정하여 국토교통부장관 또는 시·도지사에게 일반물류단지의 지정을 요청할 수 있다. 이 경우 중앙행정기관의 장 이외의 자는 일반물류단지개발계획안을 작성하여 제출하여야 한다.

일반물류단지개발계획에는 다음의 사항이 포함되어야 한다. 다만, 일반물류단지개발계획을 수립할 때까지 시행자가 확정되지 아니하였거나 세부목록의 작성이 곤란한 경우에는 일반물류단지의 지정 후에 이를 일반물류단지개발계획에 포함시킬 수 있다.

- 일반물류단지의 명칭·위치 및 면적
- 일반물류단지의 지정목적
- 일반물류단지개발사업의 시행자
- 일반물류단지개발사업의 시행기간 및 시행방법
- 토지이용계획 및 주요 기반시설계획
- 주요 유치시설 및 그 설치기준에 관한 사항
- 재원조달계획
- 수용하거나 사용할 토지, 건축물, 그 밖의 물건이나 권리가 있는 경우에는 그 세부목록
- 그 밖에 대통령령으로 정하는 사항

2. 도시첨단물류단지의 지정 등

도시첨단물류단지는 국토교통부장관 또는 시·도지사가 다음에 해당하는 지역에

지정하며, 시·도지사(특별자치도지사는 제외한다)가 지정하는 경우에는 시장·군수·구청장의 신청을 받아 지정할 수 있다.

- 노후화된 일반물류터미널 부지 및 인근 지역
- 노후화된 유통업무설비 부지 및 인근 지역
- 그 밖에 국토교통부장관이 필요하다고 인정하는 지역

시장·군수·구청장은 시·도지사에게 도시첨단물류단지의 지정을 신청하려는 경우에는 도시첨단물류단지개발계획안을 작성하여 제출하여야 한다.

도시첨단물류단지의 지정 절차 및 개발계획에 관하여는 제22조제2항,[4] 제3항,[5] 제5항[6]을 준용한다. 다만, 도시첨단물류단지개발계획에는 층별·시설별 용도, 바닥면적 등 건축계획 및 복합용지이용계획(복합용지를 계획하는 경우에 한정한다)이 포함되어야 한다.

도시첨단물류단지개발사업의 시행자는 대통령령으로 정하는 바에 따라 대상 부지 토지가액의 100분의 40의 범위에서 다음에 해당하는 시설 또는 그 운영비용의 일부를 국가나 지방자치단체에 제공하여야 한다. 다만, 「개발이익 환수에 관한 법률」에

---

4) 물류시설의 개발 및 운영에 관한 법률 제22조 2항 : ② 국토교통부장관은 일반물류단지를 지정하려는 때에는 일반물류단지개발계획을 수립하여 관할 시·도지사 및 시장·군수·구청장의 의견을 듣고 관계 중앙행정기관의 장과 협의한 후 「물류정책기본법」 제19조제1항제2호의 물류시설분과위원회의 심의를 거쳐야 한다. 일반물류단지개발계획 중 대통령령으로 정하는 중요 사항을 변경하려는 때에도 또한 같다.

5) 물류시설의 개발 및 운영에 관한 법률 제22조 3항 : ③ 시·도지사는 일반물류단지를 지정하려는 때에는 일반물류단지개발계획을 수립하여 관계 행정기관의 장과 협의한 후 「물류정책기본법」 제20조의 지역물류정책위원회의 심의를 거쳐야 한다. 일반물류단지개발계획 중 대통령령으로 정하는 중요 사항을 변경하려는 때에도 또한 같다.

6) 물류시설의 개발 및 운영에 관한 법률 제22조 2항 : ⑤ 제2항 및 제3항에 따른 일반물류단지개발계획에는 다음 각 호의 사항이 포함되어야 한다. 다만, 일반물류단지개발계획을 수립할 때까지 제3호의 시행자가 확정되지 아니하였거나 제8호의 세부목록의 작성이 곤란한 경우에는 일반물류단지의 지정 후에 이를 일반물류단지개발계획에 포함시킬 수 있다.

1. 일반물류단지의 명칭·위치 및 면적
2. 일반물류단지의 지정목적
3. 일반물류단지개발사업의 시행자
4. 일반물류단지개발사업의 시행기간 및 시행방법
5. 토지이용계획 및 주요 기반시설계획
6. 주요 유치시설 및 그 설치기준에 관한 사항
7. 재원조달계획
8. 수용하거나 사용할 토지, 건축물, 그 밖의 물건이나 권리가 있는 경우에는 그 세부목록
9. 그 밖에 대통령령으로 정하는 사항

따라 개발부담금이 부과·징수되는 경우에는 대상 부지의 토지가액에서 개발부담금에 상당하는 금액은 제외한다.

1) 물류산업 창업보육센터 등 해당 도시첨단물류단지를 활용한 일자리 창출을 위한 시설
2) 해당 도시첨단물류단지에서 공동으로 사용하는 물류시설
3) 해당 도시첨단물류단지의 물류산업 활성화를 위한 연구시설
4) 그 밖에 제1)호부터 제3)호까지의 시설에 준하는 시설로서 대통령령으로 정하는 공익시설, 여기서 "대통령령으로 정하는 공익시설"이란 다음 각 호의 시설을 말한다.
   - 「국토의 계획 및 이용에 관한 법률」에 따른 공공시설
   - 「국토의 계획 및 이용에 관한 법률 시행령」에 따른 공공·문화체육시설
   - 「국토의 계획 및 이용에 관한 법률 시행령」에 따른 보건위생시설 중 종합의료시설
   - 「국토의 계획 및 이용에 관한 법률 시행령」에 따른 환경기초시설 중 폐기물처리시설
   - 「공공주택 특별법」에 따른 공공주택

3. 토지소유자 등의 동의

국토교통부장관 또는 시·도지사는 도시첨단물류단지를 지정하려면 도시첨단물류단지 예정지역 토지면적의 2분의 1 이상에 해당하는 토지소유자의 동의와 토지소유자 총수(그 지상권자를 포함하며, 1필지의 토지를 여러 명이 공유하는 경우 그 여러 명은 1인으로 본다) 및 건축물 소유자 총수(집합건물의 경우 각 구분소유자 각자를 1인의 소유자로 본다) 각 2분의 1 이상의 동의를 받아야 한다.

동의자 수의 산정방법과 그 밖에 필요한 사항은 대통령령으로 정한다. 여기서 동의자 수를 산정하는 방법은 다음과 같다.

- 1필지의 토지를 여러 명이 공유하는 경우: 다른 공유자의 동의를 받은 대표 공유자 1명만을 해당 토지의 소유자로 본다. 다만,「집합건물의 소유 및 관리에 관한 법률」에 따른 구분소유자는 각각을 토지소유자 1명으로 본다.
- 하나의 건축물을 여러 명이 공유하는 경우: 다른 공유자의 동의를 받은 대표 공유자 1명만을 해당 건축물의 소유자로 본다.

• 공고일 후에 「집합건물의 소유 및 관리에 관한 법률」에 따른 구분소유권을 분할하게 되어 토지소유자 및 건축물 소유자의 수가 증가하게 된 경우: 공고일 전의 소유자의 수를 기준으로 산정하고, 증가된 소유자의 수는 소유자 총수에 추가 산입하지 아니한다.
• 토지등기부 등본, 건물등기부 등본, 토지대장 및 건축물대장에 소유자로 등재될 당시 주민등록번호의 기재가 없고, 기재된 주소가 현재 주소와 상이한 경우로서 소재가 확인되지 아니한 자는 토지소유자, 지상권자, 건축물 소유자의 수에서 제외한다.

4. 지원단지의 조성 등의 특례

도시첨단물류단지개발사업의 시행자는 도시첨단물류단지 내 또는 도시첨단물류단지 인근지역에 입주기업 종사자 등을 위하여 주거·문화·복지·교육 시설 등을 포함한 지원단지를 조성할 수 있다.

1) 입주기업 종사자 등의 주택공급 특례
   • 지원단지에서 주택을 건설하여 공급하는 자는 입주예정기업 또는 교육·연구기관의 종사자 등에게 그 건설량의 100분의 50(「수도권정비계획법」에 따른 과밀억제권역에 위치한 도시첨단물류단지의 경우에는 100분의 30)의 범위에서 특별공급할 수 있다.
   • 특별공급되는 주택의 입주자격 및 선정방법은 국토교통부령으로 정한다.

지원단지의 조성은 도시첨단물류단지개발사업으로 할 수 있다.

입주기업 종사자 등의 주거마련을 위하여 필요한 경우 조성되는 지원단지에서 건설·공급되는 주택에 대하여 「주택법」 제38조제1항에도 불구하고 대통령령으로 정하는 바에 따라 입주자 모집요건 등 주택공급의 기준을 따로 정할 수 있다.

5. 다른 지구와의 입체개발

국토교통부장관 또는 시·도지사는 「공공주택 특별법」의 공공주택지구 등 대통령령으로 정하는 지구의 지정권자와 협의하여 도시첨단물류단지와 동일한 부지에 해당 지구를 함께 지정하여 도시첨단물류단지개발사업으로 할 수 있다.

시행자는 지구 내 사업에 따른 시설과 도시첨단물류단지개발사업에 따른 시설을 일단의 건물로 조성할 수 있다.

6. 물류단지개발지침

국토교통부장관은 물류단지의 개발에 관한 물류단지개발지침을 작성하여 관보에 고시하여야 한다.

1) 물류단지개발지침의 내용 등

① 물류단지개발지침에는 다음 각 호의 사항이 포함되어야 한다.
- 물류단지의 계획적·체계적 개발에 관한 사항
- 물류단지의 지정·개발·지원에 관한 사항
- 「환경영향평가법」에 따른 전략환경영향평가, 소규모 환경영향평가 및 환경영향평가 등 환경보전에 관한 사항
- 지역 간의 균형발전을 위하여 고려할 사항
- 문화재의 보존을 위하여 고려할 사항
- 토지가격의 안정을 위하여 필요한 사항
- 분양가격의 결정에 관한 사항
- 토지·시설 등의 공급에 관한 사항

② 물류단지개발지침은 지역 간의 균형 있는 발전을 위하여 물류단지시설용지의 배분이 적정하게 이루어지도록 작성되어야 한다.

국토교통부장관은 물류단지개발지침을 작성할 때에는 미리 시·도지사의 의견을 듣고 관계 중앙행정기관의 장과 협의한 후 「물류정책기본법」에 따른 물류시설분과위원회의 심의를 거쳐야 한다. 물류단지개발지침을 변경할 때(국토교통부령으로 정하는 경미한 사항을 변경할 때는 제외한다)에도 또한 같다.

7. 물류단지 실수요 검증

물류단지를 지정하는 국토교통부장관 또는 시·도지사(물류단지지정권자)는 무분별한 물류단지 개발을 방지하고 국토의 효율적 이용을 위하여 물류단지 지정 전에 물

류단지 실수요 검증을 실시하여야 한다. 이 경우 물류단지지정권자는 실수요 검증 대상사업에 대하여 관계 행정기관과 협의하여야 한다.

실수요 검증을 실시하기 위하여 국토교통부 또는 시·도에 각각 실수요검증위원회를 둔다. 도시첨단물류단지개발사업의 경우에는 실수요 검증을 실수요검증위원회의 자문으로 갈음할 수 있다.

물류단지 실수요 검증의 평가기준 및 평가방법 등에 관하여 필요한 사항은 국토교통부령으로, 실수요검증위원회의 구성 및 운영 등에 필요한 사항은 국토교통부령 또는 해당 시·도의 조례로 각각 정한다.

8. 물류단지지정의 고시 등

물류단지지정권자가 물류단지를 지정하거나 지정내용을 변경한 때에는 대통령령으로 정하는 사항을 관보 또는 시·도의 공보에 고시하고, 관계 서류의 사본을 관할 시장·군수·구청장에게 보내야 한다.

1) 물류단지지정 또는 변경의 고시

① 위에서 "대통령령으로 정하는 사항"이란 다음의 사항을 말한다.

- 물류단지의 명칭·위치 및 면적
- 물류단지의 지정 목적
- 물류단지개발사업의 시행자
- 물류단지의 개발기간 및 개발방법
- 토지이용계획 및 주요 기반시설계획
- 건축계획 및 복합용지이용계획(도시첨단물류단지를 지정하거나 그 지정내용을 변경하는 경우만 해당한다)
- 주요 유치업종 및 유치업종배치계획에 따라 물류단지를 지정하는 물류단지지정권자와 물류단지 입주희망 기업이 입주협약을 체결한 경우에는 그 기업의 배치계획을 포함한다.
- 수용 또는 사용의 대상이 되는 토지, 건축물 또는 토지에 정착한 물건과 이에 관한 소유권 외의 권리, 광업권·어업권 및 물의 사용에 관한 권리(이하 "토지등"이라 한다)가 있는 경우에는 그 세목과 소유자 및 「공익사업을 위한 토지등의 취득 및 보상에 관한 법률」에 따른 관계인의 성명 및 주소

- 물류단지의 개발을 위한 주요시설지원계획
- 종전 토지소유자에 대한 환지계획
- 「공유수면 관리 및 매립에 관한 법률」에 따른 공유수면매립 기본계획
- 「국토의 계획 및 이용에 관한 법률」에 따른 도시·군관리계획
- 「토지이용규제 기본법」에 따른 지형도면등
- 관계 도서의 열람방법

② 물류단지를 지정하는 때 확정되지 아니한 경우에는 그 내용이 확정된 후에 이를 따로 고시할 수 있다.

③ 시·도지사는 물류단지를 지정 또는 변경지정한 후 사항을 고시한 때에는 지체 없이 고시 내용을 국토교통부장관에게 통보하여야 한다.

물류단지로 지정되는 지역에 수용하거나 사용할 토지, 건축물, 그 밖의 물건이나 권리가 있는 경우에는 고시내용에 그 토지 등의 세부목록을 포함시켜야 한다.

관계 서류를 받은 시장·군수·구청장은 이를 14일 이상 일반인이 열람할 수 있도록 하여야 한다.

9. 주민 등의 의견청취

물류단지지정권자는 물류단지를 지정하려는 때에는 주민 및 관계 전문가의 의견을 들어야 하고 타당하다고 인정하는 때에는 그 의견을 반영하여야 한다. 다만, 국방상 기밀(機密)사항이거나 대통령령으로 정하는 경미한 사항인 경우에는 의견 청취를 생략할 수 있다. 여기서 "대통령령으로 정하는 경미한 사항"이란 다음 각 호의 사항을 말한다.

- 물류단지지정 면적의 변경(10분의 1 미만의 면적을 변경하는 경우만 해당한다)
- 물류단지시설용지 면적의 변경(10분의 1 미만의 면적을 변경하는 경우만 해당한다) 또는 물류단지시설용지의 용도변경
- 기반시설(구거를 포함한다)의 부지 면적의 변경(10분의 1 미만의 면적을 변경하는 경우만 해당한다) 또는 그 시설의 위치 변경

1) 주민 등의 의견청취

- 물류단지지정권자는 물류단지의 지정에 관하여 주민 및 관계 전문가의 의견을 들

으려는 경우에는 물류단지개발계획안의 내용을 해당 물류단지의 소재지를 관할하는 특별자치시장·특별자치도지사·시장·군수 또는 구청장에게 보내야 하며, 이를 받은 시장·군수·구청장은 그 주요 내용을 해당 지방에서 발간되는 일간신문, 공보, 인터넷 홈페이지 또는 방송 등을 통하여 공고하고 14일 이상 일반에게 열람하게 해야 한다.

- 공고된 물류단지개발계획안의 내용에 대하여 의견이 있는 자는 그 열람기간 내에 해당 시장·군수·구청장에게 의견서를 제출할 수 있다.
- 시장·군수·구청장은 제출된 의견에 대한 검토의견을 물류단지지정권자에게 제출하여야 한다.
- 물류단지지정권자는 주민 및 관계 전문가의 의견청취를 생략하려는 경우에는 미리 관계 행정기관의 장과 협의하여야 한다.

10. 행위제한 등

물류단지 안에서 건축물의 건축, 공작물의 설치, 토지의 형질변경, 토석의 채취, 토지분할, 물건을 쌓아놓는 행위 등 대통령령으로 정하는 행위를 하려는 자는 시장·군수·구청장의 허가를 받아야 한다. 허가받은 사항을 변경하려는 때에도 또한 같다. 여기서 "그 밖에 대통령령으로 정하는 행위"란 다음에 해당하는 행위로서 「국토의 계획 및 이용에 관한 법률」에 따른 개발행위허가의 대상이 아닌 것을 말한다.

- 농림수산물의 생산에 직접 이용되는 것으로서 국토교통부령으로 정하는 간이공작물의 설치
- 경작을 위한 토지의 형질변경
- 물류단지의 개발에 지장을 주지 아니하고 자연경관을 손상하지 아니하는 범위에서의 토석의 채취
- 물류단지에 존치하기로 결정된 대지 안에서 물건을 쌓아놓는 행위
- 관상용 죽목의 임시 식재(경작지에서의 임시 식재는 제외한다)

1) 행위허가의 대상 등

① 시장·군수·구청장의 허가를 받아야 하는 행위는 다음과 같다.

- 건축물의 건축 등 : 「건축법」에 따른 건축물(가설건축물을 포함한다)의 건축, 대수선 또는 용도변경

- 공작물의 설치 : 인공을 가하여 제작한 시설물(「건축법」에 따른 건축물은 제외한다)의 설치
- 토지의 형질변경: 절토(땅깎기)·성토(흙쌓기)·정지(흙고르기)·포장 등의 방법으로 토지의 형상을 변경하는 행위, 토지의 굴착 또는 공유수면의 매립
- 토석의 채취 : 흙·모래·자갈·바위 등의 토석을 채취하는 행위.
- 토지분할
- 물건을 쌓아놓는 행위 : 이동이 쉽지 아니한 물건을 1개월 이상 쌓아놓는 행위
- 죽목의 벌채 및 식재(植栽)

② 시장·군수·구청장은 제①의 행위에 대한 허가를 하려는 경우로서 물류단지개발사업의 시행자가 지정되어 있는 경우에는 미리 그 시행자의 의견을 들어야 한다.

③ 신고하여야 하는 자는 물류단지가 지정·고시된 날부터 30일 이내에 그 공사 또는 사업의 진행상황과 시행계획을 첨부하여 관할 시장·군수·구청장에게 신고하여야 한다.

다음에 해당하는 행위는 허가를 받지 아니하고 할 수 있다.

- 재해복구 또는 재난수습에 필요한 응급조치를 위하여 하는 행위
- 그 밖에 대통령령으로 정하는 행위

허가를 받아야 하는 행위로서 물류단지의 지정 및 고시 당시 이미 관계 법령에 따라 행위허가를 받았거나 허가를 받을 필요가 없는 행위에 관하여 그 공사 또는 사업에 착수한 자는 대통령령으로 정하는 바에 따라 시장·군수·구청장에게 신고한 후 이를 계속 시행할 수 있다.

시장·군수·구청장은 제1항을 위반한 자에게 원상회복을 명할 수 있다. 이 경우 명령을 받은 자가 그 의무를 이행하지 아니하면 시장·군수·구청장은 「행정대집행법」에 따라 대집행할 수 있다.

허가에 관하여 이 법에서 규정한 것 외에는 「국토의 계획 및 이용에 관한 법률」을 준용한다.

허가를 받은 경우에는 「국토의 계획 및 이용에 관한 법률」에 따라 허가를 받은 것으로 본다.

11. 물류단지지정의 해제

물류단지로 지정·고시된 날부터 대통령령으로 정하는 기간(5년) 이내에 그 물류단지의 전부 또는 일부에 대하여 물류단지개발실시계획의 승인을 신청하지 아니하면 그 기간이 지난 다음 날 해당 지역에 대한 물류단지의 지정이 해제된 것으로 본다.

물류단지지정권자는 다음에 해당하는 경우에는 대통령령으로 정하는 바에 따라 해당 지역에 대한 물류단지 지정의 전부 또는 일부를 해제할 수 있다.

- 물류단지의 전부 또는 일부에 대한 개발 전망이 없게 된 경우
- 개발이 완료된 물류단지가 준공(부분 준공을 포함한다)된 지 20년 이상 된 것으로서 주변상황과 물류산업여건이 변화되어 물류단지재정비사업을 하더라도 물류단지 기능수행이 어려울 것으로 판단되는 경우

물류단지의 지정이 해제된 것으로 보거나 해제된 경우 해당 물류단지지정권자는 그 사실을 관계 중앙행정기관의 장 및 시·도지사에게 통보하고 고시하여야 하며, 통보를 받은 시·도지사는 지체 없이 시장·군수·구청장으로 하여금 이를 14일 이상 일반인이 열람할 수 있도록 하여야 한다.

물류단지의 지정으로 「국토의 계획 및 이용에 관한 법률」에 따른 용도지역이 변경·결정된 후 해당 물류단지의 지정이 해제된 경우에는 같은 법의 규정에도 불구하고 해당 물류단지에 대한 용도지역은 변경·결정되기 전의 용도지역으로 환원된 것으로 본다. 다만, 물류단지의 개발이 완료되어 물류단지의 지정이 해제된 경우에는 변경·결정되기 전의 용도지역으로 환원되지 아니한다.

시장·군수·구청장은 제4항에 따라 용도지역이 환원된 경우에는 즉시 그 사실을 고시하여야 한다.

12. 물류단지개발사업의 시행자

물류단지개발사업을 시행하려는 자는 대통령령으로 정하는 바에 따라 물류단지지정권자로부터 시행자 지정을 받아야 한다.

물류단지개발사업의 시행자로 지정받을 수 있는 자는 다음의 자로 한다.

1) 국가 또는 지방자치단체
2) 대통령령으로 정하는 공공기관, 여기서"대통령령으로 정하는 공공기관"이란 다음의 기관을 말한다.

- 「한국토지주택공사법」에 따른 한국토지주택공사
- 「한국도로공사법」에 따른 한국도로공사
- 「한국수자원공사법」에 따른 한국수자원공사
- 「한국농어촌공사 및 농지관리기금법」에 따른 한국농어촌공사
- 「항만공사법」에 따른 항만공

3) 「지방공기업법」에 따른 지방공사
4) 특별법에 따라 설립된 법인
5) 「민법」 또는 「상법」에 따라 설립된 법인

물류단지개발사업의 시행자로 지정받으려는 자는 대통령령으로 정하는 바에 따라 물류단지지정권자에게 시행자 지정을 신청하여야 한다. 여기서 시행자로 지정받으려는 자는 다음의 사항을 적은 시행자지정신청서를 물류단지지정권자에게 제출하여야 한다.

- 사업을 시행하려는 자의 성명(법인인 경우에는 그 명칭 및 대표자의 성명)·주소
- 사업을 시행하려는 물류단지의 명칭·위치 및 사업시행 면적
- 사업의 명칭·목적·개요·시행기간·시행방법 등 사업계획의 개요

또한 시행자지정신청서에는 다음의 서류 및 도면을 첨부하여야 한다.

- 위치도
- 사업계획서
- 자금조달계획서

물류단지지정권자는 물류단지개발사업을 시행하는 자로 지정받은 시행자 중 승인을 받은 물류단지개발실시계획에서 정하여진 기간 내에 물류단지개발사업을 완료하지 아니하면 다른 시행자를 지정하여 그 시행자에게 해당 물류단지개발사업을 시행하게 할 수 있다.

시행자는 물류단지개발사업을 효율적으로 시행하기 위하여 필요하다고 인정하는 경우에는 대통령령으로 정하는 바에 따라 해당 물류단지에 입주하거나 입주하려는 물류시설의 입주기업체 및 지원시설의 지원기관에게 물류단지개발사업의 일부를 대행하게 할 수 있다.

13. 조합설립의 인가 등

조합의 설립, 조합원의 자격, 조합원의 경비 부담 등에 관하여는 「도시개발법」의 규정을 준용한다. 이 경우 “도시개발구역”은 “물류단지 예정지역”으로, “지정권자”는 “물류단지지정권자”로 본다.

14. 물류단지개발실시계획의 승인

시행자는 대통령령으로 정하는 바에 따라 물류단지개발실시계획을 수립하여 물류단지지정권자의 승인을 받아야 한다. 승인을 받은 사항 중 대통령령으로 정하는 중요사항을 변경하려는 경우에도 또한 같다. 여기서“대통령령으로 정하는 중요 사항”이란 다음 각 호 외의 사항을 말한다.

- 시행자의 주소 변경
- 법인인 시행자의 대표자 변경
- 사업시행지역의 변동이 없는 범위에서의 착오 등에 따른 시행면적의 정정
- 사업시행 면적을 초과하지 아니하는 범위에서 사업을 분할하여 시행하는 경우의 면적 변경
- 사업시행 면적의 100분의 10 범위에서의 면적의 감소
- 사업비의 100분의 10 범위에서의 사업비의 증감
- 「공간정보의 구축 및 관리 등에 관한 법률」에 따른 지적확정측량의 결과에 따른 부지 면적의 변경

실시계획에는 개발한 토지·시설 등의 처분에 관한 사항이 포함되어야 한다.

물류단지지정권자가 실시계획을 승인하거나 승인한 사항을 변경승인할 때에는 관계 법률에 적합한지를 미리 소관 행정기관의 장과 협의하여야 한다.

15. 실시계획의 승인

시행자는 물류단지개발실시계획의 승인을 신청하려는 경우에는 다음의 사항을 적은 실시계획승인신청서를 물류단지지정권자에게 제출하여야 한다.

- 시행자의 성명(법인인 경우에는 그 명칭 및 대표자의 성명)·주소
- 사업의 명칭

- 사업의 목적
- 사업을 시행하려는 위치 및 면적
- 사업의 시행방법 및 시행기간
- 사업시행지역의 토지이용 현황
- 토지이용계획 및 기반시설계획
- 공공시설의 귀속 및 관리계획

실시계획승인신청서에는 다음의 서류 및 도면을 첨부하여야 한다.

- 위치도
- 지적도에 따라 작성한 용지도
- 계획평면도 및 실시설계도서(공유수면의 매립이 포함되는 경우에는 「공유수면 관리 및 매립에 관한 법률 시행령」에 따라 제출하여야 하는 매립공사에 관한 설명서를 포함한다)
- 사업비 및 자금조달계획서(연차별 투자계획을 포함한다)
- 개발한 토지·시설 등의 처분계획에 관한 서류
- 사업시행지역에 존치하려는 기존의 물류단지시설이나 건축물 등의 명세서
- 사업시행지역의 토지·건물 또는 권리 등의 매수·보상 및 주민의 이주대책에 관한 서류
- 토지등이 있는 경우에는 그 세목과 소유자 및 「공익사업을 위한 토지 등의 취득 및 보상에 관한 법률」에 따른 관계인의 성명 및 주소
- 공공시설물 및 토지등의 무상귀속 등에 관한 계획서
- 도시·군관리계획결정에 필요한 관계 서류 및 도면
- 「해양환경관리법」에 따라 제출하여야 하는 해역이용협의를 위한 서류(공유수면 매립의 경우에만 첨부한다)
- 「환경영향평가법」에 따른 환경영향평가 대상사업이거나 「도시교통정비 촉진법」에 따른 교통영향평가 대상사업인 경우에는 환경영향평가서 또는 교통영향평가서
- 문화재 보존대책에 관한 서류

16. 실시계획승인의 고시

물류단지지정권자는 실시계획을 승인하거나 승인한 사항을 변경승인한 때에는 대통령령으로 정하는 사항을 관보 또는 시·도의 공보에 고시하고, 관계 서류의 사본을 관

할 시장·군수·구청장에게 보내야 한다. 여기서 고시하여야 하는 사항은 다음과 같다.

- 사업의 명칭
- 시행자의 성명(법인인 경우에는 그 명칭 및 대표자의 성명)
- 사업의 목적 및 개요
- 사업시행지역의 위치 및 면적
- 사업시행기간(착공 및 준공예정일을 포함한다)
- 도시·군계획시설에 대한 「국토의 계획 및 이용에 관한 법률 시행령」의 사항

관계 서류의 사본을 받은 시장·군수·구청장은 이를 14일 이상 일반인이 열람할 수 있도록 하여야 하며, 실시계획에 도시·군관리계획 결정사항이 포함되어 있으면 「국토의 계획 및 이용에 관한 법률」에 따라 지형도면의 고시 등에 필요한 절차를 취하여야 한다. 이 경우 시행자는 도시·군관리계획에 관한 지형도면의 고시 등에 필요한 서류를 작성하여 시장·군수·구청장에게 제출하여야 한다.

17. 인·허가등의 의제

물류단지지정권자가 실시계획을 승인 또는 변경승인하는 경우에 다음의 인·허가등에 관하여 관계 행정기관의 장과 협의한 사항은 해당 인·허가등을 받은 것으로 보며, 실시계획승인 또는 변경승인을 고시한 때에는 다음의 법률에 따른 해당 인·허가등의 고시 또는 공고를 한 것으로 본다.

- 「가축분뇨의 관리 및 이용에 관한 법률」에 따른 배출시설에 대한 설치허가 또는 신고
- 「건축법」에 따른 건축허가, 건축신고, 건축허가·신고사항의 변경, 가설건축물의 건축의 허가·신고 및 건축협의
- 「골재채취법」에 따른 골재채취의 허가
- 「공유수면 관리 및 매립에 관한 법률」에 따른 공유수면의 점용·사용허가, 점용·사용 실시계획의 승인 또는 신고, 공유수면의 매립면허, 매립의 협의 또는 승인 및 공유수면매립실시계획의 승인
- 「공유재산 및 물품 관리법」에 따른 행정재산의 용도폐지 및 행정재산의 사용·수익의 허가
- 「광업법」에 따른 광업권설정불허가처분 및 광업권의 취소 또는 광구감소처분
- 「국유재산법」에 따른 행정재산의 사용허가 및 행정재산의 용도폐지

- 「국토의 계획 및 이용에 관한 법률」에 따른 도시·군관리계획의 결정, 지형질변경의 허가 또는 토지분할의 허가, 도시·군계획시설사업의 시행자의 지정 및 실시계획의 인가
- 「농어촌정비법」에 따른 농업생산기반시설의 사용허가
- 「농지법」에 따른 농업진흥지역 등의 변경 및 해제, 농지전용의 허가 및 협의
- 「도로법」에 따른 도로관리청이 아닌 자에 대한 도로공사 시행의 허가, 도로의 점용 허가 및 도로관리청과의 협의 또는 승인
- 「사도법」에 따른 사도개설의 허가
- 「사방사업법」에 따른 벌채 등의 허가 및 사방지 지정의 해제
- 「산지관리법」에 따른 산지전용허가 및 산지전용신고, 산지일시사용허가·신고, 토석채취허가, 「산림자원의 조성 및 관리에 관한 법률」에 따른 입목벌채등의 허가·신고, 「산림보호법」에 따른 산림보호구역(산림유전자원보호구역은 제외한다)에서의 행위의 허가·신고 및 산림보호구역의 지정해제
- 「소하천정비법」에 따른 소하천 공사시행의 허가 및 소하천 점용의 허가
- 「수도법」에 따른 수도사업의 인가, 전용수도 설치의 인가
- 「물환경보전법」에 따른 공공폐수처리시설 기본계획의 승인
- 「에너지이용 합리화법」에 따른 에너지사용계획의 협의
- 「임업 및 산촌 진흥촉진에 관한 법률」에 따른 임업진흥권역의 지정변경 및 해제
- 「장사 등에 관한 법률」에 따른 연고자가 없는 분묘의 개장허가
- 「전기안전관리법」에 따른 자가용전기설비의 공사계획의 인가 또는 신고
- 「공간정보의 구축 및 관리 등에 관한 법률」에 따른 사업의 착수·변경 또는 완료의 신고
- 「집단에너지사업법」에 따른 집단에너지의 공급 타당성에 관한 협의
- 「초지법」에 따른 토지의 형질변경 등의 허가 및 초지전용허가
- 「공간정보의 구축 및 관리 등에 관한 법률」에 따른 지도 등의 간행 심사
- 「폐기물관리법」에 따른 폐기물처리시설의 설치승인 또는 신고
- 「하수도법」에 따른 공공하수도공사의 시행허가 및 공공하수도의 점용허가
- 「하천법」에 따른 하천관리청과의 협의 또는 승인, 하천공사 시행허가, 하천공사 실시계획의 인가, 하천의 점용허가 및 하천수의 사용허가
- 「항만법」에 따른 항만개발사업 시행의 허가 및 항만개발사업실시계획의 승인
- 「산업집적활성화 및 공장설립에 관한 법률」에 따른 공장설립등의 승인
- 「유통산업발전법」에 따른 대규모점포의 개설등록

• 「체육시설의 설치·이용에 관한 법률」에 따른 사업계획의 승인

다른 법률에 따른 인·허가등을 받은 것으로 보는 경우에는 관계 법률 또는 시·도의 조례에 따라 부과되는 그 인·허가등에 따른 수수료·사용료 등을 면제한다.

18. 물류단지개발사업의 위탁시행

시행자는 물류단지개발사업 중 항만, 용수시설, 그 밖에 대통령령으로 정하는 공공시설의 건설과 공유수면의 매립에 관한 사항을 대통령령으로 정하는 바에 따라 국가·지방자치단체 또는 대통령령으로 정하는 공공기관에 위탁하여 시행할 수 있다. 여기서 "그 밖에 대통령령으로 정하는 공공시설"이란 도로·상수도·철도·공동구(共同溝)·공공폐수처리시설·폐기물처리시설·집단에너지공급시설·제방·호안(기슭·제방 보호시설)·방조제·하굿둑 및 녹지시설을 말한다.

물류단지개발사업의 일부를 국가·지방자치단체 또는 공공기관에 위탁하여 시행하려는 경우에는 이를 위탁받아 시행할 자와 다음의 사항에 관하여 협의하여야 한다.

- 위탁사업의 사업지
- 위탁사업의 종류·규모·금액과 그 밖에 공사설계의 기준이 될 사항
- 위탁사업의 시행기간(착공 및 준공예정일과 공정계획을 포함한다)
- 위탁사업에 필요한 비용의 지급방법과 그 자금의 관리에 관한 사항
- 위탁자가 부동산·기자재 또는 근로자를 제공하는 경우에는 그 관리에 관한 사항
- 위험부담에 관한 사항
- 그 밖에 위탁사업의 내용을 명백히 하기 위하여 필요한 사항

물류단지개발사업을 위한 토지매수업무 등의 위탁에 관하여는 제11조[7]를 준용한다. 이 경우 "물류터미널사업자"는 "시행자"로, "물류터미널"은 "물류단지"로 본다.

---

7) 물류시설 개발 및 운영에 관한 법률 제11조(토지매수업무 등의 위탁) : 물류터미널사업자는 물류터미널의 건설을 위한 토지매수업무·손실보상업무 및 이주대책에 관한 업무를 「공익사업을 위한 토지 등의 취득 및 보상에 관한 법률」 제81조제1항 각 호의 기관에 위탁하여 시행할 수 있다. 이 경우 위탁수수료 등에 관하여는 같은 법 제81조제2항을 준용한다.

19. 토지등의 수용·사용

시행자는 물류단지개발사업에 필요한 토지등을 수용하거나 사용할 수 있다. 다만, 제27조제2항제5호[8)]의 시행자인 경우에는 사업대상 토지면적의 3분의 2 이상을 매입하여야 토지등을 수용하거나 사용할 수 있다.

토지등을 수용하거나 사용하는 경우에 물류단지 지정 고시를 한 때에는 「공익사업을 위한 토지 등의 취득 및 보상에 관한 법률」에 따른 사업인정 및 그 고시를 한 것으로 본다.

국토교통부장관이 지정하는 물류단지 안의 토지등에 대한 재결은 중앙토지수용위원회가 관장하고, 시·도지사가 지정하는 물류단지 안의 토지등에 대한 재결은 관할 지방토지수용위원회가 관장한다. 이 경우 재결의 신청은 「공익사업을 위한 토지 등의 취득 및 보상에 관한 법률」에도 불구하고 물류단지개발계획에서 정하는 사업시행기간 내에 할 수 있다.

수용 또는 사용에 관하여는 이 법에 특별한 규정이 있는 경우 외에는 「공익사업을 위한 토지 등의 취득 및 보상에 관한 법률」을 준용한다.

20. 「공유수면 관리 및 매립에 관한 법률」 등의 적용특례

물류단지가 지정·고시된 경우에는 그 범위에서 「공유수면 관리 및 매립에 관한 법률」에 따른 매립기본계획, 「국토의 계획 및 이용에 관한 법률」에 따른 도시·군관리계획 및 「하천법」에 따른 하천기본계획 및 하천공사시행계획이 수립·변경된 것으로 본다.

실시계획의 승인을 받은 시행자가 해당 물류단지 안의 토지에 관하여 체결하는 토지거래계약에 대하여는 「부동산 거래신고 등에 관한 법률」 제11조를 적용하지 아니한다. 지원시설에 대하여는 「국토의 계획 및 이용에 관한 법률」에 따른 지역·지구 안에서의 건축금지 및 제한에 관한 규정을 적용하지 아니한다.

---

8) 물류시설 개발 및 운영에 관한 법률 제27조 제2항 : ② 제1항에 따라 물류단지개발사업의 시행자로 지정받을 수 있는 자는 다음 각 호의 자로 한다.
1. 국가 또는 지방자치단체
2. 대통령령으로 정하는 공공기관
3. 「지방공기업법」에 따른 지방공사
4. 특별법에 따라 설립된 법인
5. 「민법」 또는 「상법」에 따라 설립된 법인
6. 물류단지 예정지역의 토지소유자 또는 그 토지소유자가 물류단지개발을 위하여 설립한 조합

21. 토지소유자에 대한 환지

시행자는 물류단지 안의 토지를 소유하고 있는 자가 물류단지개발계획에서 정한 물류단지시설을 운영하려는 경우에는 그 토지를 포함하여 물류단지개발사업을 시행할 수 있으며, 해당 사업이 완료된 후 대통령령으로 정하는 바에 따라 해당 토지소유자에게 환지(換地)하여 줄 수 있다. 환지를 받을 수 있는 토지소유자는 물류단지개발계획에서 정한 유치업종에 적합한 물류단지시설을 설치하려는 자로서 물류단지의 지정·고시일 현재 물류단지개발계획에서 정한 최소공급면적 이상의 토지를 소유한 자로 한다.

토지소유자에 대한 환지에 관하여는 「도시개발법」의 규정을 준용한다. 다만, 시행자가 「도시개발법」에 따른 환지 계획을 포함하여 다음에 해당하는 승인을 받은 경우에는 환지 계획의 인가를 받은 것으로 본다.

- 실시계획의 승인
- 준용되는 「산업단지 인·허가 절차 간소화를 위한 특례법」에 따른 물류단지계획의 승인

22. 토지 출입 등

물류단지개발사업 시행을 위한 토지 출입 등에 관하여는 제12조[9]를 준용한다. 이 경우 “물류터미널사업자”는 “시행자”로, “물류터미널”은 “물류단지”로 본다.

23. 공공시설 및 토지 등의 귀속

시행자가 첫째, 물류단지개발사업의 시행으로 새로 공공시설을 설치하거나 기존의 공공시설에 대체되는 공공시설을 설치한 경우에는 「국유재산법」 및 「공유재산 및 물품 관리법」에도 불구하고 종래의 공공시설은 시행자에게 무상으로 귀속되고 새로 설치된 공공시설은 그 시설을 관리할 국가 또는 지방자치단체에 무상으로 귀속된다.

---

9) 물류시설 개발 및 운영에 관한 법률 제12조(토지 출입 등) : ① 물류터미널사업자는 물류터미널의 건설을 위하여 필요한 때에는 다른 사람의 토지에 출입하거나 이를 일시 사용할 수 있으며, 나무, 토석, 그 밖의 장애물을 변경하거나 제거할 수 있다.
② 제1항에 따른 다른 사람의 토지 출입 등에 관하여는 「국토의 계획 및 이용에 관한 법률」 제130조 및 제131조를 준용한다.

둘째, 물류단지개발사업의 시행으로 새로 설치한 공공시설은 그 시설을 관리할 국가 또는 지방자치단체에 무상으로 귀속되고, 물류단지개발사업의 시행으로 인하여 용도가 폐지되는 국가 또는 지방자치단체 소유의 재산은 「국유재산법」 및 「공유재산 및 물품 관리법」에도 불구하고 새로 설치한 공공시설의 설치비용에 상당하는 범위에서 그 시행자에게 무상으로 양도할 수 있다.

물류단지지정권자는 에 따른 공공시설의 귀속 및 양도에 관한 사항이 포함된 실시계획을 승인하려는 때에는 미리 그 공공시설을 관리하는 관리청의 의견을 들어야 한다. 실시계획을 변경하려는 때에도 또한 같다.

시행자는 국가 또는 지방자치단체에 귀속될 공공시설과 시행자에게 귀속되거나 양도될 재산의 종류와 토지의 세부목록을 그 물류단지개발사업의 준공 전에 관리청에 통지하여야 하며, 해당 공공시설과 재산은 그 사업이 준공되어 시행자에게 준공인가 통지를 한 때에 국가 또는 지방자치단체에 귀속되거나 시행자에게 귀속 또는 양도된 것으로 본다.

공공시설과 재산의 등기에 관하여는 물류단지개발사업의 실시계획승인서와 준공인가서로써 「부동산등기법」에 따른 등기원인을 증명하는 서면을 갈음할 수 있다.

1) 공공시설의 범위

공공시설은 「국토의 계획 및 이용에 관한 법률」에 따른 공공시설 중 다음의 시설을 말한다.

- 도로
- 공원
- 광장
- 주차장(국가 또는 지방자치단체가 설치한 것만 해당한다)
- 철도
- 하천
- 녹지
- 운동장(국가 또는 지방자치단체가 설치한 것만 해당한다)
- 공공공지
- 수도(한국수자원공사가 설치하는 수도의 경우에는 관로만 해당한다)
- 하수도
- 공동구

- 유수지시설
- 구거

24. 국·공유지의 처분제한

물류단지개발사업에 필요한 국·공유지의 처분제한 등에 관하여는 제13조를 준용한다. 이 경우 "물류터미널을 건설하기 위한 부지"는 "물류단지"로, "물류터미널 건설사업"은 "물류단지개발사업"으로, "국토교통부장관 또는 시·도지사"는 "물류단지지정권자"로, "물류터미널사업자"는 "시행자·입주기업체 또는 지원기관"으로 본다.

25. 물류단지개발사업의 비용

물류단지개발사업에 필요한 비용은 시행자가 부담한다.

물류단지에 필요한 전기시설·전기통신설비·가스공급시설 또는 지역난방시설은 대통령령으로 정하는 범위에서 해당 지역에 전기·전기통신·가스 또는 난방을 공급하는 자가 비용을 부담하여 설치하여야 한다. 다만, 물류단지개발사업의 시행자·입주기업·지방자치단체 등의 요청에 따라 전기간선시설(電氣幹線施設)을 땅속에 설치하는 경우에는 전기를 공급하는 자와 땅 속에 설치할 것을 요청하는 자가 각각 100분의 50의 비율로 그 설치비용을 부담한다.

26. 전기시설 등의 설치 범위 및 시기 등

전기시설·전기통신설비·가스공급시설 및 지역난방시설의 설치 범위는 다음과 같다.

- 전기시설 : 물류단지 밖의 기간(基幹)이 되는 시설로부터 물류단지 안의 토지이용계획상 6미터 이상의 도시·군계획도로에 접하는 개별필지(이하 "개별필지"라 한다)의 경계선까지의 전기시설
- 전기통신설비 : 물류단지 밖의 기간이 되는 시설로부터 물류단지 안의 개별필지의 경계선까지의 관로시설 및 물류단지 밖의 기간이 되는 시설로부터 물류단지 안의 개별필지의 최초 단자까지의 케이블시설
- 가스공급시설: 물류단지 밖의 기간이 되는 가스공급시설로부터 물류단지 안의 개별필지의 경계선까지의 가스공급시설. 다만, 취사나 개별난방용(중앙집중식난방

용은 제외한다)으로 가스를 공급하기 위하여 물류단지 안의 개별필지에 정압조정실(일정 압력 유지·조정실)을 설치하는 경우에는 그 정압조정실까지의 가스공급시설

- 지역난방시설 : 물류단지 밖의 기간이 되는 열수송관의 분기점으로부터 물류단지 안의 개별필지의 각 기계실 입구 차단밸브까지의 열수송관

물류단지지정권자는 실시계획을 승인한 때에는 지체 없이 법 38조제2항에 따른 전기시설·전기통신설비·가스공급시설 또는 지역난방시설의 설치자에게 그 사실을 알려야 한다.

시설의 설치는 특별한 사유가 없으면 준공인가신청일(물류단지지정권자가 시행자인 경우에는 물류단지개발사업의 완료일)까지 끝내야 한다.

27. 물류단지개발사업의 지원

국가 또는 지방자치단체는 대통령령으로 정하는 바에 따라 물류단지개발사업에 필요한 비용의 일부를 보조하거나 융자할 수 있다.

또한, 물류단지의 원활한 개발을 위하여 필요한 도로·철도·항만·용수시설 등 기반시설의 설치를 우선적으로 지원하여야 한다.

28. 기반시설의 설치지원

국가나 지방자치단체가 지원하는 기반시설은 다음과 같다.

- 도로·철도 및 항만시설
- 용수공급시설 및 통신시설
- 하수도시설 및 폐기물처리시설
- 물류단지 안의 공동구
- 집단에너지공급시설
- 그 밖에 물류단지개발을 위하여 특히 필요한 공공시설로서 국토교통부령으로 정하는 시설

29. 물류단지개발특별회계의 설치

시·도지사 또는 시장·군수는 물류단지개발사업을 촉진하기 위하여 지방자치단체에 물류단지개발특별회계(특별회계)를 설치할 수 있다.

특별회계는 다음의 재원으로 조성된다.

- 해당 지방자치단체의 일반회계로부터의 전입금
- 정부의 보조금
- 부과·징수된 과태료
- 「개발이익환수에 관한 법률」에 따라 지방자치단체에 귀속되는 개발부담금 중 해당 지방자치단체의 조례로 정하는 비율의 금액
- 「국토의 계획 및 이용에 관한 법률」에 따른 수익금
- 「지방세법」에 따라 부과·징수되는 재산세의 징수액 중 대통령령으로 정하는 비율(10%)의 금액
- 차입금
- 해당 특별회계자금의 융자회수금·이자수입금 및 그 밖의 수익금

30. 물류단지개발특별회계의 운용 및 관리

물류단지개발특별회계에서 보조할 수 있는 범위는 다음과 같다.

1) 해당 지방자치단체의 장이 시행하는 다음의 사업비
   - 물류단지개발사업의 공사비
   - 물류단지개발사업과 관련된 「국토의 계획 및 이용에 관한 법률」에 따른 도시·군계획시설사업의 공사비 및 사유대지의 보상비
2) 제1) 외의 자가 시행하는 다음의 사업비의 2분의 1 이하
   - 물류단지개발사업 중 도시·군계획시설의 설치에 필요한 공사비
   - 물류단지개발사업과 관련된 「국토의 계획 및 이용에 관한 법률」에 따른 도시·군계획시설사업의 공사비
3) 조사·연구비
4) 경비

물류단지개발특별회계에서 융자할 수 있는 범위는 다음과 같다.

1) 물류단지개발사업과 관련된 해당 지방자치단체의 장이 시행하는 「국토의 계획

및 이용에 관한 법률」에 따른 도시·군계획시설사업의 공사비의 2분의 1 이하

2) 제1) 외의 자가 시행하는 다음의 사업비의 3분의 1 이하

- 물류단지개발사업 중 도시·군계획시설의 설치에 필요한 공사비
- 물류단지개발사업과 관련된 「국토의 계획 및 이용에 관한 법률」에 따른 도시·군계획시설사업의 공사비

31. 물류단지개발사업의 준공인가

시행자는 첫째, 물류단지개발사업의 전부 또는 일부를 완료하면 대통령령으로 정하는 바에 따라 물류단지지정권자의 준공인가를 받아야 한다.

둘째, 준공인가를 받으려는 경우에는 다음의 사항을 적은 준공인가신청서를 해당 물류단지지정권자에게 제출하여야 한다.

- 시행자의 성명(법인인 경우에는 그 명칭 및 대표자의 성명) 및 주소
- 사업의 명칭
- 사업시행지역의 위치 및 면적
- 사업시행기간
- 토지이용계획
- 기반시설계획

준공인가신청서에는 다음의 서류 및 도면을 첨부하여야 한다.

- 준공설계도서(준공사진을 포함한다)
- 시장·군수·구청장이 발행하는 지적측량성과도
- 공공시설 및 토지 등의 귀속 조서와 도면(시행자인 경우에는 용도폐지된 공공시설 및 토지 등에 대한 「감정평가 및 감정평가사에 관한 법률」에 따른 감정평가법인등의 평가조서와 새로 설치된 공공시설의 공사비산출내역서를 포함한다)
- 환지계획서 및 신·구 지적대조도(법 제34조에 따라 환지를 하는 경우에만 첨부한다)
- 「공유수면 관리 및 매립에 관한 법률」에 따라 시행자가 취득할 대상토지와 국가나 지방자치단체에 귀속될 토지 등의 내역서(공유수면을 매립하는 경우에만 첨부한다)
- 준공 전후의 토지 및 시설 등의 도면
- 준공 전후의 토지 및 시설대비표

• 그 밖에 준공검사에 필요한 사항을 적은 서류

준공인가신청을 받은 물류단지지정권자는 준공검사를 하여 해당 물류단지개발사업이 승인된 실시계획대로 끝났다고 인정하는 경우에는 준공인가필증을 내주어야 한다.

32. 준공인가 전 사용허가

시행자는 첫째, 개발된 토지나 설치된 시설을 준공인가 전에 사용하려는 경우에는 그 범위를 정하여 국토교통부령으로 정하는 바에 따라 준공인가 전 사용허가신청서에 물류단지개발사업 시행상의 지장 여부에 관한 검토서를 첨부하여 물류단지지정권자에게 제출하여야 한다. 이 경우 사용허가 신청 대상이 되는 토지나 시설에 국·공유재산이 포함되어 있으면 시행자는 해당 재산의 소유권을 미리 취득하여야 한다. 준공인가 전 사용허가신청을 받은 물류단지지정권자는 그 사용으로 인하여 앞으로 시행될 물류단지개발사업에 지장이 있는지 여부를 면밀히 확인한 후 사용허가를 하여야 한다. 준공인가 전 사용허가를 받은 시행자는 허가받은 토지 또는 시설을 사용하려는 자의 신청이 있는 경우에는 특별한 사유가 없으면 지체 없이 해당 토지 또는 시설을 사용할 수 있게 하여야 한다.

둘째, 준공인가를 신청한 경우에 물류단지지정권자는 관계 중앙행정기관, 지방자치단체 또는 대통령령으로 정하는 공공기관, 연구기관, 그 밖의 전문기관의 장에게 준공인가에 필요한 검사를 의뢰할 수 있다. 이 경우 공공시설에 대한 검사는 원칙적으로 그 시설을 관리할 국가 또는 지방자치단체에 의뢰하여야 한다. 물류단지지정권자는 준공검사를 한 결과 실시계획대로 완료된 경우에는 준공인가를 하고 대통령령으로 정하는 바에 따라 이를 공고한 후 시행자 및 관리청에 통지하여야 하며, 실시계획대로 완료되지 아니한 경우에는 지체 없이 보완시공 등 필요한 조치를 명하여야 한다.

셋째, 준공인가를 받은 때에는 실시계획승인으로 의제되는 인·허가등에 따른 해당 사업의 준공에 관한 검사·인가·신고·확인 등을 받은 것으로 본다. 준공인가 전에는 물류단지개발사업으로 개발된 토지나 설치된 시설을 사용할 수 없다. 다만, 대통령령으로 정하는 바에 따라 물류단지지정권자의 사용허가를 받은 경우에는 그러하지 아니하다. 물류단지지정권자는 사용허가의 신청을 받은 날부터 15일 이내에 허가 여부를 신청인에게 통지하여야 한다.

33. 물류단지시설 등의 건축허가 및 사용승인

물류단지 안에서 물류단지시설 또는 지원시설을 건축하려는 자가 「건축법」에 따른 건축허가를 받은 때에는 다음의 인·허가등을 받은 것으로 본다.

- 「가축분뇨의 관리 및 이용에 관한 법률」에 따른 배출시설에 대한 설치허가 또는 신고 및 준공검사
- 「건축법」에 따른 가설건축물의 건축허가 또는 신고 및 공작물축조의 신고
- 「고압가스 안전관리법」에 따른 고압가스저장소 설치의 허가, 고압가스의 제조·저장·판매·수입시설이나 용기등의 제조시설의 설치공사의 완성검사 및 특정고압가스시설의 완성검사
- 「국토의 계획 및 이용에 관한 법률」에 따른 개발행위(건축물의 건축 또는 공작물의 설치에 한정한다)의 허가, 준공검사, 도시·군계획시설사업의 시행자의 지정, 실시계획의 인가 및 준공검사
- 「대기환경보전법」, 「물환경보전법」 및 「소음·진동관리법」에 따른 배출시설 설치의 허가 또는 신고
- 「대기환경보전법」 및 「물환경보전법」에 따른 배출시설과 방지시설의 가동개시 신고
- 「도로법」에 따른 도로점용허가
- 「소방시설 설치 및 관리에 관한 법률」에 따른 건축허가등의 동의, 「소방시설공사업법」에 따른 소방시설공사의 신고, 완공검사, 「위험물안전관리법」에 따른 제조소등의 설치허가 및 완공검사
- 「수도법」 및 전용수도 설치의 인가
- 「액화석유가스의 안전관리 및 사업법」에 따른 액화석유가스 저장소 설치의 허가 및 저장소 설치와 가스용품제조시설의 완성검사
- 「전기안전관리법」에 따른 자가용전기설비 공사계획의 인가 또는 신고 및 자가용전기설비의 사용전 검사
- 「정보통신공사업법」에 따른 사용전 검사
- 「공간정보의 구축 및 관리 등에 관한 법률」에 따른 토지이동의 등록신청
- 「총포·도검·화약류 등 단속법」에 따른 화약류(간이)저장소설치의 허가 및 완성검사
- 「토양환경보전법」에 따른 특정토양오염관리대상시설 설치의 신고
- 「폐기물관리법」에 따른 폐기물처리시설의 설치승인 또는 신고 및 폐기물처리시

설의 사용개시신고

- 「하수도법」에 따른 공공하수도 점용허가, 배수설비설치신고, 개인하수처리시설의 설치신고 및 준공검사

위에 해당하는 사항이 해당 특별시장·광역시장 또는 시장·군수·구청장 외의 다른 행정기관의 권한에 속하는 경우에는 해당 특별시장·광역시장 또는 시장·군수·구청장은 미리 그 다른 행정기관의 장과 협의를 하여야 한다.

34. 물류단지의 재정비

물류단지지정권자는 첫째, 준공(부분 준공을 포함한다)된 날부터 20년이 지나서 물류산업구조의 변화 및 물류시설의 노후화 등으로 물류단지를 재정비할 필요가 있는 경우에는 직접 또는 관계 중앙행정기관의 장이나 시장·군수·구청장의 요청에 따라 물류단지를 재정비하는 사업(물류단지재정비사업)을 할 수 있다. 다만, 준공된 날부터 20년이 지나지 아니한 물류단지에 대하여도 업종의 재배치 등이 필요한 경우에는 물류단지재정비사업을 할 수 있다. 물류단지재정비사업은 대통령령으로 정하는 바에 따라 물류단지의 전부 또는 부분 재정비사업으로 구분하여 할 수 있다.

둘째, 물류단지재정비사업을 하려는 경우에는 입주업체와 관계 지방자치단체의 장의 의견을 듣고 관계 행정기관의 장과 협의하여 물류단지재정비계획(재정비계획)을 수립·고시하되, 부분 재정비사업인 경우에는 재정비계획 고시를 생략할 수 있다. 재정비계획을 변경할 때(대통령령으로 정하는 경미한 사항을 변경할 때는 제외한다)에도 또한 같다. 재정비계획에는 다음의 사항이 포함되어야 한다.

1) 물류단지의 명칭·위치 및 면적
2) 물류단지재정비사업의 목적
3) 물류단지재정비사업의 시행자
4) 물류단지재정비사업의 시행방법
5) 주요 유치시설 및 그 설치기준에 관한 사항
6) 당초 토지이용계획 및 주요 기반시설의 변경 계획
7) 재원조달방안
8) 그 밖에 대통령령으로 정하는 사항, 여기서“대통령령으로 정하는 사항”이란 다음의 사항을 말한다.
   - 물류단지재정비사업의 시행기간

• 지원시설의 확충 계획
• 입주수요에 대한 조사자료
• 물류단지재정비계획에 포함된 토지의 세목과 소유자 및「공익사업을 위한 토지 등의 취득 및 보상에 관한 법률」에 따른 관계인의 성명 및 주소

물류단지재정비사업의 시행자로 지정받은 자는 물류단지재정비시행계획을 수립하여 물류단지지정권자의 승인을 받아야 한다. 승인을 받은 사항을 변경할 때에도 또한 같다. 물류단지지정권자는 재정비시행계획을 승인하려면 미리 입주업체 및 관계 지방자치단체의 장의 의견을 듣고 관계 행정기관의 장과 협의하여야 한다.

관계 중앙행정기관의 장 또는 시장·군수·구청장이 물류단지지정권자에게 물류단지재정비사업의 실시를 요청할 때에는 국토교통부장관이 정하는 바에 따라 물류단지재정비사업의 기본방향 및 재원조달방안 등을 제출하여야 한다. 물류단지 지정을 요청할 수 있는 자는 물류단지지정권자에게 물류단지재정비사업의 실시를 요청할 수 있다. 이 경우 물류단지 전부에 대한 재정비사업의 실시를 요청하려면 재정비계획을 작성하여 제출하여야 한다.

35. 지정·승인·인가의 취소 등

국토교통부장관 또는 시·도지사는 시행자가 다음에 해당하는 경우에는 이 법에 따른 지정·승인 또는 인가를 취소하거나 공사의 중지, 공작물의 개축, 이전, 그 밖에 필요한 조치를 할 수 있다. 다만, 제1)호부터 제5)호까지의 경우에는 그 지정·승인 또는 인가를 취소하여야 한다.

1) 거짓이나 그 밖의 부정한 방법으로 물류단지의 지정을 받은 경우
2) 거짓이나 그 밖의 부정한 방법으로 시행자의 지정을 받은 경우
3) 거짓이나 그 밖의 부정한 방법으로 실시계획의 승인을 받은 경우
4) 거짓이나 그 밖의 부정한 방법으로 준공인가를 받은 경우
5) 거짓이나 그 밖의 부정한 방법으로 재정비시행계획의 승인을 받은 경우
6) 사정이 변경되어 물류단지개발사업을 계속 시행하는 것이 불가능하게 된 경우

국토교통부장관 또는 시·도지사는 제1)항에 따른 처분을 한 때에는 대통령령으로 정하는 바에 따라 그 사실을 고시하여야 한다.

1) 지정·승인·인가의 취소 등에 따른 고시

고시하여야 할 사항은 다음과 같다.

• 사업의 명칭
• 시행자의 성명(법인인 경우에는 그 명칭 및 대표자의 성명)·주소
• 사업지역의 위치 및 면적
• 처분의 내용 및 사유

36. 물류단지의 관리기관

물류단지지정권자는 효율적인 관리를 위하여 대통령령으로 정하는 관리기구 또는 입주기업체가 자율적으로 구성한 협의회(입주기업체협의회)에 물류단지를 관리하도록 하여야 한다. 여기서 "대통령령으로 정하는 관리기구"란 다음에 해당하는 자를 말한다.

• 「한국토지주택공사법」에 따른 한국토지주택공사
• 「한국도로공사법」에 따른 한국도로공사
• 「한국수자원공사법」에 따른 한국수자원공사
• 「한국농어촌공사 및 농지관리기금법」에 따른 한국농어촌공사
• 「항만공사법」에 따른 항만공사
• 「지방공기업법」에 따른 지방공사

37. 입주기업체협의회의 구성과 운영

입주기업체협의회는 그 구성 당시에 해당 물류단지 입주기업체의 75퍼센트 이상이 회원으로 가입되어 있어야 한다.

입주기업체협의회는 일반회원과 특별회원으로 구성한다. 입주기업체협의회의 일반회원은 입주기업체의 대표자로 하고, 특별회원은 일반회원 외의 자 중에서 정하되 회원자격은 입주기업체협의회의 정관으로 정하는 바에 따른다. 입주기업체협의회는 매 사업연도 개시일부터 2개월 이내에 정기총회를 개최하여야 하며, 필요한 경우에는 임시총회를 개최할 수 있다.

입주기업체협의회의 회의는 정관에 다른 규정이 있는 경우를 제외하고는 회원 과반수의 출석과 출석회원 과반수의 찬성으로 의결한다.

38. 물류단지의 관리지침

국토교통부장관은 첫째, 물류단지의 관리에 관한 지침(이하 "물류단지관리지침"이라 한다)을 작성하여 관보에 고시하여야 한다.

둘째, 물류단지관리지침을 작성하려는 때에는 시·도지사의 의견을 듣고 관계 중앙행정기관의 장과 협의한 후 「물류정책기본법」의 물류시설분과위원회의 심의를 거쳐야 한다. 물류단지관리지침 중 대통령령으로 정하는 사항을 변경하려는 때에도 또한 같다.

39. 물류단지관리계획

관리기관은 물류단지관리계획을 수립하여 물류단지지정권자에게 제출하여야 한다. 물류단지관리계획에는 다음의 사항이 포함되어야 한다.

- 관리할 물류단지의 면적 및 범위에 관한 사항
- 물류단지시설과 지원시설의 설치·운영에 관한 사항
- 그 밖에 물류단지의 관리에 필요한 사항

제6절 물류 교통·환경 정비사업

1. 물류 교통·환경 정비지구의 지정 신청

시장·군수·구청장은 물류시설의 밀집으로 도로 등 기반시설의 정비와 소음·진동·미세먼지 저감 등 생활환경의 개선이 필요한 경우로서 대통령령으로 정하는 요건에 해당하는 경우 시·도지사에게 물류 교통·환경 정비지구(정비지구)의 지정을 신청할 수 있다. 정비지구를 변경하려는 경우에도 또한 같다. 여기서 물류 교통·환경 정비지구의 지정을 신청할 수 있는 지역은 다음의 요건을 모두 충족하는 지역으로 한다.

- 물류시설의 밀집으로 도로의 신설·확장·개량 및 보수 등 기반시설의 정비가 필요하거나 소음·진동 방지, 미세먼지 저감 등 생활환경의 개선이 필요한 지역일 것
- 정비지구로 지정하려는 지역의 면적이 30만 제곱미터 이상일 것

• 물류시설 총부지 면적이 정비지구로 지정하려는 지역의 면적의 100분의 30 이상일 것

정비지구의 지정 또는 변경을 신청하려는 시장·군수·구청장은 다음의 사항을 포함한 물류 교통·환경 정비계획(정비계획)을 수립하여 시·도지사에게 제출하여야 한다. 이 경우 정비지구가 둘 이상의 시·군·구의 관할지역에 걸쳐있는 경우에는 관할 시장·군수·구청장이 공동으로 이를 수립·제출한다.

1) 위치·면적·정비기간 등 정비계획의 개요
2) 정비지구의 현황(인구수, 물류시설의 수와 면적·교통량·물동량 등)
3) 도로의 신설·확장·개량 및 보수 등 교통정비계획
4) 소음·진동 방지, 대기오염 저감 등 환경정비계획
5) 물류 교통·환경 정비사업의 비용분담계획
6) 그 밖에 대통령령으로 정하는 사항, 여기서"대통령령으로 정하는 사항"이란 다음의 사항을 말한다.
   • 물류시설의 체계적 개발 및 정비 등에 관한 사항
   • 정비사업을 통해 예상되는 교통·환경 개선 효과
   • 「국토의 계획 및 이용에 관한 법률」에 따른 도시·군관리계획의 수립 또는 변경에 관한 사항
   • 그 밖에 시·도지사가 물류 교통·환경 정비에 필요하다고 인정하여 포함하도록 요청하는 사항

시장·군수·구청장은 정비지구의 지정 또는 변경을 신청하려는 경우에는 주민설명회를 열고, 그 내용을 14일 이상 주민에게 공람하여 의견을 들어야 하며, 지방의회의 의견을 들은 후(이 경우 지방의회는 시장·군수·구청장이 정비지구의 지정 또는 변경 신청서를 통지한 날부터 60일 이내에 의견을 제시하여야 하며, 의견제시 없이 60일이 지난 때에는 이의가 없는 것으로 본다) 그 의견을 첨부하여 신청하여야 한다. 다만, 대통령령으로 정하는 경미한 사항의 변경을 신청하려는 경우에는 주민설명회, 주민공람, 주민의 의견청취 및 지방의회의 의견청취 절차를 거치지 아니할 수 있다.

2. 물류 교통·환경 정비지구의 지정

시·도지사는 정비지구의 지정을 신청받은 경우에는 관계 행정기관의 장과 협의하고 대통령령으로 정하는 바에 따라 물류단지계획심의위원회와 「국토의 계획 및 이용

에 관한 법률」에 따른 지방도시계획위원회가 공동으로 하는 심의를 거쳐 정비지구를 지정한다. 정비지구의 지정을 변경하려는 경우에도 또한 같다.

1) 공동위원회의 구성·운영

① 시·도지사는 물류단지계획심의위원회와 「국토의 계획 및 이용에 관한 법률」에 따른 지방도시계획위원회가 공동으로 정비지구의 지정을 심의하게 하기 위하여 공동위원회를 구성한다.

② 공동위원회는 다음의 기준에 따라 구성한다.

- 위원장을 제외한 공동위원회의 위원은 물류단지계획심의위원회와 지방도시계획위원회의 위원 중에서 시·도지사가 임명하거나 위촉할 것
- 공동위원회의 위원 수는 25명 이내로 할 것
- 공동위원회의 위원 중 물류단지계획심의위원회 위원이 2분의 1 이상이 되도록 할 것

③ 공동위원회의 위원장은 특별시·광역시·특별자치시의 경우에는 시장이 지명하는 부시장으로 하고, 도·특별자치도의 경우에는 도지사가 지명하는 부지사로 한다.

협의를 요청받은 관계 행정기관의 장은 특별한 사유가 없으면 그 요청을 받은 날부터 30일 이내에 의견을 제시하여야 한다.

시·도지사는 정비지구를 지정하거나 변경할 때에는 대통령령으로 정하는 바에 따라 그 내용을 지체 없이 해당 지방자치단체의 공보에 고시하여야 한다.

2) 정비지구 지정고시

정비지구 고시에는 다음의 사항이 포함되어야 한다.

- 정비지구의 위치·면적, 정비기간 등 정비계획의 개요
- 정비지구의 현황(인구수, 물류시설의 수와 면적·교통량·물동량 등)
- 도로의 신설·확장·개량 및 보수 등 기반시설 정비계획
- 소음·진동 방지, 미세먼지 저감 등 생활환경 정비계획
- 정비사업의 비용분담 계획
- 정비사업을 통해 예상되는 교통·환경 개선 효과
- 정비지구 안의 물류시설의 체계적 개발 및 정비 등에 관한 사항

- 「국토의 계획 및 이용에 관한 법률」에 따른 도시·군관리계획의 수립 또는 변경에 관한 사항
- 그 밖에 시·도지사가 고시할 필요가 있다고 인정하는 사항

시·도지사가 정비지구를 지정하거나 변경하였을 때에는 국토교통부령으로 정하는 바에 따라 국토교통부장관에게 보고하여야 한다.

3. 물류 교통·환경 정비지구 지정의 해제

시·도지사는 물류 교통·환경 정비사업의 추진 상황으로 보아 정비지구의 지정 목적을 달성하였거나 달성할 수 없다고 인정하는 경우에는 대통령령으로 정하는 바에 따라 물류단지계획심의위원회와 「국토의 계획 및 이용에 관한 법률」에 따른 지방도시계획위원회가 공동으로 하는 심의를 거쳐 정비지구의 지정을 해제할 수 있다.

정비지구의 지정을 해제하려는 시·도지사는 물류단지계획심의위원회와 「국토의 계획 및 이용에 관한 법률」에 따른 지방도시계획위원회가 공동으로 하는 심의 전에 주민설명회를 열고, 그 내용을 14일 이상 주민에게 공람하여 의견을 들어야 하며, 지방의회의 의견을 들어야 한다. 이 경우 지방의회는 의견을 요청받은 날부터 60일 이내에 의견을 제시하여야 하며, 의견제시 없이 60일이 지난 때에는 이의가 없는 것으로 본다.

시·도지사는 정비지구의 지정을 해제할 때에는 대통령령으로 정하는 바에 따라 그 내용을 지체 없이 해당 지방자치단체의 공보에 고시하여야 한다. 여기서 고시하는 내용은 다음의 사항이 포함되어야 한다.

- 정비지구의 위치·면적, 정비기간 등 정비계획의 개요
- 정비지구의 현황(정비지구 지정 신청 당시와 비교하여 변경된 사항을 포함한다)
- 정비지구 해제 사유
- 그 밖에 시·도지사가 고시할 필요가 있다고 인정하는 사항

시·도지사가 정비지구의 지정을 해제하였을 때에는 국토교통부령으로 정하는 바에 따라 국토교통부장관에게 보고하여야 한다.

4. 물류 교통·환경 정비사업의 지원

국가 또는 시·도지사는 지정된 정비지구에서 시장·군수·구청장에게 다음의 사업에 대한 행정적·재정적 지원을 할 수 있다.

- 도로 등 기반시설의 신설·확장·개량 및 보수
- 「화물자동차 운수사업법」에 따른 공영차고지 및 화물자동차 휴게소의 설치
- 「소음·진동관리법」에 따른 방음·방진시설의 설치
- 그 밖에 정비지구의 교통·환경 정비를 위하여 대통령령으로 정하는 사업

제7절 보 칙

1. 보고 등

국토교통부장관은 복합물류터미널사업자에게 복합물류터미널의 건설에 관하여 필요한 보고를 하게 하거나 자료의 제출을 명할 수 있으며 소속 공무원에게 복합물류터미널의 건설에 관한 업무를 검사하게 할 수 있다.

국토교통부장관 또는 해양수산부장관은 물류창고업자에게 물류창고의 운영에 관하여 보고를 하게 하거나 자료의 제출을 명할 수 있으며 소속 공무원에게 물류창고의 운영에 관한 업무를 검사하게 할 수 있다.

국토교통부장관 또는 시·도지사는 시행자에게 물류단지의 개발에 관하여 필요한 보고를 하게 하거나 자료의 제출을 명할 수 있으며 소속 공무원에게 물류단지의 개발에 관한 업무를 검사하게 할 수 있다.

국토교통부장관 또는 시·도지사는 관리기관·입주기업체 및 지원기관에 물류단지의 관리에 관하여 필요한 보고를 하게 하거나 자료의 제출을 명할 수 있으며, 소속 공무원에게 물류단지의 관리에 관한 업무를 검사하게 할 수 있다. 여기서 검사를 하는 공무원은 그 권한을 나타내는 증표를 지니고 이를 관계인에게 내보여야 한다.

2. 청문

국토교통부장관·해양수산부장관 또는 시·도지사는 다음에 해당하는 경우에는 청문을 실시하여야 한다.

- 복합물류터미널사업 등록의 취소 또는 물류창고업 등록의 취소
- 인증의 취소 또는 지정의 취소
- 지정·승인 또는 인가의 취소

3. 수수료

다음의 어느 하나에 해당하는 신청을 하려는 자는 국토교통부령으로 정하는 바에 따라 수수료를 내야 한다.

- 복합물류터미널사업의 등록신청 및 변경등록의 신청
- 물류터미널의 구조 및 설비 등에 관한 공사시행인가와 변경인가의 신청
- 물류창고업의 등록 및 변경등록
- 스마트물류센터 인증의 신청

4. 권한의 위임

이 법에 따른 국토교통부장관 또는 해양수산부장관의 권한 중 다음의 권한을 대통령령으로 정하는 바에 따라 시·도지사에게 위임할 수 있다. 다만, 항만법에 따른 무역항 중 국가관리무역항 구역에서 물류창고업을 경영하는 경우는 제외한다.

- 물류창고업의 등록 및 변경등록
- 물류창고업자에 대한 과징금의 부과 및 징수
- 물류창고업자에 대한 사업승계의 신고수리 및 신고수리 여부 통지
- 물류창고업의 휴업·폐업 신고의 접수 및 법인해산 신고의 접수
- 물류창고업자에 대한 등록취소 및 사업정지
- 실시계획의 승인·변경승인 및 소관 행정기관의 장과의 협의
- 실시계획승인·변경승인의 고시 및 관할 시장·군수·구청장에 대한 관계 서류 사본의 송부
- 물류단지개발사업을 위한 국·공유재산의 용도폐지 및 매각에 관한 관계 행정기

관의 장과의 협의

- 물류단지개발사업의 준공인가, 공고와 시행자 및 관리청에의 통지 및 사용허가
- 이행강제금의 부과·징수
- 물류단지관리계획의 접수
- 관리기관 등에 대한 권고
- 물류창고업자에 대한 보고·자료 제출의 명령 및 업무의 검사
- 물류창고업의 등록 취소에 관한 청문
- 물류창고업자에 대한 과태료의 부과 및 징수
- 그 밖에 대통령령으로 정하는 업무

이 법에 따른 국토교통부장관의 권한 중 다음의 권한을 대통령령으로 정하는 바에 따라 소속기관의 장에게 위임할 수 있다.

- 복합물류터미널사업의 등록 및 변경등록
- 공사시행인가·변경인가, 소관 행정기관의 장과의 협의 및 공사시행인가의 고시
- 복합물류터미널 건설을 위한 국·공유재산의 용도폐지 및 매각에 관한 관계 행정기관의 장과의 협의
- 복합물류터미널사업자에 대한 사업승계의 신고수리 및 신고수리 여부 통지
- 복합물류터미널사업의 휴업·폐업 신고의 접수 및 법인해산 신고의 접수
- 복합물류터미널사업자에 대한 등록취소 및 사업정지
- 복합물류터미널사업자에 대한 과징금의 부과 및 징수
- 부지의 확보 및 도시·군계획시설의 설치 등에 관한 협조 요청
- 공사시행 변경인가
- 복합물류터미널사업자에 대한 보고 명령, 자료 제출의 명령 및 업무의 검사
- 복합물류터미널사업의 등록 취소에 관한 청문
- 복합물류터미널사업자에 대한 과태료의 부과 및 징수
- 그 밖에 대통령령으로 정하는 업무

이 법에 따른 해양수산부장관의 권한 중 다음의 권한을 대통령령으로 정하는 바에 따라 지방해양항만청장에게 위임할 수 있다. 다만, 「항만법」에 따른 무역항 중 국가관리무역항 구역 안의 물류창고를 경영하는 경우만 해당한다.

- 물류창고업의 등록 및 변경등록
- 물류창고업자에 대한 과징금의 부과 및 징수

- 물류창고업자에 대한 사업승계의 신고수리
- 사업의 휴업·폐업의 신고수리 및 법인해산의 신고수리
- 물류창고업자에 대한 등록취소 및 사업정지
- 물류창고업자에 대한 보고·자료 제출의 명령 및 업무의 검사
- 물류창고업의 등록 취소에 관한 청문
- 물류창고업자에 대한 과태료의 부과 및 징수
- 그 밖에 대통령령으로 정하는 업무

시·도지사는 국토교통부장관 또는 해양수산부장관으로부터 위임받은 권한의 일부를 국토교통부장관 또는 해양수산부장관의 승인을 받아 시장·군수·구청장(특별자치도지사는 제외한다)에게 재위임할 수 있다. 그리고 이 법에 따른 권한의 일부를 시·도의 조례로 정하는 바에 따라 시장·군수·구청장(특별자치도지사는 제외한다)에게 위임할 수 있다.

과징금의 부과·징수권한이 시·도지사에게 위임된 경우에 과징금을 기한까지 내지 아니하는 자에 대하여는 시·도지사가 해당 지방자치단체의 조례로 정하는 바에 따라 지방세 체납처분의 예에 따라 징수한다.

제8절 벌 칙

1. 벌칙

다음에 해당하는 자는 1년 이하의 징역 또는 1천만 원 이하의 벌금에 처한다. 다만, 제7)호에 해당하는 자로서 그 처분행위로 얻은 이익이 3천만 원 이상인 경우에는 1년 이하의 징역 또는 그 이익에 상당하는 금액 이하의 벌금에 처한다.

1) 등록을 하지 아니하고 복합물류터미널사업을 경영한 자
2) 공사시행인가 또는 변경인가를 받지 아니하고 공사를 시행한 자
3) 성명 또는 상호를 다른 사람에게 사용하게 하거나 등록증을 대여한 자
4) 등록을 하지 아니하고 물류창고업을 경영한 자.
5) 물류단지 안에서 시, 군, 구청장의 허가사항 규정에 위반하여 건축물의 건축 등을 한 자

6) 거짓이나 그 밖의 부정한 방법으로 지정 또는 승인을 받은 자
7) 물류단지개발사업에 따라 개발한 토지, 시설 등의 처분제한 규정에 위반하여 토지 또는 시설을 처분한 자
8) 거짓의 인증마크를 제작·사용하거나 스마트물류센터임을 사칭한 자는 3천만원 이하의 벌금에 처한다.

2. 양벌규정

법인의 대표자나 법인 또는 개인의 대리인, 사용인, 그 밖의 종업원이 그 법인 또는 개인의 업무에 관하여 제65조의 위반행위를 하면 그 행위자를 벌하는 외에 그 법인 또는 개인에게도 해당 조문의 벌금형을 과(科)한다. 다만, 법인 또는 개인이 그 위반행위를 방지하기 위하여 해당 업무에 관하여 상당한 주의와 감독을 게을리 하지 아니한 경우에는 그러하지 아니하다.

3. 과태료

보고 또는 자료제출을 하지 아니하거나 거짓 보고 또는 거짓 자료를 제출한 자 또는 검사를 방해·거부한 자에게는 300만 원 이하의 과태료를 부과한다.

다음의 어느 하나에 해당하는 자에게는 200만 원 이하의 과태료를 부과한다.

- 복합물류터미널사업의 승계 신고를 하지 아니한 자
- 제21조의5제2항[10]을 위반하여 인증마크를 계속 사용한 자

과태료는 대통령령으로 정하는 바에 따라 국토교통부장관·해양수산부장관 또는 시·도지사가 부과·징수한다.

---

10) 물류시설 개발 및 운영에 관한 법률 제21조의5(인증의 취소) 제2항 : ② 스마트물류센터의 소유자 또는 대표자는 제1항에 따라 인증이 취소된 경우 제21조의4제4항에 따른 인증서를 반납하고, 인증마크의 사용을 중지하여야 한다.

Chapter 04

화물자동차 운수사업법

제1절 총 칙

1. 목적

화물자동차 운수사업법은 화물자동차 운수사업을 효율적으로 관리하고 건전하게 육성하여 화물의 원활한 운송을 도모함으로써 공공복리의 증진에 기여함을 목적으로 한다.

2. 용어의 정의

화물자동차 운수사업법에서 사용하는 용어의 뜻은 다음과 같다.

1) 화물자동차

「자동차관리법」에 따른 화물자동차 및 특수자동차로서 국토교통부령으로 정하는 자동차를 말한다.

2) 화물자동차 운수사업

화물자동차 운송사업, 화물자동차 운송주선사업 및 화물자동차 운송가맹사업을 말한다.

3) 화물자동차 운송사업

다른 사람의 요구에 응하여 화물자동차를 사용하여 화물을 유상으로 운송하는 사업을 말한다. 이 경우 화주(貨主)가 화물자동차에 함께 탈 때의 화물은 중량, 용적, 형상 등이 여객자동차 운송사업용 자동차에 싣기 부적합한 것으로서 그 기준과 대상차량 등은 국토교통부령으로 정한다.

4) 화물자동차 운송주선사업

다른 사람의 요구에 응하여 유상으로 화물운송계약을 중개·대리하거나 화물자동차 운송사업 또는 화물자동차 운송가맹사업을 경영하는 자의 화물 운송수단을 이용하여 자기 명의와 계산으로 화물을 운송하는 사업(화물이 이사화물인 경우에는 포장 및 보관 등 부대서비스를 함께 제공하는 사업을 포함한다)을 말한다.

5) 화물자동차 운송가맹사업

다른 사람의 요구에 응하여 자기 화물자동차를 사용하여 유상으로 화물을 운송하거나 화물정보망을 통하여 소속 화물자동차 운송가맹점에 의뢰하여 화물을 운송하게 하는 사업을 말한다.

6) 화물자동차 운송가맹사업자

화물자동차 운송가맹사업의 허가를 받은 자를 말한다.

7) 화물자동차 운송가맹점

화물자동차 운송가맹사업자의 운송가맹점으로 가입한 자로서 다음의 어느 하나에 해당하는 자를 말한다.

- 운송가맹사업자의 화물정보망을 이용하여 운송 화물을 배정받아 화물을 운송하는 운송사업자
- 운송가맹사업자의 화물운송계약을 중개·대리하는 운송주선사업자
- 운송가맹사업자의 화물정보망을 이용하여 운송 화물을 배정받아 화물을 운송하는 자로서 화물자동차 운송사업의 경영의 일부를 위탁받은 사람. 다만, 경영의 일부를 위탁한 운송사업자가 화물자동차 운송가맹점으로 가입한 경우는 제외한다.

8) 운수종사자

화물자동차의 운전자, 화물의 운송 또는 운송주선에 관한 사무를 취급하는 사무원 및 이를 보조하는 보조원, 그 밖에 화물자동차 운수사업에 종사하는 자를 말한다.

9) 공영차고지

화물자동차 운수사업에 제공되는 차고지로서 다음에 해당하는 자가 설치한 것을 말한다.

(1) 특별시장·광역시장·특별자치시장·도지사·특별자치도지사(시·도지사)
(2) 시장·군수·구청장
(3) 「공공기관의 운영에 관한 법률」에 따른 공공기관 중 대통령령으로 정하는 공공기관, 여기서 "대통령령으로 정하는 공공기관"이란 다음의 기관을 말한다.[1]
- 「인천국제공항공사법」에 따른 인천국제공항공사
- 「한국공항공사법」에 따른 한국공항공사
- 「한국도로공사법」에 따른 한국도로공사
- 「한국철도공사법」에 따른 한국철도공사
- 「한국토지주택공사법」에 따른 한국토지주택공사
- 「항만공사법」에 따른 항만공사

(4) 「지방공기업법」에 따른 지방공사

10) 화물자동차 휴게소

화물자동차의 운전자가 화물의 운송 중 휴식을 취하거나 화물의 하역(荷役)을 위하여 대기할 수 있도록 「도로법」에 따른 도로 등 화물의 운송경로나 「물류시설의 개발 및 운영에 관한 법률」에 따른 물류시설 등 물류거점에 휴게시설과 차량의 주차·정비·주유(注油) 등 화물운송에 필요한 기능을 제공하기 위하여 건설하는 시설물을 말한다.

11) 화물차주

화물을 직접 운송하는 자로서 다음에 해당하는 자를 말한다.
- 개인화물자동차 운송사업의 허가를 받은 개인 운송사업자
- 경영의 일부를 위탁받은 위·수탁차주

12) 화물자동차 안전운송원가

화물차주에 대한 적정한 운임의 보장을 통하여 과로, 과속, 과적 운행을 방지하는 등 교통안전을 확보하기 위하여 화주, 운송사업자, 운송주선사업자 등이 화물운송의 운임을 산정할 때에 참고할 수 있는 운송원가로서 화물자동차 안전운임위원회의 심의·의결을 거쳐 국토교통부장관이 공표한 원가를 말한다.

---

1) 화물자동차운수사업법 시행령 제2조.

13) 화물자동차 안전운임

화물차주에 대한 적정한 운임의 보장을 통하여 과로, 과속, 과적 운행을 방지하는 등 교통안전을 확보하기 위하여 필요한 최소한의 운임으로서 화물자동차 안전운송원가에 적정 이윤을 더하여 화물자동차 안전운임위원회의 심의·의결을 거쳐 국토교통부장관이 공표한 운임을 말하며 다음으로 구분한다.

- 화물자동차 안전운송운임 : 화주가 운송사업자, 운송주선사업자 및 운송가맹사업자 또는 화물차주에게 지급하여야 하는 최소한의 운임
- 화물자동차 안전위탁운임 : 운수사업자가 화물차주에게 지급하여야 하는 최소한의 운임

제2절 화물자동차 운송사업

1. 화물자동차운송사업의 허가 등

화물자동차운송사업을 경영하려는 자는 국토교통부장관의 허가를 받아야 한다.

- 일반화물자동차운송사업: 20대 이상의 범위에서 대통령령으로 정하는 대수(20대) 이상의 화물자동차를 사용하여 화물을 운송하는 사업
- 개인화물자동차운송사업: 화물자동차 1대를 사용하여 화물을 운송하는 사업으로서 대통령령으로 정하는 사업

화물자동차 운송가맹사업의 허가를 받은 자는 화물자동차운송사업의 허가를 받지 아니한다.

화물자동차 운송사업의 허가를 받은 운송사업자가 허가사항을 변경하려면 국토교통부령으로 정하는 바에 따라 국토교통부장관의 변경허가를 받아야 한다. 다만, 대통령령으로 정하는 경미한 사항을 변경하려면 국토교통부령으로 정하는 바에 따라 국토교통부장관에게 신고하여야 한다. 여기서 "대통령령으로 정하는 경미한 사항"이란 다음에 해당하는 사항을 말한다.[2] 즉 화물자동차운송사업의 허가사항 변경신고의 대상이 된다.

---

2) 화물자동차운수사업법 시행령 제3조 2항.

- 상호의 변경
- 대표자의 변경(법인인 경우만 해당한다)
- 화물취급소의 설치 또는 폐지
- 화물자동차의 대폐차(代廢車)
- 주사무소·영업소 및 화물취급소의 이전. 다만, 주사무소의 경우 관할 관청의 행정구역 내에서의 이전만 해당한다.

1) 변경허가 기준

화물자동차 운송사업의 허가 또는 증차(增車)를 수반하는 변경허가의 기준은 다음과 같다.

① 국토교통부장관이 화물의 운송 수요를 고려하여 업종별로 고시하는 공급기준에 맞을 것. 다만, 다음에 해당하는 경우는 제외한다.
- 6개월 이내로 기간을 한정하여 허가를 하는 경우
- 허가를 신청하는 경우
- 「환경친화적 자동차의 개발 및 보급 촉진에 관한 법률」에 따른 전기자동차 또는 수소전기자동차로서 국토교통부령으로 정하는 최대 적재량 이하인 화물자동차에 대하여 해당 차량과 그 경영을 다른 사람에게 위탁하지 아니하는 것을 조건으로 변경허가를 신청하는 경우

② 화물자동차의 대수, 차고지 등 운송시설, 그 밖에 국토교통부령으로 정하는 기준에 맞을 것

2) 증차를 수반하는 허가사항의 변경을 할 수 없는 경우

운송사업자는 다음의 어느 하나에 해당하면 증차를 수반하는 허가사항을 변경할 수 없다.

- 개선명령을 받고 이를 이행하지 아니한 경우
- 감차(減車) 조치 명령을 받은 후 1년이 지나지 아니한 경우

3) 허가기준에 관한 사항 신고

운송사업자는 허가받은 날부터 5년마다 국토교통부령으로 정하는 바에 따라 허가기준에 관한 사항을 국토교통부장관에게 신고하여야 한다. 신고가 신고서의 기재사

항 및 첨부서류에 흠이 없고, 법령 등에 규정된 형식상의 요건을 충족하는 경우에는 신고서가 접수기관에 도달된 때에 신고 의무가 이행된 것으로 본다.

4) 영업소의 설치

운송사업자는 주사무소 외의 장소에서 상주(常住)하여 영업하려면 국토교통부령으로 정하는 바에 따라 국토교통부장관의 허가를 받아 영업소를 설치하여야 한다. 다만, 개인 운송사업자의 경우에는 그러하지 아니하다.

■ 화물자동차 운수사업법 시행규칙 [별표 1]

화물자동차 운송사업의 허가기준

업종 구분	일반화물자동차 운송사업	개인화물자동차 운송사업
허가기준 대수	○ 20대 이상	○ 1대
사무실 및 영업소	○ 영업에 필요한 면적	○ 없음
최저보유 차고면적	화물자동차 1대당 해당 화물자동차의 길이와 너비를 곱한 면적	해당 화물자동차의 길이와 너비를 곱한 면적. 다만, 주사무소가 있는 특별시·광역시·특별자치시·특별자치도·시 또는 군의 주차 여건과 교통상황 등을 종합적으로 고려하여 최대 적재량 1.5톤 이하(특수자동차의 경우 총중량 3.5톤 이하) 화물자동차를 소유하고 있는 개인화물자동차 운송사업자에게 차고지를 설치하지 않도록 해당 지방자치단체의 조례로 정한 경우에는 차고지를 설치하지 않을 수 있다.
화물자동차의 종류	○ 「자동차관리법」에 따른 화물자동차 또는 특수자동차	○ 「자동차관리법」에 따른 화물자동차 또는 특수자동차
업무형태	업무형태를 제한하지 않음	업무형태를 제한하지 않음. 다만, 집화등만을 위해 허가를 받으려는 경우에는 국토교통부장관이 고시하는 시설 및 장비기준을 갖추고, 화물을 집화·분류·배송하는 형태의 운송사업을 하는 운송사업자와의 전속 운송계약을 통해 그 운송사업자의 명의로 사업을 수행할 것

5) 위·수탁계약의 해지

국토교통부장관은 해지된 위·수탁계약의 위·수탁차주였던 자가 허가취소 또는 감차 조치가 있는 날부터 3개월 내에 허가를 신청하는 경우 6개월 이내로 기간을 한정하여 임시허가를 할 수 있다. 다만, 운송사업자의 허가취소 또는 감차 조치의 사유와 직접 관련이 있는 화물자동차의 위·수탁차주였던 자는 제외한다. 임시허가를 받은 자가 허가 기간 내에 다른 운송사업자와 위·수탁계약을 체결하지 못하고 임시허가 기간이 만료된 경우 3개월 내에 허가를 신청할 수 있다.

국토교통부장관은 화물자동차 운수사업의 질서를 확립하기 위하여 화물자동차 운송사업의 허가 또는 증차를 수반하는 변경허가에 조건 또는 기한을 붙일 수 있다. 그리고 운송사업자가 사업정지처분을 받은 경우에는 주사무소를 이전하는 변경허가를 하여서는 아니

2. 결격사유

다음에 해당하는 자는 화물자동차 운송사업의 허가를 받을 수 없다. 법인의 경우 그 임원 중 다음의 어느 하나에 해당하는 자가 있는 경우에도 또한 같다.

- 피성년후견인 또는 피한정후견인
- 파산선고를 받고 복권되지 아니한 자
- 이 법을 위반하여 징역 이상의 실형(實刑)을 선고받고 그 집행이 끝나거나(집행이 끝난 것으로 보는 경우를 포함한다) 집행이 면제된 날부터 2년이 지나지 아니한 자
- 이 법을 위반하여 징역 이상의 형(刑)의 집행유예를 선고받고 그 유예기간 중에 있는 자
- 허가가 취소된 후 2년이 지나지 아니한 자
- 제19조제1항제1호[3] 또는 제2호[4]에 해당하여 허가가 취소된 후 5년이 지나지 아니한 자

3) 제19조 제1항 1호 : 부정한 방법으로 허가를 받은 경우, 허가를 받은 후 6개월간의 운송실적이 국토교통부령으로 정하는 기준에 미달한 경우

4) 제19조 제1항 2호 : 부정한 방법으로 변경허가를 받거나, 변경허가를 받지 아니하고 허가사항을 변경한 경우

3. 운임 및 요금 등

운송사업자는 운임과 요금을 정하여 미리 국토교통부장관에게 신고하여야 한다. 이를 변경하려는 때에도 또한 같다. 운임과 요금을 신고하여야 하는 운송사업자의 범위는 대통령령으로 정한다.

국토교통부장관은 신고 또는 변경신고를 받은 날부터 14일 이내에 신고수리 여부를 신고인에게 통지하여야 하며, 기간 내에 신고수리 여부 또는 민원 처리 관련 법령에 따른 처리기간의 연장 여부를 신고인에게 통지하지 아니하면 그 기간이 끝난 날의 다음 날에 신고를 수리한 것으로 본다.

4. 화물자동차 안전운임위원회의 설치 등

다음의 사항을 심의·의결하기 위하여 국토교통부장관 소속으로 화물자동차 안전운임위원회를 둔다.

- 화물자동차 안전운송원가 및 화물자동차 안전운임의 결정 및 조정에 관한 사항
- 화물자동차 안전운송원가 및 화물자동차 안전운임이 적용되는 운송품목 및 차량의 종류 등에 관한 사항
- 화물자동차 안전운임제도의 발전을 위한 연구 및 건의에 관한 사항
- 그 밖에 화물자동차 안전운임에 관한 중요 사항으로서 국토교통부장관이 회의에 부치는 사항

위원회는 위원장을 포함하여 15명 이내의 범위에서 다음의 위원으로 구성하며, 위원장은 공익을 대표하는 위원 중에서 위원회가 선출한다.

- 화물차주를 대표하는 위원3명
- 운수사업자를 대표하는 위원3명
- 화주를 대표하는 위원 3명
- 공익을 대표하는 위원4명

위원회에는 15명의 위원 외에 관계 행정기관의 공무원으로 구성된 3명 이내의 특별위원을 둘 수 있고, 특별위원은 위원회의 회의에 출석하여 발언할 수 있다. 특별위원은 다음의 관계 행정기관의 3급 또는 4급 공무원이나 고위공무원단에 속하는 공무원 중에서 국토교통부장관이 위촉하거나 임명한다.

- 산업통상자원부
- 국토교통부
- 해양수산부

화물자동차 안전운송원가 산정 등 위원회 업무에 관한 자문이나 위원회 심의·의결 사항에 관한 사전검토 등을 위하여 위원회에 해당 분야 전문가로 구성된 전문위원회를 둔다. 이 경우 위원회는 전문위원회에 위원회 사무 중 일부를 위임할 수 있다.

5. 화물자동차 안전운송원가 및 화물자동차 안전운임의 심의기준

위원회는 다음의 사항을 고려하여 화물자동차 안전운송원가를 심의·의결한다.

1) 인건비, 감가상각비 등 고정비용
2) 유류비, 부품비 등 변동비용
3) 그 밖에 상·하차 대기료, 운송사업자의 운송서비스 수준 등 평균적인 영업조건을 고려하여 대통령령으로 정하는 사항, 여기서 "대통령령으로 정하는 사항"이란 다음 각 호의 사항을 말한다.
   - 화물의 상·하차 대기료
   - 운송사업자의 운송서비스 수준
   - 운송서비스 제공에 필요한 추가적인 시설 및 장비 사용료
   - 그 밖에 화물의 안전한 운송에 필수적인 사항으로서 위원회에서 필요하다고 인정하는 사항

위원회는 화물자동차 안전운송원가에 적정 이윤을 더하여 화물자동차 안전운임을 심의·의결한다. 이 경우 적정 이윤의 산정에 필요한 사항은 대통령령으로 정한다.

6. 화물자동차 안전운송원가 및 화물자동차 안전운임의 공표

국토교통부장관은 매년 10월 31일까지 위원회의 심의·의결을 거쳐 대통령령으로 정하는 운송품목에 대하여 다음 연도에 적용할 화물자동차 안전운송원가를 공표하여야 한다. 여기서 "대통령령으로 정하는 운송품목"이란 다음의 품목을 말한다.

- 「자동차관리법」에 따른 피견인자동차의 경우: 철강재
- 「자동차관리법」에 따른 일반형 화물자동차의 경우: 해당 화물자동차로 운송할 수

있는 모든 품목

국토교통부장관은 매년 10월 31일까지 위원회의 심의·의결을 거쳐 다음의 운송품목에 대하여 다음 연도에 적용할 화물자동차 안전운임을 공표하여야 한다.

- 「자동차관리법」에 따른 특수자동차로 운송되는 수출입 컨테이너
- 「자동차관리법」에 따른 특수자동차로 운송되는 시멘트

화물자동차 안전운송원가 및 화물자동차 안전운임의 공표 방법 및 절차 등에 필요한 사항은 대통령령으로 정한다.

7. 화물자동차 안전운임의 효력

화주는 운수사업자 또는 화물차주에게 화물자동차 안전운송운임 이상의 운임을 지급하여야 하며, 운수사업자는 화물차주에게 화물자동차 안전위탁운임 이상의 운임을 지급하여야 한다.

화물운송계약 중 화물자동차 안전운임에 미치지 못하는 금액을 운임으로 정한 부분은 무효로 하며, 해당 부분은 화물자동차 안전운임과 동일한 운임을 지급하기로 한 것으로 본다.

화주와 운수사업자·화물차주는 운임 지급과 관련하여 서로 부정한 금품을 주고받아서는 아니 된다.

8. 화물자동차 안전운임의 주지 의무

화물자동차 안전운임의 적용을 받는 화주와 운수사업자는 대통령령으로 정하는 바에 따라 해당 화물자동차 안전운임을 게시하거나 그 밖에 적당한 방법으로 운수사업자와 화물차주에게 알려야 한다.

화주와 운수사업자는 운송계약 또는 운송주선계약을 체결하려는 다른 운수사업자와 화물차주에게 다음의 사항을 계약 체결 전까지 알려야 한다.[5]

- 화물자동차 안전운임의 액수
- 화물자동차 안전운임의 효력발생 연월일

---

5) 화물자동차 운수사업법 시행령 제4조의9.

9. 화물자동차 안전운임신고센터

국토교통부장관은 화물자동차 안전운임에 미치지 못하는 운임의 지급에 대한 신고를 위하여 화물자동차 안전운임신고센터를 설치·운영하여야 한다.

화물자동차 안전운임신고센터는 다음의 업무를 수행한다.

- 안전운임 위반 신고 접수
- 위반사실 확인 및 관할 관청에의 통보
- 신고 처리상황 안내
- 화물자동차 안전운임제 홍보
- 화물자동차 안전운임제 정착을 위한 연구 등

10. 운송비용 등 조사

국토교통부장관은 화물자동차 안전운송원가 및 화물자동차 안전운임의 효율적인 심의를 위하여 화물운송에 소요되는 비용 등을 주기적으로 조사하여야 한다. 조사 방법 및 주기 등은 국토교통부령으로 정한다.

11. 운송약관

운송사업자는 운송약관을 정하여 국토교통부장관에게 신고하여야 한다. 이를 변경하려는 때에도 또한 같다.

국토교통부장관은 첫째, 신고 또는 변경신고를 받은 날부터 3일 이내에 신고수리 여부를 신고인에게 통지하여야 한다.

둘째, 기간 내에 신고수리 여부 또는 민원 처리 관련 법령에 따른 처리기간의 연장 여부를 신고인에게 통지하지 아니하면 그 기간이 끝난 날의 다음 날에 신고를 수리한 것으로 본다.

셋째, 설립된 협회 또는 연합회가 작성한 것으로서 「약관의 규제에 관한 법률」에 따라 공정거래위원회의 심사를 거친 화물운송에 관한 표준이 되는 표준약관이 있으면 운송사업자에게 그 사용을 권장할 수 있다. 운송사업자가 화물자동차 운송사업의 허가를 받는 때에 표준약관의 사용에 동의하면 신고한 것으로 본다.

12. 운송사업자의 책임

화물의 멸실(滅失)·훼손(毁損) 또는 인도(引渡)의 지연으로 발생한 운송사업자의 손해배상 책임에 관하여는 「상법」 제135조를 준용한다. 이것을 적용할 때 화물이 인도기한이 지난 후 3개월 이내에 인도되지 아니하면 그 화물은 멸실된 것으로 본다.

국토교통부장관은 첫째, 손해배상에 관하여 화주가 요청하면 국토교통부령으로 정하는 바에 따라 이에 관한 분쟁을 조정(調停)할 수 있다.

둘째, 화주가 분쟁조정을 요청하면 지체 없이 그 사실을 확인하고 손해내용을 조사한 후 조정안을 작성하여야 한다. 당사자 쌍방이 조정안을 수락하면 당사자 간에 조정안과 동일한 합의가 성립된 것으로 본다.

셋째, 분쟁조정 업무를 「소비자기본법」에 따른 한국소비자원 또는 등록한 소비자단체에 위탁할 수 있다.

13. 화물자동차 운수사업의 운전업무 종사자격 등

화물자동차 운수사업의 운전업무에 종사하려는 자는 다음의 자격요건을 갖추어야 한다.

- 국토교통부령으로 정하는 연령·운전경력 등 운전업무에 필요한 요건을 갖출 것
- 국토교통부령으로 정하는 운전적성에 대한 정밀검사기준에 맞을 것. 이 경우 운전적성에 대한 정밀검사는 국토교통부장관이 시행한다.
- 화물자동차 운수사업법령, 화물취급요령 등에 관하여 국토교통부장관이 시행하는 시험에 합격하고 정하여진 교육을 받을 것
- 「교통안전법」에 따른 교통안전체험에 관한 연구·교육시설에서 교통안전체험, 화물취급요령 및 화물자동차 운수사업법령 등에 관하여 국토교통부장관이 실시하는 이론 및 실기 교육을 이수할 것

국토교통부장관은 요건을 갖춘 자에게 화물자동차 운수사업의 운전업무에 종사할 수 있음을 표시하는 화물운송 종사자격증을 내주어야 한다. 화물운송 종사자격증을 받은 사람은 다른 사람에게 그 자격증을 빌려주어서는 아니 된다.

누구든지 다른 사람의 화물운송 종사자격증을 빌려서는 아니 되며, 누구든지 금지한 행위를 알선하여서도 아니 된다.

14. 결격사유

다음의 어느 하나에 해당하는 자는 화물운송 종사자격을 취득할 수 없다.

1) 제4조제3호[6] 또는 제4호[7]에 해당하는 자
2) 화물운송 종사자격이 취소된 날부터 2년이 지나지 아니한 자
3) 시험일 전 또는 교육일 전 5년간 다음의 어느 하나에 해당하는 사람
   - 「도로교통법」에 해당하여 운전면허가 취소된 사람
   - 「도로교통법」을 위반하여 운전면허를 받지 아니하거나 운전면허의 효력이 정지된 상태로 자동차등을 운전하여 벌금형 이상의 형을 선고받거나 운전면허가 취소된 사람
   - 운전 중 고의 또는 과실로 3명 이상이 사망하거나 20명 이상의 사상자가 발생한 교통사고를 일으켜 「도로교통법」에 따라 운전면허가 취소된 사람
   - 시험일 전 또는 교육일 전 3년간 「도로교통법」에 해당하여 운전면허가 취소된 사람

15. 화물자동차 운수사업의 운전업무 종사의 제한

다음에 해당하는 사람은 화물운송 종사자격의 취득에도 불구하고 「생활물류서비스산업발전법」에 따른 택배서비스사업의 운전업무에는 종사할 수 없다.

1) 다음에 해당하는 죄를 범하여 금고(禁錮) 이상의 실형을 선고받고 그 집행이 끝나거나(집행이 끝난 것으로 보는 경우를 포함한다) 면제된 날부터 최대 20년의 범위에서 범죄의 종류, 죄질, 형기의 장단 및 재범위험성 등을 고려하여 대통령령으로 정하는 기간이 지나지 아니한 사람
   - 「특정강력범죄의 처벌에 관한 특례법」 에 따른 죄
   - 「특정범죄 가중처벌 등에 관한 법률」에 따른 죄
   - 「마약류 관리에 관한 법률」에 따른 죄
   - 「성폭력범죄의 처벌 등에 관한 특례법」 에 따른 죄

---

6) 화물자동차 운수사업법 제4조 3호 : 이 법을 위반하여 징역 이상의 실형(實刑)을 선고받고 그 집행이 끝나거나(집행이 끝난 것으로 보는 경우를 포함한다) 집행이 면제된 날부터 2년이 지나지 아니한 자
7) 화물자동차 운수사업법 제4조 4호 : 이 법을 위반하여 징역 이상의 형(刑)의 집행유예를 선고받고 그 유예기간 중에 있는 자

•「아동·청소년의 성보호에 관한 법률」에 따른 죄
2) 죄를 범하여 금고 이상의 형의 집행유예를 선고받고 그 유예기간 중에 있는 사람

국토교통부장관 또는 시·도지사는 범죄경력을 확인하기 위하여 필요한 정보에 한정하여 경찰청장에게 범죄경력자료의 조회를 요청할 수 있다.

16. 화물자동차 운전자 채용 기록의 관리

운송사업자는 화물자동차의 운전자를 채용할 때에는 근무기간 등 운전경력증명서의 발급을 위하여 필요한 사항을 기록·관리하여야 한다.

설립된 협회 및 연합회는 근무기간 등을 기록·관리하는 일 등에 필요한 업무를 국토교통부령으로 정하는 바에 따라 행할 수 있다.

17. 화물자동차 운전자의 교통안전 기록·관리

국토교통부장관은 첫째, 화물자동차의 안전운전을 확보하기 위하여 화물자동차 운전자의 교통사고, 교통법규 위반사항 및 범죄경력을 기록·관리하여야 한다. 이 경우 국토교통부장관은 경찰청장에게 필요한 자료의 제공 등 협조를 요청할 수 있다. 협조요청을 받은 경찰청장은 특별한 사정이 없으면 그 요청에 따라야 한다.

둘째, 국토교통부령으로 정하는 화물자동차 운전자의 인명사상사고 및 교통법규 위반사항에 대하여는 해당 시·도지사 및 사업자단체에 그 내용을 제공하여야 한다. 다만, 범죄경력에 대하여는 필요한 경우에 한정하여 시·도지사에게 그 내용을 제공할 수 있다.

셋째, 기록·관리를 위하여 사업자단체 또는 운송사업자에게 기록·관리하는 자료를 요청할 수 있다. 이 경우 사업자단체 또는 운송사업자는 특별한 사유가 없으면 지체 없이 자료를 제공하여야 한다.

18. 운송사업자의 준수사항

운송사업자는 허가받은 사항의 범위에서 사업을 성실하게 수행하여야 하며, 부당한 운송조건을 제시하거나 정당한 사유 없이 운송계약의 인수를 거부하거나 그 밖에

화물운송 질서를 현저하게 해치는 행위를 하여서는 아니될 뿐만 아니라 다음과 같은 준수사항이 있다.

1) 화물자동차 운전자의 과로를 방지하고 안전운행을 확보하기 위하여 운전자를 과도하게 승차근무하게 하여서는 아니 되며, 화물의 기준에 맞지 아니하는 화물을 운송하여서는 아니 된다.
2) 고장 및 사고차량 등 화물의 운송과 관련하여 「자동차관리법」에 따른 자동차관리사업자와 부정한 금품을 주고받아서는 아니 되며, 해당 화물자동차 운송사업에 종사하는 운수종사자가 준수사항을 성실히 이행하도록 지도·감독하여야 한다.
3) 화물운송의 대가로 받은 운임 및 요금의 전부 또는 일부에 해당하는 금액을 부당하게 화주, 다른 운송사업자 또는 화물자동차 운송주선사업을 경영하는 자에게 되돌려주는 행위를 하여서는 아니 된다.
4) 택시(「여객자동차 운수사업법」에 따른 구역 여객자동차운송사업에 사용되는 승용자동차를 말한다. 이하 같다) 요금미터기의 장착 등 국토교통부령으로 정하는 택시 유사표시행위를 하여서는 아니 된다.
5) 운임 및 요금과 운송약관을 영업소 또는 화물자동차에 갖추어 두고 이용자가 요구하면 이를 내보여야 한다.
6) 위·수탁차주나 개인 운송사업자에게 화물운송을 위탁한 운송사업자는 해당 위·수탁차주나 개인 운송사업자가 요구하면 화물적재요청자와 화물의 종류·중량 및 운임 등 국토교통부령으로 정하는 사항을 적은 화물위탁증을 내주어야 한다. 다만, 운송사업자가 최대 적재량 1.5톤 이상의 「자동차관리법」에 따른 화물자동차를 소유한 위·수탁차주나 개인 운송사업자에게 화물운송을 위탁하는 경우 국토교통부령으로 정하는 화물을 제외하고는 화물위탁증을 발급하여야 하며, 위·수탁차주나 개인 운송사업자는 화물위탁증을 수령하여야 한다.
7) 화물자동차 운송사업을 양도·양수하는 경우에는 양도·양수에 소요되는 비용을 위·수탁차주에게 부담시켜서는 아니 된다.
8) 위·수탁차주가 현물출자한 차량을 위·수탁차주의 동의 없이 타인에게 매도하거나 저당권을 설정하여서는 아니 된다. 다만, 보험료 납부, 차량 할부금 상환 등 위·수탁차주가 이행하여야 하는 차량관리 의무의 해태로 인하여 운송사업자의 채무가 발생하였을 경우에는 위·수탁차주에게 저당권을 설정한다는 사실을 사전에 통지하고 그 채무액을 넘지 아니하는 범위에서 저당권을 설정할 수 있다.
9) 위·수탁계약으로 차량을 현물출자 받은 경우에는 위·수탁차주를 「자동차관리법」에 따른 자동차등록원부에 현물출자자로 기재하여야 한다.

10) 위·수탁차주가 다른 운송사업자와 동시에 1년 이상의 운송계약을 체결하는 것을 제한하거나 이를 이유로 불이익을 주어서는 아니 된다.
11) 화물운송을 위탁하는 경우 「도로법」 또는 「도로교통법」에 따른 기준을 위반하는 화물의 운송을 위탁하여서는 아니 된다.
12) 운송가맹사업자의 화물정보망이나 「물류정책기본법」에 따라 인증 받은 화물정보망을 통하여 위탁 받은 물량을 재위탁하는 등 화물운송질서를 문란하게 하는 행위를 하여서는 아니 된다.
13) 적재된 화물이 떨어지지 아니하도록 국토교통부령으로 정하는 기준 및 방법에 따라 덮개·포장·고정장치 등 필요한 조치를 하여야 한다.
14) 허가 또는 변경허가를 받은 운송사업자는 허가 또는 변경허가의 조건을 위반하여 다른 사람에게 차량이나 그 경영을 위탁하여서는 아니 된다.
15) 화물자동차의 운전업무에 종사하는 운수종사자가 교육을 받는 데에 필요한 조치를 하여야 하며, 그 교육을 받지 아니한 화물자동차의 운전업무에 종사하는 운수종사자를 화물자동차 운수사업에 종사하게 하여서는 아니 된다.
16) 「자동차관리법」을 위반하여 전기·전자장치(최고속도제한장치에 한정한다)를 무단으로 해체하거나 조작해서는 아니 된다.

국토교통부장관은 위의 준수사항 외에 다음의 사항을 국토교통부령으로 정할 수 있다.

- 화물자동차 운송사업의 차고지 이용과 운송시설에 관한 사항
- 그 밖에 수송의 안전과 화주의 편의를 도모하기 위하여 운송사업자가 지켜야 할 사항

19. 운송사업자의 직접운송 의무 등

국토교통부령으로 정하는 운송사업자는 화주와 운송계약을 체결한 화물에 대하여 국토교통부령으로 정하는 비율 이상을 해당 운송사업자에게 소속된 차량으로 직접 운송하여야 한다. 다만, 국토교통부령으로 정하는 차량으로 운송하는 경우에는 이를 직접 운송한 것으로 본다.

운송사업자는 직접 운송하는 화물 이외의 화물에 대하여 다음의 자 외의 자에게 운송을 위탁하여서는 아니 된다.

- 다른 운송사업자

• 다른 운송사업자에게 소속된 위·수탁차주

다른 운송사업자나 운송주선사업자로부터 화물운송을 위탁받은 운송사업자와 운송가맹사업자로부터 화물운송을 위탁받은 운송사업자(운송가맹점인 운송사업자만 해당한다)는 해당 운송사업자에게 소속된 차량으로 직접 화물을 운송하여야 한다. 다만, 다른 운송사업자나 운송주선사업자로부터 화물운송을 위탁받은 운송사업자가 국토교통부령으로 정하는 차량으로 운송하는 경우에는 이를 직접 운송한 것으로 본다.

운송사업자가 운송주선사업을 동시에 영위하는 경우에도 직접운송 규정을 적용한다. 그리고 운송사업자가 국토교통부령으로 정하는 바에 따라 운송가맹사업자의 화물정보망이나 「물류정책기본법」에 따라 인증 받은 화물정보망을 이용하여 운송을 위탁하면 직접 운송한 것으로 본다.

20. 운수종사자의 준수사항

화물자동차 운송사업에 종사하는 운수종사자는 다음의 어느 하나에 해당하는 행위를 하여서는 아니 된다.

- 정당한 사유 없이 화물을 중도에서 내리게 하는 행위
- 정당한 사유 없이 화물의 운송을 거부하는 행위
- 부당한 운임 또는 요금을 요구하거나 받는 행위
- 고장 및 사고차량 등 화물의 운송과 관련하여 자동차관리사업자와 부정한 금품을 주고받는 행위
- 일정한 장소에 오랜 시간 정차하여 화주를 호객(呼客)하는 행위
- 문을 완전히 닫지 아니한 상태에서 자동차를 출발시키거나 운행하는 행위
- 택시 요금미터기의 장착 등 국토교통부령으로 정하는 택시 유사표시행위
- 조치를 하지 아니하고 화물자동차를 운행하는 행위
- 「자동차관리법」을 위반하여 전기·전자장치(최고속도제한장치에 한정한다)를 무단으로 해체하거나 조작하는 행위

국토교통부장관은 준수사항 외에 안전운행을 확보하고 화주의 편의를 도모하기 위하여 운수종사자가 지켜야 할 사항을 국토교통부령으로 정할 수 있다.

21. 운행 중인 화물자동차에 대한 조사 등

국토교통부장관은 공공의 안전 유지 및 교통사고의 예방을 위하여 필요하다고 인정되는 경우에는 다음 각 호의 사항을 확인하기 위하여 관계 공무원, 「자동차관리법」에 따른 자동차안전단속원 또는 「도로법」에 따른 운행제한단속원(관계공무원등)에게 운행 중인 화물자동차를 조사하게 할 수 있다.

- 덮개·포장·고정장치 등 필요한 조치를 하지 아니하였는지 여부
- 전기·전자장치(최고속도제한장치에 한정한다)를 무단으로 해체하거나 조작하였는지 여부

운행 중인 화물자동차를 소유한 운송사업자 또는 해당 차량을 운전하는 운수종사자는 정당한 사유 없이 조사를 거부·방해 또는 기피하여서는 아니 된다. 조사를 하는 관계공무원등은 그 권한을 표시하는 증표를 지니고 이를 운행 중인 화물자동차를 소유한 운송사업자 또는 해당 차량을 운전하는 운수종사자에게 보여주어야 한다.

22. 개선명령

국토교통부장관은 안전운행을 확보하고, 운송 질서를 확립하며, 화주의 편의를 도모하기 위하여 필요하다고 인정되면 운송사업자에게 다음의 사항을 명할 수 있다.

- 운송약관의 변경
- 화물자동차의 구조변경 및 운송시설의 개선
- 화물의 안전운송을 위한 조치
- 적재물배상보험등의 가입과 「자동차손해배상 보장법」에 따라 운송사업자가 의무적으로 가입하여야 하는 보험·공제에 가입
- 위·수탁계약에 따라 운송사업자 명의로 등록된 차량의 자동차등록번호판이 훼손 또는 분실된 경우 위·수탁차주의 요청을 받은 즉시 「자동차관리법」에 따른 등록번호판의 부착 및 봉인을 신청하는 등 운행이 가능하도록 조치
- 위·수탁계약에 따라 운송사업자 명의로 등록된 차량의 노후, 교통사고 등으로 대폐차가 필요한 경우 위·수탁차주의 요청을 받은 즉시 운송사업자가 대폐차 신고 등 절차를 진행하도록 조치
- 위·수탁계약에 따라 운송사업자 명의로 등록된 차량의 사용본거지를 다른 시·도로 변경하는 경우 즉시 자동차등록번호판의 교체 및 봉인을 신청하는 등 운행이

가능하도록 조치

23. 업무개시 명령

국토교통부장관은 첫째, 운송사업자나 운수종사자가 정당한 사유 없이 집단으로 화물운송을 거부하여 화물운송에 커다란 지장을 주어 국가경제에 매우 심각한 위기를 초래하거나 초래할 우려가 있다고 인정할 만한 상당한 이유가 있으면 그 운송사업자 또는 운수종사자에게 업무개시를 명할 수 있다.

둘째, 운송사업자 또는 운수종사자에게 업무개시를 명하려면 국무회의의 심의를 거쳐야 하며, 업무개시를 명한 때에는 구체적 이유 및 향후 대책을 국회 소관 상임위원회에 보고하여야 한다.

운송사업자 또는 운수종사자는 정당한 사유 없이 명령을 거부할 수 없다.

24. 화물자동차 운송사업의 양도와 양수 등

화물자동차 운송사업을 양도·양수하려는 경우에는 국토교통부령으로 정하는 바에 따라 양수인은 국토교통부장관에게 신고하여야 한다.

운송사업자인 법인이 서로 합병하려는 경우에는 국토교통부령으로 정하는 바에 따라 합병으로 존속하거나 신설되는 법인은 국토교통부장관에게 신고하여야 한다.

국토교통부장관은 첫째, 신고를 받은 날부터 5일 이내에 신고수리 여부를 신고인에게 통지하여야 한다.

둘째, 정한 기간 내에 신고수리 여부 또는 민원 처리 관련 법령에 따른 처리기간의 연장 여부를 신고인에게 통지하지 아니하면 그 기간이 끝난 날의 다음 날에 신고를 수리한 것으로 본다.

셋째, 화물자동차의 지역 간 수급균형과 화물운송시장의 안정과 질서유지를 위하여 국토교통부령으로 정하는 바에 따라 화물자동차 운송사업의 양도·양수와 합병을 제한할 수 있다.

신고가 있으면 화물자동차 운송사업을 양수한 자는 화물자동차 운송사업을 양도한 자의 운송사업자로서의 지위를 승계(承繼)하며, 합병으로 설립되거나 존속되는 법인은 합병으로 소멸되는 법인의 운송사업자로서의 지위를 승계한다. 양수인, 합병으로 존속하거나 신설되는 법인의 결격사유에 관하여는 제4조[8])를 준용한다.

신고가 있으면 화물자동차 운송사업을 양도한 자와 위·수탁계약을 체결한 위·수탁차주는 그 동일한 내용의 위·수탁계약을 화물자동차 운송사업을 양수한 자와 체결한 것으로 보며, 합병으로 소멸되는 법인과 위·수탁계약을 체결한 위·수탁차주는 그 동일한 내용의 위·수탁계약을 합병으로 존속하거나 신설되는 법인과 체결한 것으로 본다.

25. 화물자동차 운송사업의 상속

운송사업자가 사망한 경우 상속인이 그 화물자동차 운송사업을 계속하려면 피상속인이 사망한 후 90일 이내에 국토교통부장관에게 신고하여야 한다.

국토교통부장관은 신고를 받은 날부터 5일 이내에 신고수리 여부를 신고인에게 통지하여야 한다. 국토교통부장관이 정한 기간 내에 신고수리 여부 또는 민원 처리 관련 법령에 따른 처리기간의 연장 여부를 신고인에게 통지하지 아니하면 그 기간이 끝난 날의 다음 날에 신고를 수리한 것으로 본다.

상속인이 신고를 하면 피상속인이 사망한 날부터 신고한 날까지 피상속인에 대한 화물자동차 운송사업의 허가는 상속인에 대한 허가로 본다. 신고한 상속인은 피상속인의 운송사업자로서의 지위를 승계한다.

상속인의 결격사유에 관하여는 제4조를 준용한다. 다만, 상속인이 피상속인의 사망일부터 3개월 이내에 그 화물자동차 운송사업을 다른 사람에게 양도하면 피상속인의 사망일부터 양도일까지 피상속인에 대한 화물자동차 운송사업의 허가는 상속인에 대한 허가로 본다.

---

8) 화물자동차 운수사업법 제4조(결격사유) 다음 각 호의 어느 하나에 해당하는 자는 제3조제1항에 따른 화물자동차 운송사업의 허가를 받을 수 없다. 법인의 경우 그 임원 중 다음 각 호의 어느 하나에 해당하는 자가 있는 경우에도 또한 같다.

1. 피성년후견인 또는 피한정후견인
2. 파산선고를 받고 복권되지 아니한 자
3. 이 법을 위반하여 징역 이상의 실형(實刑)을 선고받고 그 집행이 끝나거나(집행이 끝난 것으로 보는 경우를 포함한다) 집행이 면제된 날부터 2년이 지나지 아니한 자
4. 이 법을 위반하여 징역 이상의 형(刑)의 집행유예를 선고받고 그 유예기간 중에 있는 자
5. 제19조제1항(제1호 및 제2호는 제외한다)에 따라 허가가 취소(제4조제1호 또는 제2호에 해당하여 제19조제1항제5호에 따라 허가가 취소된 경우는 제외한다)된 후 2년이 지나지 아니한 자
6. 제19조제1항제1호 또는 제2호에 해당하여 허가가 취소된 후 5년이 지나지 아니한 자

26. 화물자동차 운송사업의 휴업 및 폐업 신고

운송사업자가 화물자동차 운송사업의 전부 또는 일부를 휴업하거나 화물자동차 운송사업의 전부를 폐업하려면 국토교통부령으로 정하는 바에 따라 미리 국토교통부장관에게 신고하여야 한다. 신고가 신고서의 기재사항 및 첨부서류에 흠이 없고, 법령 등에 규정된 형식상의 요건을 충족하는 경우에는 신고서가 접수기관에 도달된 때에 신고 의무가 이행된 것으로 본다.

운송사업자가 화물자동차 운송사업의 전부 또는 일부를 휴업하거나 화물자동차 운송사업의 전부를 폐업하려면 미리 그 취지를 영업소나 그 밖에 일반 공중(公衆)이 보기 쉬운 곳에 게시하여야 한다.

27. 화물자동차 운송사업의 허가취소 등

국토교통부장관은 운송사업자가 다음에 해당하면 그 허가를 취소하거나 6개월 이내의 기간을 정하여 그 사업의 전부 또는 일부의 정지를 명령하거나 감차 조치를 명할 수 있다. 다만, 제1)호·제5)호 또는 제13)호의 경우에는 그 허가를 취소하여야 한다.

1) 부정한 방법으로 허가를 받은 경우
2) 허가를 받은 후 6개월간의 운송실적이 국토교통부령으로 정하는 기준에 미달한 경우
3) 부정한 방법으로 변경허가를 받거나, 변경허가를 받지 아니하고 허가사항을 변경한 경우
4) 기준을 충족하지 못하게 된 경우
5) 신고를 하지 아니하였거나 거짓으로 신고한 경우
6) 화물자동차 소유 대수가 2대 이상인 운송사업자가 영업소 설치 허가를 받지 아니하고 주사무소 외의 장소에서 상주하여 영업한 경우
7) 조건 또는 기한을 위반한 경우
8) 화물운송 종사자격이 없는 자에게 화물을 운송하게 한 경우
9) 준수사항을 위반한 경우
10) 직접운송 의무 등을 위반한 경우
11) 1대의 화물자동차를 본인이 직접 운전하는 운송사업자, 운송사업자가 채용한 운수종사자 또는 위·수탁차주가 과태료 처분을 1년 동안 3회 이상 받은 경우
12) 정당한 사유 없이 개선명령을 이행하지 아니한 경우

13) 정당한 사유 없이 업무개시 명령을 이행하지 아니한 경우
14) 제16조제9항을 위반하여 사업을 양도한 경우
15) 이 조에 따른 사업정지처분 또는 감차 조치 명령을 위반한 경우
16) 중대한 교통사고 또는 빈번한 교통사고로 1명 이상의 사상자를 발생하게 한 경우
17) 보조금의 지급이 정지된 자가 그 날부터 5년 이내에 다시 같은 항 각 호의 어느 하나에 해당하게 된 경우
18) 제47조의2제1항에 따른 신고를 하지 아니하였거나 거짓으로 신고한 경우
19) 제47조의2제2항에 따른 기준을 충족하지 못하게 된 경우
20) 화물자동차 교통사고와 관련하여 거짓이나 그 밖의 부정한 방법으로 보험금을 청구하여 금고 이상의 형을 선고받고 그 형이 확정된 경우
21) 대통령령으로 정하는 연한(13년) 이상의 화물자동차를 「자동차관리법」에 따른 정기검사 또는 자동차종합검사를 받지 아니한 상태로 운행하거나 운행하게 한 경우

허가취소, 사업정지처분 또는 감차(減車) 조치 명령은 다음의 구분에 따라 별표 1의 기준에 따라 해야 한다.

- 허가취소: 화물자동차 운송사업의 허가취소
- 감차 조치: 화물자동차의 감차를 수반하는 허가사항의 변경
- 위반차량 감차 조치: 위반행위와 직접 관련된 화물자동차(위반행위와 직접 관련된 화물자동차가 없는 경우에는 위반행위를 한 운송사업자의 다른 화물자동차를 말한다)에 대한 감차 조치
- 사업 전부정지: 화물자동차 운송사업 전부의 정지
- 사업 일부정지: 화물자동차의 5분의 1(이 경우 소수점 이하의 수는 버린다. 다만, 5분의 1에 해당하는 화물자동차의 대수가 1 미만인 경우에는 이를 1대로 본다)에 대한 사용정지
- 위반차량 운행정지: 위반행위와 직접 관련된 화물자동차(위반행위와 직접 관련된 화물자동차가 없는 경우에는 위반행위를 한 운송사업자의 다른 화물자동차를 말한다)의 사용정지

28. 자동차 사용의 정지

운송사업자는 다음에 해당하면 해당 화물자동차의 자동차등록증과 자동차등록번호판을 국토교통부장관에게 반납하여야 한다.

- 화물자동차 운송사업의 휴업·폐업신고를 한 경우
- 허가취소 또는 사업정지처분을 받은 경우
- 감차를 목적으로 허가사항을 변경한 경우
- 임시허가 기간이 만료된 경우

국토교통부장관은 다음에 해당하면 반납받은 자동차등록증과 자동차등록번호판을 해당 운송사업자에게 되돌려 주어야 한다.

- 신고한 휴업기간이 끝난 때
- 사업정지기간이 끝난 때

자동차등록번호판을 되돌려 받은 운송사업자는 이를 해당 화물자동차에 달고 시·도지사의 봉인(封印)을 받아야 한다.

29. 과징금의 부과

국토교통부장관은 운송사업자가 사업정지처분을 하여야 하는 경우로서 그 사업정지처분이 해당 화물자동차 운송사업의 이용자에게 심한 불편을 주거나 그 밖에 공익을 해칠 우려가 있으면 대통령령으로 정하는 바에 따라 사업정지처분을 갈음하여 2천만 원 이하의 과징금을 부과·징수할 수 있다.

과징금을 부과하는 위반행위의 종류·정도 등에 따른 과징금의 금액과 그 밖에 필요한 사항은 대통령령으로 정한다. 그리고 과징금 부과처분을 받은 자가 과징금을 정한 기한에 내지 아니하면 국세 체납처분의 예에 따라 징수한다.

징수한 과징금은 다음 외의 용도로는 사용할 수 없다.

- 화물 터미널의 건설과 확충
- 공동차고지(사업자단체, 운송사업자 또는 운송가맹사업자가 운송사업자 또는 운송가맹사업자에게 공동으로 제공하기 위하여 설치하거나 임차한 차고지를 말한다.)의 건설과 확충
- 경영개선이나 그 밖에 화물에 대한 정보 제공사업 등 화물자동차 운수사업의 발

전을 위하여 필요한 사업
• 신고포상금의 지급

국토교통부장관은 국토교통부령으로 정하는 바에 따라 과징금으로 징수한 금액의 운용계획을 수립·시행하여야 한다.

30. 화물운송 종사자격의 취소

국토교통부장관은 화물운송 종사자격을 취득한 자가 다음에 해당하면 그 자격을 취소하거나 6개월 이내의 기간을 정하여 그 자격의 효력을 정지시킬 수 있다. 다만, 제1)호·제2)호·제5)호·제6)호·제7)호·제9)호의 경우에는 그 자격을 취소하여야 한다.

1) 제9조제1호[9]에서 준용하는 제4조 결격사유의 어느 하나에 해당하게 된 경우
2) 거짓이나 그 밖의 부정한 방법으로 화물운송 종사자격을 취득한 경우
3) 제14조제4항[10]을 위반한 경우
4) 화물운송 중에 고의나 과실로 교통사고를 일으켜 사람을 사망하게 하거나 다치게 한 경우
5) 화물운송 종사자격증을 다른 사람에게 빌려준 경우
6) 화물운송 종사자격 정지기간 중에 화물자동차 운수사업의 운전 업무에 종사한 경우
7) 화물자동차를 운전할 수 있는 「도로교통법」에 따른 운전면허가 취소된 경우
8) 「도로교통법」을 위반하여 화물자동차를 운전할 수 있는 운전면허가 정지된 경우
9) 화물자동차 교통사고와 관련하여 거짓이나 그 밖의 부정한 방법으로 보험금을 청구하여 금고 이상의 형을 선고받고 그 형이 확정된 경우

---

9) 화물자동차 운수사업법 4조 3호, 4호 : 3. 이 법을 위반하여 징역 이상의 실형(實刑)을 선고받고 그 집행이 끝나거나(집행이 끝난 것으로 보는 경우를 포함한다) 집행이 면제된 날부터 2년이 지나지 아니한 자
4. 이 법을 위반하여 징역 이상의 형(刑)의 집행유예를 선고받고 그 유예기간 중에 있는 자
10) 화물자동차 운수사업법 14조(업무개시 명령) 4항 : ④ 운송사업자 또는 운수종사자는 정당한 사유 없이 제1항에 따른 명령을 거부할 수 없다.

제3절 화물자동차 운송주선사업

1. 화물자동차 운송주선사업의 허가 등

화물자동차 운송주선사업을 경영하려는 자는 국토교통부령으로 정하는 바에 따라 국토교통부장관의 허가를 받아야 한다. 다만, 화물자동차 운송가맹사업의 허가를 받은 자는 허가를 받지 아니한다.

화물자동차 운송주선사업의 허가를 받은 운송주선사업자가 허가사항을 변경하려면 국토교통부령으로 정하는 바에 따라 국토교통부장관에게 신고하여야 한다.

국토교통부장관은 변경신고를 받은 날부터 5일 이내에 신고수리 여부를 신고인에게 통지하여야 한다. 그리고 정한 기간 내에 신고수리 여부 또는 민원 처리 관련 법령에 따른 처리기간의 연장 여부를 신고인에게 통지하지 아니하면 그 기간이 끝난 날의 다음 날에 신고를 수리한 것으로 본다.

화물자동차 운송주선사업의 허가기준은 다음과 같다.

- 국토교통부장관이 화물의 운송주선 수요를 고려하여 고시하는 공급기준에 맞을 것
- 사무실의 면적 등 국토교통부령으로 정하는 기준에 맞을 것

운송주선사업자의 허가기준에 관한 사항의 신고에 관하여는 제3조제9항(화물자동차 운송사업의 허가 등)을 준용한다.

운송주선사업자는 주사무소 외의 장소에서 상주하여 영업하려면 국토교통부령으로 정하는 바에 따라 국토교통부장관의 허가를 받아 영업소를 설치하여야 한다.

2. 운송주선사업자의 명의이용 금지

운송주선사업자는 자기 명의로 다른 사람에게 화물자동차 운송주선사업을 경영하게 할 수 없다.

3. 운송주선사업자의 준수사항

운송주선사업자는 자기의 명의로 운송계약을 체결한 화물에 대하여 그 계약금액

중 일부를 제외한 나머지 금액으로 다른 운송주선사업자와 재계약하여 이를 운송하도록 하여서는 아니 된다. 다만, 화물운송을 효율적으로 수행할 수 있도록 위·수탁차주나 개인 운송사업자에게 화물운송을 직접 위탁하기 위하여 다른 운송주선사업자에게 중개 또는 대리를 의뢰하는 때에는 그러하지 아니하다.

운송주선사업자는 화주로부터 중개 또는 대리를 의뢰받은 화물에 대하여 다른 운송주선사업자에게 수수료나 그 밖의 대가를 받고 중개 또는 대리를 의뢰하여서는 아니 된다.

운송주선사업자는 운송사업자에게 화물의 종류·무게 및 부피 등을 거짓으로 통보하거나 「도로법」 또는 「도로교통법」에 따른 기준을 위반하는 화물의 운송을 주선하여서는 아니 된다.

운송주선사업자가 운송가맹사업자에게 화물의 운송을 주선하는 행위는 재계약·중개 또는 대리로 보지 아니한다.

위에서 규정한 사항 외에 화물운송질서의 확립 및 화주의 편의를 위하여 운송주선사업자가 지켜야 할 사항은 국토교통부령으로 정한다.

4. 국제물류주선업자에 대한 운송주선사업자의 준수사항 등 적용

「물류정책기본법」에 따라 국제물류주선업을 등록한 자가 수출입화물의 국내 운송을 위하여 화물자동차 운송을 주선하는 때에는 운송주선사업자의 준수사항을 적용한다.

5. 화물자동차 운송주선사업의 허가취소 등

국토교통부장관은 운송주선사업자가 다음에 해당하면 그 허가를 취소하거나 6개월 이내의 기간을 정하여 그 사업의 정지를 명할 수 있다. 다만, 제1)호·제2)호 및 제9)호의 경우에는 그 허가를 취소하여야 한다.

1) 제28조(준용규정)에서 준용하는 제4조(결격사유)에 해당하게 된 경우. 다만, 법인의 임원 중 제4조에 해당하는 자가 있는 경우 3개월 이내에 그 임원을 개임한 경우에는 취소하지 아니한다.
2) 거짓이나 그 밖의 부정한 방법으로 허가를 받은 경우
3) 허가기준을 충족하지 못하게 된 경우
4) 신고를 하지 아니하거나 거짓으로 신고한 경우

5) 영업소 설치 허가를 받지 아니하고 주사무소 외의 장소에서 상주하여 영업한 경우
6) 제25조[11]를 위반한 경우
7) 제26조(운송주선사업자의 준수사항)에 따른 준수사항을 위반한 경우
8) 개선명령을 이행하지 아니한 경우
9) 신고를 하지 아니하였거나 거짓으로 신고한 경우
10) 사업정지명령을 위반하여 그 사업정지기간 중에 사업을 한 경우

허가취소 또는 사업정지처분의 기준·절차, 그 밖에 필요한 사항은 대통령령으로 정한다.

제4절 화물자동차 운송가맹사업 및 화물정보망

1. 화물자동차 운송가맹사업의 허가 등

화물자동차 운송가맹사업을 경영하려는 자는 국토교통부령으로 정하는 바에 따라 국토교통부장관에게 허가를 받아야 한다. 허가를 받은 운송가맹사업자는 허가사항을 변경하려면 국토교통부령으로 정하는 바에 따라 국토교통부장관의 변경허가를 받아야 한다. 다만, 대통령령으로 정하는 경미한 사항을 변경하려면 국토교통부령으로 정하는 바에 따라 국토교통부장관에게 신고하여야 한다.

화물자동차 운송가맹사업의 허가 또는 증차를 수반하는 변경허가의 기준은 다음과 같다.

- 국토교통부장관이 화물의 운송수요를 고려하여 고시하는 공급기준에 맞을 것
- 화물자동차의 대수(운송가맹점이 보유하는 화물자동차의 대수를 포함한다), 운송시설, 그 밖에 국토교통부령으로 정하는 기준에 맞을 것

운송가맹사업자의 허가기준에 관한 사항의 신고에 관하여는 제3조제9항[12]을 준용

11) 화물자동차 운수사업법 제25조(운송주선사업자의 명의이용 금지) : 운송주선사업자는 자기 명의로 다른 사람에게 화물자동차 운송주선사업을 경영하게 할 수 없다.
12) 화물자동차 운수사업법 제3조 9항 : ⑨ 운송사업자는 제1항에 따라 허가받은 날부터 5년의 범위에서 대통령령으로 정하는 기간마다 국토교통부령으로 정하는 바에 따라 제5항에 따른 허가기준에 관한 사항을 국토교통부장관에게 신고하여야 한다.

한다. 운송가맹사업자는 주사무소 외의 장소에서 상주하여 영업하려면 국토교통부령으로 정하는 바에 따라 국토교통부장관의 허가를 받아 영업소를 설치하여야 한다.

국토교통부장관은 허가·변경허가의 신청을 받거나 변경신고를 받은 날부터 20일 이내에 허가 또는 신고수리 여부를 신청인에게 통지하여야 한다.

국토교통부장관이 위의 정한 기간 내에 허가 또는 신고수리 여부나 민원 처리 관련 법령에 따른 처리기간의 연장 여부를 신청인에게 통지하지 아니하면 그 기간이 끝난 날의 다음 날에 허가 또는 신고수리를 한 것으로 본다.

2. 운송가맹사업자 및 운송가맹점의 역할 등

운송가맹사업자는 화물자동차 운송가맹사업의 원활한 수행을 위하여 다음의 사항을 성실히 이행하여야 한다.

- 운송가맹사업자의 직접운송물량과 운송가맹점의 운송물량의 공정한 배정
- 효율적인 운송기법의 개발과 보급
- 화물의 원활한 운송을 위한 화물정보망의 설치·운영

운송가맹점은 화물자동차 운송가맹사업의 원활한 수행을 위하여 다음의 사항을 성실히 이행하여야 한다.

- 운송가맹사업자가 정한 기준에 맞는 운송서비스의 제공(운송사업자 및 위·수탁차주인 운송가맹점만 해당된다)
- 화물의 원활한 운송을 위한 차량 위치의 통지(운송사업자 및 위·수탁차주인 운송가맹점만 해당된다)
- 운송가맹사업자에 대한 운송화물의 확보·공급(운송주선사업자인 운송가맹점만 해당된다)

운송가맹사업자와 운송가맹점 간의 분쟁조정에 관하여는 제7조제3항부터 제6항[13]까

13) 화물자동차 운수사업법 제7조(운송사업자의 책임) : ① 화물의 멸실(滅失)·훼손(毁損) 또는 인도(引渡)의 지연(이하 "적재물사고"라 한다)으로 발생한 운송사업자의 손해배상 책임에 관하여는 「상법」 제135조를 준용한다.
② 제1항을 적용할 때 화물이 인도기한이 지난 후 3개월 이내에 인도되지 아니하면 그 화물은 멸실된 것으로 본다.
③ 국토교통부장관은 제1항에 따른 손해배상에 관하여 화주가 요청하면 국토교통부령으로 정하는 바에 따라 이에 관한 분쟁을 조정(調停)할 수 있다.

지의 규정을 준용한다. 이 경우 "화주"를 "운송가맹사업자 또는 운송가맹점"으로 본다.

3. 개선명령

국토교통부장관은 안전운행의 확보, 운송질서의 확립 및 화주의 편의를 도모하기 위하여 필요하다고 인정하면 운송가맹사업자에게 다음의 사항을 명할 수 있다.

- 운송약관의 변경
- 화물자동차의 구조변경 및 운송시설의 개선
- 화물의 안전운송을 위한 조치
- 제34조에서 준용하는 「가맹사업거래의 공정화에 관한 법률에 따른 정보공개서의 제공의무 등, 가맹금의 반환, 가맹계약서의 기재사항 등, 가맹계약의 갱신 등의 통지
- 적재물배상보험등과 「자동차손해배상 보장법」에 따라 운송가맹사업자가 의무적으로 가입하여야 하는 보험·공제의 가입

4. 화물자동차 운송가맹사업의 허가취소 등

국토교통부장관은 운송가맹사업자가 다음에 해당하면 그 허가를 취소하거나 6개월 이내의 기간을 정하여 그 사업의 전부 또는 일부의 정지를 명하거나 감차 조치를 명할 수 있다. 다만, 제1)호 및 제4)호의 경우에는 그 허가를 취소하여야 한다.

1) 제33조(준용규정)에서 준용하는 제4조(결격사유)에 해당하게 된 경우. 다만, 법인의 임원 중 제4조에 해당하는 자가 있는 경우 3개월 이내에 그 임원을 개임하면 취소하지 아니한다.
2) 화물운송 종사자격이 없는 자에게 화물을 운송하게 한 경우
3) 업무개시 명령을 정당한 사유 없이 이행하지 아니한 경우
4) 거짓이나 그 밖의 부정한 방법으로 허가를 받은 경우

---

④ 국토교통부장관은 화주가 제3항에 따라 분쟁조정을 요청하면 지체 없이 그 사실을 확인하고 손해내용을 조사한 후 조정안을 작성하여야 한다.
⑤ 당사자 쌍방이 제4항에 따른 조정안을 수락하면 당사자 간에 조정안과 동일한 합의가 성립된 것으로 본다.
⑥ 국토교통부장관은 제3항 및 제4항에 따른 분쟁조정 업무를 「소비자기본법」 제33조제1항에 따른 한국소비자원 또는 같은 법 제29조제1항에 따라 등록한 소비자단체에 위탁할 수 있다.

5) 거짓이나 그 밖의 부정한 방법으로 변경허가를 받은 경우
6) 허가 또는 변경허가의 기준을 충족하지 못하게 된 경우
7) 신고를 하지 아니하였거나 거짓으로 신고한 경우
8) 영업소 설치 허가를 받지 아니하고 주사무소 외의 장소에서 상주하여 영업한 경우
9) 정당한 사유 없이 개선명령을 이행하지 아니한 경우
10) 제33조에서 준용하는 제11조(운송사업자의 준수사항) 및 제25조(소속 운송가맹점에 자기의 영업표지를 사용하게 하는 경우는 제외한다)를 위반한 경우
11) 제34조에서 준용하는 「가맹사업거래의 공정화에 관한 법률」을 위반한 경우
12) 이 조에 따른 사업정지명령 또는 감차 조치 명령을 위반한 경우
13) 중대한 교통사고 또는 빈번한 교통사고로 1명 이상의 사상자를 발생하게 한 경우
14) 보조금의 지급이 정지된 자가 그 날부터 5년 이내에 다시 같은 항 각 호의 어느 하나에 해당하게 된 경우
15) 신고를 하지 아니하였거나 거짓으로 신고한 경우
16) 대통령령으로 정하는 연한 이상의 화물자동차를 「자동차관리법」에 따른 정기검사 또는 자동차종합검사를 받지 아니한 상태로 운행하거나 운행하게 한 경우

허가취소·사업정지 처분 또는 감차 조치 명령의 기준·절차, 그 밖에 필요한 사항은 대통령령으로 정한다.

5. 화물정보망 등의 이용

운송사업자가 다른 운송사업자나 다른 운송사업자에게 소속된 위·수탁차주에게 화물운송을 위탁하는 경우에는 운송가맹사업자의 화물정보망이나 「물류정책기본법」에 따라 인증 받은 화물정보망을 이용할 수 있다.

운송주선사업자가 운송사업자나 위·수탁차주에게 화물운송을 위탁하는 경우에는 운송가맹사업자의 화물정보망이나 「물류정책기본법」에 따라 인증 받은 화물정보망을 이용할 수 있다.

제5절 적재물배상보험등의 가입 등

1. 적재물배상보험등의 의무 가입

다음에 해당하는 자는 손해배상 책임을 이행하기 위하여 대통령령으로 정하는 바에 따라 적재물배상 책임보험 또는 적재물배상보험등에 가입하여야 한다.

- 최대 적재량이 5톤 이상이거나 총 중량이 10톤 이상인 화물자동차 중 국토교통부령으로 정하는 화물자동차를 소유하고 있는 운송사업자
- 국토교통부령으로 정하는 화물을 취급하는 운송주선사업자
- 운송가맹사업자

2. 적재물배상보험등 계약의 체결 의무

「보험업법」에 따른 보험회사는 적재물배상보험등에 가입하여야 하는 자가 적재물배상보험등에 가입하려고 하면 대통령령으로 정하는 사유가 있는 경우 외에는 적재물배상보험등의 계약의 체결을 거부할 수 없다.

보험등 의무가입자가 적재물사고를 일으킬 개연성이 높은 경우 등 국토교통부령으로 정하는 사유에 해당하면 다수의 보험회사등이 공동으로 책임보험계약등을 체결할 수 있다.

3. 책임보험계약등의 해제

보험등 의무가입자 및 보험회사등은 다음에 해당하는 경우 외에는 책임보험계약등의 전부 또는 일부를 해제하거나 해지하여서는 아니 된다.

- 화물자동차 운송사업의 허가사항이 변경(감차만을 말한다)된 경우
- 화물자동차 운송사업을 휴업하거나 폐업한 경우
- 화물자동차 운송사업의 허가가 취소되거나 감차 조치 명령을 받은 경우
- 화물자동차 운송주선사업의 허가가 취소된 경우
- 화물자동차 운송가맹사업의 허가사항이 변경(감차만을 말한다)된 경우
- 화물자동차 운송가맹사업의 허가가 취소되거나 감차 조치 명령을 받은 경우

- 적재물배상보험등에 이중으로 가입되어 하나의 책임보험계약등을 해제하거나 해지하려는 경우
- 보험회사등이 파산 등의 사유로 영업을 계속할 수 없는 경우

4. 책임보험계약등의 계약 종료일 통지 등

보험회사등은 자기와 책임보험계약등을 체결하고 있는 보험등 의무가입자에게 그 계약종료일 30일 전까지 그 계약이 끝난다는 사실을 알려야 한다.

보험회사등은 자기와 책임보험계약등을 체결한 보험등 의무가입자가 그 계약이 끝난 후 새로운 계약을 체결하지 아니하면 그 사실을 지체 없이 국토교통부장관에게 알려야 한다.

제6절 경영의 합리화

1. 경영합리화 등의 노력

운수사업자는 화물운송 질서의 확립, 경영관리의 건전화, 화물운송 기법의 개발 등 경영합리화와 수송서비스 향상을 위하여 노력하여야 한다.

2. 경영의 위탁

운송사업자는 화물자동차 운송사업의 효율적인 수행을 위하여 필요하면 다른 사람(운송사업자를 제외한 개인을 말한다)에게 차량과 그 경영의 일부를 위탁하거나 차량을 현물출자한 사람에게 그 경영의 일부를 위탁할 수 있다.

국토교통부장관은 화물운송시장의 질서유지 및 운송사업자의 운송서비스 향상을 유도하기 위하여 필요한 경우 경영의 위탁을 제한할 수 있다.

운송사업자와 위·수탁차주는 대등한 입장에서 합의에 따라 공정하게 위·수탁계약을 체결하고, 신의에 따라 성실하게 계약을 이행하여야 한다. 계약의 당사자는 그 계약을 체결하는 경우 차량소유자·계약기간, 그 밖에 국토교통부령으로 정하는 사항을

계약서에 명시하여야 하며, 서명날인한 계약서를 서로 교부하여 보관하여야 한다. 이 경우 국토교통부장관은 건전한 거래질서의 확립과 공정한 계약의 정착을 위하여 표준 위·수탁계약서를 고시하여야 하고, 이를 우선적으로 사용하도록 권고할 수 있다. 위·수탁계약의 기간은 2년 이상으로 하여야 한다.

시·도지사는 위·수탁계약의 체결·이행으로 발생하는 분쟁의 해결을 지원하기 위하여 대통령령으로 정하는 바에 따라 화물운송사업분쟁조정협의회를 설치·운영할 수 있다. 위·수탁계약의 내용이 당사자 일방에게 현저하게 불공정한 경우로서 다음에 해당하는 경우에는 그 부분에 한정하여 무효로 한다.

- 운송계약의 형태·내용 등 관련된 모든 사정에 비추어 계약체결 당시 예상하기 어려운 내용에 대하여 상대방에게 책임을 떠넘기는 경우
- 계약내용에 대하여 구체적인 정함이 없거나 당사자 간 이견이 있는 경우 계약내용을 일방의 의사에 따라 정함으로써 상대방의 정당한 이익을 침해한 경우
- 계약불이행에 따른 당사자의 손해배상책임을 과도하게 경감하거나 가중하여 정함으로써 상대방의 정당한 이익을 침해한 경우
- 「민법」 및 이 법 등 관계 법령에서 인정하고 있는 상대방의 권리를 상당한 이유 없이 배제하거나 제한하는 경우
- 그 밖에 위·수탁계약의 내용 중 일부가 당사자 일방에게 현저하게 불공정하여 해당 부분을 무효로 할 필요가 있는 경우로서 대통령령으로 정하는 경우

3. 위·수탁계약의 갱신 등

운송사업자는 위·수탁차주가 위·수탁계약기간 만료 전 150일부터 60일까지 사이에 위·수탁계약의 갱신을 요구하는 때에는 다음에 해당하는 경우를 제외하고는 이를 거절할 수 없다.

1) 최초 위·수탁계약기간을 포함한 전체 위·수탁계약기간이 6년 이하인 경우로서 다음에 해당하는 경우
   - 위·수탁차주가 거짓이나 그 밖의 부정한 방법으로 위·수탁계약을 체결한 경우
   - 그 밖에 운송사업자가 위·수탁계약을 갱신하기 어려운 중대한 사유로서 대통령령으로 정하는 사유에 해당하는 경우
2) 최초 위·수탁계약기간을 포함한 전체 위·수탁계약기간이 6년을 초과하는 경우로서 다음에 해당하는 경우

- 제1)호의 어느 하나에 해당하는 경우
- 위·수탁차주가 운송사업자에게 지급하기로 한 위·수탁계약상의 월지급액(월 2회 이상 지급하는 것으로 계약한 경우에는 해당 월에 지급하기로 한 금액의 합을 말한다)을 6회 이상 지급하지 아니한 경우(위·수탁계약상의 월지급액이 같은 업종의 통상적인 월지급액보다 뚜렷하게 높은 경우는 제외한다)
- 표준 위·수탁계약서에 기재된 계약 조건을 위·수탁차주가 준수하지 아니한 경우
- 그 밖에 운송사업자가 운송사업의 경영을 정상적으로 유지하기 어려운 사유로서 대통령령으로 정하는 사유에 해당하는 경우

운송사업자가 갱신 요구를 거절하는 경우에는 그 요구를 받은 날부터 15일 이내에 위·수탁차주에게 거절 사유를 적어 서면으로 통지하여야 한다. 운송사업자가 거절 통지를 하지 아니하거나 위·수탁계약기간 만료 전 150일부터 60일까지 사이에 위·수탁차주에게 계약 조건의 변경에 대한 통지나 위·수탁계약을 갱신하지 아니한다는 사실의 통지를 서면으로 하지 아니한 경우에는 계약 만료 전의 위·수탁계약과 같은 조건으로 다시 위·수탁계약을 체결한 것으로 본다. 다만, 위·수탁차주가 계약이 만료되는 날부터 30일 전까지 이의를 제기하거나 운송사업자나 위·수탁차주에게 천재지변이나 그 밖에 대통령령으로 정하는 부득이한 사유가 있는 경우에는 그러하지 아니하다.

4. 위·수탁계약의 해지 등

운송사업자는 위·수탁계약을 해지하려는 경우에는 위·수탁차주에게 2개월 이상의 유예기간을 두고 계약의 위반 사실을 구체적으로 밝히고 이를 시정하지 아니하면 그 계약을 해지한다는 사실을 서면으로 2회 이상 통지하여야 한다. 다만, 대통령령으로 정하는 바에 따라 위·수탁계약을 지속하기 어려운 중대한 사유가 있는 경우에는 그러하지 아니하다. 절차를 거치지 아니한 위·수탁계약의 해지는 그 효력이 없다.

운송사업자가 다음에 해당하는 사유로 허가취소 또는 감차 조치를 받은 경우 해당 운송사업자와 위·수탁차주의 위·수탁계약은 해지된 것으로 본다.

- 제19조[14]제1항제1호·제2호·제3호 또는 제5호

---

14) 화물자동차 운수사업법 제19조(화물자동차 운송사업의 허가취소 등) : ① 국토교통부장관은 운송사업자가 다음 각 호의 어느 하나에 해당하면 그 허가를 취소하거나 6개월 이내의 기간

• 그 밖에 운송사업자의 귀책사유(위·수탁차주의 고의에 의하여 허가취소 또는 감차 조치될 수 있는 경우는 제외한다)로 허가취소 또는 감차 조치되는 경우로서 대통령령으로 정하는 경우

국토교통부장관 또는 연합회는 해지된 위·수탁계약의 위·수탁차주였던 자가 다른 운송사업자와 위·수탁계약을 체결할 수 있도록 지원하여야 한다. 이 경우 해당 위·수탁차주였던 자와 위·수탁계약을 체결한 운송사업자는 위·수탁계약의 체결을 명목으로 부당한 금전지급을 요구하여서는 아니 된다.

5. 위·수탁계약의 양도·양수

위·수탁차주는 운송사업자의 동의를 받아 위·수탁계약상의 지위를 타인에게 양도할 수 있다. 다만, 다음의 해당하는 사유가 발생하는 경우에는 운송사업자는 양수인이 화물운송 종사자격을 갖추지 못한 경우 등 대통령령으로 정하는 경우를 제외하고는 위·수탁계약의 양도에 대한 동의를 거절할 수 없다.

• 업무상 부상 또는 질병의 발생 등으로 자신이 위탁받은 경영의 일부를 수행할 수 없는 경우
• 그 밖에 위·수탁차주에게 부득이한 사유가 발생하는 경우로서 대통령령으로 정하는 경우

위·수탁계약상의 지위를 양수한 자는 양도인의 위·수탁계약상 권리와 의무를 승

을 정하여 그 사업의 전부 또는 일부의 정지를 명령하거나 감차 조치를 명할 수 있다. 다만, 제1호·제5호 또는 제13호의 경우에는 그 허가를 취소하여야 한다.

1. 부정한 방법으로 제3조제1항에 따른 허가를 받은 경우

1의2. 허가를 받은 후 6개월간의 운송실적이 국토교통부령으로 정하는 기준에 미달한 경우

2. 부정한 방법으로 제3조제3항에 따른 변경허가를 받거나, 변경허가를 받지 아니하고 허가사항을 변경한 경우

3. 제3조제7항에 따른 기준을 충족하지 못하게 된 경우

4. 제3조제9항에 따른 신고를 하지 아니하였거나 거짓으로 신고한 경우

4의2. 화물자동차 소유 대수가 2대 이상인 운송사업자가 제3조제11항에 따른 영업소 설치 허가를 받지 아니하고 주사무소 외의 장소에서 상주하여 영업한 경우

4의3. 제3조제14항에 따른 조건 또는 기한을 위반한 경우

5. 제4조 각 호의 어느 하나에 해당하게 된 경우. 다만, 법인의 임원 중 제4조 각 호의 어느 하나에 해당하는 자가 있는 경우에 3개월 이내에 그 임원을 개임(改任)하면 허가를 취소하지 아니한다.

계한다. 위·수탁계약상의 지위를 양도하는 경우 위·수탁차주는 운송사업자에게 양도 사실을 서면으로 통지하여야 한다. 통지가 있은 날부터 1개월 이내에 운송사업자가 양도에 대한 동의를 거절하지 아니하는 경우에는 운송사업자가 양도에 동의한 것으로 본다.

6. 위·수탁계약의 실태조사 등

국토교통부장관 또는 시·도지사는 정기적으로 위·수탁계약서의 작성 여부에 대한 실태조사를 할 수 있다.

국토교통부장관 또는 시·도지사는 위·수탁계약의 당사자에게 계약과 관련된 자료를 요청할 수 있다. 이 경우 자료를 요청받은 계약의 당사자는 특별한 사정이 없으면 요청에 따라야 한다.

실태조사의 시기·범위 및 방법 등에 필요한 사항은 대통령령으로 정한다.

7. 경영 지도

국토교통부장관 또는 시·도지사는 화물자동차 운수사업의 경영개선 또는 운송서비스의 향상을 위하여 다음에 해당하는 경우 운수사업자를 지도할 수 있다.

- 운수사업자의 준수사항에 대한 지도가 필요한 경우
- 과로, 과속, 과적 운행의 예방 등 안전한 수송을 위한 지도가 필요한 경우
- 그 밖에 화물자동차의 운송에 따른 안전 확보 및 운송서비스 향상에 필요한 경우

국토교통부장관 또는 시·도지사는 재무관리 및 사업관리 등 경영실태가 부실하다고 인정되는 운수사업자에게는 경영개선에 관한 권고를 할 수 있으며, 필요하면 경영개선에 관한 중·장기 또는 연차별 계획 등을 제출하게 할 수 있다.

국토교통부장관 또는 시·도지사는 운수사업자가 제출한 경영개선에 관한 계획 등이 불합리하다고 인정되면 변경할 것을 권고할 수 있다.

8. 경영자 연수교육

시·도지사는 운수사업자의 경영능력 향상을 위하여 필요하다고 인정하면 경영을

담당하는 임원(개인인 경우에는 운수사업자를 말한다)에게 경영자 연수교육을 실시할 수 있다.

9. 재정지원

국가는 지방자치단체, 「공공기관의 운영에 관한 법률」에 따른 공공기관 중 대통령령으로 정하는 공공기관, 「지방공기업법」에 따른 지방공사, 사업자단체 또는 운수사업자가 다음에 해당하는 사업을 수행하는 경우로서 재정적 지원이 필요하다고 인정되면 대통령령으로 정하는 바에 따라 소요자금의 일부를 보조하거나 융자할 수 있다.

- 공동차고지 및 공영차고지 건설
- 화물자동차 운수사업의 정보화
- 낡은 차량의 대체
- 연료비가 절감되거나 환경친화적인 화물자동차 등으로의 전환 및 이를 위한 시설·장비의 투자
- 화물자동차 휴게소의 건설
- 화물자동차 운수사업의 서비스 향상을 위한 시설·장비의 확충과 개선
- 그 밖에 화물자동차 운수사업의 경영합리화를 위한 사항으로서 국토교통부령으로 정하는 사항

특별시장·광역시장·특별자치시장·특별자치도지사·시장 또는 군수는 운송사업자, 운송가맹사업자 및 화물자동차 운송사업을 위탁받은 자에게 유류(油類)에 부과되는 다음의 세액 등의 인상액에 상당하는 금액의 전부 또는 일부를 대통령령으로 정하는 바에 따라 보조할 수 있다.

- 「교육세법」, 「교통·에너지·환경세법」, 「지방세법」에 따라 경유에 각각 부과되는 교육세, 교통·에너지·환경세, 자동차세
- 「개별소비세법」, 「교육세법」, 「석유 및 석유대체연료 사업법」에 따라 석유가스 중 부탄에 각각 부과되는 개별소비세·교육세·부과금

특별시장·광역시장·특별자치시장·특별자치도지사·시장 또는 군수는 운송사업자 등이 「환경친화적 자동차의 개발 및 보급 촉진에 관한 법률」에 따른 수소전기자동차를 운행하기 위하여 수소를 구매하는 경우 그 비용의 전부 또는 일부를 대통령령으로 정하는 바에 따라 보조할 수 있다.

10. 보조금의 사용 등

보조 또는 융자받은 자는 그 자금을 보조 또는 융자받은 목적 외의 용도로 사용하여서는 아니 된다.

국토교통부장관·특별시장·광역시장·특별자치시장·특별자치도지사·시장 또는 군수는 보조 또는 융자를 받은 자가 그 자금을 적정하게 사용하도록 지도·감독하여야 한다.

국토교통부장관·특별시장·광역시장·특별자치시장·특별자치도지사·시장 또는 군수는 거짓이나 부정한 방법으로 제43조[15]제1항부터 제3항까지의 규정에 따라 보조금이나 융자금을 교부받은 사업자단체 또는 운송사업자등에게 보조금이나 융자금의 반환을 명하여야 하며, 이에 따르지 아니하면 국세 또는 지방세 체납처분의 예에 따라 회수할 수 있다.

---

15) 화물자동차 운수사업법 제43조(재정지원) ① 국가는 지방자치단체, 「공공기관의 운영에 관한 법률」에 따른 공공기관 중 대통령령으로 정하는 공공기관, 「지방공기업법」에 따른 지방공사, 사업자단체 또는 운수사업자가 다음 각 호의 어느 하나에 해당하는 사업을 수행하는 경우로서 재정적 지원이 필요하다고 인정되면 대통령령으로 정하는 바에 따라 소요자금의 일부를 보조하거나 융자할 수 있다.
1. 공동차고지 및 공영차고지 건설
2. 화물자동차 운수사업의 정보화
3. 낡은 차량의 대체
4. 연료비가 절감되거나 환경친화적인 화물자동차 등으로의 전환 및 이를 위한 시설·장비의 투자
5. 화물자동차 휴게소의 건설
6. 화물자동차 운수사업의 서비스 향상을 위한 시설·장비의 확충과 개선
7. 그 밖에 화물자동차 운수사업의 경영합리화를 위한 사항으로서 국토교통부령으로 정하는 사항
② 특별시장·광역시장·특별자치시장·특별자치도지사·시장 또는 군수(광역시의 군수를 포함한다. 이하 이 조, 제44조, 제44조의2 및 제60조의2에서 같다)는 운송사업자, 운송가맹사업자 및 제40조제1항에 따라 화물자동차 운송사업을 위탁받은 자(이하 이 조, 제44조 및 제44조의2에서 "운송사업자등"이라 한다)에게 유류(油類)에 부과되는 다음 각 호의 세액 등의 인상액에 상당하는 금액의 전부 또는 일부를 대통령령으로 정하는 바에 따라 보조할 수 있다.
1. 「교육세법」 제5조제1항, 「교통·에너지·환경세법」 제2조제1항제2호, 「지방세법」 제136조제1항에 따라 경유에 각각 부과되는 교육세, 교통·에너지·환경세, 자동차세
2. 「개별소비세법」 제1조제2항제4호바목, 「교육세법」 제5조제1항, 「석유 및 석유대체연료 사업법」 제18조제2항제1호에 따라 석유가스 중 부탄에 각각 부과되는 개별소비세·교육세·부과금
③ 특별시장·광역시장·특별자치시장·특별자치도지사·시장 또는 군수는 운송사업자등이 「환경친화적 자동차의 개발 및 보급 촉진에 관한 법률」 제2조제6호에 따른 수소전기자동차를 운행하기 위하여 수소를 구매하는 경우 그 비용의 전부 또는 일부를 대통령령으로 정하는 바에 따라 보조할 수 있다.

11. 공영차고지의 설치

제2조제9호[16] 각 목의 어느 하나에 해당하는 자는 공영차고지(公營車庫地)를 설치하여 직접 운영하거나 다음에 해당하는 자에게 임대(운영의 위탁을 포함한다)할 수 있다.

- 사업자단체
- 운송사업자
- 운송가맹사업자
- 운송사업자로 구성된 「협동조합 기본법」 제2조제1호에 따른 협동조합

공영차고지를 설치한 차고지설치자는 공영차고지를 설치하려면 공영차고지의 설치·운영에 관한 계획을 수립하여야 한다.

시·도지사를 제외한 차고지설치자가 설치·운영계획을 수립하는 경우에는 미리 시·도지사의 인가를 받아야 한다. 인가받은 계획을 변경하려는 경우에도 또한 같다. 차고지설치자는 설치·운영계획을 수립·변경하거나 인가·변경인가를 받은 때에는 이를 공보에 고시하거나 일간신문 등에 게재하여야 한다.

시·도지사가 설치·운영계획을 수립하거나 시·도지사를 제외한 차고지설치자의 설치·운영계획을 인가하는 경우에 그에 관련된 각종 인가·허가 등에 관하여는 제46조의4(인·허가등의 의제)를 준용한다. 차고지설치자가 설치·운영계획을 수립·변경하는 경우 공영차고지의 설치·변경이 학생의 통학안전에 미치는 영향에 대하여 특별시·광역시·특별자치시·도·특별자치도의 교육감과 협의하여야 한다.

12. 화물자동차 휴게소의 확충

국토교통부장관은 화물자동차 운전자의 근로 여건을 개선하고 화물의 원활한 운송을 도모하기 위하여 운송경로 및 주요 물류거점에 화물자동차 휴게소를 확충하기 위한 휴게소 종합계획을 5년 단위로 수립하여야 한다.

휴게소 종합계획에는 다음의 사항이 포함되어야 한다.

---

16) 화물자동차 운수사업법 제2조 9호 : 9. “공영차고지”란 화물자동차 운수사업에 제공되는 차고지로서 다음 각 목의 어느 하나에 해당하는 자가 설치한 것을 말한다.
가. 특별시장·광역시장·특별자치시장·도지사·특별자치도지사(이하 “시·도지사”라 한다)
나. 시장·군수·구청장(자치구의 구청장을 말한다. 이하 같다)
다. 「공공기관의 운영에 관한 법률」에 따른 공공기관 중 대통령령으로 정하는 공공기관
라. 「지방공기업법」에 따른 지방공사

- 화물자동차 휴게소의 현황 및 장래수요에 관한 사항
- 화물자동차 휴게소의 계획적 공급에 관한 사항
- 화물자동차 휴게소의 연도별·지역별 배치에 관한 사항
- 화물자동차 휴게소의 기능 개선 및 효율화에 관한 사항
- 그 밖에 화물자동차 휴게소 확충과 관련된 사항으로서 국토교통부령으로 정하는 사항

국토교통부장관은 휴게소 종합계획을 수립하거나 국토교통부령으로 정하는 사항을 변경하려는 경우 미리 시·도지사의 의견을 듣고 관계 중앙행정기관의 장과 협의하여야 한다. 그리고 휴게소 종합계획을 수립하거나 변경한 때에는 이를 관보에 고시하여야 한다.

사업시행자는 필요한 경우 국토교통부장관에게 휴게소 종합계획을 변경하도록 요청할 수 있다.

국토교통부장관 또는 시·도지사는 건설계획의 승인 또는 변경승인을 할 때에는 휴게소 종합계획과 상충하거나 중복되지 아니하도록 하여야 한다.

13. 화물자동차 휴게소의 건설사업 시행 등

화물자동차 휴게소 건설사업을 할 수 있는 자는 다음에 해당하는 자로 한다.

- 국가 또는 지방자치단체
- 「공공기관의 운영에 관한 법률」에 따른 공공기관 중 대통령령으로 정하는 공공기관
- 「지방공기업법」에 따른 지방공사
- 대통령령으로 정하는 바에 따라 위의 자로부터 지정을 받은 법인

화물자동차 휴게소 건설사업을 시행하려는 사업시행자는 사업의 명칭·목적, 사업을 시행하려는 위치와 면적 등 대통령령으로 정하는 사항이 포함된 화물자동차 휴게소 건설에 관한 건설계획을 수립하여야 한다. 화물자동차 휴게소의 건설 대상지역 및 시설기준은 국토교통부령으로 정한다. 사업시행자는 건설계획을 수립한 때에는 대통령령으로 정하는 바에 따라 이를 공고하고, 관계 서류의 사본을 20일 이상 일반인이 열람할 수 있도록 하여야 한다.

화물자동차 휴게소 건설사업의 이해관계인은 열람기간에 사업시행자에게 건설계획에 대한 의견서를 제출할 수 있으며, 사업시행자는 제출된 의견이 타당하다고 인정

하는 경우에는 이를 건설계획에 반영하여야 한다. 사업시행자는 공고 및 열람을 마친 후 그 건설계획에 대하여 시·도지사의 승인을 받아야 한다. 다만, 국가, 사업자시행자 및 국가 또는 사업시행자로부터 지정을 받은 자는 국토교통부장관의 승인을 받아야 한다. 승인을 받은 사업시행자는 승인받은 건설계획 중 사업을 시행하려는 위치와 면적 등 대통령령으로 정하는 사항을 변경하려면 해당 승인권자의 변경승인을 받아야 한다.

국토교통부장관 또는 시·도지사는 건설계획의 승인 또는 변경승인의 신청을 받은 경우에는 특별한 사유가 없으면 승인 또는 변경승인 신청을 받은 날부터 60일 이내에 승인 또는 변경승인 여부를 결정하여야 하며, 건설계획의 승인 또는 변경승인을 한 경우에는 이를 고시하여야 한다.

국토교통부장관 또는 시·도지사가 건설계획의 승인 또는 변경승인 신청을 받은 날부터 60일 이내에 승인 또는 변경승인 여부를 결정하지 아니하였을 때에는 승인 또는 변경승인을 한 것으로 본다.

국토교통부장관 또는 시·도지사는 사업시행자가 다음에 해당하는 경우에는 건설계획의 승인을 취소 또는 변경하거나 그 밖에 필요한 조치를 명할 수 있다.

- 거짓 또는 그 밖의 부정한 방법으로 건설계획의 승인을 받은 경우
- 변경승인을 받지 아니하고 건설계획을 변경하여 사업을 진행한 경우

14. 화물자동차 휴게소 운영의 위탁

사업시행자는 화물자동차 휴게소의 운영을 사업자단체 등 대통령령으로 정하는 자에게 위탁할 수 있다.

화물자동차 휴게소 운영의 위탁 기간 및 위탁 방법 등에 필요한 사항은 국토교통부령으로 정한다.

15. 실적 신고 및 관리 등

운송사업자(개인 운송사업자는 제외한다), 운송주선사업자 및 운송가맹사업자는 국토교통부령으로 정하는 바에 따라 운송 또는 주선 실적을 관리하고 이를 국토교통부장관에게 신고하여야 한다.

직접운송 의무가 있는 운송사업자는 국토교통부령으로 정하는 기준 이상으로 화물

을 운송하여야 한다. 이 경우 기준내역에 관하여는 국토교통부령으로 정한다.

국토교통부장관은 운송 또는 주선 실적 등 화물운송정보를 체계적으로 관리하기 위한 화물운송실적관리시스템을 구축·운영할 수 있다. 그리고 화물운송실적관리시스템의 운영을 국토교통부령으로 정하는 자에게 위탁할 수 있으며, 필요한 비용을 지원할 수 있다.

16. 화물운송실적관리시스템의 보안대책

화물운송실적관리시스템의 관리자는 화물운송실적관리시스템에 대한 제3자의 불법적인 접근, 입력된 정보의 변경, 훼손, 파괴, 해킹, 유출 등에 대비한 기술적·물리적·관리적 보안대책을 세워야 한다.

17. 화물운송실적관리자료의 비밀유지

다음에 해당하거나 해당하였던 자는 그 직무와 관련하여 알게 된 화물운송실적관리자료를 다른 사람에게 제공 또는 누설하거나 그 목적 외의 용도로 사용하여서는 아니 된다.

- 국토교통부 소속 공무원
- 지방자치단체 소속 공무원
- 화물운송실적관리와 관련한 업무를 위탁받은 자

18. 화물운송서비스평가 등

국토교통부장관은 화물운송서비스 증진과 이용자의 권익보호를 위하여 운수사업자가 제공하는 화물운송서비스에 대한 평가를 할 수 있다.

화물운송서비스에 대한 평가의 기준은 다음과 같다.

- 화물운송서비스의 이용자 만족도
- 화물운송서비스의 신속성 및 정확성
- 화물운송서비스의 안전성
- 그 밖에 제1호부터 제3호까지에 준하는 사항으로서 국토교통부령으로 정하는 사항

화물운송서비스에 대한 평가는 이용자에 대한 설문조사를 포함하여야 하며, 세부 평가방법 및 절차 등에 필요한 사항은 국토교통부령으로 정한다.

국토교통부장관은 화물운송서비스의 평가를 한 후 평가 항목별 평가 결과, 서비스 품질 등 세부사항을 대통령령으로 정하는 바에 따라 공표하여야 한다. 그리고 화물운송서비스의 평가를 할 경우 운수사업자에게 관련 자료 및 의견 제출 등을 요구하거나 서비스에 대한 실지조사를 할 수 있다. 자료 또는 의견 제출 등을 요구받은 운수사업자는 특별한 사유가 없으면 이에 따라야 한다.

제 7 절 사업자단체

1. 협회의 설립

운수사업자는 화물자동차 운수사업의 건전한 발전과 운수사업자의 공동이익을 도모하기 위하여 국토교통부장관의 인가를 받아 화물자동차 운송사업, 화물자동차 운송주선사업 및 화물자동차 운송가맹사업의 종류별 또는 시·도별로 협회를 설립할 수 있다. 협회는 법인으로 하며, 주된 사무소의 소재지에서 설립등기를 함으로써 성립한다.

협회를 설립하려면 해당 협회의 회원 자격이 있는 자의 5분의 1 이상이 발기하고, 회원 자격이 있는 자의 3분의 1 이상의 동의를 받아 창립총회에서 정관을 작성한 후 국토교통부장관에게 인가를 신청하여야 한다.

운수사업자는 정관으로 정하는 바에 따라 협회에 가입할 수 있다. 회원의 자격, 임원의 정수(定數) 및 선출방법, 그 밖에 협회의 운영에 필요한 사항은 정관으로 정한다. 정관을 변경하려면 국토교통부장관의 인가를 받아야 한다.

협회의 정관의 기재사항과 감독에 필요한 사항은 국토교통부령으로 정한다. 협회에 관하여는 이 법에 규정된 사항 외에는 「민법」 중 사단법인에 관한 규정을 준용한다.

2. 협회의 사업

협회는 다음의 사업을 한다.

• 화물자동차 운수사업의 건전한 발전과 운수사업자의 공동이익을 도모하는 사업

- 화물자동차 운수사업의 진흥 및 발전에 필요한 통계의 작성 및 관리, 외국 자료의 수집·조사 및 연구사업
- 경영자와 운수종사자의 교육훈련
- 화물자동차 운수사업의 경영개선을 위한 지도
- 이 법에서 협회의 업무로 정한 사항
- 국가나 지방자치단체로부터 위탁받은 업무

3. 연합회

운송사업자로 구성된 협회, 운송주선사업자로 구성된 협회 및 운송가맹사업자로 구성된 협회는 그 공동목적을 달성하기 위하여 국토교통부령으로 정하는 바에 따라 각각 연합회를 설립할 수 있다. 이 경우 운송사업자로 구성된 협회, 운송주선사업자로 구성된 협회 및 운송가맹사업자로 구성된 협회는 각각 그 연합회의 회원이 된다.

4. 공제사업

운수사업자가 설립한 협회의 연합회는 대통령령으로 정하는 바에 따라 국토교통부장관의 허가를 받아 운수사업자의 자동차 사고로 인한 손해배상 책임의 보장사업 및 적재물배상 공제사업 등을 할 수 있다.

공제사업의 분담금, 운영위원회, 공제사업의 범위, 공제규정(共濟規程), 보고·검사, 개선명령, 공제사업을 관리·운영하는 연합회의 임직원에 대한 제재, 재무건전성의 유지 등에 관하여는 제51조의2제5항, 제51조의4부터 제51조의10까지의 규정을 준용한다.

5. 공제조합의 설립 등

운수사업자는 상호간의 협동조직을 통하여 조합원이 자주적인 경제 활동을 영위할 수 있도록 지원하고 조합원의 자동차 사고로 인한 손해배상책임의 보장사업 및 적재물배상 공제사업을 하기 위하여 대통령령으로 정하는 바에 따라 국토교통부장관의 인가를 받아 공제조합을 설립할 수 있다. 공제조합은 법인으로 한다.

공제조합은 주된 사무소의 소재지에 설립등기를 함으로써 성립된다. 운수사업자는

정관으로 정하는 바에 따라 공제조합에 가입할 수 있다. 공제조합의 조합원은 공제사업에 필요한 분담금을 부담하여야 한다.

조합원의 자격과 임원에 관한 사항, 그 밖에 공제조합의 운영에 필요한 사항은 정관으로 정한다. 정관의 기재 사항, 그 밖에 공제조합의 감독에 필요한 사항은 대통령령으로 정한다.

6. 공제조합의 설립인가 절차 등

공제조합을 설립하려면 공제조합의 조합원 자격이 있는 자의 10분의 1 이상이 발기하고, 조합원 자격이 있는 자 200인 이상의 동의를 받아 창립총회에서 정관을 작성한 후 국토교통부장관에게 인가를 신청하여야 한다.

국토교통부장관은 인가를 한 경우 이를 공고하여야 한다.

7. 공제조합의 운영위원회

공제조합은 공제사업에 관한 사항을 심의·의결하고 그 업무집행을 감독하기 위하여 운영위원회를 둔다.

운영위원회 위원은 조합원, 운수사업·금융·보험·회계·법률 분야 전문가, 관계 공무원 및 그 밖에 화물자동차 운수사업 관련 이해관계자로 구성하되, 그 수는 25명 이내로 한다. 다만, 제51조에 따라 연합회가 공제사업을 하는 경우의 운영위원회 위원은 시·도별 협회의 대표 전원을 포함하여 37명 이내로 한다.

이 법에서 규정한 사항 외에 운영위원회의 구성과 운영에 필요한 사항은 대통령령으로 정한다.

8. 운영위원회 위원의 결격 사유

다음에 해당하는 사람은 제51조의4제2항[17]에 따른 위원이 될 수 없다.

17) 화물자동차 운수사업법 제51조의4(공제조합의 운영위원회) ① 공제조합은 제51조의6에 따른 공제사업에 관한 사항을 심의·의결하고 그 업무집행을 감독하기 위하여 운영위원회를 둔다. ② 운영위원회 위원은 조합원, 운수사업·금융·보험·회계·법률 분야 전문가, 관계 공무원 및 그 밖에 화물자동차 운수사업 관련 이해관계자로 구성하되, 그 수는 25명 이내로 한다. 다만, 제51조에 따라 연합회가 공제사업을 하는 경우의 운영위원회 위원은 시·도별 협회의

- 미성년자, 피성년후견인 또는 피한정후견인
- 파산선고를 받고 복권되지 아니한 사람
- 이 법 또는「보험업법」등 대통령령으로 정하는 금융 관련 법률을 위반하여 금고 이상의 형의 집행유예를 선고받고 그 유예기간 중에 있는 사람
- 이 법 또는「보험업법」등 대통령령으로 정하는 금융 관련 법률을 위반하여 벌금 이상의 형을 선고받고 그 집행이 끝나거나(집행이 끝난 것으로 보는 경우를 포함한다) 집행이 면제된 날부터 5년이 지나지 아니한 사람
- 이 법에 따른 공제조합의 업무와 관련하여 벌금 이상의 형을 선고받고 그 집행이 끝나거나 집행이 면제된 날부터 5년이 지나지 아니한 사람
- 징계·해임의 요구 중에 있거나 징계·해임의 처분을 받은 후 3년이 지나지 아니한 사람

위원이 위의 어느 하나에 해당하게 된 때에는 그 날로 위원자격을 잃는다. 국토교통부장관은 범죄경력자료의 조회를 경찰청장에게 요청하여 공제조합에 제공할 수 있다.

9. 공제조합사업

공제조합은 다음의 사업을 한다.

- 조합원의 사업용 자동차의 사고로 생긴 배상 책임 및 적재물배상에 대한 공제
- 조합원이 사업용 자동차를 소유·사용·관리하는 동안 발생한 사고로 그 자동차에 생긴 손해에 대한 공제
- 운수종사자가 조합원의 사업용 자동차를 소유·사용·관리하는 동안에 발생한 사고로 입은 자기 신체의 손해에 대한 공제
- 공제조합에 고용된 자의 업무상 재해로 인한 손실을 보상하기 위한 공제
- 공동이용시설의 설치·운영 및 관리, 그 밖에 조합원의 편의 및 복지 증진을 위한 사업
- 화물자동차 운수사업의 경영 개선을 위한 조사·연구 사업
- 위의 사업에 딸린 사업으로서 정관으로 정하는 사업

공제조합은 공제사업을 하려면 공제규정을 정하여 국토교통부장관의 인가를 받아

대표 전원을 포함하여 37명 이내로 한다.

③ 이 법에서 규정한 사항 외에 운영위원회의 구성과 운영에 필요한 사항은 대통령령으로 정한다.

야 한다. 인가받은 사항을 변경하려는 경우에도 또한 같다. 공제규정에는 공제사업의 범위, 공제계약의 내용과 분담금, 공제금, 공제금에 충당하기 위한 책임준비금, 지급준비금의 계상 및 적립 등 공제사업의 운영에 필요한 사항이 포함되어야 한다.

공제조합은 결산기(決算期)마다 그 사업의 종류에 따라 책임준비금 및 지급준비금을 계상하고 이를 적립하여야 한다.

10. 보고서의 제출 명령 등

국토교통부장관은 필요하다고 인정하면 공제조합에 대하여 다음의 조치를 할 수 있다.

- 교통사고 피해자에 대한 피해보상에 관한 보고서의 제출 명령
- 공제자금의 운용이나 그 밖에 공제사업과 관련된 사항에 관한 보고서의 제출 명령
- 소속 공무원에게 공제조합의 업무 또는 회계의 상황을 조사하게 하는 조치
- 소속 공무원에게 공제조합의 장부나 그 밖의 서류를 검사하게 하는 조치

조사나 검사를 하려면 조사 또는 검사 7일 전에 조사 또는 검사할 내용, 일시, 이유 등에 대한 계획서를 공제조합에 알려야 한다. 다만, 긴급한 경우 또는 사전통지를 하면 증거인멸 등으로 조사목적을 달성할 수 없다고 인정하는 경우에는 그러하지 아니하다.

조사나 검사를 하는 공무원은 그 권한을 표시하는 증표를 지니고 이를 관계인에게 내보여야 하며, 출입할 때에는 출입자의 성명, 출입시간, 출입목적 등이 표시된 문서를 관계인에게 내주어야 한다.

11. 공제조합업무의 개선명령

국토교통부장관은 공제조합의 업무 운영이 적정하지 아니하거나 자산상황이 불량하여 교통사고 피해자 및 공제 가입자 등의 권익을 해칠 우려가 있다고 인정하면 다음의 조치를 명할 수 있다.

- 업무집행방법의 변경
- 자산예탁기관의 변경
- 자산의 장부가격의 변경
- 불건전한 자산에 대한 적립금의 보유

• 가치가 없다고 인정되는 자산의 손실 처리

12. 공제조합 임직원에 대한 제재 등

국토교통부장관은 공제조합의 임직원이 다음에 해당하여 공제사업을 건전하게 운영하지 못할 우려가 있다고 인정하면 임직원에 대한 징계·해임을 요구하거나 해당 위반행위를 시정하도록 명할 수 있다.

• 공제규정을 위반하여 업무를 처리한 경우
• 개선명령을 이행하지 아니한 경우
• 재무건전성 기준을 지키지 아니한 경우

제8절 자가용 화물자동차의 사용

1. 자가용 화물자동차 사용신고

화물자동차 운송사업과 화물자동차 운송가맹사업에 이용되지 아니하고 자가용으로 사용되는 화물자동차(이하 “자가용 화물자동차”라 한다)로서 대통령령으로 정하는 화물자동차로 사용하려는 자는 국토교통부령으로 정하는 사항을 시·도지사에게 신고하여야 한다. 신고한 사항을 변경하려는 때에도 또한 같다.

시·도지사는 신고 또는 변경신고를 받은 날부터 10일 이내에 신고수리 여부를 신고인에게 통지하여야 한다. 시·도지사가 정한 기간 내에 신고수리 여부 또는 민원 처리 관련 법령에 따른 처리기간의 연장 여부를 신고인에게 통지하지 아니하면 그 기간이 끝난 날의 다음 날에 신고를 수리한 것으로 본다.

2. 유상운송의 금지

자가용 화물자동차의 소유자 또는 사용자는 자가용 화물자동차를 유상(그 자동차의 운행에 필요한 경비를 포함한다)으로 화물운송용으로 제공하거나 임대하여서는 아니 된다. 다만, 국토교통부령으로 정하는 사유에 해당되는 경우로서 시·도지사의 허가를 받으면 화물운송용으로 제공하거나 임대할 수 있다.

3. 자가용 화물자동차 사용의 제한 또는 금지

시·도지사는 자가용 화물자동차의 소유자 또는 사용자가 다음에 해당하면 6개월 이내의 기간을 정하여 그 자동차의 사용을 제한하거나 금지할 수 있다.

- 자가용 화물자동차를 사용하여 화물자동차 운송사업을 경영한 경우
- 허가를 받지 아니하고 자가용 화물자동차를 유상으로 운송에 제공하거나 임대한 경우

4. 차량충당조건

화물자동차 운송사업 및 화물자동차 운송가맹사업의 신규등록, 증차 또는 대폐차(代廢車: 차령이 만료된 차량 등을 다른 차량으로 대체하는 것을 말한다)에 충당되는 화물자동차는 차령이 3년의 범위에서 대통령령으로 정하는 연한 이내여야 한다. 다만, 국토교통부령으로 정하는 차량은 차량충당조건을 달리 할 수 있다.

대폐차의 대상, 기한, 절차 및 방법 등에 필요한 사항은 국토교통부령으로 정한다.

제9절 보 칙

1. 압류금지

제40조제3항[18]에 따른 계약으로 운송사업자에게 현물출자된 차량 및 제43조제2항[19] 또는 지급된 금품과 이를 받을 권리는 압류하지 못한다. 다만, 현물출자된 차량

18) 화물자동차 운수사업법 제40조 3항 : ③ 운송사업자와 위·수탁차주는 대등한 입장에서 합의에 따라 공정하게 위·수탁계약을 체결하고, 신의에 따라 성실하게 계약을 이행하여야 한다

19) 화물자동차 운수사업법 제43조 2항 : ② 특별시장·광역시장·특별자치시장·특별자치도지사·시장 또는 군수(광역시의 군수를 포함한다. 이하 이 조, 제44조, 제44조의2 및 제60조의2에서 같다)는 운송사업자, 운송가맹사업자 및 제40조제1항에 따라 화물자동차 운송사업을 위탁받은 자(이하 이 조, 제44조 및 제44조의2에서 "운송사업자등"이라 한다)에게 유류(油類)에 부과되는 다음 각 호의 세액 등의 인상액에 상당하는 금액의 전부 또는 일부를 대통령령으로 정하는 바에 따라 보조할 수 있다.

1. 「교육세법」 제5조제1항, 「교통·에너지·환경세법」 제2조제1항제2호, 「지방세법」 제136조

에 대한 세금 또는 벌금·과태료 미납 및 저당권의 설정으로 인하여 해당 차량을 압류하는 경우에는 그러하지 아니하다.

2. 운수종사자의 교육 등

화물자동차의 운전업무에 종사하는 운수종사자는 국토교통부령으로 정하는 바에 따라 시·도지사가 실시하는 다음에 관한 교육을 매년 1회 이상 받아야 한다.

- 화물자동차 운수사업 관계 법령 및 도로교통 관계 법령
- 교통안전에 관한 사항
- 화물운수와 관련한 업무수행에 필요한 사항
- 그 밖에 화물운수 서비스 증진 등을 위하여 필요한 사항

시·도지사는 교육을 효율적으로 실시하기 위하여 필요하면 그 시·도의 조례로 정하는 바에 따라 운수종사자 연수기관을 직접 설립·운영하거나 이를 지정할 수 있으며, 운수종사자 연수기관의 운영에 필요한 비용을 지원할 수 있다. 운수종사자 연수기관은 교육을 받은 운수종사자의 현황을 시·도지사에게 제출하여야 하고, 시·도지사는 이를 취합하여 매년 국토교통부장관에게 제출하여야 한다.

3. 화물자동차 운수사업의 지도·감독

국토교통부장관은 화물자동차 운수사업의 합리적인 발전을 도모하기 위하여 이 법에서 시·도지사의 권한으로 정한 사무를 지도·감독한다.

4. 신고포상금 지급 등

시·도지사는 다음에 해당하는 자를 시·도지사나 수사기관에 신고 또는 고발한 자에 대하여 대통령령으로 정하는 바에 따라 포상금을 지급할 수 있다.

- 제56조[20]를 위반하여 자가용 화물자동차를 유상으로 화물운송용으로 제공하거나

제1항에 따라 경유에 각각 부과되는 교육세, 교통·에너지·환경세, 자동차세

2. 「개별소비세법」 제1조제2항제4호바목, 「교육세법」 제5조제1항, 「석유 및 석유대체연료 사업법」 제18조제2항제1호에 따라 석유가스 중 부탄에 각각 부과되는 개별소비세·교육세·부과금

임대한 자, 고장 및 사고차량의 운송과 관련하여 자동차관리사업자와 부정한 금품을 주고받은 운송사업자 또는 운수종사자, 덮개·포장·고정장치 등 필요한 조치를 하지 아니한 운송사업자

- 제11조의2제3항,[21] 제26조제1항[22] 본문 또는 제2항[23]을 위반한 자, 조치를 하지 아니하고 화물자동차를 운행한 운수종사자
- 거짓이나 부정한 방법으로 보조금을 지급받은 자
- 허가 또는 변경허가를 받지 아니하거나 거짓이나 그 밖의 부정한 방법으로 허가 또는 변경허가를 받고 화물자동차 운송사업을 경영한 자

포상금의 지급에 소요되는 비용은 시·도 또는 시·군·구의 재원으로 충당한다.

5. 권한의 위임

국토교통부장관은 이 법에 따른 권한의 일부를 대통령령으로 정하는 바에 따라 시·도지사에게 위임할 수 있다.

시·도지사는 국토교통부장관으로부터 위임받은 권한의 일부를 국토교통부장관의 승인을 받아 시장·군수 또는 구청장에게 재위임할 수 있다.

시·도지사는 이 법에 따른 권한의 일부를 시·도의 조례로 정하는 바에 따라 시장·군

---

20) 화물자동차 운수사업법 제56조(유상운송의 금지) : 자가용 화물자동차의 소유자 또는 사용자는 자가용 화물자동차를 유상(그 자동차의 운행에 필요한 경비를 포함한다)으로 화물운송용으로 제공하거나 임대하여서는 아니 된다. 다만, 국토교통부령으로 정하는 사유에 해당되는 경우로서 시·도지사의 허가를 받으면 화물운송용으로 제공하거나 임대할 수 있다.

21) 화물자동차 운수사업법 제11조의2 3항 : ③ 다른 운송사업자나 운송주선사업자로부터 화물운송을 위탁받은 운송사업자와 운송가맹사업자로부터 화물운송을 위탁받은 운송사업자(운송가맹점인 운송사업자만 해당한다)는 해당 운송사업자에게 소속된 차량으로 직접 화물을 운송하여야 한다. 다만, 다른 운송사업자나 운송주선사업자로부터 화물운송을 위탁받은 운송사업자가 제1항 단서에 따른 국토교통부령으로 정하는 차량으로 운송하는 경우에는 이를 직접 운송한 것으로 본다.

22) 화물자동차 운수사업법 제26조의1항 : ① 운송주선사업자는 자기의 명의로 운송계약을 체결한 화물에 대하여 그 계약금액 중 일부를 제외한 나머지 금액으로 다른 운송주선사업자와 재계약하여 이를 운송하도록 하여서는 아니 된다. 다만, 화물운송을 효율적으로 수행할 수 있도록 위·수탁차주나 개인 운송사업자에게 화물운송을 직접 위탁하기 위하여 다른 운송주선사업자에게 중개 또는 대리를 의뢰하는 때에는 그러하지 아니하다.

23) 화물자동차 운수사업법 제26조의2항 :② 운송주선사업자는 화주로부터 중개 또는 대리를 의뢰받은 화물에 대하여 다른 운송주선사업자에게 수수료나 그 밖의 대가를 받고 중개 또는 대리를 의뢰하여서는 아니 된다.

수 또는 구청장에게 위임할 수 있다.

6. 권한의 위탁 등

국토교통부장관 또는 시·도지사는 이 법에 따른 권한의 일부를 대통령령 또는 시·도의 조례로 정하는 바에 따라 협회·연합회, 「한국교통안전공단법」에 따른 한국교통안전공단, 「자동차손해배상 보장법」에 따른 자동차손해배상진흥원 또는 대통령령으로 정하는 전문기관에 위탁할 수 있다. 이 경우 시·도지사가 업무를 위탁하는 경우에는 미리 국토교통부장관의 승인을 받아야 한다.

위탁받은 업무에 종사하는 협회·연합회, 「한국교통안전공단법」에 따른 한국교통안전공단, 「자동차손해배상 보장법」에 따른 자동차손해배상진흥원 또는 전문기관의 임원과 직원은 「형법」의 규정에 따른 벌칙을 적용할 때에는 공무원으로 본다.

제10절 벌 칙

1. 벌칙

다음에 해당하는 자는 5년 이하의 징역 또는 2천만 원 이하의 벌금에 처한다.

- 제11조제20항[24](제33조에서 준용하는 경우를 포함한다)에 따른 필요한 조치를 하지 아니하여 사람을 상해(傷害) 또는 사망에 이르게 한 운송사업자
- 제12조제1항제8호[25](제33조에서 준용하는 경우를 포함한다)를 위반하여 제11조제20항에 따른 조치를 하지 아니하고 화물자동차를 운행하여 사람을 상해(傷害) 또는 사망에 이르게 한 운수종사자

---

24) 화물자동차 운수사업법 제11조 20항 : ⑳ 운송사업자는 적재된 화물이 떨어지지 아니하도록 국토교통부령으로 정하는 기준 및 방법에 따라 덮개·포장·고정장치 등 필요한 조치를 하여야 한다.

25) 제11조(운송사업자의 준수사항) 〈20〉 운송사업자는 적재된 화물이 떨어지지 아니하도록 국토교통부령으로 정하는 기준 및 방법에 따라 덮개·포장·고정장치 등 필요한 조치를 하여야 한다.

다음에 해당하는 자는 3년 이하의 징역 또는 3천만 원 이하의 벌금에 처한다.

- 제14조제4항[26](제33조에서 준용하는 경우를 포함한다)을 위반한 자
- 거짓이나 부정한 방법으로 보조금을 교부받은 자
- 제44조의2제1항[27]제1호부터 제5호까지의 어느 하나에 해당하는 행위에 가담하였거나 이를 공모한 주유업자등

다음에 해당하는 자는 2년 이하의 징역 또는 2천만원 이하의 벌금에 처한다.

- 허가를 받지 아니하거나 거짓이나 그 밖의 부정한 방법으로 허가를 받고 화물자동차 운송사업을 경영한 자
- 서로 부정한 금품을 주고받은 자
- 자동차관리사업자와 부정한 금품을 주고 받은 운송사업자
- 자동차관리사업자와 부정한 금품을 주고 받은 운수종사자
- 개선명령을 이행하지 아니한 자
- 제16조제9항[28]을 위반하여 사업을 양도한 자

---

26) 제14조 제4항 : ④ 운송사업자 또는 운수종사자는 정당한 사유 없이 제1항에 따른 명령을 거부할 수 없다.

27) 제44조의2(보조금의 지급 정지 등) ① 특별시장·광역시장·특별자치시장·특별자치도지사·시장 또는 군수는 운송사업자등이 다음 각 호의 어느 하나에 해당하면 대통령령으로 정하는 바에 따라 5년의 범위에서 제43조제2항 또는 제3항에 따른 보조금의 지급을 정지하여야 한다.

1. 「석유 및 석유대체연료 사업법」 제2조제9호에 따른 석유판매업자, 「액화석유가스의 안전관리 및 사업법」 제2조제5호에 따른 액화석유가스 충전사업자 또는 「수소경제 육성 및 수소 안전관리에 관한 법률」 제50조제1항에 따른 수소판매사업자(이하 "주유업자등"이라 한다)로부터 「부가가치세법」 제32조에 따른 세금계산서를 거짓으로 발급받아 보조금을 지급받은 경우
2. 주유업자등으로부터 유류 또는 수소의 구매를 가장하거나 실제 구매금액을 초과하여 「여신전문금융업법」 제2조에 따른 신용카드, 직불카드, 선불카드 등으로서 보조금의 신청에 사용되는 카드(이하 "유류구매카드"라 한다)로 거래를 하거나 이를 대행하게 하여 보조금을 지급받은 경우
3. 화물자동차 운수사업이 아닌 다른 목적에 사용한 유류분 또는 수소 구매분에 대하여 보조금을 지급받은 경우
4. 다른 운송사업자등이 구입한 유류 또는 수소 사용량을 자기가 사용한 것으로 위장하여 보조금을 지급받은 경우
5. 그 밖에 제43조제2항 또는 제3항에 따라 대통령령으로 정하는 사항을 위반하여 거짓이나 부정한 방법으로 보조금을 지급받은 경우

28) 화물자동차 운수사업법 16조 9항 : ⑨ 다음 각 호의 어느 하나에 해당하는 운송사업자는 그 사업을 양도할 수 없다.

1. 제3조제7항제1호나목에 따라 같은 조 제1항의 허가를 받은 운송사업자

- 허가를 받지 아니하거나 거짓이나 그 밖의 부정한 방법으로 허가를 받고 화물자동차 운송주선사업을 경영한 자
- 명의이용 금지 의무를 위반한 자
- 허가를 받지 아니하거나 거짓이나 그 밖의 부정한 방법으로 허가를 받고 화물자동차 운송가맹사업을 경영한 자
- 화물운송실적관리시스템의 정보를 변경, 삭제하거나 그 밖의 방법으로 이용할 수 없게 한 자 또는 권한 없이 정보를 검색, 복제하거나 그 밖의 방법으로 이용한 자
- 직무와 관련하여 알게 된 화물운송실적관리자료를 다른 사람에게 제공 또는 누설하거나 그 목적 외의 용도로 사용한 자
- 자가용 화물자동차를 유상으로 화물운송용으로 제공하거나 임대한 자

다음에 해당하는 자는 1년 이하의 징역 또는 1천만원 이하의 벌금에 처한다.
- 다른 사람에게 자신의 화물운송 종사자격증을 빌려 준 사람
- 다른 사람의 화물운송 종사자격증을 빌린 사람
- 금지하는 행위를 알선한 사람

2. 과태료

다음에 해당하는 자에게는 1천만원 이하의 과태료를 부과한다.
- 국토교통부장관이 공표한 화물자동차 안전운임보다 적은 운임을 지급한 자
- 개선명령을 따르지 아니한 자
- 임직원에 대한 징계·해임의 요구에 따르지 아니하거나 시정명령을 따르지 아니한 자

다음에 해당하는 자에게는 500만원 이하의 과태료를 부과한다.
- 허가사항 변경신고를 하지 아니한 자
- 운임 및 요금에 관한 신고를 하지 아니한 자
- 약관의 신고를 하지 아니한 자, 화물운송 종사자격증을 받지 아니하고 화물자동차 운수사업의 운전 업무에 종사한 자, 거짓이나 그 밖의 부정한 방법으로 화물운송 종사자격을 취득한 자

---

2. 제3조제7항제1호다목에 따라 같은 조 제1항의 허가 또는 같은 조 제3항에 따른 변경허가를 받은 운송사업자

- 자료를 제공하지 아니하거나 거짓으로 제공한 자
- 준수사항을 위반한 운송사업자
- 조사를 거부·방해 또는 기피한 자
- 개선명령을 이행하지 아니한 자
- 양도·양수, 합병 또는 상속의 신고를 하지 아니한 자
- 휴업·폐업신고를 하지 아니한 자
- 자동차등록증 또는 자동차등록번호판을 반납하지 아니한 자
- 허가사항 변경신고를 하지 아니한 자
- 준수사항을 위반한 운송주선사업자, 운송주선사업자의 준수사항을 위반한 국제물류주선업자
- 적재물배상보험등에 가입하지 아니한 자
- 책임보험계약등의 체결을 거부한 보험회사등
- 책임보험계약등을 해제하거나 해지한 보험등 의무가입자 또는 보험회사등
- 해당 사항을 알리지 아니한 보험회사등, 서명날인한 계약서를 위·수탁차주에게 교부하지 아니한 운송사업자, 위·수탁계약의 체결을 명목으로 부당한 금전지급을 요구한 운송사업자
- 보조금 또는 융자금을 보조받거나 융자받은 목적 외의 용도로 사용한 자, 화물운송서비스평가를 위한 자료제출 등의 요구 또는 실지조사를 거부하거나 거짓으로 자료제출 등을 한 자
- 조치명령을 이행하지 아니하거나 조사 또는 검사를 거부·방해 또는 기피한 자
- 자가용 화물자동차의 사용을 신고하지 아니한 자, 자가용 화물자동차의 사용 제한 또는 금지에 관한 명령을 위반한 자, 교육을 받지 아니한 자
- 보고를 하지 아니하거나 거짓으로 보고한 자
- 서류를 제출하지 아니하거나 거짓 서류를 제출한 자
- 검사를 거부·방해 또는 기피한 자
- 화물자동차 안전운송원가의 산정을 위한 자료 제출 또는 의견 진술의 요구를 거부하거나 거짓으로 자료 제출 또는 의견을 진술한 자

과태료는 대통령령으로 정하는 바에 따라 국토교통부장관 또는 시·도지사가 부과·징수한다.

Chapter 05

항만운송 사업법

제1절 총 칙

1. 목적

항만운송사업법은 항만운송에 관한 질서를 확립하고, 항만운송사업의 건전한 발전을 도모하여 공공의 복리를 증진함을 목적으로 한다.

2. 용어의 정의

1) 항만운송

타인의 수요에 응하여 하는 행위로서 다음에 해당하는 것을 말한다.

(1) 선박을 이용하여 운송된 화물을 화물주(貨物主) 또는 선박운항업자의 위탁을 받아 항만에서 선박으로부터 인수하거나 화물주에게 인도하는 행위
(2) 선박을 이용하여 운송될 화물을 화물주 또는 선박운항업자의 위탁을 받아 항만에서 화물주로부터 인수하거나 선박에 인도하는 행위
(3) 항만에서 화물을 선박에 싣거나 선박으로부터 내리는 일
(4) 항만에서 선박 또는 부선(艀船)을 이용하여 화물을 운송하는 행위, 해양수산부령으로 정하는 항만과 항만 외의 장소와의 사이에서 부선 또는 범선을 이용하여 화물을 운송하는 행위와 항만 또는 지정구간에서 부선 또는 뗏목을 예인선(曳引船)으로 끌고 항해하는 행위. 다만, 다음에 해당하는 운송은 제외한다.
- 「해운법」에 따른 해상화물운송사업자가 하는 운송
- 「해운법」에 따른 해상여객운송사업자가 여객선을 이용하여 하는 여객운송에 수반되는 화물 운송
- 해양수산부령으로 정하는 운송

(5) 항만에서 선박 또는 부선을 이용하여 운송된 화물을 창고 또는 하역장에 들여놓는 행위
(6) 항만에서 선박 또는 부선을 이용하여 운송될 화물을 하역장에서 내가는 행위
(7) 항만에서 화물을 하역장에서 싣거나 내리거나 보관하는 행위
(8) 항만에서 화물을 부선에 싣거나 부선으로부터 내리는 행위
(9) 항만이나 지정구간에서 목재를 뗏목으로 편성하여 운송하는 행위

(10) 항만에서 뗏목으로 편성하여 운송된 목재를 수면 목재저장소에 들여놓는 행위나, 선박 또는 부선을 이용하여 운송된 목재를 수면 목재저장소에 들여놓는 행위

(11) 항만에서 뗏목으로 편성하여 운송될 목재를 수면 목재저장소로부터 내가는 행위나, 선박 또는 부선을 이용하여 운송될 목재를 수면 목재저장소로부터 내가는 행위

(12) 항만에서 목재를 수면 목재저장소에서 싣거나 내리거나 보관하는 행위

(13) 선적화물(船積貨物)을 싣거나 내릴 때 그 화물의 개수를 계산하거나 그 화물의 인도·인수를 증명하는 검수

(14) 선적화물 및 선박에 관련된 증명·조사·감정을 하는 감정(鑑定)

(15) 선적화물을 싣거나 내릴 때 그 화물의 용적 또는 중량을 계산하거나 증명하는 검량(檢量)

2) 항만운송사업

영리를 목적으로 하는지 여부에 관계없이 항만운송을 하는 사업을 말한다.

3) 항만

다음에 해당하는 것을 말한다.

- 「항만법」에 따른 항만 중 해양수산부령으로 지정하는 항만(항만시설을 포함한다)
- 「항만법」에 따른 항만 외의 항만으로서 해양수산부령으로 수역(水域)을 정하여 지정하는 항만(항만시설을 포함한다)
- 「항만법」에 따라 해양수산부장관이 지정·고시한 항만시설

4) 항만운송관련사업

항만에서 선박에 물품이나 역무(役務)를 제공하는 항만용역업·선용품공급업·선박연료공급업·선박수리업 및 컨테이너수리업을 말하며, 업종별 사업의 내용은 대통령령으로 정한다. 이 경우 선용품공급업은 건조 중인 선박 또는 해상구조물 등에 선용품을 공급하는 경우를 포함한다.

(1) 항만운송관련사업의 종류

「항만운송사업법」에 따른 항만운송관련사업의 업종별 사업의 내용은 다음과 같다.[1)]

- 항만용역업: 다음 각 목의 행위를 하는 사업
  가. 통선(通船)으로 본선(本船)과 육지 간의 연락을 중계하는 행위
  나. 본선을 경비(警備)하는 행위나 본선의 이안(離岸) 및 접안(接岸)을 보조하기 위하여 줄잡이 역무(役務)를 제공하는 행위
  다. 선박의 청소, 오물 제거, 소독, 폐기물의 수집·운반, 화물 고정, 칠 등을 하는 행위
  라. 선박에서 사용하는 맑은 물을 공급하는 행위
- 선용품공급업: 선박에 음료, 식품, 소모품, 밧줄, 수리용 예비부분품 및 부속품, 집기, 그 밖에 이와 유사한 선용품을 공급하는 사업
- 선박연료공급업: 선박용 연료를 공급하는 사업
- 선박수리업: 선체, 기관 등 선박시설 및 설비를 수리, 교체 또는 도색하는 사업
- 컨테이너수리업: 컨테이너를 수리하는 사업

5) 검수사

직업으로서 검수에 종사하는 자를, "감정사"란 직업으로서 감정에 종사하는 자를, "검량사"란 직업으로서 검량에 종사하는 자를 말한다.

6) 부두운영회사

항만하역사업 및 그 부대사업을 수행하기 위하여 「항만법」에 따른 항만시설운영자 또는 「항만공사법」에 따른 항만공사와 부두운영계약을 체결하고, 「항만법」에 따른 항만시설 및 그 항만시설의 운영에 필요한 장비·부대시설 등을 일괄적으로 임차하여 사용하는 자를 말한다. 다만, 다음에 해당하는 자는 제외한다.

- 「항만공사법」에 따른 항만공사와 임대차계약을 체결하고, 해양수산부장관이 컨테이너 부두로 정하여 고시한 항만시설을 임차하여 사용하는 자
- 그 밖에 특정 화물에 대하여 전용 사용되는 등 해양수산부장관이 부두운영회사가 운영하기에 적합하지 아니하다고 인정하여 고시한 항만시설을 임차하여 사용하는 자

1) 항만운송사업법 시행령 제2조.

7) 관리청

항만운송사업 및 항만운송관련사업의 등록, 신고 및 관리 등에 관한 행정업무를 수행하는 다음의 구분에 따른 행정관청을 말한다.

- 「항만법」에 따른 국가관리무역항 및 국가관리연안항 : 해양수산부장관
- 「항만법」에 따른 지방관리무역항 및 지방관리연안항 : 특별시장·광역시장·도지사 또는 특별자치도지사

3. 사업의 종류

항만운송사업의 종류는 다음과 같다.

- 항만하역사업(용어의 정의(1)부터 (12)까지의 행위를 하는 사업)
- 검수사업(용어의 정의 (13)의 행위를 하는 사업)
- 감정사업(용어의 정의 (14)의 행위를 하는 사업)
- 검량사업(용어의 정의 (15)의 행위를 하는 사업)

제2절 항만운송사업

1. 사업의 등록

항만운송사업을 하려는 자는 사업의 종류별로 관리청에 등록하여야 한다.

항만하역사업과 검수사업은 항만별로 등록한다.

항만하역사업의 등록은 이용자별·취급화물별 또는 「항만법」의 항만시설별로 등록하는 한정하역사업과 그 외의 일반하역사업으로 구분하여 행한다.

2. 등록의 신청

항만운송사업의 등록을 신청하려는 자는 해양수산부령으로 정하는 바에 따라 사업계획을 첨부한 등록신청서를 관리청에 제출하여야 한다.

■ 항만운송사업법 시행령 [별표 1]

항만하역사업의 등록기준

구분	사업종류 / 항만별 / 내용	일반하역사업			한정하역사업
		1급지 (부산항, 인천항, 울산항, 포항항, 광양항)	2급지 (여수항, 마산항, 동해·묵호항, 군산항, 평택·당진항)	3급지 (1급지와 2급지를 제외한 항)	
1. 시설	시설평가액 (해양수산부령으로 정하는 하역장비의 평가액이 총시설평가액의 3분의 2 이상이어야 한다)	10억 원 이상	5억 원 이상	1억 원 이상	일반하역사업의 등록기준을 적용하되, 관리청은 이용자, 취급화물 또는 항만시설의 특성을 고려하여 그 등록기준을 완화할 수 있다.
2. 자본금		2억 원 이상	1억 원 이상	5천만 원 이상	

관리청은 등록신청을 받으면 사업계획과 등록기준을 검토한 후 등록요건을 모두 갖추었다고 인정하는 경우에는 해양수산부령으로 정하는 바에 따라 등록증을 발급하여야 한다.

3. 등록기준

등록에 필요한 시설·자본금·노동력 등에 관한 기준은 대통령령으로 정한다. 다만, 관리청은 한정하역사업에 대하여는 이용자·취급화물 또는 항만시설의 특성을 고려하여 그 등록기준을 완화할 수 있다.

4. 검수사등의 자격 및 등록

검수사·감정사 또는 검량사가 되려는 자는 해양수산부장관이 실시하는 자격시험에 합격한 후 해양수산부령으로 정하는 바에 따라 해양수산부장관에게 등록하여야 한다.

검수사등 자격시험의 시행일을 기준으로 결격사유에 해당하는 사람은 검수사등 자격시험에 응시할 수 없다.

자격시험의 응시자격, 시험과목 및 시험방법 등에 관하여 필요한 사항은 대통령령으로 정한다.

5. 부정행위자에 대한 제재

해양수산부장관은 검수사등의 자격시험에서 부정행위를 한 응시자에 대하여 그 시험을 정지 또는 무효로 하고, 그 시험을 정지하거나 무효로 한 날부터 3년간 같은 종류의 자격시험 응시자격을 정지한다.

해양수산부장관은 처분을 하려는 경우에는 미리 그 처분 내용과 사유를 부정행위를 한 응시자에게 통지하여 소명할 기회를 주어야 한다.

6. 결격사유

다음에 해당하는 사람은 검수사등의 자격을 취득할 수 없다.

- 미성년자
- 피성년후견인 또는 피한정후견인
- 이 법 또는 「관세법」에 따른 죄를 범하여 금고 이상의 형의 선고를 받고 그 집행이 끝나거나 집행이 면제된 날부터 3년이 지나지 아니한 사람
- 이 법 또는 「관세법」에 따른 죄를 범하여 금고 이상의 형의 집행유예를 선고받고 그 유예기간 중에 있는 사람
- 검수사등의 자격이 취소된 날부터 2년이 지나지 아니한 사람

7. 자격증 대여 등의 금지

검수사등은 다른 사람에게 자기의 성명을 사용하여 검수사등의 업무를 하게 하거나 자기의 검수사등의 자격증을 양도 또는 대여하여서는 아니 된다.

누구든지 다른 사람의 검수사등의 자격증을 양수하거나 대여받아 사용하여서는 아니 된다. 누구든지 다른 사람의 검수사등의 자격증의 양도·양수 또는 대여를 알선해서는 아니 된다.

8. 자격의 취소 등

해양수산부장관은 다음에 해당하는 경우에는 검수사등의 자격을 취소하여야 한다.

- 거짓이나 그 밖의 부정한 방법으로 검수사등의 자격을 취득한 경우
- 다른 사람에게 자기의 성명을 사용하여 검수사등의 업무를 하게 하거나 검수사등의 자격증을 다른 사람에게 양도 또는 대여한 경우

해양수산부장관은 검수사등의 자격을 취소한 때에는 해양수산부령으로 정하는 바에 따라 이를 공고하여야 한다.

9. 등록의 말소

해양수산부장관은 검수사등이 다음에 해당하면 그 등록을 말소하여야 한다.

- 업무를 폐지한 경우
- 사망한 경우

10. 운임 및 요금

항만하역사업의 등록을 한 자는 해양수산부령으로 정하는 바에 따라 운임과 요금을 정하여 관리청의 인가를 받아야 한다. 이를 변경할 때에도 또한 같다.

해양수산부령으로 정하는 항만시설에서 하역하는 화물 또는 해양수산부령으로 정하는 품목에 해당하는 화물에 대하여는 해양수산부령으로 정하는 바에 따라 그 운임과 요금을 정하여 관리청에 신고하여야 한다. 이를 변경할 때에도 또한 같다.

검수사업·감정사업 또는 검량사업(검수사업등)의 등록을 한 자는 해양수산부령으로 정하는 바에 따라 요금을 정하여 관리청에 미리 신고하여야 한다. 이를 변경할 때에도 또한 같다.

관리청은 첫째, 신고를 받은 경우 신고를 받은 날부터 30일 이내에, 신고를 받은 경우 신고를 받은 날부터 14일 이내에 신고수리 여부를 신고인에게 통지하여야 한다.

둘째, 정한 기간 내에 신고수리 여부 또는 민원 처리 관련 법령에 따른 처리기간의 연장을 신고인에게 통지하지 아니하면 그 기간이 끝난 날의 다음 날에 신고를 수리한 것으로 본다.

셋째, 인가에 필요한 경우 표준운임 산출 및 표준요금의 산정을 위하여 선박운항업

자, 부두운영회사 등 이해관계자들이 참여하는 협의체를 구성·운영할 수 있다.

넷째, 신고된 운임 및 요금에 대하여 항만운송사업의 건전한 발전과 공공복리의 증진을 위하여 필요하다고 인정할 때에는 이 운임 및 요금의 변경 또는 조정에 필요한 조치를 명할 수 있다.

11. 권리·의무의 승계

다음에 해당하는 자는 항만운송사업의 등록을 한 "항만운송사업자의 등록에 따른 권리·의무를 승계한다.

- 항만운송사업자가 사망한 경우 그 상속인
- 항만운송사업자가 그 사업을 양도한 경우 그 양수인
- 법인인 항만운송사업자가 합병한 경우 합병 후 존속하는 법인이나 합병으로 설립되는 법인

다음에 해당하는 절차에 따라 항만운송사업의 시설·장비 전부를 인수한 자는 종전의 항만운송사업자의 권리·의무를 승계한다.

- 「민사집행법」에 따른 경매
- 「채무자 회생 및 파산에 관한 법률」에 따른 환가(換價)
- 「국세징수법」, 「관세법」 또는 「지방세징수법」에 따른 압류재산의 매각
- 그 밖에 위의 규정에 준하는 절차

12. 사업의 정지 및 등록의 취소

관리청은 항만운송사업자가 다음에 해당하면 그 등록을 취소하거나 6개월 이내의 기간을 정하여 그 항만운송사업의 정지를 명할 수 있다. 다만, 제5)호 또는 제6)호에 해당하는 경우에는 그 등록을 취소하여야 한다.

1) 정당한 사유 없이 운임 및 요금을 인가·신고된 운임 및 요금과 다르게 받은 경우
2) 등록기준에 미달하게 된 경우
3) 항만운송사업자 또는 그 대표자가 「관세법」에 규정된 죄 중 어느 하나의 죄를 범하여 공소가 제기되거나 통고처분을 받은 경우
4) 사업 수행 실적이 1년 이상 없는 경우

5) 부정한 방법으로 사업을 등록한 경우
6) 사업정지명령을 위반하여 그 정지기간에 사업을 계속한 경우

제3절 항만운송관련사업

1. 사업의 등록 등

항만운송관련사업을 하려는 자는 항만별·업종별로 해양수산부령으로 정하는 바에 따라 관리청에 등록하여야 한다. 다만, 선용품공급업을 하려는 자는 해양수산부령으로 정하는 바에 따라 해양수산부장관에게 신고하여야 한다.

항만운송관련사업의 등록을 하려는 자는 해양수산부령으로 정하는 바에 따라 등록신청서에 사용하려는 장비의 목록이 포함된 사업계획서 등을 첨부하여 관리청에 제출하여야 한다.

항만운송관련사업 중 선박연료공급업을 등록한 자는 사용하려는 장비를 추가하거나 그 밖에 사업계획 중 해양수산부령으로 정하는 사항을 변경하려는 경우 해양수산부령으로 정하는 바에 따라 관리청에 사업계획 변경신고를 하여야 한다.

관리청은 신고를 받은 경우 신고를 받은 날부터 6일 이내에, 제3항에 따른 신고를 받은 경우 신고를 받은 날부터 5일 이내에 신고수리 여부를 신고인에게 통지하여야 한다.

관리청이 정한 기간 내에 신고수리 여부 또는 민원 처리 관련 법령에 따른 처리기간의 연장을 신고인에게 통지하지 아니하면 그 기간이 끝난 날의 다음 날에 신고를 수리한 것으로 본다.

선박수리업과 선용품공급업의 영업구역은 항만시설로 하고, 「해운법」에 따라 내항화물운송사업 등록을 한 선박연료공급선은 영업구역의 제한을 받지 아니한다.

2. 권리·의무의 승계

다음에 해당하는 자는 항만운송관련사업의 등록 또는 신고를 한 항만운송관련사업자의 등록 또는 신고에 따른 권리·의무를 승계한다.

- 항만운송관련사업자가 사망한 경우 그 상속인
- 항만운송관련사업자가 그 사업을 양도한 경우 그 양수인
- 법인인 항만운송관련사업자가 합병한 경우 합병 후 존속하는 법인이나 합병으로 설립되는 법인

3. 등록의 취소 등

관리청은 항만운송관련사업자가 다음에 해당하면 그 등록을 취소하거나 6개월 이내의 기간을 정하여 그 사업의 전부 또는 일부의 정지를 명할 수 있다. 다만, 제3)호 또는 제5)호에 해당하는 경우에는 그 등록을 취소하여야 한다.

1) 변경신고를 하지 아니하고 장비를 추가하거나 그 밖에 사업계획 중 해양수산부령으로 정하는 사항을 변경한 경우
2) 등록 또는 신고의 기준에 미달하게 된 경우
3) 부정한 방법으로 사업의 등록 또는 신고를 한 경우
4) 사업 수행 실적이 1년 이상 없는 경우
5) 사업정지명령을 위반하여 그 정지기간에 사업을 계속한 경우

제4절 부두운영회사의 운영 등

1. 부두운영계약의 체결 등

항만시설운영자등은 항만 운영의 효율성 및 항만운송사업의 생산성 향상을 위하여 필요한 경우에는 해양수산부령으로 정하는 기준에 적합한 자를 선정하여 부두운영계약을 체결할 수 있다.

부두운영계약에는 다음의 사항이 포함되어야 한다.

- 부두운영회사가 부두운영계약으로 임차·사용하려는 항만시설 및 그 밖의 장비·부대시설 등(항만시설)의 범위
- 부두운영회사가 부두운영계약 기간 동안 항만시설등의 임차·사용을 통하여 달성하려는 화물유치·투자 계획과 해당 화물유치·투자 계획을 이행하지 못하는 경우

에 부두운영회사가 부담하여야 하는 위약금에 관한 사항
- 해양수산부령으로 정하는 기준에 따른 항만시설등의 임대료에 관한 사항
- 계약기간
- 그 밖에 부두운영회사의 항만시설등의 사용 및 운영 등과 관련하여 해양수산부령으로 정하는 사항

부두운영회사의 선정 절차 및 부두운영계약의 갱신 등에 필요한 사항은 해양수산부령으로 정한다.

2. 화물유치 계획 등의 미이행에 따른 위약금 부과

항만시설운영자등은 화물유치 또는 투자 계획을 이행하지 못한 부두운영회사에 대하여 위약금을 부과할 수 있다. 다만, 부두운영회사가 화물유치 또는 투자 계획을 이행하지 못하는 데 귀책사유가 없는 경우에는 위약금을 부과하지 아니한다.

위약금의 부과 대상·기간, 산정 방법 및 납부에 필요한 사항은 해양수산부령으로 정한다.

3. 부두운영회사 운영성과의 평가

해양수산부장관은 항만 운영의 효율성을 높이기 위하여 매년 부두운영회사의 운영성과에 대하여 평가를 실시할 수 있다.

항만시설운영자등은 평가 결과에 따라 부두운영회사에 대하여 항만시설등의 임대료를 감면하거나 그 밖에 필요한 조치를 할 수 있다.

평가의 대상·항목·방법 및 절차 등에 관하여 필요한 사항은 해양수산부장관이 정하여 고시한다.

4. 부두운영계약의 해지

항만시설운영자등은 다음에 해당하는 사유가 있으면 부두운영계약을 해지할 수 있다.
- 「항만 재개발 및 주변지역 발전에 관한 법률」에 따른 항만재개발사업의 시행 등 공공의 목적을 위하여 항만시설등을 부두운영회사에 계속 임대하기 어려운 경우

• 부두운영회사가 항만시설등의 임대료를 3개월 이상 연체한 경우
• 항만시설등이 멸실되거나 그 밖에 해양수산부령으로 정하는 사유로 부두운영계약을 계속 유지할 수 없는 경우

항만시설운영자등은 부두운영계약을 해지하려면 서면으로 그 뜻을 부두운영회사에 통지하여야 한다.

5. 부두운영회사의 항만시설 사용

이 법에서 정한 것 외에 부두운영회사의 항만시설 사용에 대해서는 「항만법」 또는 「항만공사법」에 따른다.

제5절 보 칙

1. 미등록 항만에서의 일시적 영업행위

항만운송사업자 또는 항만운송관련사업자는 대통령령으로 정하는 부득이한 사유로 등록을 하지 아니한 항만에서 일시적으로 영업행위를 하려는 경우에는 미리 관리청에 신고하여야 한다.

관리청은 신고를 받은 날부터 3일 이내에 신고수리 여부를 신고인에게 통지하여야 한다. 관리청이 정한 기간 내에 신고수리 여부 또는 민원 처리 관련 법령에 따른 처리기간의 연장을 신고인에게 통지하지 아니하면 그 기간이 끝난 날의 다음 날에 신고를 수리한 것으로 본다.

일시적 영업행위의 업종별 특성에 따른 신고 요건, 신고 절차 및 신고자의 준수 사항 등에 관하여 필요한 사항은 대통령령으로 정한다.

2. 항만운송 종사자 등에 대한 교육훈련

항만운송사업 또는 항만운송관련사업에 종사하는 사람 중 해양수산부령으로 정하

는 안전사고가 발생할 우려가 높은 작업에 종사하는 사람은 해양수산부장관이 실시하는 교육훈련을 받아야 한다.

해양수산부장관은 교육훈련을 받지 아니한 사람에 대하여 해양수산부령으로 정하는 바에 따라 항만운송사업 또는 항만운송관련사업 중 해양수산부령으로 정하는 작업에 종사하는 것을 제한하여야 한다. 다만, 해양수산부령으로 정하는 정당한 사유로 교육훈련을 받지 못한 경우에는 그러하지 아니하다.

교육훈련의 내용·방법 및 교육훈련의 유효기간 등에 관하여 필요한 사항은 해양수산부령으로 정한다.

제6절 벌 칙

1. 벌칙

다음에 해당하는 자는 1년 이하의 징역 또는 1천만 원 이하의 벌금에 처한다.

- 등록을 하지 아니하고 항만운송사업을 한 자, 다른 사람에게 자기의 성명을 사용하여 검수사등의 업무를 하게 하거나 검수사등의 자격증을 양도·대여한 사람, 다른 사람의 검수사등의 자격증을 양수·대여받은 사람 또는 다른 사람의 검수사등의 자격증의 양도·양수 또는 대여를 알선한 사람
- 등록 또는 신고를 하지 아니하고 항만운송관련사업을 한 자

다음의 어느 하나에 해당하는 자는 500만 원 이하의 벌금에 처한다.

- 등록 또는 신고한 사항을 위반하여 항만운송사업 또는 항만운송관련사업을 한 자, 변경신고를 하지 아니하고 장비를 추가하거나 그 밖에 사업계획 중 해양수산부령으로 정하는 사항을 변경하여 선박연료공급업을 한 자
- 신고를 하지 아니하고 일시적 영업행위를 한 자

다음의 어느 하나에 해당하는 자는 300만 원 이하의 벌금에 처한다.

- 등록을 하지 아니하고 검수·감정 또는 검량 업무에 종사한 자, 거짓이나 그 밖의 부정한 방법으로 검수사등의 자격시험에 합격한 사람
- 인가나 변경인가를 받지 아니한 자 또는 신고나 변경신고를 하지 아니하거나 거

짓으로 신고를 한 자

• 사업정지처분을 위반한 자

2. 과태료

다음에 해당하는 자에게는 200만 원 이하의 과태료를 부과한다.

• 보고 또는 자료제출을 하지 아니하거나 거짓으로 한 자

• 관계 공무원의 출입, 검사 또는 질문을 거부·방해하거나 기피한 자

과태료는 대통령령으로 정하는 바에 따라 관리청이 부과·징수한다.

Chapter 06

유통산업 발전법

제1절 총 칙

1. 목적

유통산업발전법은 유통산업의 효율적인 진흥과 균형 있는 발전을 꾀하고, 건전한 상거래질서를 세움으로써 소비자를 보호하고 국민경제의 발전에 이바지함을 목적으로 한다.

2. 용어의 정의

1) 유통산업

농산물·임산물·축산물·수산물(가공물 및 조리물을 포함한다) 및 공산품의 도매·소매 및 이를 경영하기 위한 보관·배송·포장과 이와 관련된 정보·용역의 제공 등을 목적으로 하는 산업을 말한다.

2) 매장

상품의 판매와 이를 지원하는 용역의 제공에 직접 사용되는 장소를 말한다. 이 경우 매장에 포함되는 용역의 제공 장소의 범위는 대통령령으로 정한다.

3) 대규모점포

다음의 요건을 모두 갖춘 매장을 보유한 점포의 집단으로서 별표에 규정된 것을 말한다.

- 하나 또는 대통령령으로 정하는 둘 이상의 연접되어 있는 건물 안에 하나 또는 여러 개로 나누어 설치되는 매장일 것
- 상시 운영되는 매장일 것
- 매장면적의 합계가 3천제곱미터 이상일 것

4) 준대규모점포

다음에 해당하는 점포로서 대통령령으로 정하는 것을 말한다.

(1) 대규모점포를 경영하는 회사 또는 그 계열회사(「독점규제 및 공정거래에 관한 법률」에 따른 계열회사를 말한다)가 직영하는 점포
(2) 「독점규제 및 공정거래에 관한 법률」에 따른 상호출자제한기업집단의 계열회사가 직영하는 점포
(3) (1) 및 (2)의 회사 또는 계열회사가 직영점형 체인사업 및 프랜차이즈형 체인사업의 형태로 운영하는 점포

5) 임시시장

다수(多數)의 수요자와 공급자가 일정한 기간 동안 상품을 매매하거나 용역을 제공하는 일정한 장소를 말한다.

6) 체인사업

같은 업종의 여러 소매점포를 직영(자기가 소유하거나 임차한 매장에서 자기의 책임과 계산하에 직접 매장을 운영하는 것)하거나 같은 업종의 여러 소매점포에 대하여 계속적으로 경영을 지도하고 상품·원재료 또는 용역을 공급하는 다음에 해당하는 사업을 말한다.

(1) 직영점형 체인사업

체인본부가 주로 소매점포를 직영하되, 가맹계약을 체결한 일부 소매점포(가맹점)에 대하여 상품의 공급 및 경영지도를 계속하는 형태의 체인사업

(2) 프랜차이즈형 체인사업

독자적인 상품 또는 판매·경영 기법을 개발한 체인본부가 상호·판매방법·매장운영 및 광고방법 등을 결정하고, 가맹점으로 하여금 그 결정과 지도에 따라 운영하도록 하는 형태의 체인사업

(3) 임의가맹점형 체인사업

체인본부의 계속적인 경영지도 및 체인본부와 가맹점 간의 협업에 의하여 가맹점의 취급품목·영업방식 등의 표준화사업과 공동구매·공동판매·공동시설활용 등 공동사업을 수행하는 형태의 체인사업

(4) 조합형 체인사업

같은 업종의 소매점들이 「중소기업협동조합법」에 따른 중소기업협동조합, 「협동조합 기본법」에 따른 협동조합, 협동조합연합회, 사회적협동조합 또는 사회적협동조합연합회를 설립하여 공동구매·공동판매·공동시설활용 등 사업을 수행하는 형태의 체인사업

7) 상점가

일정 범위의 가로(街路) 또는 지하도에 대통령령으로 정하는 수 이상의 도매점포·소매점포 또는 용역점포가 밀집하여 있는 지구를 말한다. 여기서 "일정 범위의 가로(街路) 또는 지하도에 대통령령으로 정하는 수 이상의 도매점포·소매점포 또는 용역점포가 밀집하여 있는 지구"란 다음에 해당하는 지구를 말한다.[1)]

(1) 2천제곱미터 이내의 가로 또는 지하도에 30개 이상의 도매점포·소매점포 또는 용역점포가 밀집하여 있는 지구

(2) 상품 또는 영업활동의 특성상 전시·판매 등을 위하여 넓은 면적이 필요한 동일 업종의 도매점포 또는 소매점포를 포함한 점포가 밀집하여 있다고 특별자치시장·시장·군수·구청장이 인정하는 지구로서 다음의 요건을 모두 충족하는 지구

- 가로 또는 지하도의 면적이 특성업종도소매점포의 평균면적에 도매점포 또는 소매점포의 수를 합한 수를 곱한 면적과 용역점포의 면적을 합한 면적 이내일 것
- 도매점포·소매점포 또는 용역점포가 30개 이상 밀집하여 있을 것
- 특성업종도소매점포의 수가 점포 수의 100분의 50 이상일 것

8) 전문상가단지

"전문상가단지"란 같은 업종을 경영하는 여러 도매업자 또는 소매업자가 일정 지역에 점포 및 부대시설 등을 집단으로 설치하여 만든 상가단지를 말한다.

9) 무점포판매

상시 운영되는 매장을 가진 점포를 두지 아니하고 상품을 판매하는 것으로서 산업통상자원부령으로 정하는 것을 말한다.

---

1) 유통산업발전법 시행령 제5조.

10) 유통표준코드

상품·상품포장·포장용기 또는 운반용기의 표면에 표준화된 체계에 따라 표기된 숫자와 바코드 등으로서 산업통상자원부령으로 정하는 것을 말한다.

11) 유통표준전자문서

「전자문서 및 전자거래 기본법」에 따른 전자문서 중 유통부문에 관하여 표준화되어 있는 것으로서 산업통상자원부령으로 정하는 것을 말한다.

12) 판매시점 정보관리시스템

상품을 판매할 때 활용하는 시스템으로서 광학적 자동판독방식에 따라 상품의 판매·매입 또는 배송 등에 관한 정보가 수록된 것을 말한다.

13) 물류설비

화물의 수송·포장·하역·운반과 이를 관리하는 물류정보처리활동에 사용되는 물품·기계·장치 등의 설비를 말한다.

14) 도매배송서비스

집배송시설을 이용하여 자기의 계산으로 매입한 상품을 도매하거나 위탁받은 상품을 「화물자동차 운수사업법」에 따른 허가를 받은 자가 수수료를 받고 도매점포 또는 소매점포에 공급하는 것을 말한다.

15) 집배송시설

상품의 주문처리·재고관리·수송·보관·하역·포장·가공 등 집하(集荷) 및 배송에 관한 활동과 이를 유기적으로 조정하거나 지원하는 정보처리활동에 사용되는 기계·장치 등의 일련의 시설을 말한다.

16) 공동집배송센터

여러 유통사업자 또는 제조업자가 공동으로 사용할 수 있도록 집배송시설 및 부대업무시설이 설치되어 있는 지역 및 시설물을 말한다.

3. 유통산업시책의 기본방향

정부는 유통산업발전법의 목적을 달성하기 위하여 다음의 시책을 마련하여야 한다.

- 유통구조의 선진화 및 유통기능의 효율화 촉진
- 유통산업에서의 소비자 편익의 증진
- 유통산업의 지역별 균형발전의 도모
- 유통산업의 종류별 균형발전의 도모
- 중소유통기업의 구조개선 및 경쟁력 강화
- 유통산업의 국제경쟁력 제고
- 유통산업에서의 건전한 상거래질서의 확립 및 공정한 경쟁여건의 조성
- 그 밖에 유통산업의 발전을 촉진하기 위하여 필요한 사항

4. 적용 배제

다음의 시장·사업장 및 매장에 대하여는 유통산업발전법을 적용하지 아니한다.

- 「농수산물 유통 및 가격안정에 관한 법률」에 따른 농수산물도매시장·농수산물공판장·민영농수산물도매시장 및 농수산물종합유통센터
- 「축산법」에 따른 가축시장

제2절 유통산업발전계획 등

1. 기본계획의 수립·시행 등

산업통상자원부장관은 유통산업의 발전을 위하여 5년마다 유통산업발전기본계획을 관계 중앙행정기관의 장과 협의를 거쳐 세우고 시행하여야 한다.

기본계획에는 다음의 사항이 포함되어야 한다.

- 유통산업 발전의 기본방향

- 유통산업의 국내외 여건 변화 전망
- 유통산업의 현황 및 평가
- 유통산업의 지역별·종류별 발전 방안
- 산업별·지역별 유통기능의 효율화·고도화 방안
- 유통전문인력·부지 및 시설 등의 수급(需給) 변화에 대한 전망
- 중소유통기업의 구조개선 및 경쟁력 강화 방안
- 대규모점포와 중소유통기업 및 중소제조업체 사이의 건전한 상거래질서의 유지 방안
- 그 밖에 유통산업의 규제완화 및 제도개선 등 유통산업의 발전을 촉진하기 위하여 필요한 사항

산업통상자원부장관은 기본계획을 세우기 위하여 필요하다고 인정하는 경우에는 관계 중앙행정기관의 장에게 필요한 자료를 요청할 수 있다. 이 경우 자료를 요청받은 관계 중앙행정기관의 장은 특별한 사정이 없으면 요청에 따라야 한다.

산업통상자원부장관은 기본계획을 특별시장·광역시장·특별자치시장·도지사·특별자치도지사에게 알려야 한다.

2. 시행계획의 수립·시행 등

산업통상자원부장관은 기본계획에 따라 매년 유통산업발전시행계획을 관계 중앙행정기관의 장과 협의를 거쳐 세워야 한다. 유통산업발전시행계획의 수립을 위하여 필요한 다음의 사항이 포함된 자료를 매년 3월 말일까지 제출하여 줄 것을 요청할 수 있다.

- 유통산업발전시책의 기본방향
- 사업주체 및 내용
- 필요한 자금과 그 조달방안
- 사업의 시행방법
- 그 밖에 시행계획의 수립에 필요한 사항

산업통상자원부장관은 시행계획을 세우기 위하여 필요하다고 인정하는 경우에는 관계 중앙행정기관의 장에게 필요한 자료를 요청할 수 있다. 이 경우 자료를 요청받은 관계 중앙행정기관의 장은 특별한 사정이 없으면 요청에 따라야 한다.

산업통상자원부장관 및 관계 중앙행정기관의 장은 시행계획 중 소관 사항을 시행하고 이에 필요한 재원을 확보하기 위하여 노력하여야 한다.

산업통상자원부장관은 시행계획을 시·도지사에게 알려야 한다.

3. 지방자치단체의 사업시행 등

시·도지사는 기본계획 및 시행계획에 따라 다음의 사항을 포함하는 지역별 시행계획을 세우고 시행하여야 한다. 이 경우 시·도지사는 미리 시장·군수·구청장의 의견을 들어야 한다.

- 지역유통산업 발전의 기본방향
- 지역유통산업의 여건 변화 전망
- 지역유통산업의 현황 및 평가
- 지역유통산업의 종류별 발전 방안
- 지역유통기능의 효율화·고도화 방안
- 유통전문인력·부지 및 시설 등의 수급 방안
- 지역중소유통기업의 구조개선 및 경쟁력 강화 방안
- 그 밖에 지역유통산업의 규제완화 및 제도개선 등 지역유통산업의 발전을 촉진하기 위하여 필요한 사항

관계 중앙행정기관의 장은 유통산업의 발전을 위하여 필요하다고 인정하는 경우에는 시·도지사 또는 시장·군수·구청장에게 시행계획의 시행에 필요한 조치를 할 것을 요청할 수 있다.

4. 유통산업의 실태조사

산업통상자원부장관은 기본계획 및 시행계획 등을 효율적으로 수립·추진하기 위하여 유통산업에 대한 실태조사를 할 수 있다.

산업통상자원부장관은 유통산업의 실태조사를 위하여 필요하다고 인정하는 경우에는 관계 중앙행정기관의 장, 지방자치단체의 장, 공공기관의 장, 유통사업자 및 관련 단체 등에 필요한 자료를 요청할 수 있다. 이 경우 자료를 요청받은 관계 중앙행정기관의 장 등은 특별한 사정이 없으면 요청에 따라야 한다.

유통산업의 실태조사를 위한 범위 등 필요한 사항은 대통령령으로 정한다.

5. 유통업상생발전협의회

대규모점포 및 준대규모점포와 지역중소유통기업의 균형발전을 협의하기 위하여 특별자치시장·시장·군수·구청장 소속으로 유통업상생발전협의회를 둔다.

협의회의 구성 및 운영 등에 필요한 사항은 산업통상자원부령으로 정한다.

제3절 대규모점포 등

1. 대규모점포등의 개설등록 및 변경등록

대규모점포를 개설하거나 전통상업보존구역에 준대규모점포를 개설하려는 자는 영업을 시작하기 전에 산업통상자원부령으로 정하는 바에 따라 상권영향평가서 및 지역협력계획서를 첨부하여 특별자치시장·시장·군수·구청장에게 등록하여야 한다. 등록한 내용을 변경하려는 경우에도 또한 같다.

특별자치시장·시장·군수·구청장은 첫째, 제출받은 상권영향평가서 및 지역협력계획서가 미진하다고 판단하는 경우에는 제출받은 날부터 대통령령으로 정하는 기간(30일) 내에 그 사유를 명시하여 보완을 요청할 수 있다.

둘째, 개설등록 또는 변경등록을 하려는 대규모점포등의 위치가 전통상업보존구역에 있을 때에는 등록을 제한하거나 조건을 붙일 수 있다. 등록 제한 및 조건에 관한 세부 사항은 해당 지방자치단체의 조례로 정한다.

셋째, 개설등록 또는 변경등록하려는 점포의 소재지로부터 산업통상자원부령으로 정하는 거리 이내의 범위 일부가 인접 특별자치시·시·군·구에 속하여 있는 경우 인접지역의 특별자치시장·시장·군수·구청장에게 개설등록 또는 변경등록을 신청 받은 사실을 통보하여야 한다. 신청 사실을 통보받은 인접지역의 특별자치시장·시장·군수·구청장은 신청 사실을 통보받은 날로부터 20일 이내에 개설등록 또는 변경등록에 대한 의견을 제시할 수 있다.

넷째, 제출받은 상권영향평가서 및 지역협력계획서를 검토하는 경우 협의회의 의견을 청취하여야 하며, 필요한 때에는 대통령령으로 정하는 전문기관에 이에 대한 조사를 하게 할 수 있다. 여기서 "대통령령으로 정하는 전문기관"이란 다음에 해당하는 기관을 말한다.

- 「상공회의소법」에 따른 대한상공회의소
- 「정부출연연구기관 등의 설립·운영 및 육성에 관한 법률」에 따른 산업연구원

2. 지역협력계획서의 내용 및 이행실적 평가·점검

지역협력계획서에는 지역 중소유통기업과의 상생협력, 지역 고용 활성화 등의 사항을 포함할 수 있다.

특별자치시장·시장·군수·구청장은 지역협력계획서의 이행실적을 점검하고, 이행실적이 미흡하다고 판단되는 경우에는 개선을 권고할 수 있다.

3. 대규모점포등의 개설계획 예고

대규모점포를 개설하려는 자는 영업을 개시하기 60일 전까지, 준대규모점포를 개설하려는 자는 영업을 시작하기 30일 전까지 산업통상자원부령으로 정하는 바에 따라 개설 지역 및 시기 등을 포함한 개설계획을 예고하여야 한다.

4. 등록의 결격사유

다음에 해당하는 자는 대규모점포등의 등록을 할 수 없다.

- 피성년후견인 또는 미성년자
- 파산선고를 받고 복권되지 아니한 자
- 이 법을 위반하여 징역의 실형을 선고받고 그 집행이 끝나거나 집행이 면제된 날부터 1년이 지나지 아니한 사람
- 이 법을 위반하여 징역형의 집행유예선고를 받고 그 유예기간 중에 있는 사람
- 등록이 취소된 후 1년이 지나지 아니한 자
- 대표자가 위의 어느 하나에 해당하는 법인

5. 등록의 취소 등

특별자치시장·시장·군수·구청장은 대규모점포등의 개설등록을 한 대규모점포등 개설자가 다음에 해당하는 경우에는 그 등록을 취소하여야 한다. 이 경우 특별자치시장·시장·군수·구청장은 허가 등의 의제사항에 해당하는 사항과 관련되는 행정기관의 장에게 등록의 취소에 관한 사항을 지체 없이 알려야 한다.

- 대규모점포등 개설자가 정당한 사유 없이 1년 이내에 영업을 시작하지 아니한 경우. 이 경우 대규모점포등의 건축에 정상적으로 소요되는 기간은 산입(算入)하지 아니한다.
- 대규모점포등의 영업을 정당한 사유 없이 1년 이상 계속하여 휴업한 경우
- 대규모점포의 등록결격사유에 해당하게 된 겨우

다음의 경우에는 법인 대표자가 결격사유에 해당하게 된 날 또는 상속을 개시한 날부터 6개월이 지난날까지는 위의 규정을 적용하지 아니한다.

- 법인의 대표자가 결격사유에 해당하게 된 경우
- 대규모점포등개설자의 지위를 승계한 상속인이 결격사유에 해당하는 경우

6. 대규모점포등개설자의 업무 등

대규모점포등개설자는 다음의 업무를 수행한다.

- 상거래질서의 확립
- 소비자의 안전유지와 소비자 및 인근 지역주민의 피해·불만의 신속한 처리
- 그 밖에 대규모점포등을 유지·관리하기 위하여 필요한 업무

매장이 분양된 대규모점포 및 등록 준대규모점포에서는 다음에 해당하는 대규모점포등관리자가 개설자의 업무를 수행한다.

1) 매장면적의 2분의 1 이상을 직영하는 자가 있는 경우에는 그 직영하는 자
2) 매장면적의 2분의 1 이상을 직영하는 자가 없는 경우에는 다음 각 목의 어느 하나에 해당하는 자
   - 해당 대규모점포 또는 등록 준대규모점포에 입점(入店)하여 영업을 하는 상인(입점상인) 3분의 2 이상이 동의(동의를 얻은 입점상인이 운영하는 매장면적의 합은 전체 매장면적의 2분의 1 이상이어야 한다)하여 설립한 「민법」 또는 「상

법」에 따른 법인
- 입점상인 3분의 2 이상이 동의하여 설립한 「중소기업협동조합법」에 따른 협동조합 또는 사업협동조합
- 입점상인 3분의 2 이상이 동의하여 조직한 자치관리단체. 이 경우 6개월 이내에 가목 또는 나목에 따른 법인·협동조합 또는 사업조합의 자격을 갖추어야 한다.
- 위의 어느 하나에 해당하는 자가 없는 경우에는 입점상인 2분의 1 이상이 동의하여 지정하는 자. 이 경우 6개월 이내에 가목 또는 나목에 따른 법인·협동조합 또는 사업조합을 설립하여야 한다.

대규모점포등관리자는 산업통상자원부령으로 정하는 바에 따라 특별자치시장·시장·군수·구청장에게 신고를 하여야 한다. 신고한 사항을 변경하려는 경우에도 또한 같다. 매장이 분양된 대규모점포 및 등록 준대규모점포에서는 개설자의 업무 중 구분소유(區分所有)와 관련된 사항에 대하여는 「집합건물의 소유 및 관리에 관한 법률」에 따른다.

입점상인의 동의자 수 산정방법과 그 밖에 필요한 사항은 대통령령으로 정한다.

7. 대규모점포등에 대한 영업시간의 제한 등

특별자치시장·시장·군수·구청장은 건전한 유통질서 확립, 근로자의 건강권 및 대규모점포등과 중소유통업의 상생발전(相生發展)을 위하여 필요하다고 인정하는 경우 대형마트와 준대규모점포에 대하여 다음의 영업시간 제한을 명하거나 의무휴업일을 지정하여 의무휴업을 명할 수 있다. 다만, 연간 총매출액 중 「농수산물 유통 및 가격안정에 관한 법률」에 따른 농수산물의 매출액 비중이 55퍼센트 이상인 대규모점포등으로서 해당 지방자치단체의 조례로 정하는 대규모점포등에 대하여는 그러하지 아니하다.

- 영업시간 제한
- 의무휴업일 지정

특별자치시장·시장·군수·구청장은 오전 0시부터 오전 10시까지의 범위에서 영업시간을 제한할 수 있다.

특별자치시장·시장·군수·구청장은 매월 이틀을 의무휴업일로 지정하여야 한다.

이 경우 의무휴업일은 공휴일 중에서 지정하되, 이해당사자와 합의를 거쳐 공휴일이 아닌 날을 의무휴업일로 지정할 수 있다.

위의 규정에 따른 영업시간 제한 및 의무휴업일 지정에 필요한 사항은 해당 지방자치단체의 조례로 정한다.

8. 대규모점포등개설자의 지위승계

다음에 해당하는 자는 종전의 대규모점포등개설자의 지위를 승계한다.

- 대규모점포등개설자가 사망한 경우 그 상속인
- 대규모점포등개설자가 대규모점포등을 양도한 경우 그 양수인
- 법인인 대규모점포등개설자가 다른 법인과 합병한 경우 합병 후 존속하는 법인이나 합병으로 설립되는 법인

9. 대규모점포등의 휴업·폐업 신고

대규모점포등개설자가 대규모점포등을 휴업하거나 폐업하려는 경우에는 산업통상자원부령으로 정하는 바에 따라 특별자치시장·시장·군수·구청장에게 신고를 하여야 한다.

10. 전통상업보존구역의 지정

특별자치시장·시장·군수·구청장은 지역 유통산업의 전통과 역사를 보존하기 위하여 「전통시장 및 상점가 육성을 위한 특별법」에 따른 전통시장이나 중소벤처기업부장관이 정하는 전통상점가의 경계로부터 1킬로미터 이내의 범위에서 해당 지방자치단체의 조례로 정하는 지역을 전통상업보존구역으로 지정할 수 있다.

전통상업보존구역을 지정하려는 특별자치시장·시장·군수·구청장은 관할구역 전통시장등의 경계로부터 1킬로미터 이내의 범위 일부가 인접 특별자치시·시·군·구에 속해 있는 경우에는 인접지역의 특별자치시장·시장·군수·구청장에게 해당 지역을 전통상업보존구역으로 지정할 것을 요청할 수 있다.

요청을 받은 인접지역의 특별자치시장·시장·군수·구청장은 요청한 특별자치시장·시장·군수·구청장과 협의하여 해당 지역을 전통상업보존구역으로 지정하여야 한다.

전통상업보존구역의 범위, 지정 절차 및 지정 취소 등에 관하여 필요한 사항은 해당 지방자치단체의 조례로 정한다.

11. 영업정지

특별자치시장·시장·군수·구청장은 다음에 해당하는 경우에는 1개월 이내의 기간을 정하여 영업의 정지를 명할 수 있다.

명령을 1년 이내에 3회 이상 위반하여 영업제한시간에 영업을 한 자 또는 명령을 1년 이내에 3회 이상 위반하여 의무휴업일에 영업을 한 자.

이 조에 따른 영업정지 명령을 위반하여 영업정지기간 중 영업을 한 자

제4절 유통산업의 경쟁력 강화

1. 분야별 발전시책

산업통상자원부장관은 유통산업의 경쟁력을 강화하기 위하여 다음의 시책을 수립·시행할 수 있다.

- 체인사업의 발전시책
- 무점포판매업의 발전시책
- 그 밖에 유통산업의 분야별 경쟁력 강화를 위하여 필요한 시책

시책에는 다음의 사항이 포함되어야 한다.

- 국내외 사업현황
- 산업별·유형별 발전전략에 관한 사항
- 유통산업에 대한 인식의 제고에 관한 사항
- 전문인력의 양성에 관한 사항
- 관련 정보의 원활한 유통에 관한 사항
- 그 밖에 유통산업의 분야별 발전 또는 경쟁력 강화를 위하여 필요한 사항

정부는 재래시장의 활성화에 필요한 시책을 수립·시행하여야 하고, 정부 또는 지

방자치단체의 장은 이에 필요한 행정적·재정적 지원을 할 수 있다.

정부 또는 지방자치단체의 장은 다음의 사항이 포함된 중소유통기업의 구조개선 및 경쟁력 강화에 필요한 시책을 수립·시행할 수 있고, 이에 필요한 행정적·재정적 지원을 할 수 있다.

- 중소유통기업의 창업을 지원하기 위한 사항
- 중소유통기업에 대한 자금·경영·정보·기술·인력의 지원에 관한 사항
- 선진유통기법의 도입·보급 등을 위한 중소유통기업자의 교육·연수의 지원에 관한 사항
- 중소유통공동도매물류센터의 설립·운영 등 중소유통기업의 공동협력사업 지원에 관한 사항
- 그 밖에 중소유통기업의 구조개선을 촉진하기 위하여 필요하다고 인정되는 사항으로서 대통령령으로 정하는 사항

2. 체인사업자의 경영개선사항 등

체인사업자는 직영하거나 체인에 가입되어 있는 체인점포의 경영을 개선하기 위하여 다음의 사항을 추진하여야 한다.

- 체인점포의 시설 현대화
- 체인점포에 대한 원재료·상품 또는 용역 등의 원활한 공급
- 체인점포에 대한 점포관리·품질관리·판매촉진 등 경영활동 및 영업활동에 관한 지도
- 체인점포 종사자에 대한 유통교육·훈련의 실시
- 체인사업자와 체인점포 간의 유통정보시스템의 구축
- 집배송시설의 설치 및 공동물류사업의 추진
- 공동브랜드 또는 자기부착상표의 개발·보급
- 유통관리사의 고용 촉진
- 그 밖에 중소벤처기업부장관이 체인사업의 경영개선을 위하여 필요하다고 인정하는 사항

산업통상자원부장관·중소벤처기업부장관 또는 지방자치단체의 장은 체인사업자 또는 체인사업자단체가 제1항 각 호의 사업을 추진하는 경우에는 예산의 범위에서 필요한 자금 등을 지원할 수 있다.

3. 중소유통공동도매물류센터에 대한 지원

산업통상자원부장관, 중소벤처기업부장관 또는 지방자치단체의 장은 「중소기업기본법」에 따른 중소기업자 중 대통령령으로 정하는 소매업자 50인 또는 도매업자 10인 이상의 자(중소유통기업자단체)가 공동으로 중소유통기업의 경쟁력 향상을 위하여 다음의 사업을 하는 물류센터(중소유통공동도매물류센터)를 건립하거나 운영하는 경우에는 필요한 행정적·재정적 지원을 할 수 있다.

- 상품의 보관·배송·포장 등 공동물류사업
- 상품의 전시
- 유통·물류정보시스템을 이용한 정보의 수집·가공·제공
- 중소유통공동도매물류센터를 이용하는 중소유통기업의 서비스능력 향상을 위한 교육 및 연수
- 그 밖에 중소유통공동도매물류센터 운영의 고도화를 위하여 산업통상자원부장관이 필요하다고 인정하여 공정거래위원회와 협의를 거친 사업

지방자치단체의 장은 중소유통공동도매물류센터를 건립하여 다음의 단체 또는 법인에 그 운영을 위탁할 수 있다.

- 중소유통기업자단체
- 중소유통공동도매물류센터를 운영하기 위하여 지방자치단체와 중소유통기업자단체가 출자하여 설립한 법인

지방자치단체가 중소유통공동도매물류센터를 건립하여 운영을 위탁하는 경우에는 운영주체와 협의하여 해당 중소유통공동도매물류센터의 매출액의 1천분의 5 이내에서 시설 및 장비의 이용료를 징수하여 시설물 및 장비의 유지·관리 등에 드는 비용에 충당할 수 있다.

중소유통공동도매물류센터의 건립, 운영 및 관리 등에 필요한 사항은 중소벤처기업부장관이 정하여 고시한다.

4. 상점가진흥조합

상점가에서 도매업·소매업·용역업이나 그 밖의 영업을 하는 자는 해당 상점가의 진흥을 위하여 상점가진흥조합을 결성할 수 있다.

상점가진흥조합의 조합원이 될 수 있는 자는 「중소기업기본법」에 따른 중소기업자에 해당하는 자로 한다.

상점가진흥조합은 조합원의 자격이 있는 자의 3분의 2 이상의 동의를 받아 결성한다. 다만, 조합원의 자격이 있는 자 중 같은 업종을 경영하는 자가 2분의 1 이상인 경우에는 그 같은 업종을 경영하는 자의 5분의 3 이상의 동의를 받아 결성할 수 있다. 상점가진흥조합은 협동조합 또는 사업조합으로 설립한다.

상점가진흥조합의 구역은 다른 상점가진흥조합의 구역과 중복되어서는 아니 된다.

5. 상점가진흥조합에 대한 지원

지방자치단체의 장은 상점가진흥조합이 다음의 사업을 하는 경우에는 예산의 범위에서 필요한 자금을 지원할 수 있다.

- 점포시설의 표준화 및 현대화
- 상품의 매매·보관·수송·검사 등을 위한 공동시설의 설치
- 주차장·휴게소 등 공공시설의 설치
- 조합원의 판매촉진을 위한 공동사업
- 가격표시 등 상거래질서의 확립
- 조합원과 그 종사자의 자질향상을 위한 연수사업 및 정보제공
- 그 밖에 지방자치단체의 장이 상점가 진흥을 위하여 필요하다고 인정하는 사업

6. 전문상가단지 건립의 지원 등

산업통상자원부장관, 관계 중앙행정기관의 장 또는 지방자치단체의 장은 다음에 해당하는 자가 전문상가단지를 세우려는 경우에는 필요한 행정적·재정적 지원을 할 수 있다.

- 도매업자 또는 소매업자로 구성되는 「중소기업협동조합법」에 규정된 협동조합·사업협동조합·협동조합연합회 또는 중소기업중앙회로서 산업통상자원부령으로 정하는 기준에 해당하는 자
- 신탁계약을 체결한 「자본시장과 금융투자업에 관한 법률」에 따른 신탁업자로서 자본금 또는 연간 매출액이 산업통상자원부령으로 정하는 금액 이상인 자

지원을 받으려는 자는 전문상가단지 조성사업계획을 작성하여 산업통상자원부장관, 관계 중앙행정기관의 장 또는 지방자치단체의 장에게 제출하여야 한다.

제5절 유통산업발전기반의 조성

1. 유통정보화시책 등

산업통상자원부장관은 유통정보화의 촉진 및 유통부문의 전자거래기반을 넓히기 위하여 다음의 사항이 포함된 유통정보화시책을 세우고 시행하여야 한다.

- 유통표준코드의 보급
- 유통표준전자문서의 보급
- 판매시점 정보관리시스템의 보급
- 점포관리의 효율화를 위한 재고관리시스템·매장관리시스템 등의 보급
- 상품의 전자적 거래를 위한 전자장터 등의 시스템의 구축 및 보급
- 다수의 유통·물류기업 간 기업정보시스템의 연동을 위한 시스템의 구축 및 보급
- 유통·물류의 효율적 관리를 위한 무선주파수 인식시스템의 적용 및 실용화 촉진
- 유통정보 또는 유통정보시스템의 표준화 촉진
- 그 밖에 유통정보화를 촉진하기 위하여 필요하다고 인정되는 사항

산업통상자원부장관은 유통정보화에 관한 시책을 세우기 위하여 필요하다고 인정하는 경우에는 과학기술정보통신부장관에게 유통정보화서비스를 제공하는 전기통신사업자에 관한 자료를 요청할 수 있다.

산업통상자원부장관은 유통사업자·제조업자 또는 유통 관련 단체가 사업을 추진하는 경우에는 예산의 범위에서 필요한 자금을 지원할 수 있다.

2. 유통표준전자문서 및 유통정보의 보안 등

누구든지 유통표준전자문서를 위작 또는 변작하거나 위작 또는 변작된 전자문서를 사용하거나 유통시켜서는 아니 된다.

유통정보화서비스를 제공하는 자는 유통표준전자문서 또는 컴퓨터 등 정보처리조직의 파일에 기록된 유통정보를 공개하여서는 아니 된다. 다만, 국가의 안전보장에 위해(危害)가 없고 타인의 비밀을 침해할 우려가 없는 정보로서 대통령령으로 정하는 것은 그러하지 아니하다. 여기서 "대통령령으로 정하는 것"이란 다음에 해당하는 정보를 말한다.

- 관계행정기관의 장, 특별시장·광역시장·도지사 또는 특별자치도지사가 행정목적상 필요에 의하여 신청하는 정보
- 수사기관이 수사목적상 필요에 의하여 신청하는 정보
- 법원이 제출을 명하는 정보

유통정보화서비스를 제공하는 자는 유통표준전자문서를 대통령령으로 정하는 기간(3년) 동안 보관하여야 한다.

3. 유통전문인력의 양성

산업통상자원부장관 또는 중소벤처기업부장관은 유통전문인력을 양성하기 위하여 다음의 사업을 할 수 있다.

- 유통산업에 종사하는 사람의 자질 향상을 위한 교육·연수
- 유통산업에 종사하려는 사람의 취업·재취업 또는 창업의 촉진을 위한 교육·연수
- 선진유통기법의 개발·보급
- 그 밖에 유통전문인력을 양성하기 위하여 필요하다고 인정되는 사업

산업통상자원부장관 또는 중소벤처기업부장관은 다음의 기관이 사업을 하는 경우에는 예산의 범위에서 그 사업에 필요한 경비의 전부 또는 일부를 지원할 수 있다.

- 「정부출연연구기관 등의 설립·운영 및 육성에 관한 법률」 또는 「과학기술분야 정부출연연구기관 등의 설립·운영 및 육성에 관한 법률」에 따른 정부출연연구기관
- 「고등교육법」에 따른 대학 또는 대학원
- 유통연수기관

제2항제3호의 "유통연수기관"이란 다음에 해당하는 기관을 말한다.

- 「상공회의소법」에 따른 대한상공회의소
- 「산업발전법」 에 따른 한국생산성본부

• 유통인력 양성을 위한 대통령령으로 정하는 시설·인력 및 연수 실적의 기준에 적합한 법인으로서 산업통상자원부장관이 지정하는 기관

유통연수기관(지정유통연수기관)의 지정절차 등에 관하여 필요한 사항은 산업통상자원부령으로 정한다.

산업통상자원부장관은 지정유통연수기관이 제(1)에 해당하는 경우에는 그 지정을 취소하여야 하고, 제(2)에 해당하는 경우에는 그 지정을 취소하거나 3개월 이내의 기간을 정하여 지정의 효력을 정지할 수 있다.

(1) 거짓이나 그 밖의 부정한 방법으로 지정받은 경우
(2) 지정기준에 적합하지 아니한 경우

지정유통연수기관이 해산되는 경우 해당 기관의 장은 산업통상자원부령으로 정하는 바에 따라 산업통상자원부장관에게 통보하여야 한다.

4. 유통관리사

유통관리사는 다음의 직무를 수행한다.

• 유통경영·관리 기법의 향상
• 유통경영·관리와 관련한 계획·조사·연구
• 유통경영·관리와 관련한 진단·평가
• 유통경영·관리와 관련한 상담·자문
• 그 밖에 유통경영·관리에 필요한 사항

유통관리사가 되려는 사람은 산업통상자원부장관이 실시하는 유통관리사 자격시험에 합격하여야 한다.

(1) 유통관리사자격시험의 실시 등

• 산업통상자원부장관은 유통관리사자격시험을 실시할 때에는 시험일 90일 전까지 시험일시·시험과목·시험장소·응시자격·합격기준 그 밖에 시험의 실시를 위하여 필요한 사항을 일간신문, 인터넷 홈페이지, 방송이나 그 밖의 효과적인 방법으로 공고해야 한다.
• 유통관리사는 1급·2급 및 3급으로 구분한다.

- 유통관리사의 등급별 구분기준 및 시험과목은 별표 3과 같다.
- 시험은 필기시험 및 면접시험의 방법에 의하여 실시한다.
- 1급 시험의 응시자격이 있는 자는 다음의 어느 하나에 해당하는 자이어야 한다.
  가. 유통분야에서 7년 이상의 실무경력이 있는 자
  나. 유통관리사 2급 자격을 취득한 후 5년 이상의 실무경력이 있는 자
  다. 「경영지도사 및 기술지도사에 관한 법률」에 따른 경영지도사 자격을 취득한 자로서 실무경력이 3년 이상인 자

(2) 유통관리사자격시험의 합격기준 등

- 필기시험의 합격기준은 1과목당 100점을 만점으로 하여 각 과목별성적이 40점 이상, 전과목 평균성적이 60점 이상으로 하며, 면접시험의 합격기준은 100점을 만점으로 하여 60점 이상으로 한다.
- 산업통상자원부장관은 유통연수기관이 실시하는 연수과정을 수료하거나 정해진 실무경력을 가진 자가 응시하는 경우에는 10점 이내의 범위에서 산업통상자원부령으로 정하는 기준에 따라 평균성적에 가산한다.
- 자격정지처분의 기준은 별표 3의2와 같다.

유통관리사의 등급, 유통관리사 자격시험의 실시방법·응시자격·시험과목 및 시험과목의 면제나 시험점수의 가산, 자격증의 발급 등에 필요한 사항은 대통령령으로 정한다.

산업통상자원부장관 또는 지방자치단체의 장은 유통관리사를 고용한 유통사업자 및 유통사업자단체에 대하여 다른 유통사업자 및 사업자단체에 우선하여 자금 등을 지원할 수 있다.

산업통상자원부장관은 거짓이나 그 밖의 부정한 방법으로 유통관리사의 자격을 취득한 사람에 대하여 그 자격을 취소하여야 한다.

산업통상자원부장관은 다른 사람에게 유통관리사의 명의를 사용하게 하거나 자격증을 빌려준 사람에 대하여 대통령령으로 정하는 바에 따라 6개월 이내의 기간을 정하여 자격을 정지할 수 있다.

유통관리사의 자격이 취소된 사람은 취소일부터 3년간 유통관리사 자격시험에 응시할 수 없다.

유통관리사 등급구분기준 및 시험과목(제10조제3항 관련)

구분＼등급	1급	2급	3급
1. 등급 구분 기준	유통업 경영에 관한 전문적인 지식을 터득하고 경영계획의 입안과 종합적인 관리업무를 수행할 수 있는 사람 및 중소유통업의 경영지도능력을 갖춘 사람	유통에 관한 전문적인 지식을 터득하고 관리업무 및 중소유통업 경영지도의 보조업무능력을 갖춘 사람	유통실무에 관한 기본적인 지식과 기술을 터득하고 판매업무를 직접 수행할 수 있는 능력을 갖춘 사람
2. 시험 과목	유통경영 물류경영 상권분석 유통마케팅 유통정보	유통·물류일반관리 상권분석 유통 마케팅 유통정보	유통상식 판매 및 고객관리

5. 유통산업의 국제화 촉진

산업통상자원부장관은 유통사업자 또는 유통사업자단체가 다음의 사업을 추진하는 경우에는 예산의 범위에서 필요한 경비의 전부 또는 일부를 지원할 수 있다.

- 유통 관련 정보·기술·인력의 국제교류
- 유통 관련 국제 표준화·공동조사·연구·기술 협력
- 유통 관련 국제학술대회·국제박람회 등의 개최
- 해외유통시장의 조사·분석 및 수집정보의 체계적인 유통
- 해외유통시장에 공동으로 진출하기 위한 공동구매·공동판매망의 구축 등 공동협력사업
- 그 밖에 유통산업의 국제화를 위하여 필요하다고 인정되는 사업

제6절 유통기능의 효율화

1. 유통기능 효율화 시책

산업통상자원부장관은 유통기능을 효율화하기 위하여 다음의 사항에 관한 시책을 마련하여야 한다.

- 물류표준화의 촉진
- 물류정보화 기반의 확충
- 물류공동화의 촉진
- 물류기능의 외부 위탁 촉진
- 물류기술·기법의 고도화 및 선진화
- 집배송시설 및 공동집배송센터의 확충 및 효율적 배치
- 그 밖에 유통기능의 효율화를 촉진하기 위하여 필요하다고 인정되는 사항

산업통상자원부장관은 물류기술·기법의 고도화 및 선진화를 위하여 다음의 사업을 할 수 있다.

- 국내외 물류기술 수준의 조사
- 물류기술·기법의 연구개발 및 개발된 물류기술·기법의 활용
- 물류에 관한 기술협력·기술지도 및 기술이전
- 그 밖에 물류기술·기법의 개발 및 그 수준의 향상을 위하여 필요하다고 인정되는 사업

산업통상자원부장관은 유통사업자·제조업자·물류사업자 또는 관련 단체가 사업을 하는 경우에는 산업통상자원부령으로 정하는 바에 따라 예산의 범위에서 필요한 자금을 지원할 수 있다.

2. 공동집배송센터의 지정 등

산업통상자원부장관은 물류공동화를 촉진하기 위하여 필요한 경우에는 시·도지사의 추천을 받아 부지 면적, 시설 면적 및 유통시설로의 접근성 등 산업통상자원부령으로 정하는 요건에 해당하는 지역 및 시설물을 공동집배송센터로 지정할 수 있다.

공동집배송센터의 지정을 받으려는 자는 산업통상자원부령으로 정하는 바에 따라 공동집배송센터의 조성·운영에 관한 사업계획을 첨부하여 시·도지사에게 공동집배송센터 지정 추천을 신청하여야 한다.

추천 신청을 받은 시·도지사는 그 사업의 타당성 등을 검토한 결과 해당 지역 집배송체계의 효율화를 위하여 필요하다고 인정하는 경우에는 추천 사유서와 산업통상자원부령으로 정하는 서류를 산업통상자원부장관에게 제출하여야 한다.

지정받은 공동집배송센터를 조성·운영하려는 공동집배송센터사업자는 지정받은 사항 중 산업통상자원부령으로 정하는 중요 사항을 변경하려면 산업통상자원부장관의 변경지정을 받아야 한다.

산업통상자원부장관은 공동집배송센터를 지정하거나 변경지정하려면 미리 관계 중앙행정기관의 장과 협의하여야 한다.

산업통상자원부장관은 공동집배송센터를 지정하였을 때에는 산업통상자원부령으로 정하는 바에 따라 고시하여야 한다.

공동집배송센터사업자는 산업통상자원부령으로 정하는 시설기준 및 운영기준에 따라 공동집배송센터를 설치하고 운영하여야 한다.

3. 공동집배송센터의 지원

산업통상자원부장관은 지정받은 공동집배송센터의 조성에 필요한 자금 등을 지원할 수 있다.

산업통상자원부장관은 공동집배송센터의 조성을 위하여 필요하다고 인정하는 경우에는 부지의 확보, 도시·군계획의 변경 또는 도시·군계획시설의 설치 등에 관하여 시·도지사에게 협조를 요청할 수 있다.

4. 시정명령 및 지정취소

산업통상자원부장관은 공동집배송센터의 지정요건 및 시설·운영 기준에 미달하는 경우에는 산업통상자원부령으로 정하는 바에 따라 공동집배송센터사업자에 대하여 시정명령을 할 수 있다.

산업통상자원부장관은 다음에 해당하는 경우에는 공동집배송센터의 지정을 취소할 수 있다. 다만, 제1)호에 해당하는 경우에는 그 지정을 취소하여야 한다.

1) 거짓이나 그 밖의 부정한 방법으로 공동집배송센터의 지정을 받은 경우
2) 공동집배송센터의 지정을 받은 날부터 정당한 사유 없이 3년 이내에 시공을 하지 아니하는 경우
3) 시정명령을 이행하지 아니하는 경우
4) 공동집배송센터사업자의 파산 등 대통령령으로 정하는 사유로 정상적인 사업추진이 곤란하다고 인정되는 경우, 여기서 "대통령령으로 정하는 사유로 정상적인 사업추진이 곤란하다고 인정되는 경우"란 다음의 경우를 말한다.
   • 공동집배송센터사업자가 파산한 경우
   • 공동집배송센터사업자인 법인, 조합 등이 해산된 경우
   • 공동집배송센터의 시공후 공사가 6월 이상 중단된 경우
   • 공동집배송센터의 지정을 받은 날부터 5년 이내에 준공되지 아니한 경우

5. 공동집배송센터 개발촉진지구의 지정 등

시·도지사는 집배송시설의 집단적 설치를 촉진하고 집배송시설의 효율적 배치를 위하여 공동집배송센터 개발촉진지구의 지정을 산업통상자원부장관에게 요청할 수 있다. 산업통상자원부장관은 시·도지사가 제1항에 따라 요청한 지역이 산업통상자원부령으로 정하는 요건에 적합하다고 판단하는 경우에는 촉진지구로 지정하고, 그 내용을 산업통상자원부령으로 정하는 바에 따라 고시하여야 한다.

산업통상자원부장관은 촉진지구를 지정하려면 미리 관계 중앙행정기관의 장과 협의하여야 한다.

지정의 요건 및 절차 등에 관하여 필요한 사항은 산업통상자원부령으로 정한다.

제7절 상거래질서의 확립

1. 유통분쟁조정위원회

유통에 관한 다음의 분쟁을 조정하기 위하여 특별시·광역시·특별자치시·도·특별자치도 및 시·군·구에 각각 유통분쟁조정위원회를 둘 수 있다.

- 등록된 대규모점포등과 인근 지역의 도매업자·소매업자 사이의 영업활동에 관한 분쟁. 다만, 「독점규제 및 공정거래에 관한 법률」을 적용받는 사항은 제외한다.
- 등록된 대규모점포등과 중소제조업체 사이의 영업활동에 관한 사항. 다만, 「독점규제 및 공정거래에 관한 법률」을 적용받는 사항은 제외한다.
- 등록된 대규모점포등과 인근 지역의 주민 사이의 생활환경에 관한 분쟁
- 업무 수행과 관련한 분쟁

위원회는 위원장 1명을 포함하여 11명 이상 15명 이하의 위원으로 구성한다. 위원회의 위원장은 위원 중에서 호선(互選)한다.

위원회의 위원은 다음의 사람이 된다.

1) 다음에 해당하는 사람으로서 해당 지방자치단체의 장이 위촉하는 사람
   - 판사·검사 또는 변호사의 자격이 있는 사람
   - 대한상공회의소의 임원 또는 직원
   - 소비자단체의 대표
   - 유통산업 분야에 관한 학식과 경험이 풍부한 사람
   - 해당 지방자치단체에 거주하는 소비자
2) 해당 지방자치단체의 도매업·소매업에 관한 업무를 담당하는 공무원으로서 그 지방자치단체의 장이 지명하는 사람

공무원이 아닌 위원의 임기는 2년으로 한다.

대규모점포등, 영업활동 및 생활환경의 범위에 대하여는 대통령령으로 정한다.

위원회의 조직 및 운영 등에 필요한 사항은 해당 지방자치단체의 조례로 정한다.

2. 분쟁의 조정

대규모점포등과 관련된 분쟁의 조정을 원하는 자는 특별자치시·시·군·구의 위원회에 분쟁의 조정을 신청할 수 있다.

분쟁의 조정신청을 받은 위원회는 신청을 받은 날부터 60일 이내에 이를 심사하여 조정안을 작성하여야 한다. 다만, 부득이한 사정이 있는 경우에는 위원회의 의결로 그 기간을 연장할 수 있다.

시(특별자치시는 제외한다)·군·구의 위원회의 조정안에 불복하는 자는 조정안을 제시받은 날부터 15일 이내에 시·도의 위원회에 조정을 신청할 수 있다.

조정신청을 받은 시·도의 위원회는 그 신청 내용을 시·군·구의 위원회 및 신청인 외의 당사자에게 통지하고, 조정신청을 받은 날부터 30일 이내에 이를 심사하여 조정안을 작성하여야 한다. 다만, 부득이한 사정이 있는 경우에는 위원회의 의결로 그 기간을 연장할 수 있다.

위원회는 기간을 연장하는 경우에는 기간을 연장하게 된 사유 등을 당사자에게 통보하여야 한다.

3. 자료 요청 등

위원회는 분쟁조정을 위하여 필요한 자료를 제공하여 줄 것을 당사자 또는 참고인에게 요청할 수 있다. 이 경우 해당 당사자는 정당한 사유가 없으면 요청에 따라야 한다.

위원회는 필요하다고 인정하는 경우에는 당사자 또는 참고인으로 하여금 위원회에 출석하게 하여 그 의견을 들을 수 있다.

4. 조정의 효력

위원회는 조정안을 작성하였을 때에는 지체 없이 조정안을 각 당사자에게 제시하여야 한다.

조정안을 제시받은 당사자는 그 제시를 받은 날부터 15일 이내에 그 수락 여부를 위원회에 통보하여야 한다.

당사자가 조정안을 수락하였을 때에는 위원회는 즉시 조정서를 작성하여야 하며, 위원장 및 각 당사자는 조정서에 기명날인하거나 서명하여야 한다.

당사자가 조정안을 수락하고 조정서에 기명날인하거나 서명하였을 때에는 당사자 간에 조정서와 동일한 내용의 합의가 성립된 것으로 본다.

5. 조정의 거부 및 중지

위원회는 분쟁의 성질상 위원회에서 조정함이 적합하지 아니하다고 인정하거나 부정한 목적으로 신청되었다고 인정하는 경우에는 조정을 거부할 수 있다. 이 경우 조정거부의 사유 등을 당사자에게 통보하여야 한다.

위원회는 신청된 조정사건에 대한 처리절차의 진행 중에 한쪽 당사자가 소(訴)를 제기한 때에는 그 조정의 처리를 중지하고 그 사실을 당사자에게 통보하여야 한다.

제8절 보 칙

1. 대규모점포등의 관리현황 점검·감독 등

산업통상자원부장관 또는 특별자치시장·시장·군수·구청장은 대규모점포등관리자의 업무집행 및 비용의 징수·관리 등에 관하여 확인이 필요하다고 인정될 때에는 대규모점포등관리자에 대하여 그 업무에 관한 사항을 보고하게 하거나 자료를 제출하게 할 수 있으며, 관계 공무원에게 사업장 등을 출입하여 관계 서류 등을 검사하게 할 수 있다. 검사를 하려는 공무원은 검사 3일 전까지 그 일시·목적 및 내용을 검사대상자에게 통지하여야 한다. 다만, 긴급히 검사하여야 하거나 사전에 알리면 증거인멸 등으로 검사목적을 달성할 수 없다고 인정하는 경우에는 그러하지 아니하다.

출입·검사를 하는 공무원은 그 권한을 표시하는 증표를 지니고 이를 관계인에게 보여 주어야 한다. 산업통상자원부장관은 특별자치시장·시장·군수·구청장으로 하여금 대규모점포등관리자의 현황, 업무의 집행 및 비용의 징수·관리 등에 관한 사항을 보고하게 할 수 있다.

2. 보고

시·도지사 또는 시장·군수·구청장은 산업통상자원부령으로 정하는 바에 따라 다음의 사항을 산업통상자원부장관에게 보고하여야 한다.

- 지역별 시행계획 및 추진 실적
- 대규모점포등 개설등록·취소 및 대규모점포등개설자의 업무를 수행하는 자의 신고현황
- 분쟁의 조정 실적
- 비영리법인에 대한 권고 실적

산업통상자원부장관, 중소벤처기업부장관 또는 지방자치단체의 장은 이 법에 따른

자금 등의 지원을 위하여 특히 필요하다고 인정하는 경우에는 다음에 해당하는 자에 대하여 사업실적 등 산업통상자원부령으로 정하는 사항을 보고하게 할 수 있다.

- 중소유통공동도매물류센터운영자 또는 공동집배송센터사업시행자
- 유통사업자단체
- 유통연수기관

3. 권한 또는 업무의 위임·위탁

이 법에 따른 산업통상자원부장관의 권한은 대통령령으로 정하는 바에 따라 그 일부를 국가기술표준원장에게 위임할 수 있다.

이 법에 따른 산업통상자원부장관 또는 중소벤처기업부장관의 권한은 대통령령으로 정하는 바에 따라 그 일부를 시·도지사에게 위임할 수 있다.

이 법에 따른 산업통상자원부장관의 권한은 대통령령으로 정하는 바에 따라 그 일부를 중소벤처기업부장관에게 위탁할 수 있다.

산업통상자원부장관은 유통관리사 자격시험의 실시에 관한 업무를 대통령령으로 정하는 바에 따라 대한상공회의소에 위탁할 수 있다.

산업통상자원부장관은 유통산업의 실태조사에 관한 업무를 「통계법」에 따른 통계작성지정기관에 위탁할 수 있다.

제9절 벌 칙

1. 벌칙

유통표준전자문서를 위작 또는 변작하거나 위작 또는 변작된 전자문서를 사용하거나 유통시킨 자는 10년 이하의 징역 또는 1억 원 이하의 벌금에 처한다.

1) 다음에 해당하는 자는 1년 이하의 징역 또는 3천만 원 이하의 벌금에 처한다.
   - 등록을 하지 아니하고 대규모점포등을 개설하거나 거짓이나 그 밖의 부정한 방법으로 대규모점포등의 개설등록을 한 자
   - 신고를 하지 아니하고 대규모점포등개설자의 업무를 수행하거나 거짓이나 그

밖의 부정한 방법으로 대규모점포등개설자의 업무수행신고를 한 자

2) 유통표준전자문서를 보관하지 아니한 자는 1년 이하의 징역 또는 1천만 원 이하의 벌금에 처한다.
3) 유통표준전자문서 또는 컴퓨터 등 정보처리조직의 파일에 기록된 유통정보를 공개한 자는 1천만 원 이하의 벌금에 처한다.

2. 과태료

1) 다음에 해당하는 자에게는 1억 원 이하의 과태료를 부과한다.
   - 명령을 위반하여 영업제한시간에 영업을 한 자
   - 의무휴업 명령을 위반한 자
2) 다음에 해당하는 자에게는 1천만 원 이하의 과태료를 부과한다.
   - 회계감사를 받지 아니하거나 부정한 방법으로 받은 자
   - 회계감사를 방해하는 행위를 한 자
3) 다음에 해당하는 자에게는 500만 원 이하의 과태료를 부과한다.
   - 대규모점포등의 변경등록을 하지 아니하거나 거짓이나 그 밖의 부정한 방법으로 변경등록을 한 자
   - 대규모점포등개설자의 업무를 수행하지 아니한 자, 관리비 등의 내역을 공개하지 아니하거나 거짓으로 공개한 자, 계약서를 공개하지 아니하거나 거짓으로 공개한 자, 장부 및 증빙서류를 작성 또는 보관하지 아니하거나 거짓으로 작성한 자, 장부나 증빙서류 등의 정보에 대한 열람, 복사의 요구에 응하지 아니하거나 거짓으로 응한 자, 회계감사의 결과를 공개하지 아니하거나 거짓으로 공개한 자, 관리규정에 대한 열람이나 복사의 요구에 응하지 아니하거나 거짓으로 응한 자
   - 임시시장을 개설한 자
   - 변경지정을 받지 아니한 자
   - 명령을 이행하지 아니한 공동집배송센터사업자
   - 보고를 거짓으로 한 자
4) 과태료는 대통령령으로 정하는 바에 따라 산업통상자원부장관, 중소벤처기업부장관 또는 지방자치단체의 장이 부과·징수한다.

Chapter 07

철도사업법

제1절 총 칙

1. 목적

철도사업법은 철도사업에 관한 질서를 확립하고 효율적인 운영 여건을 조성함으로써 철도사업의 건전한 발전과 철도 이용자의 편의를 도모하여 국민경제의 발전에 이바지함을 목적으로 한다.

2. 용어의 정의

1) 철도

여객 또는 화물을 운송하는데 필요한 철도시설과 철도차량 및 이와 관련된 운영·지원체계가 유기적으로 구성된 운송체계.

2) 철도시설

철도의 선로(선로에 부대되는 시설 포함), 역시설(물류시설·환승시설 및 편의시설 포함) 및 철도운영을 위한 건축물·건축설비, 선로 및 철도차량을 보수·정비하기 위한 선로보수기지, 차량정비기지 및 차량유치시설, 철도의 전철전력설비, 정보통신설비, 신호 및 열차제어설비, 철도노선간 또는 다른 교통수단과의 연계운영에 필요한 시설, 철도기술의 개발·시험 및 연구를 위한 시설, 철도경영연수 및 철도전문인력의 교육훈련을 위한 시설, 그밖에 철도의 건설·유지보수 및 운영을 위한 시설로서 대통령령으로 정하는 시설.

3) 철도차량

선로를 운행할 목적으로 제작된 동력차·객차·화차 및 특수차.

4) 사업용철도

철도사업을 목적으로 설치하거나 운영하는 철도를 말한다.

5) 전용철도

다른 사람의 수요에 따른 영업을 목적으로 하지 아니하고 자신의 수요에 따라 특수 목적을 수행하기 위하여 설치하거나 운영하는 철도를 말한다.

6) 철도사업

다른 사람의 수요에 응하여 철도차량을 사용하여 유상(有償)으로 여객이나 화물을 운송하는 사업을 말한다.

7) 철도운수종사자

철도운송과 관련하여 승무 및 역무서비스를 제공하는 직원을 말한다.

8) 철도사업자

「한국철도공사법」에 따라 설립된 한국철도공사 및 철도사업 면허를 받은 자를 말한다.

9) 전용철도운영자

전용철도 등록을 한 자를 말한다.

3. 다른 법률과의 관계

철도사업에 관하여 다른 법률에 특별한 규정이 있는 경우를 제외하고는 이 법에서 정하는 바에 따른다.

제2절 철도사업의 관리

1. 사업용철도노선의 고시 등

국토교통부장관은 사업용철도노선의 노선번호, 노선명, 기점(起點), 종점(終點), 중요 경과지와 그 밖에 필요한 사항을 국토교통부령으로 정하는 바에 따라 지정·고시하여야 한다.

국토교통부장관은 사업용철도노선을 지정·고시하는 경우 사업용철도노선을 다음의 구분에 따라 분류할 수 있다.

1) 운행지역과 운행거리에 따른 분류

- 간선(幹線)철도
- 지선(支線)철도

2) 운행속도에 따른 분류

- 고속철도노선
- 준고속철도노선
- 일반철도노선

사업용철도노선 분류의 기준이 되는 운행지역, 운행거리 및 운행속도는 국토교통부령으로 정한다.

2. 철도차량의 유형 분류

국토교통부장관은 철도 운임 상한의 산정, 철도차량의 효율적인 관리 등을 위하여 철도차량을 국토교통부령으로 정하는 운행속도에 따라 다음의 구분에 따른 유형으로 분류할 수 있다.

- 고속철도차량
- 준고속철도차량

• 일반철도차량

3. 면허 등

철도사업을 경영하려는 자는 지정·고시된 사업용철도노선을 정하여 국토교통부장관의 면허를 받아야 한다. 이 경우 국토교통부장관은 철도의 공공성과 안전을 강화하고 이용자 편의를 증진시키기 위하여 국토교통부령으로 정하는 바에 따라 필요한 부담을 붙일 수 있다.

면허를 받으려는 자는 국토교통부령으로 정하는 바에 따라 사업계획서를 첨부한 면허신청서를 국토교통부장관에게 제출하여야 한다.

철도사업의 면허를 받을 수 있는 자는 법인으로 한다.

4. 면허의 기준

철도사업의 면허기준은 다음과 같다.

- 해당 사업의 시작으로 철도교통의 안전에 지장을 줄 염려가 없을 것
- 해당 사업의 운행계획이 그 운행 구간의 철도 수송 수요와 수송력 공급 및 이용자의 편의에 적합할 것
- 신청자가 해당 사업을 수행할 수 있는 재정적 능력이 있을 것
- 해당 사업에 사용할 철도차량의 대수(臺數), 사용연한 및 규격이 국토교통부령으로 정하는 기준에 맞을 것

5. 결격사유

다음에 해당하는 법인은 철도사업의 면허를 받을 수 없다.

1) 법인의 임원 중 다음 각 목의 어느 하나에 해당하는 사람이 있는 법인
   - 피성년후견인 또는 피한정후견인
   - 파산선고를 받고 복권되지 아니한 사람
   - 이 법 또는 대통령령으로 정하는 철도 관계 법령을 위반하여 금고 이상의 실형을 선고받고 그 집행이 끝나거나 면제된 날부터 2년이 지나지 아니한 사람
   - 이 법 또는 대통령령으로 정하는 철도 관계 법령을 위반하여 금고 이상의 형

의 집행유예를 선고받고 그 유예 기간 중에 있는 사람

철도사업의 면허가 취소된 후 그 취소일부터 2년이 지나지 아니한 법인. 다만, 위의 (1) 또는 (2)에 해당하여 철도사업의 면허가 취소된 경우는 제외한다.

6. 운송 시작의 의무

철도사업자는 국토교통부장관이 지정하는 날 또는 기간에 운송을 시작하여야 한다. 다만, 천재지변이나 그 밖의 불가피한 사유로 철도사업자가 국토교통부장관이 지정하는 날 또는 기간에 운송을 시작할 수 없는 경우에는 국토교통부장관의 승인을 받아 날짜를 연기하거나 기간을 연장할 수 있다.

7. 여객 운임·요금의 신고 등

철도사업자는 여객에 대한 운임·요금을 국토교통부장관에게 신고하여야 한다. 이를 변경하려는 경우에도 같다.

철도사업자는 여객 운임·요금을 정하거나 변경하는 경우에는 원가(原價)와 버스 등 다른 교통수단의 여객 운임·요금과의 형평성 등을 고려하여야 한다. 이 경우 여객에 대한 운임은 사업용 철도노선의 분류, 철도차량의 유형 등을 고려하여 국토교통부장관이 지정·고시한 상한을 초과하여서는 아니 된다.

국토교통부장관은 여객 운임의 상한을 지정하려면 미리 기획재정부장관과 협의하여야 한다.

국토교통부장관은 신고 또는 변경신고를 받은 날부터 3일 이내에 신고수리 여부를 신고인에게 통지하여야 한다.

철도사업자는 신고 또는 변경신고를 한 여객 운임·요금을 그 시행 1주일 이전에 인터넷 홈페이지, 관계 역·영업소 및 사업소 등 일반인이 잘 볼 수 있는 곳에 게시하여야 한다.

8. 여객 운임·요금의 감면

철도사업자는 재해복구를 위한 긴급지원, 여객 유치를 위한 기념행사, 그 밖에 철도사업의 경영상 필요하다고 인정되는 경우에는 일정한 기간과 대상을 정하여 신고한 여객 운임·요금을 감면할 수 있다.

철도사업자는 제1항에 따라 여객 운임·요금을 감면하는 경우에는 그 시행 3일 이전에 감면 사항을 인터넷 홈페이지, 관계 역·영업소 및 사업소 등 일반인이 잘 볼 수 있는 곳에 게시하여야 한다. 다만, 긴급한 경우에는 미리 게시하지 아니할 수 있다.

9. 부가 운임의 징수

철도사업자는 열차를 이용하는 여객이 정당한 운임·요금을 지급하지 아니하고 열차를 이용한 경우에는 승차 구간에 해당하는 운임 외에 그의 30배의 범위에서 부가 운임을 징수할 수 있다.

철도사업자는 송하인(送荷人)이 운송장에 적은 화물의 품명·중량·용적 또는 개수에 따라 계산한 운임이 정당한 사유 없이 정상 운임보다 적은 경우에는 송하인에게 그 부족 운임 외에 그 부족 운임의 5배의 범위에서 부가 운임을 징수할 수 있다.

철도사업자는 부가 운임을 징수하려는 경우에는 사전에 부가 운임의 징수 대상 행위, 열차의 종류 및 운행 구간 등에 따른 부가 운임 산정기준을 정하고 철도사업약관에 포함하여 국토교통부장관에게 신고하여야 한다.

국토교통부장관은 신고를 받은 날부터 3일 이내에 신고수리 여부를 신고인에게 통지하여야 한다.

부가 운임의 징수 대상자는 이를 성실하게 납부하여야 한다.

10. 승차권 등 부정판매의 금지

철도사업자 또는 철도사업자로부터 승차권 판매위탁을 받은 자가 아닌 자는 철도사업자가 발행한 승차권 또는 할인권·교환권 등 승차권에 준하는 증서를 상습 또는 영업으로 자신이 구입한 가격을 초과한 금액으로 다른 사람에게 판매하거나 이를 알선하여서는 아니 된다.

11. 철도사업약관

철도사업자는 철도사업약관을 정하여 국토교통부장관에게 신고하여야 한다. 이를 변경하려는 경우에도 같다.

철도사업약관의 기재 사항 등에 필요한 사항은 국토교통부령으로 정한다.

국토교통부장관은 신고 또는 변경신고를 받은 날부터 3일 이내에 신고수리 여부를 신고인에게 통지하여야 한다.

12. 사업계획의 변경

철도사업자는 사업계획을 변경하려는 경우에는 국토교통부장관에게 신고하여야 한다. 다만, 대통령령으로 정하는 중요 사항을 변경하려는 경우에는 국토교통부장관의 인가를 받아야 한다.

국토교통부장관은 철도사업자가 다음에 해당하는 경우에는 제1항에 따른 사업계획의 변경을 제한할 수 있다.

- 국토교통부장관이 지정한 날 또는 기간에 운송을 시작하지 아니한 경우
- 노선 운행중지, 운행제한, 감차(減車) 등을 수반하는 사업계획 변경명령을 받은 후 1년이 지나지 아니한 경우
- 개선명령을 받고 이행하지 아니한 경우
- 철도사고의 규모 또는 발생 빈도가 대통령령으로 정하는 기준 이상인 경우

사업계획 변경의 절차·기준과 그 밖에 필요한 사항은 국토교통부령으로 정한다.

국토교통부장관은 신고를 받은 날부터 3일 이내에 신고수리 여부를 신고인에게 통지하여야 한다.

13. 공동운수협정

철도사업자는 다른 철도사업자와 공동경영에 관한 계약이나 그 밖의 공동운수협정을 체결하거나 변경하려는 경우에는 국토교통부령으로 정하는 바에 따라 국토교통부장관의 인가를 받아야 한다. 다만, 국토교통부령으로 정하는 경미한 사항을 변경하려는 경우에는 국토교통부령으로 정하는 바에 따라 국토교통부장관에게 신고하여야 한다.

국토교통부장관은 공동운수협정을 인가하려면 미리 공정거래위원회와 협의하여야 한다. 국토교통부장관은 신고를 받은 날부터 3일 이내에 신고수리 여부를 신고인에게 통지하여야 한다.

14. 사업의 양도·양수 등

철도사업자는 그 철도사업을 양도·양수하려는 경우에는 국토교통부장관의 인가를 받아야 한다.

철도사업자는 다른 철도사업자 또는 철도사업 외의 사업을 경영하는 자와 합병하려는 경우에는 국토교통부장관의 인가를 받아야 한다.

인가를 받은 경우 철도사업을 양수한 자는 철도사업을 양도한 자의 철도사업자로서의 지위를 승계하며, 합병으로 설립되거나 존속하는 법인은 합병으로 소멸되는 법인의 철도사업자로서의 지위를 승계한다.

15. 사업의 휴업·폐업

철도사업자가 그 사업의 전부 또는 일부를 휴업 또는 폐업하려는 경우에는 국토교통부령으로 정하는 바에 따라 국토교통부장관의 허가를 받아야 한다. 다만, 선로 또는 교량의 파괴, 철도시설의 개량, 그 밖의 정당한 사유로 휴업하는 경우에는 국토교통부령으로 정하는 바에 따라 국토교통부장관에게 신고하여야 한다.

휴업기간은 6개월을 넘을 수 없다. 다만, 휴업의 경우에는 예외로 한다.

허가를 받거나 신고한 휴업기간 중이라도 휴업 사유가 소멸된 경우에는 국토교통부장관에게 신고하고 사업을 재개(再開)할 수 있다.

국토교통부장관은 신고를 받은 날부터 60일 이내에 신고수리 여부를 신고인에게 통지하여야 한다.

철도사업자는 철도사업의 전부 또는 일부를 휴업 또는 폐업하려는 경우에는 대통령령으로 정하는 바에 따라 휴업 또는 폐업하는 사업의 내용과 그 기간 등을 인터넷 홈페이지, 관계 역·영업소 및 사업소 등 일반인이 잘 볼 수 있는 곳에 게시하여야 한다.

16. 면허취소 등

국토교통부장관은 철도사업자가 다음의 어느 하나에 해당하는 경우에는 면허를 취소하거나, 6개월 이내의 기간을 정하여 사업의 전부 또는 일부의 정지를 명하거나, 노선 운행중지·운행제한·감차 등을 수반하는 사업계획의 변경을 명할 수 있다. 다만, 4) 및 7)의 경우에는 면허를 취소하여야 한다.

1) 면허받은 사항을 정당한 사유 없이 시행하지 아니한 경우
2) 사업 경영의 불확실 또는 자산상태의 현저한 불량이나 그 밖의 사유로 사업을 계속하는 것이 적합하지 아니할 경우
3) 고의 또는 중대한 과실에 의한 철도사고로 대통령령으로 정하는 다수의 사상자(死傷者)가 발생한 경우
4) 거짓이나 그 밖의 부정한 방법으로 철도사업의 면허를 받은 경우
5) 면허에 붙인 부담을 위반한 경우
6) 철도사업의 면허기준에 미달하게 된 경우. 다만, 3개월 이내에 그 기준을 충족시킨 경우에는 예외로 한다.
7) 철도사업자의 임원 중 결격사유에 해당하게 된 사람이 있는 경우. 다만, 3개월 이내에 그 임원을 바꾸어 임명한 경우에는 예외로 한다.
8) 국토교통부장관이 지정한 날 또는 기간에 운송을 시작하지 아니한 경우
9) 휴업 또는 폐업의 허가를 받지 아니하거나 신고를 하지 아니하고 영업을 하지 아니한 경우
10) 준수사항을 1년 이내에 3회 이상 위반한 경우
11) 개선명령을 위반한 경우
12) 명의 대여 금지를 위반한 경우

처분의 기준 및 절차와 그 밖에 필요한 사항은 국토교통부령으로 정한다. 국토교통부장관은 철도사업의 면허를 취소하려면 청문을 하여야 한다.

17. 과징금처분

국토교통부장관은 철도사업자에게 사업정지처분을 하여야 하는 경우로서 그 사업정지처분이 그 철도사업자가 제공하는 철도서비스의 이용자에게 심한 불편을 주거나 그 밖에 공익을 해칠 우려가 있을 때에는 그 사업정지처분을 갈음하여 1억원 이하의 과징금을 부과·징수할 수 있다.

과징금을 부과하는 위반행위의 종류, 과징금의 부과기준·징수방법 등 필요한 사항은 대통령령으로 정한다.

국토교통부장관은 과징금 부과처분을 받은 자가 납부기한까지 과징금을 내지 아니하면 국세 체납처분의 예에 따라 징수한다.

징수한 과징금은 다음 외의 용도로는 사용할 수 없다.

1) 철도사업 종사자의 양성·교육훈련이나 그 밖의 자질향상을 위한 시설 및 철도사업 종사자에 대한 지도업무의 수행을 위한 시설의 건설·운영
2) 철도사업의 경영개선이나 그 밖에 철도사업의 발전을 위하여 필요한 사업
3) 1) 및 2)의 목적을 위한 보조 또는 융자

국토교통부장관은 과징금으로 징수한 금액의 운용계획을 수립하여 시행하여야 한다. 과징금 사용의 절차, 운용계획의 수립·시행에 관한 사항과 그 밖에 필요한 사항은 국토교통부령으로 정한다.

18. 철도차량 표시

철도사업자는 철도사업에 사용되는 철도차량에 철도사업자의 명칭과 그 밖에 국토교통부령으로 정하는 사항을 표시하여야 한다.

19. 우편물 등의 운송

철도사업자는 여객 또는 화물 운송에 부수(附隨)하여 우편물과 신문 등을 운송할 수 있다.

20. 철도사업자의 준수사항

철도사업자는 「철도안전법」에 따른 요건을 갖추지 아니한 사람을 운전업무에 종사하게 하여서는 아니 된다.

철도사업자는 사업계획을 성실하게 이행하여야 하며, 부당한 운송 조건을 제시하거나 정당한 사유 없이 운송계약의 체결을 거부하는 등 철도운송 질서를 해치는 행위를 하여서는 아니 된다.

철도사업자는 여객 운임표, 여객 요금표, 감면 사항 및 철도사업약관을 인터넷 홈페이지에 게시하고 관계 역·영업소 및 사업소 등에 갖추어 두어야 하며, 이용자가 요구하는 경우에는 제시하여야 한다.

준수사항 외에 운송의 안전과 여객 및 화주(貨主)의 편의를 위하여 철도사업자가 준수하여야 할 사항은 국토교통부령으로 정한다]

21. 사업의 개선명령

국토교통부장관은 원활한 철도운송, 서비스의 개선 및 운송의 안전과 그 밖에 공공복리의 증진을 위하여 필요하다고 인정하는 경우에는 철도사업자에게 다음의 사항을 명할 수 있다.

- 사업계획의 변경
- 철도차량 및 운송 관련 장비·시설의 개선
- 운임·요금 징수 방식의 개선
- 철도사업약관의 변경
- 공동운수협정의 체결
- 철도차량 및 철도사고에 관한 손해배상을 위한 보험에의 가입
- 안전운송의 확보 및 서비스의 향상을 위하여 필요한 조치
- 철도운수종사자의 양성 및 자질향상을 위한 교육

22. 철도운수종사자의 준수사항

철도사업에 종사하는 철도운수종사자는 다음에 해당하는 행위를 하여서는 아니 된다.

- 정당한 사유 없이 여객 또는 화물의 운송을 거부하거나 여객 또는 화물을 중도에서 내리게 하는 행위
- 부당한 운임 또는 요금을 요구하거나 받는 행위
- 그 밖에 안전운행과 여객 및 화주의 편의를 위하여 철도운수종사자가 준수하여야 할 사항으로서 국토교통부령으로 정하는 사항을 위반하는 행위

23. 명의 대여의 금지

철도사업자는 타인에게 자기의 성명 또는 상호를 사용하여 철도사업을 경영하게 하여서는 아니 된다.

24. 철도화물 운송에 관한 책임

철도사업자의 화물의 멸실·훼손 또는 인도(引導)의 지연에 대한 손해배상책임에

관하여는 「상법」 제135조를 준용한다. 여기서 화물이 인도 기한을 지난 후 3개월 이내에 인도되지 아니한 경우에는 그 화물은 멸실된 것으로 본다.

제3절 철도서비스 향상 등

1. 철도서비스의 품질평가 등

국토교통부장관은 공공복리의 증진과 철도서비스 이용자의 권익보호를 위하여 철도사업자가 제공하는 철도서비스에 대하여 적정한 철도서비스 기준을 정하고, 그에 따라 철도사업자가 제공하는 철도서비스의 품질을 평가하여야 한다.

철도서비스의 기준, 품질평가의 항목·절차 등에 필요한 사항은 국토교통부령으로 정한다.

2. 평가 결과의 공표 및 활용

국토교통부장관은 철도서비스의 품질을 평가한 경우에는 그 평가 결과를 대통령령으로 정하는 바에 따라 신문 등 대중매체를 통하여 공표하여야 한다.

국토교통부장관은 철도서비스의 품질평가 결과에 따라 사업 개선명령 등 필요한 조치를 할 수 있다.

3. 우수 철도서비스 인증

국토교통부장관은 공정거래위원회와 협의하여 철도사업자 간 경쟁을 제한하지 아니하는 범위에서 철도서비스의 질적 향상을 촉진하기 위하여 우수 철도서비스에 대한 인증을 할 수 있다.

인증을 받은 철도사업자는 그 인증의 내용을 나타내는 우수서비스마크를 철도차량, 역 시설 또는 철도 용품 등에 붙이거나 인증 사실을 홍보할 수 있다.

인증을 받은 자가 아니면 우수서비스마크 또는 이와 유사한 표지를 철도차량, 역 시설 또는 철도 용품 등에 붙이거나 인증 사실을 홍보하여서는 아니 된다.

우수 철도서비스 인증의 절차, 인증기준, 우수서비스마크, 인증의 사후관리에 관한 사항과 그 밖에 인증에 필요한 사항은 국토교통부령으로 정한다.

4. 평가업무 등의 위탁

국토교통부장관은 효율적인 철도 서비스 품질평가 체제를 구축하기 위하여 필요한 경우에는 관계 전문기관 등에 철도서비스 품질에 대한 조사·평가·연구 등의 업무와 우수 철도서비스 인증에 필요한 심사업무를 위탁할 수 있다.

5. 자료 등의 요청

국토교통부장관이나 평가업무 등을 위탁받은 자는 철도서비스의 평가 등을 할 때 철도사업자에게 관련 자료 또는 의견 제출 등을 요구하거나 철도서비스에 대한 실지조사(實地調査)를 할 수 있다.

자료 또는 의견 제출 등을 요구받은 관련 철도사업자는 특별한 사유가 없으면 이에 따라야 한다.

6. 철도시설의 공동 활용

공공교통을 목적으로 하는 선로 및 다음의 공동 사용시설을 관리하는 자는 철도사업자가 그 시설의 공동 활용에 관한 요청을 하는 경우 협정을 체결하여 이용할 수 있게 하여야 한다.

- 철도역 및 역 시설(물류시설, 환승시설 및 편의시설 등을 포함한다)
- 철도차량의 정비·검사·점검·보관 등 유지관리를 위한 시설
- 사고의 복구 및 구조·피난을 위한 설비
- 열차의 조성 또는 분리 등을 위한 시설
- 철도 운영에 필요한 정보통신 설비

7. 회계의 구분

철도사업자는 철도사업 외의 사업을 경영하는 경우에는 철도사업에 관한 회계와

철도사업 외의 사업에 관한 회계를 구분하여 경리하여야 한다.

철도사업자는 철도운영의 효율화와 회계처리의 투명성을 제고하기 위하여 국토교통부령으로 정하는 바에 따라 철도사업의 종류별·노선별로 회계를 구분하여 경리하여야 한다.

8. 벌칙 적용 시의 공무원 의제

위탁받은 업무에 종사하는 관계 전문기관 등의 임원 및 직원은 「형법」 제129조부터 제132조까지의 규정을 적용할 때에는 공무원으로 본다.

제4절 전용철도

1. 등록

전용철도를 운영하려는 자는 국토교통부령으로 정하는 바에 따라 전용철도의 건설·운전·보안 및 운송에 관한 사항이 포함된 운영계획서를 첨부하여 국토교통부장관에게 등록을 하여야 한다. 등록사항을 변경하려는 경우에도 같다. 다만 대통령령으로 정하는 경미한 변경의 경우에는 예외로 한다. 여기서 "대통령령으로 정하는 경미한 변경의 경우"란 다음에 해당하는 경우를 말한다.[1)]

- 운행시간을 연장 또는 단축한 경우
- 배차간격 또는 운행횟수를 단축 또는 연장한 경우
- 10분의 1의 범위 안에서 철도차량 대수를 변경한 경우
- 주사무소·철도차량기지를 제외한 운송관련 부대시설을 변경한 경우
- 임원을 변경한 경우(법인에 한한다)
- 6월의 범위 안에서 전용철도 건설기간을 조정한 경우

전용철도의 등록기준과 등록절차 등에 관하여 필요한 사항은 국토교통부령으로 정한다.

---

1) 철도사업법 시행령 제12조 제1항.

국토교통부장관은 등록기준을 적용할 때에 환경오염, 주변 여건 등 지역적 특성을 고려할 필요가 있거나 그 밖에 공익상 필요하다고 인정하는 경우에는 등록을 제한하거나 부담을 붙일 수 있다.

2. 결격사유

다음에 해당하는 자는 전용철도를 등록할 수 없다. 법인인 경우 그 임원 중에 다음의 어느 하나에 해당하는 자가 있는 경우에도 같다.

- 제7조제1호[2] 각 목의 어느 하나에 해당하는 사람
- 이 법에 따라 전용철도의 등록이 취소된 후 그 취소일부터 1년이 지나지 아니한 자

3. 전용철도 운영의 양도·양수 등

전용철도의 운영을 양도·양수하려는 자는 국토교통부령으로 정하는 바에 따라 국토교통부장관에게 신고하여야 한다.

전용철도의 등록을 한 법인이 합병하려는 경우에는 국토교통부령으로 정하는 바에 따라 국토교통부장관에게 신고하여야 한다.

국토교통부장관은 신고를 받은 날부터 30일 이내에 신고수리 여부를 신고인에게 통지하여야 한다.

신고가 수리된 경우 전용철도의 운영을 양수한 자는 전용철도의 운영을 양도한 자의 전용철도운영자로서의 지위를 승계하며, 합병으로 설립되거나 존속하는 법인은 합병으로 소멸되는 법인의 전용철도운영자로서의 지위를 승계한다.

---

2) 철도사업법 제7조(결격사유) 다음 각 호의 어느 하나에 해당하는 법인은 철도사업의 면허를 받을 수 없다.
  1. 법인의 임원 중 다음 각 목의 어느 하나에 해당하는 사람이 있는 법인
    가. 피성년후견인 또는 피한정후견인
    나. 파산선고를 받고 복권되지 아니한 사람
    다. 이 법 또는 대통령령으로 정하는 철도 관계 법령을 위반하여 금고 이상의 실형을 선고받고 그 집행이 끝나거나(끝난 것으로 보는 경우를 포함한다) 면제된 날부터 2년이 지나지 아니한 사람
    라. 이 법 또는 대통령령으로 정하는 철도 관계 법령을 위반하여 금고 이상의 형의 집행유예를 선고받고 그 유예 기간 중에 있는 사람

4. 전용철도 운영의 상속

전용철도운영자가 사망한 경우 상속인이 그 전용철도의 운영을 계속하려는 경우에는 피상속인이 사망한 날부터 3개월 이내에 국토교통부장관에게 신고하여야 한다.

국토교통부장관은 신고를 받은 날부터 10일 이내에 신고수리 여부를 신고인에게 통지하여야 한다.

신고가 수리된 경우 상속인은 피상속인의 전용철도운영자로서의 지위를 승계하며, 피상속인이 사망한 날부터 신고가 수리된 날까지의 기간 동안은 피상속인의 전용철도 등록은 상속인의 등록으로 본다.

신고에 관하여는 제35조를 준용한다. 다만, 제35조 각 호의 어느 하나에 해당하는 상속인이 피상속인이 사망한 날부터 3개월 이내에 그 전용철도의 운영을 다른 사람에게 양도한 경우 피상속인의 사망일부터 양도일까지의 기간에 있어서 피상속인의 전용철도 등록은 상속인의 등록으로 본다.

5. 전용철도 운영의 휴업·폐업

전용철도운영자가 그 운영의 전부 또는 일부를 휴업 또는 폐업한 경우에는 1개월 이내에 국토교통부장관에게 신고하여야 한다.

6. 전용철도 운영의 개선명령

국토교통부장관은 전용철도 운영의 건전한 발전을 위하여 필요하다고 인정하는 경우에는 전용철도운영자에게 다음의 사항을 명할 수 있다.

- 사업장의 이전
- 시설 또는 운영의 개선

7. 등록의 취소·정지

국토교통부장관은 전용철도운영자가 다음의 어느 하나에 해당하는 경우에는 그 등록을 취소하거나 1년 이내의 기간을 정하여 그 운영의 전부 또는 일부의 정지를 명할 수 있다. 다만, 1)에 해당하는 경우에는 등록을 취소하여야 한다.

1) 거짓이나 그 밖의 부정한 방법으로 등록을 한 경우
2) 등록기준에 미달하거나 부담을 이행하지 아니한 경우
3) 휴업신고나 폐업신고를 하지 아니하고 3개월 이상 전용철도를 운영하지 아니한 경우

8. 준용규정

전용철도에 관하여는 제16조제3항과 제23조를 준용한다. 이 경우 "철도사업의 면허"는 "전용철도의 등록"으로, "철도사업자"는 "전용철도운영자"로, "철도사업"은 "전용철도의 운영"으로 본다.

제5절 국유철도시설의 활용·지원 등

1. 점용허가

국토교통부장관은 국가가 소유·관리하는 철도시설에 건물이나 그 밖의 시설물을 설치하려는 자에게 「국유재산법」 제18조에도 불구하고 대통령령으로 정하는 바에 따라 시설물의 종류 및 기간 등을 정하여 점용허가를 할 수 있다.

1) 점용허가의 신청 및 점용허가기간
   국가가 소유·관리하는 철도시설의 점용허가를 받고자 하는 자는 국토교통부령이 정하는 점용허가신청서에 다음의 서류를 첨부하여 국토교통부장관에게 제출하여야 한다. 이 경우 국토교통부장관은 「전자정부법」에 따른 행정정보의 공동이용을 통하여 법인 등기사항증명서(법인인 경우로 한정한다)를 확인하여야 한다.[3]
   • 사업개요에 관한 서류
   • 시설물의 건설계획 및 사용계획에 관한 서류
   • 자금조달계획에 관한 서류
   • 수지전망에 관한 서류
   • 법인의 경우 정관

3) 철도사업법 시행령 제13조 1항.

- 설치하고자 하는 시설물의 설계도서(시방서·위치도·평면도 및 주단면도를 말한다)
- 그 밖에 참고사항을 기재한 서류

2) 국토교통부장관은 국가가 소유·관리하는 철도시설에 대한 점용허가를 하고자 하는 때에는 다음의 기간을 초과하여서는 아니된다. 다만, 건물 그 밖의 시설물을 설치하는 경우 그 공사에 소요되는 기간은 이를 산입하지 아니한다.
   - 철골조·철근콘크리트조·석조 또는 이와 유사한 견고한 건물의 축조를 목적으로 하는 경우에는 30년
   - 위 외의 건물의 축조를 목적으로 하는 경우에는 15년
   - 건물 외의 공작물의 축조를 목적으로 하는 경우에는 5년

3) 허가를 받은 철도시설의 점용허가기간은 연장할 수 있다. 이 경우 연장기간은 연장할 때마다 제2항 각 호의 기간을 초과할 수 없다.

점용허가는 철도사업자와 철도사업자가 출자·보조 또는 출연한 사업을 경영하는 자에게만 하며, 시설물의 종류와 경영하려는 사업이 철도사업에 지장을 주지 아니하여야 한다.

2. 점용허가의 취소

국토교통부장관은 점용허가를 받은 자가 다음에 해당하면 그 점용허가를 취소할 수 있다.

- 점용허가 목적과 다른 목적으로 철도시설을 점용한 경우
- 시설물의 종류와 경영하는 사업이 철도사업에 지장을 주게 된 경우
- 점용허가를 받은 날부터 1년 이내에 해당 점용허가의 목적이 된 공사에 착수하지 아니한 경우. 다만, 정당한 사유가 있는 경우에는 1년의 범위에서 공사의 착수기간을 연장할 수 있다.
- 점용료를 납부하지 아니하는 경우
- 점용허가를 받은 자가 스스로 점용허가의 취소를 신청하는 경우

3. 시설물 설치의 대행

국토교통부장관은 점용허가를 받은 자가 설치하려는 시설물의 전부 또는 일부가

철도시설 관리에 관계되는 경우에는 점용허가를 받은 자의 부담으로 그의 위탁을 받아 시설물을 직접 설치하거나 「국가철도공단법」에 따라 설립된 국가철도공단으로 하여금 설치하게 할 수 있다.

4. 점용료

국토교통부장관은 대통령령으로 정하는 바에 따라 점용허가를 받은 자에게 점용료를 부과한다.

점용허가를 받은 자가 다음에 해당하는 경우에는 대통령령으로 정하는 바에 따라 점용료를 감면할 수 있다.

1) 국가에 무상으로 양도하거나 제공하기 위한 시설물을 설치하기 위하여 점용허가를 받은 경우
2) 제1)호의 시설물을 설치하기 위한 경우로서 공사기간 중에 점용허가를 받거나 임시 시설물을 설치하기 위하여 점용허가를 받은 경우
3) 「공공주택 특별법」에 따른 공공주택을 건설하기 위하여 점용허가를 받은 경우
4) 재해, 그 밖의 특별한 사정으로 본래의 철도 점용 목적을 달성할 수 없는 경우
5) 국민경제에 중대한 영향을 미치는 공익사업으로서 대통령령으로 정하는 사업을 위하여 점용허가를 받은 경우

국토교통부장관이 「철도산업발전기본법」에 따라 철도시설의 건설 및 관리 등에 관한 업무의 일부를 「국가철도공단법」에 따른 국가철도공단으로 하여금 대행하게 한 경우 점용료 징수에 관한 업무를 위탁할 수 있다.

국토교통부장관은 점용허가를 받은 자가 점용료를 내지 아니하면 국세 체납처분의 예에 따라 징수한다.

5. 변상금의 징수

국토교통부장관은 점용허가를 받지 아니하고 철도시설을 점용한 자에 대하여 점용료의 100분의 120에 해당하는 금액을 변상금으로 징수할 수 있다. 이 경우 변상금의 징수에 관하여는 제44조제3항을 준용한다.

6. 권리와 의무의 이전

점용허가로 인하여 발생한 권리와 의무를 이전하려는 경우에는 대통령령으로 정하는 바에 따라 국토교통부장관의 인가를 받아야 한다.

7. 원상회복의무

점용허가를 받은 자는 점용허가기간이 만료되거나 점용허가가 취소된 경우에는 점용허가된 철도 재산을 원상(原狀)으로 회복하여야 한다. 다만, 국토교통부장관은 원상으로 회복할 수 없거나 원상회복이 부적당하다고 인정하는 경우에는 원상회복의무를 면제할 수 있다.

국토교통부장관은 점용허가를 받은 자가 원상회복을 하지 아니하는 경우에는 「행정대집행법」에 따라 시설물을 철거하거나 그 밖에 필요한 조치를 할 수 있다.

국토교통부장관은 원상회복의무를 면제하는 경우에는 해당 철도 재산에 설치된 시설물 등의 무상 국가귀속을 조건으로 할 수 있다.

8. 국가귀속 시설물의 사용허가기간 등에 관한 특례

국가귀속된 시설물을 「국유재산법」에 따라 사용허가하려는 경우 그 허가의 기간은 같은 법 제35조에도 불구하고 10년 이내로 한다.

허가기간이 끝난 시설물에 대해서는 10년을 초과하지 아니하는 범위에서 1회에 한하여 종전의 사용허가를 갱신할 수 있다.

사용허가를 받은 자는 「국유재산법」에도 불구하고 그 사용허가의 용도나 목적에 위배되지 않는 범위에서 국토교통부장관의 승인을 받아 해당 시설물의 일부를 다른 사람에게 사용·수익하게 할 수 있다.

제6절 보 칙

1. 보고·검사 등

국토교통부장관은 필요하다고 인정하면 철도사업자와 전용철도운영자에게 해당 철도사업 또는 전용철도의 운영에 관한 사항이나 철도차량의 소유 또는 사용에 관한 사항에 대하여 보고나 서류 제출을 명할 수 있다.

국토교통부장관은 필요하다고 인정하면 소속 공무원으로 하여금 철도사업자 및 전용철도운영자의 장부, 서류, 시설 또는 그 밖의 물건을 검사하게 할 수 있다.

검사를 하는 공무원은 그 권한을 표시하는 증표를 지니고 이를 관계인에게 보여 주어야 한다. 증표에 관하여 필요한 사항은 국토교통부령으로 정한다.

2. 수수료

이 법에 따른 면허·인가를 받으려는 자, 등록·신고를 하려는 자, 면허증·인가서·등록증·인증서 또는 허가서의 재발급을 신청하는 자는 국토교통부령으로 정하는 수수료를 내야 한다.

3. 규제의 재검토

국토교통부장관은 다음에 대하여 2014년 1월 1일을 기준으로 3년마다(매 3년이 되는 해의 기준일과 같은 날 전까지를 말한다) 그 타당성을 검토하여 개선 등의 조치를 하여야 한다.

- 여객 운임·요금의 신고 등
- 부가 운임의 상한
- 사업의 개선명령
- 전용철도 운영의 개선명령

제 7 절 벌 칙

1. 벌칙

1) 다음에 해당하는 자는 2년 이하의 징역 또는 2천만 원 이하의 벌금에 처한다.
- 면허를 받지 아니하고 철도사업을 경영한 자
- 거짓이나 그 밖의 부정한 방법으로 철도사업의 면허를 받은 자
- 사업정지처분기간 중에 철도사업을 경영한 자
- 사업계획의 변경명령을 위반한 자
- 타인에게 자기의 성명 또는 상호를 대여하여 철도사업을 경영하게 한 자
- 철도사업자의 공동 활용에 관한 요청을 정당한 사유 없이 거부한 자

2) 다음에 해당하는 자는 1년 이하의 징역 또는 1천만 원 이하의 벌금에 처한다.
- 등록을 하지 아니하고 전용철도를 운영한 자
- 거짓이나 그 밖의 부정한 방법으로 전용철도의 등록을 한 자

3) 다음에 해당하는 자는 1천만 원 이하의 벌금에 처한다.
- 국토교통부장관의 인가를 받지 아니하고 공동운수협정을 체결하거나 변경한 자
- 우수서비스마크 또는 이와 유사한 표지를 철도차량 등에 붙이거나 인증 사실을 홍보한 자

2. 양벌규정

법인의 대표자나 법인 또는 개인의 대리인, 사용인, 그 밖의 종업원이 그 법인 또는 개인의 업무에 관하여 제49조의 위반행위를 하면 그 행위자를 벌하는 외에 그 법인 또는 개인에게도 해당 조문의 벌금형을 과(科)한다. 다만, 법인 또는 개인이 그 위반행위를 방지하기 위하여 해당 업무에 관하여 상당한 주의와 감독을 게을리 하지 아니한 경우에는 그러하지 아니하다.

3. 과태료

1) 다음에 해당하는 자에게는 1천만 원 이하의 과태료를 부과한다.

- 여객 운임·요금의 신고를 하지 아니한 자
- 철도사업약관을 신고하지 아니하거나 신고한 철도사업약관을 이행하지 아니한 자
- 인가를 받지 아니하거나 신고를 하지 아니하고 사업계획을 변경한 자
- 상습 또는 영업으로 승차권 또는 이에 준하는 증서를 자신이 구입한 가격을 초과한 금액으로 다른 사람에게 판매하거나 이를 알선한 자

2) 다음에 해당하는 자에게는 500만 원 이하의 과태료를 부과한다.
- 사업용철도차량의 표시를 하지 아니한 철도사업자
- 회계를 구분하여 경리하지 아니한 자
- 정당한 사유 없이 명령을 이행하지 아니하거나 검사를 거부·방해 또는 기피한 자

3) 다음에 해당하는 자에게는 100만 원 이하의 과태료를 부과한다.
- 제20조제2항[4]부터 제4항까지에 따른 준수사항을 위반한 자

4) 제22조[5]를 위반한 철도운수종사자 및 그가 소속된 철도사업자에게는 50만 원 이하의 과태료를 부과한다.

5) 1)부터 4)까지의 규정에 따른 과태료는 대통령령으로 정하는 바에 따라 국토교통부장관이 부과·징수한다.

---

4) 철도사업법 제20조(철도사업자의 준수사항) ① 철도사업자는 「철도안전법」 제21조에 따른 요건을 갖추지 아니한 사람을 운전업무에 종사하게 하여서는 아니 된다.
② 철도사업자는 사업계획을 성실하게 이행하여야 하며, 부당한 운송 조건을 제시하거나 정당한 사유 없이 운송계약의 체결을 거부하는 등 철도운송 질서를 해치는 행위를 하여서는 아니 된다.
③ 철도사업자는 여객 운임표, 여객 요금표, 감면 사항 및 철도사업약관을 인터넷 홈페이지에 게시하고 관계 역. 영업소 및 사업소 등에 갖추어 두어야 하며, 이용자가 요구하는 경우에는 제시하여야 한다.
④ 제1항부터 제3항까지에 따른 준수사항 외에 운송의 안전과 여객 및 화주(貨主)의 편의를 위하여 철도사업자가 준수하여야 할 사항은 국토교통부령으로 정한다.

5) 철도사업법 제22조(철도운수종사자의 준수사항) 철도사업에 종사하는 철도운수종사자는 다음 각 호의 어느 하나에 해당하는 행위를 하여서는 아니 된다.
1. 정당한 사유 없이 여객 또는 화물의 운송을 거부하거나 여객 또는 화물을 중도에서 내리게 하는 행위
2. 부당한 운임 또는 요금을 요구하거나 받는 행위
3. 그 밖에 안전운행과 여객 및 화주의 편의를 위하여 철도운수종사자가 준수하여야 할 사항으로서 국토교통부령으로 정하는 사항을 위반하는 행위

Chapter 08

농수산물 유통 및 가격안정에 관한 법률

제1절 총 칙

1. 목적

농수산물유통 및 가격안정에 관한 법률은 농수산물의 유통을 원활하게 하고 적정한 가격을 유지하게 함으로써 생산자와 소비자의 이익을 보호하고 국민생활의 안정에 이바지함을 목적으로 한다.

2. 용어의 정의

농수산물유통 및 가격안정에 관한 법률에서 사용하는 용어의 뜻은 다음과 같다.

1) 농수산물

농산물·축산물·수산물 및 임산물 중 농림축산식품부령 또는 해양수산부령으로 정하는 것을 말한다.

2) 농수산물도매시장

특별시·광역시·특별자치시·특별자치도 또는 시가 양곡류·청과류·화훼류·조수육류(鳥獸肉類)·어류·조개류·갑각류·해조류 및 임산물 등 대통령령으로 정하는 품목의 전부 또는 일부를 도매하게 하기 위하여 관할구역에 개설하는 시장을 말한다.

(1) 농수산물도매시장의 거래품목

농수산물도매시장에서 거래하는 품목은 다음과 같다.

- 양곡부류: 미곡·맥류·두류·조·좁쌀·수수·수수쌀·옥수수·메밀·참깨 및 땅콩
- 청과부류: 과실류·채소류·산나물류·목과류(木果類)·버섯류·서류(薯類)·인삼류 중 수삼 및 유지작물류와 두류 및 잡곡 중 신선한 것
- 축산부류: 조수육류(鳥獸肉類) 및 난류
- 수산부류: 생선어류·건어류·염(鹽)건어류·염장어류(鹽藏魚類)·조개류·갑각류·해조류 및 젓갈류

- 화훼부류: 절화(折花)·절지(折枝)·절엽(切葉) 및 분화(盆花)
- 약용작물부류: 한약재용 약용작물(야생물이나 그 밖에 재배에 의하지 아니한 것을 포함한다). 다만, 「약사법」에 따른 한약은 의약품판매업의 허가를 받은 것으로 한정한다.
- 그 밖에 농어업인이 생산한 농수산물과 이를 단순가공한 물품으로서 개설자가 지정하는 품목

3) 중앙도매시장

특별시·광역시·특별자치시 또는 특별자치도가 개설한 농수산물도매시장 중 해당 관할구역 및 그 인접지역에서 도매의 중심이 되는 농수산물도매시장으로서 농림축산식품부령 또는 해양수산부령으로 정하는 것을 말한다.

4) 지방도매시장

중앙도매시장 외의 농수산물도매시장을 말한다.

5) 농수산물공판장

지역농업협동조합, 지역축산업협동조합, 품목별·업종별협동조합, 조합공동사업법인, 품목조합연합회, 산림조합 및 수산업협동조합과 그 중앙회 그 밖에 대통령령으로 정하는 생산자 관련 단체와 공익상 필요하다고 인정되는 법인으로서 대통령령으로 정하는 법인이 농수산물을 도매하기 위하여 특별시장·광역시장·특별자치시장·도지사 또는 특별자치도지사의 승인을 받아 개설·운영하는 사업장을 말한다.

6) 민영농수산물도매시장

민간인등이 농수산물을 도매하기 위하여 시·도지사의 허가를 받아 특별시·광역시·특별자치시·특별자치도 또는 시 지역에 개설하는 시장을 말한다.

7) 도매시장법인

농수산물도매시장의 개설자로부터 지정을 받고 농수산물을 위탁받아 상장(上場)하여 도매하거나 이를 매수(買受)하여 도매하는 법인을 말한다.

8) 시장도매인

농수산물도매시장 또는 민영농수산물도매시장의 개설자로부터 지정을 받고 농수산물을 매수 또는 위탁받아 도매하거나 매매를 중개하는 영업을 하는 법인을 말한다.

9) 중도매인(仲都賣人)

농수산물도매시장·농수산물공판장 또는 민영농수산물도매시장의 개설자의 허가 또는 지정을 받아 다음의 영업을 하는 자를 말한다.

- 농수산물도매시장·농수산물공판장 또는 민영농수산물도매시장에 상장된 농수산물을 매수하여 도매하거나 매매를 중개하는 영업
- 농수산물도매시장·농수산물공판장 또는 민영농수산물도매시장의 개설자로부터 허가를 받은 비상장(非上場) 농수산물을 매수 또는 위탁받아 도매하거나 매매를 중개하는 영업

10) 매매참가인

농수산물도매시장·농수산물공판장 또는 민영농수산물도매시장의 개설자에게 신고를 하고, 농수산물도매시장·농수산물공판장 또는 민영농수산물도매시장에 상장된 농수산물을 직접 매수하는 자로서 중도매인이 아닌 가공업자·소매업자·수출업자 및 소비자단체 등 농수산물의 수요자를 말한다.

11) 산지유통인(産地流通人)

농수산물도매시장·농수산물공판장 또는 민영농수산물도매시장의 개설자에게 등록하고, 농수산물을 수집하여 농수산물도매시장·농수산물공판장 또는 민영농수산물도매시장에 출하(出荷)하는 영업을 하는 자를 말한다.

12) 농수산물종합유통센터

국가 또는 지방자치단체가 설치하거나 국가 또는 지방자치단체의 지원을 받아 설치된 것으로서 농수산물의 출하 경로를 다원화하고 물류비용을 절감하기 위하여 농수산물의 수집·포장·가공·보관·수송·판매 및 그 정보처리 등 농수산물의 물류활동에 필요한 시설과 이와 관련된 업무시설을 갖춘 사업장을 말한다.

13) 경매사(競賣士)

도매시장법인의 임명을 받거나 농수산물공판장·민영농수산물도매시장 개설자의 임명을 받아, 상장된 농수산물의 가격 평가 및 경락자 결정 등의 업무를 수행하는 자를 말한다.

14) 농수산물 전자거래

농수산물의 유통단계를 단축하고 유통비용을 절감하기 위하여 「전자문서 및 전자거래 기본법」에 따른 전자거래의 방식으로 농수산물을 거래하는 것을 말한다.

3. 다른 법률의 적용 배제

농수산물도매시장(도매시장), 농수산물공판장(공판장), 민영농수산물도매시장(민영도매시장) 및 농수산물종합유통센터(종합유통센터)에 대하여는 「유통산업발전법」의 규정을 적용하지 아니한다.

제2절 농수산물의 생산조정 및 출하조절

1. 주산지의 지정 및 해제 등

시·도지사는 농수산물의 경쟁력 제고 또는 수급(需給)을 조절하기 위하여 생산 및 출하를 촉진 또는 조절할 필요가 있다고 인정할 때에는 주요 농수산물의 생산지역이나 생산수면(주산지)을 지정하고 그 주산지에서 주요 농수산물을 생산하는 자에 대하여 생산자금의 융자 및 기술지도 등 필요한 지원을 할 수 있다.

주요 농수산물은 국내 농수산물의 생산에서 차지하는 비중이 크거나 생산·출하의 조절이 필요한 것으로서 농림축산식품부장관 또는 해양수산부장관이 지정하는 품목으로 한다. 주산지는 다음의 요건을 갖춘 지역 또는 수면(水面) 중에서 구역을 정하여 지정한다.

- 주요 농수산물의 재배면적 또는 양식면적이 농림축산식품부장관 또는 해양수산

부장관이 고시하는 면적 이상일 것

- 주요 농수산물의 출하량이 농림축산식품부장관 또는 해양수산부장관이 고시하는 수량 이상일 것

시·도지사는 지정된 주산지가 지정요건에 적합하지 아니하게 되었을 때에는 그 지정을 변경하거나 해제할 수 있다.

주산지의 지정, 주요 농수산물 품목의 지정 및 주산지의 변경·해제에 필요한 사항은 대통령령으로 정한다.

2. 농림업관측

농림축산식품부장관은 농산물의 수급안정을 위하여 가격의 등락 폭이 큰 주요 농산물에 대하여 매년 기상정보, 생산면적, 작황, 재고물량, 소비동향, 해외시장 정보 등을 조사하여 이를 분석하는 농림업관측을 실시하고 그 결과를 공표하여야 한다.

농림업관측에도 불구하고 농림축산식품부장관은 주요 곡물의 수급안정을 위하여 농림축산식품부장관이 정하는 주요 곡물에 대한 상시 관측체계의 구축과 국제 곡물 수급모형의 개발을 통하여 매년 주요 곡물 생산 및 수출 국가들의 작황 및 수급 상황 등을 조사·분석하는 국제곡물관측을 별도로 실시하고 그 결과를 공표하여야 한다.

농림축산식품부장관은 효율적인 농림업관측 또는 국제곡물관측을 위하여 필요하다고 인정하는 경우에는 품목을 지정하여 지역농업협동조합, 지역축산업협동조합, 품목별·업종별협동조합, 산림조합, 그 밖에 농림축산식품부령으로 정하는 자로 하여금 농림업관측 또는 국제곡물관측을 실시하게 할 수 있다.

농림축산식품부장관은 농림업관측업무 또는 국제곡물관측업무를 효율적으로 실시하기 위하여 농림업 관련 연구기관 또는 단체를 농림업관측 전담기관으로 지정하고, 그 운영에 필요한 경비를 충당하기 위하여 예산의 범위에서 출연금(出捐金) 또는 보조금을 지급할 수 있다.

농림업관측 전담기관의 지정 및 운영에 필요한 사항은 농림축산식품부령으로 정한다.

3. 종합정보시스템의 구축·운영

농림축산식품부장관 및 해양수산부장관은 농수산물의 원활한 수급과 적정한 가격

유지를 위하여 농수산물유통 종합정보시스템을 구축하여 운영할 수 있다.

농림축산식품부장관 및 해양수산부장관은 농수산물유통 종합정보시스템의 구축·운영을 대통령령으로 정하는 전문기관에 위탁할 수 있다.

1) 종합정보시스템 구축·운영 업무의 위탁 등

- 농림축산식품부장관 및 해양수산부장관은 농수산물유통 종합정보시스템의 구축·운영 업무를 다음의 기관에 위탁한다.[1)]

  가. 농산물의 경우: 「한국농수산식품유통공사법」에 따른 한국농수산식품유통공사

  나. 수산물의 경우: 「정부출연연구기관 등의 설립·운영 및 육성에 관한 법률」에 따른 한국해양수산개발원

- 농림축산식품부장관 및 해양수산부장관은 1)에 따른 위탁 업무 수행에 필요한 경비를 지원할 수 있다.

4. 계약생산

농림축산식품부장관은 주요 농산물의 원활한 수급과 적정한 가격 유지를 위하여 지역농업협동조합, 지역축산업협동조합, 품목별·업종별협동조합, 조합공동사업법인, 품목조합연합회, 산림조합과 그 중앙회나 그 밖에 대통령령으로 정하는 생산자 관련 단체 또는 농산물 수요자와 생산자 간에 계약생산 또는 계약출하를 하도록 장려할 수 있다. 여기서 "대통령령으로 정하는 생산자 관련 단체"란 다음의 자를 말한다.

- 농산물을 공동으로 생산하거나 농산물을 생산하여 이를 공동으로 판매·가공·홍보 또는 수출하기 위하여 지역농업협동조합, 지역축산업협동조합, 품목별·업종별협동조합, 조합공동사업법인, 품목조합연합회 및 산림조합과 그 중앙회(농협경제지주회사) 중 둘 이상이 모여 결성한 조직으로서 농림축산식품부장관이 정하여 고시하는 요건을 갖춘 단체
- 농산물을 공동으로 생산하거나 농산물을 생산하여 이를 공동으로 판매·가공·홍보 또는 수출하기 위하여 농업인 5인 이상이 모여 결성한 법인격이 있는 조직으로서 농림축산식품부장관이 정하여 고시하는 요건을 갖춘 단체
- 단체 중 둘 이상이 모여 결성한 조직으로서 농림축산식품부장관이 정하여 고시하는 요건을 갖춘 단체

---

1) 농수산물유통 및 가격안정에 관한 법률 시행령 제6조.

농림축산식품부장관은 생산계약 또는 출하계약을 체결하는 생산자단체 또는 농산물 수요자에 대하여 농산물가격안정기금으로 계약금의 대출 등 필요한 지원을 할 수 있다.

5. 가격 예시

농림축산식품부장관 또는 해양수산부장관은 농림축산식품부령 또는 해양수산부령으로 정하는 주요 농수산물의 수급조절과 가격안정을 위하여 필요하다고 인정할 때에는 해당 농산물의 파종기 또는 수산물의 종자입식 시기 이전에 생산자를 보호하기 위한 하한가격(예시가격)을 예시할 수 있다.

농림축산식품부장관 또는 해양수산부장관은 예시가격을 결정할 때에는 해당 농산물의 농림업관측, 주요 곡물의 국제곡물관측 또는 「수산물 유통의 관리 및 지원에 관한 법률」에 따른 수산업관측(수산업관측) 결과, 예상 경영비, 지역별 예상 생산량 및 예상 수급상황 등을 고려하여야 한다.

농림축산식품부장관 또는 해양수산부장관은 예시가격을 결정할 때에는 미리 기획재정부장관과 협의하여야 한다.

농림축산식품부장관 또는 해양수산부장관은 가격을 예시한 경우에는 예시가격을 지지(支持)하기 위하여 다음의 사항 등을 연계하여 적절한 시책을 추진하여야 한다.

- 농림업관측·국제곡물관측 또는 수산업관측의 지속적 실시
- 「수산물 유통의 관리 및 지원에 관한 법률」에 따른 계약생산 또는 계약출하의 장려
- 「수산물 유통의 관리 및 지원에 관한 법률」에 따른 수매 및 처분
- 유통협약 및 유통조절명령
- 「수산물 유통의 관리 및 지원에 관한 법률」에 따른 비축사업

6. 과잉생산 시의 생산자 보호

농림축산식품부장관은 채소류 등 저장성이 없는 농산물의 가격안정을 위하여 필요하다고 인정할 때에는 그 생산자 또는 생산자단체로부터 제54조에 따른 농산물가격안정기금으로 해당 농산물을 수매할 수 있다. 다만, 가격안정을 위하여 특히 필요하다고 인정할 때에는 도매시장 또는 공판장에서 해당 농산물을 수매할 수 있다.

수매한 농산물은 판매 또는 수출하거나 사회복지단체에 기증하거나 그 밖에 필요

한 처분을 할 수 있다.

농림축산식품부장관은 수매 및 처분에 관한 업무를 농업협동조합중앙회·산림조합중앙회(농림협중앙회) 또는 「한국농수산식품유통공사법」에 따른 한국농수산식품유통공사(한국농수산식품유통공사)에 위탁할 수 있다.

농림축산식품부장관은 채소류 등의 수급 안정을 위하여 생산·출하 안정 등 필요한 사업을 추진할 수 있다.

7. 몰수농산물등의 이관

농림축산식품부장관은 국내 농산물 시장의 수급안정 및 거래질서 확립을 위하여 「관세법」 및 「검찰청법」 에 따라 몰수되거나 국고에 귀속된 농산물(몰수농산물등)을 이관받을 수 있다.

농림축산식품부장관은 이관받은 몰수농산물등을 매각·공매·기부 또는 소각하거나 그 밖의 방법으로 처분할 수 있다.

몰수농산물등의 처분으로 발생하는 비용 또는 매각·공매 대금은 농산물가격안정기금으로 지출 또는 납입하여야 한다.

농림축산식품부장관은 몰수농산물등의 처분업무를 농업협동조합중앙회 또는 한국농수산식품유통공사 중에서 지정하여 대행하게 할 수 있다.

8. 유통협약 및 유통조절명령

주요 농수산물의 생산자, 산지유통인, 저장업자, 도매업자·소매업자 및 소비자 등(생산자등)의 대표는 해당 농수산물의 자율적인 수급조절과 품질향상을 위하여 생산조정 또는 출하조절을 위한 협약(유통협약)을 체결할 수 있다.

농림축산식품부장관 또는 해양수산부장관은 부패하거나 변질되기 쉬운 농수산물로서 농림축산식품부령 또는 해양수산부령으로 정하는 농수산물에 대하여 현저한 수급 불안정을 해소하기 위하여 특히 필요하다고 인정되고 농림축산식품부령 또는 해양수산부령으로 정하는 생산자등 또는 생산자단체가 요청할 때에는 공정거래위원회와 협의를 거쳐 일정 기간 동안 일정 지역의 해당 농수산물의 생산자등에게 생산조정 또는 출하조절을 하도록 하는 유통조절명령(유통명령)을 할 수 있다.

1) 유통조절명령

유통조절명령에는 다음의 사항이 포함되어야 한다.[2)]

- 유통조절명령의 이유(수급·가격·소득의 분석 자료를 포함한다)
- 대상 품목
- 기간
- 지역
- 대상자
- 생산조정 또는 출하조절의 방안
- 명령이행 확인의 방법 및 명령 위반자에 대한 제재조치
- 사후관리와 그 밖에 농림축산식품부장관 또는 해양수산부장관이 유통조절에 관하여 필요하다고 인정하는 사항

유통명령에는 유통명령을 하는 이유, 대상 품목, 대상자, 유통조절방법 등 대통령령으로 정하는 사항이 포함되어야 한다.

생산자등 또는 생산자단체가 유통명령을 요청하려는 경우에는 위의 내용이 포함된 요청서를 작성하여 이해관계인·유통전문가의 의견수렴 절차를 거치고 해당 농수산물의 생산자등의 대표나 해당 생산자단체의 재적회원 3분의 2 이상의 찬성을 받아야 한다.

유통명령을 하기 위한 기준과 구체적 절차, 유통명령을 요청할 수 있는 생산자등의 조직과 구성 및 운영방법 등에 관하여 필요한 사항은 농림축산식품부령 또는 해양수산부령으로 정한다.

9. 유통명령의 집행

농림축산식품부장관 또는 해양수산부장관은 유통명령이 이행될 수 있도록 유통명령의 내용에 관한 홍보, 유통명령 위반자에 대한 제재 등 필요한 조치를 하여야 한다.

농림축산식품부장관 또는 해양수산부장관은 필요하다고 인정하는 경우에는 지방자치단체의 장, 해당 농수산물의 생산자등의 조직 또는 생산자단체로 하여금 유통명령 집행업무의 일부를 수행하게 할 수 있다.

---

2) 농수산물유통 및 가격안정에 관한 법률 시행령 제11조.

10. 유통명령 이행자에 대한 지원 등

농림축산식품부장관 또는 해양수산부장관은 유통협약 또는 유통명령을 이행한 생산자등이 그 유통협약이나 유통명령을 이행함에 따라 발생하는 손실에 대하여는 농산물가격안정기금 또는 「수산업·어촌 발전 기본법」에 따른 수산발전기금으로 그 손실을 보전(補塡)하게 할 수 있다.

농림축산식품부장관 또는 해양수산부장관은 유통명령 집행업무의 일부를 수행하는 생산자등의 조직이나 생산자단체에 필요한 지원을 할 수 있다.

11. 비축사업 등

농림축산식품부장관은 농산물(쌀과 보리 제외)의 수급조절과 가격안정을 위하여 필요하다고 인정할 때에는 농산물가격안정기금으로 농산물을 비축하거나 농산물의 출하를 약정하는 생산자에게 그 대금의 일부를 미리 지급하여 출하를 조절할 수 있다.

비축용 농산물은 생산자 및 생산자단체로부터 수매하여야 한다. 다만, 가격안정을 위하여 특히 필요하다고 인정할 때에는 도매시장 또는 공판장에서 수매하거나 수입할 수 있다. 농림축산식품부장관은 비축용 농산물을 수입하는 경우 국제가격의 급격한 변동에 대비하여야 할 필요가 있다고 인정할 때에는 선물거래(先物去來)를 할 수 있다. 농림축산식품부장관은 사업을 농림협중앙회 또는 한국농수산식품유통공사에 위탁할 수 있다.

12. 과잉생산 시의 생산자 보호 등 사업의 손실처리

농림축산식품부장관은 수매와 비축사업의 시행에 따라 생기는 감모(減耗), 가격 하락, 판매·수출·기증과 그 밖의 처분으로 인한 원가 손실 및 수송·포장·방제(防除) 등 사업실시에 필요한 관리비를 대통령령으로 정하는 바에 따라 그 사업의 비용으로 처리한다.

13. 농산물의 수입 추천 등

「세계무역기구 설립을 위한 마라케쉬협정」에 따른 대한민국 양허표(讓許表)상의 시장접근물량에 적용되는 양허세율(讓許稅率)로 수입하는 농산물 중 다른 법률에서 달리 정하지 아니한 농산물을 수입하려는 자는 농림축산식품부장관의 추천을 받아야 한다.

농림축산식품부장관은 농산물의 수입에 대한 추천업무를 농림축산식품부장관이 지정하는 비영리법인으로 하여금 대행하게 할 수 있다. 이 경우 품목별 추천물량 및 추천기준과 그 밖에 필요한 사항은 농림축산식품부장관이 정한다.

농산물을 수입하려는 자는 사용용도와 그 밖에 농림축산식품부령으로 정하는 사항을 적어 수입 추천신청을 하여야 한다.

농림축산식품부장관은 필요하다고 인정할 때에는 추천 대상 농산물 중 농림축산식품부령으로 정하는 품목의 농산물을 비축용 농산물로 수입하거나 생산자단체를 지정하여 수입하여 판매하게 할 수 있다.

14. 수입이익금의 징수 등

농림축산식품부장관은 추천을 받아 농산물을 수입하는 자 중 농림축산식품부령으로 정하는 품목의 농산물을 수입하는 자에 대하여 농림축산식품부령으로 정하는 바에 따라 국내가격과 수입가격 간의 차액의 범위에서 수입이익금을 부과·징수할 수 있다.

수입이익금은 농림축산식품부령으로 정하는 바에 따라 농산물가격안정기금에 납입하여야 한다. 수입이익금을 정하여진 기한까지 내지 아니하면 국세 체납처분의 예에 따라 징수할 수 있다.

농림축산식품부장관은 징수한 수입이익금이 과오납되는 등의 사유로 환급이 필요한 경우에는 농림축산식품부령으로 정하는 바에 따라 환급하여야 한다.

제3절 농수산물도매시장

농수산물도매시장은 특별시·광역시·특별자치시·특별자치도 또는 시가 양곡류·청과류·화훼류·조수육류(鳥獸肉類)·어류·조개류·갑각류·해조류 및 임산물 등 대통령령으로 정하는 품목의 전부 또는 일부를 도매하게 하기 위하여 관할구역에 개설하는 시장이다.

1. 도매시장의 개설 등

도매시장은 대통령령으로 정하는 바에 따라 부류(部類)별로 또는 둘 이상의 부류를 종합하여 중앙도매시장의 경우에는 특별시·광역시·특별자치시 또는 특별자치도가 개설하고, 지방도매시장의 경우에는 특별시·광역시·특별자치시·특별자치도 또는 시가 개설한다. 다만, 시가 지방도매시장을 개설하려면 도지사의 허가를 받아야 한다.

시가 지방도매시장의 개설허가를 받으려면 농림축산식품부령 또는 해양수산부령으로 정하는 바에 따라 지방도매시장 개설허가 신청서에 업무규정과 운영관리계획서를 첨부하여 도지사에게 제출하여야 한다.

특별시·광역시·특별자치시 또는 특별자치도가 도매시장을 개설하려면 미리 업무규정과 운영관리계획서를 작성하여야 하며, 중앙도매시장의 업무규정은 농림축산식품부장관 또는 해양수산부장관의 승인을 받아야 한다.

중앙도매시장의 개설자가 업무규정을 변경하는 때에는 농림축산식품부장관 또는 해양수산부장관의 승인을 받아야 하며, 지방도매시장의 개설자(시가 개설자인 경우만 해당한다)가 업무규정을 변경하는 때에는 도지사의 승인을 받아야 한다.

시가 지방도매시장을 폐쇄하려면 그 3개월 전에 도지사의 허가를 받아야 한다. 다만, 특별시·광역시·특별자치시 및 특별자치도가 도매시장을 폐쇄하는 경우에는 그 3개월 전에 이를 공고하여야 한다.

업무규정으로 정하여야 할 사항과 운영관리계획서의 작성 및 제출에 필요한 사항은 농림축산식품부령 또는 해양수산부령으로 정한다.

2. 개설구역

도매시장의 개설구역은 도매시장이 개설되는 특별시·광역시·특별자치시·특별자치도 또는 시의 관할구역으로 한다.

농림축산식품부장관 또는 해양수산부장관은 해당 지역에서의 농수산물의 원활한 유통을 위하여 필요하다고 인정할 때에는 도매시장의 개설구역에 인접한 일정 구역을 그 도매시장의 개설구역으로 편입하게 할 수 있다. 다만, 시가 개설하는 지방도매시장의 개설구역에 인접한 구역으로서 그 지방도매시장이 속한 도의 일정 구역에 대하여는 해당 도지사가 그 지방도매시장의 개설구역으로 편입하게 할 수 있다.

3. 허가기준 등

도지사는 허가신청의 내용이 다음의 요건을 갖춘 경우에는 이를 허가한다.

- 도매시장을 개설하려는 장소가 농수산물 거래의 중심지로서 적절한 위치에 있을 것
- 기준에 적합한 시설을 갖추고 있을 것
- 운영관리계획서의 내용이 충실하고 그 실현이 확실하다고 인정되는 것일 것

도지사는 요구되는 시설이 갖추어지지 아니한 경우에는 일정한 기간 내에 해당 시설을 갖출 것을 조건으로 개설허가를 할 수 있다.

특별시·광역시·특별자치시 또는 특별자치도가 도매시장을 개설하려면 허가신청의 요건을 모두 갖추어 개설하여야 한다.

4. 도매시장 개설자의 의무

도매시장 개설자는 거래 관계자의 편익과 소비자 보호를 위하여 다음의 사항을 이행하여야 한다.

- 도매시장 시설의 정비·개선과 합리적인 관리
- 경쟁 촉진과 공정한 거래질서의 확립 및 환경 개선
- 상품성 향상을 위한 규격화, 포장 개선 및 선도(鮮度) 유지의 촉진

도매시장 개설자는 도매시장 시설의 정비·개선과 합리적인 관리의 사항을 효과적으로 이행하기 위하여 이에 대한 투자계획 및 거래제도 개선방안 등을 포함한 대책을 수립·시행하여야 한다.

5. 도매시장의 관리

도매시장 개설자는 소속 공무원으로 구성된 도매시장 관리사무소를 두거나 「지방공기업법」에 따른 지방공사(관리공사), 공공출자법인 또는 한국농수산식품유통공사 중에서 시장관리자를 지정할 수 있다.

도매시장 개설자는 관리사무소 또는 시장관리자로 하여금 시설물관리, 거래질서 유지, 유통 종사자에 대한 지도·감독 등에 관한 업무 범위를 정하여 해당 도매시장 또는 그 개설구역에 있는 도매시장의 관리업무를 수행하게 할 수 있다.

6. 도매시장의 운영 등

도매시장 개설자는 도매시장에 그 시설규모·거래액 등을 고려하여 적정 수의 도매시장법인·시장도매인 또는 중도매인을 두어 이를 운영하게 하여야 한다. 다만, 중앙도매시장의 개설자는 농림축산식품부령 또는 해양수산부령으로 정하는 부류에 대하여는 도매시장법인을 두어야 한다.

7. 도매시장법인의 지정

도매시장법인은 도매시장 개설자가 부류별로 지정하되, 중앙도매시장에 두는 도매시장법인의 경우에는 농림축산식품부장관 또는 해양수산부장관과 협의하여 지정한다. 이 경우 5년 이상 10년 이하의 범위에서 지정 유효기간을 설정할 수 있다.

1) 도매시장법인의 지정절차 등

- 도매시장법인의 지정을 받으려는 자는 도매시장법인 지정신청서에 다음의 서류를 첨부하여 도매시장 개설자에게 제출하여야 한다. 이 경우 도매시장법인 지정신청서를 받은 도매시장 개설자는 「전자정부법」에 따른 행정정보의 공동이용을 통하여 신청인의 법인 등기사항증명서를 확인하여야 한다.[3]

  가. 정관

  나. 주주 명부

  다. 임원의 이력서

  라. 해당 법인의 직전 회계연도의 재무제표와 그 부속서류(신설 법인의 경우에는 설립일을 기준으로 작성한 대차대조표)

  마. 사업시작 예정일부터 5년간의 사업계획서(산지활동계획, 경매사확보계획, 농수산물판매계획, 자금운용계획, 조직 및 인력운용계획 등을 포함한다)

---

3) 농수산물유통 및 가격안정에 관한 법률 시행령 제17조.

바. 거래규모, 순자산액 비율 및 거래보증금 등 도매시장 개설자가 업무규정으로 정한 요건을 갖추고 있음을 증명하는 서류

- 도매시장 개설자는 신청을 받았을 때에는 업무규정으로 정한 도매시장법인의 적정수의 범위에서 이를 지정하여야 한다.

도매시장법인의 주주 및 임직원은 해당 도매시장법인의 업무와 경합되는 도매업 또는 중도매업(仲都賣業)을 하여서는 아니 된다. 다만, 도매시장법인이 다른 도매시장법인의 주식 또는 지분을 과반수 이상 양수(인수)하고 양수법인의 주주 또는 임직원이 양도법인의 주주 또는 임직원의 지위를 겸하게 된 경우에는 그러하지 아니하다.

도매시장법인이 될 수 있는 자는 다음의 요건을 갖춘 법인이어야 한다.

- 해당 부류의 도매업무를 효과적으로 수행할 수 있는 지식과 도매시장 또는 공판장 업무에 2년 이상 종사한 경험이 있는 업무집행 담당 임원이 2명 이상 있을 것
- 임원 중 이 법을 위반하여 금고 이상의 실형을 선고받고 그 형의 집행이 끝나거나 집행이 면제된 후 2년이 지나지 아니한 사람이 없을 것
- 임원 중 파산선고를 받고 복권되지 아니한 사람이나 피성년후견인 또는 피한정후견인이 없을 것
- 임원 중 도매시장법인의 지정취소처분의 원인이 되는 사항에 관련된 사람이 없을 것
- 거래규모, 순자산액 비율 및 거래보증금 등 도매시장 개설자가 업무규정으로 정하는 일정 요건을 갖출 것

도매시장법인이 지정된 후 요건을 갖추지 아니하게 되었을 때에는 3개월 이내에 해당 요건을 갖추어야 한다.

도매시장법인은 해당 임원이 요건을 갖추지 아니하게 되었을 때에는 그 임원을 지체 없이 해임하여야 한다.

8. 도매시장법인의 인수·합병

도매시장법인이 다른 도매시장법인을 인수하거나 합병하는 경우에는 해당 도매시장 개설자의 승인을 받아야 한다.

도매시장 개설자는 다음에 해당하는 경우를 제외하고는 인수 또는 합병을 승인하여야 한다.

- 인수 또는 합병의 당사자인 도매시장법인이 요건을 갖추지 못한 경우

• 그 밖에 이 법 또는 다른 법령에 따른 제한에 위반되는 경우

합병을 승인하는 경우 합병을 하는 도매시장법인은 합병이 되는 도매시장법인의 지위를 승계한다.

9. 공공출자법인

도매시장 개설자는 도매시장을 효율적으로 관리·운영하기 위하여 필요하다고 인정하는 경우에는 도매시장법인을 갈음하여 그 업무를 수행하게 할 법인(공공출자법인)을 설립할 수 있다.

공공출자법인에 대한 출자는 다음에 해당하는 자로 한정한다. 이 경우 1)부터 3)까지에 해당하는 자에 의한 출자액의 합계가 총출자액의 100분의 50을 초과하여야 한다.

1) 지방자치단체
2) 관리공사
3) 농림수협등
4) 해당 도매시장 또는 그 도매시장으로 이전되는 시장에서 농수산물을 거래하는 상인과 그 상인단체
5) 도매시장법인
6) 그 밖에 도매시장 개설자가 도매시장의 관리·운영을 위하여 특히 필요하다고 인정하는 자

공공출자법인에 관하여 이 법에서 규정한 사항을 제외하고는 「상법」의 주식회사에 관한 규정을 적용한다.

공공출자법인은 「상법」에 따른 설립등기를 한 날에 도매시장법인의 지정을 받은 것으로 본다.

10. 중도매업의 허가

중도매인의 업무를 하려는 자는 부류별로 해당 도매시장 개설자의 허가를 받아야 한다.

도매시장 개설자는 다음에 해당하는 경우를 제외하고는 허가 및 갱신허가를 하여야 한다.

- 아래의 어느 하나에 해당하는 경우
- 그 밖에 이 법 또는 다른 법령에 따른 제한에 위반되는 경우

다음에 해당하는 자는 중도매업의 허가를 받을 수 없다.

- 파산선고를 받고 복권되지 아니한 사람이나 피성년후견인
- 이 법을 위반하여 금고 이상의 실형을 선고받고 그 형의 집행이 끝나거나 면제되지 아니한 사람
- 중도매업의 허가가 취소된 날부터 2년이 지나지 아니한 자
- 도매시장법인의 주주 및 임직원으로서 해당 도매시장법인의 업무와 경합되는 중도매업을 하려는 자
- 임원 중에 위의 어느 하나에 해당하는 사람이 있는 법인
- 최저거래금액 및 거래대금의 지급보증을 위한 보증금 등 도매시장 개설자가 업무규정으로 정한 허가조건을 갖추지 못한 자

법인인 중도매인은 임원이 위에 해당하게 되었을 때에는 그 임원을 지체 없이 해임하여야 한다.

중도매인은 다음의 행위를 하여서는 아니 된다.

- 다른 중도매인 또는 매매참가인의 거래 참가를 방해하는 행위를 하거나 집단적으로 농수산물의 경매 또는 입찰에 불참하는 행위
- 다른 사람에게 자기의 성명이나 상호를 사용하여 중도매업을 하게 하거나 그 허가증을 빌려 주는 행위

도매시장 개설자는 중도매업의 허가를 하는 경우 5년 이상 10년 이하의 범위에서 허가 유효기간을 설정할 수 있다. 다만, 법인이 아닌 중도매인은 3년 이상 10년 이하의 범위에서 허가 유효기간을 설정할 수 있다.

허가 유효기간이 만료된 후 계속하여 중도매업을 하려는 자는 농림축산식품부령 또는 해양수산부령으로 정하는 바에 따라 갱신허가를 받아야 한다.

11. 경매사의 임면

도매시장법인은 도매시장에서의 공정하고 신속한 거래를 위하여 농림축산식품부령 또는 해양수산부령으로 정하는 바에 따라 일정 수 이상의 경매사를 두어야 한다.

경매사는 경매사 자격시험에 합격한 사람으로서 다음에 해당하지 아니한 사람 중에서 임명하여야 한다.

1) 피성년후견인 또는 피한정후견인
2) 이 법 또는 「형법」의 죄 중 어느 하나에 해당하는 죄를 범하여 금고 이상의 실형을 선고받고 그 형의 집행이 끝나거나 집행이 면제된 후 2년이 지나지 아니한 사람
3) 이 법 또는 「형법」의 죄 중 어느 하나에 해당하는 죄를 범하여 금고 이상의 형의 집행유예를 선고받거나 선고유예를 받고 그 유예기간 중에 있는 사람
4) 해당 도매시장의 시장도매인, 중도매인, 산지유통인 또는 그 임직원
5) 면직된 후 2년이 지나지 아니한 사람
6) 업무정지기간 중에 있는 사람

도매시장법인은 경매사가 1)부터 4)까지의 어느 하나에 해당하는 경우에는 그 경매사를 면직하여야 한다.

도매시장법인이 경매사를 임면(任免)하였을 때에는 농림축산식품부령 또는 해양수산부령으로 정하는 바에 따라 그 내용을 도매시장 개설자에게 신고하여야 하며, 도매시장 개설자는 농림축산식품부장관 또는 해양수산부장관이 지정하여 고시한 인터넷 홈페이지에 그 내용을 게시하여야 한다.

12. 경매사 자격시험

경매사 자격시험은 농림축산식품부장관 또는 해양수산부장관이 실시하되, 필기시험과 실기시험으로 구분하여 실시한다.

농림축산식품부장관 또는 해양수산부장관은 경매사 자격시험에서 부정행위를 한 사람에 대하여 해당 시험의 정지·무효 또는 합격 취소 처분을 한다. 이 경우 처분을 받은 사람에 대해서는 처분이 있은 날부터 3년간 경매사 자격시험의 응시자격을 정지한다.

1) 경매사 자격시험의 관리

- 농림축산식품부장관 또는 해양수산부장관은 경매사 자격시험의 관리(경매사 자격증 발급은 제외한다)에 관한 업무를 「한국산업인력공단법」에 따른 한국산업인

력공단에 위탁한다.[4)]

• 한국산업인력공단이 시험을 실시하려는 경우에는 시험의 일시·장소 및 방법 등 시험 실시에 관한 계획을 수립하여 농림축산식품부장관 또는 해양수산부장관의 승인을 받아야 한다.
• 한국산업인력공단은 시험의 실시에 필요한 실비를 농림축산식품부령 또는 해양수산부령으로 정하는 바에 따라 징수할 수 있다.

2) 시험과목 및 시험의 일부 면제 등

• 시험은 제1차 선택형 필기시험(제1차시험)과 제2차 실기시험(제2차시험)으로 구분하여 부류별로 시행한다. 이 경우 제2차시험은 제1차시험에 합격한 사람 또는 제1차시험을 면제받은 사람을 대상으로 시행한다.
• 제1차시험은 법과 그 하위법령, 농수산물 유통론, 상품성 평가로 하며, 제2차시험은 모의경매 진행으로 한다.
• 제1차시험에 합격한 사람이 다음 회의 시험에 응시하는 경우 제1차시험을 면제하며, 제2차시험에 합격한 사람이 다른 부류의 시험에 응시하는 경우에는 다음 회의 시험에 한정하여 제1차시험의 농수산물 유통론을 면제한다.
• 청과부류·수산부류의 시험은 매년 실시하고, 그 밖의 부류의 시험은 2년마다 실시한다. 다만, 농림축산식품부장관 또는 해양수산부장관은 신속한 인력 충원이 필요하다고 인정하는 경우에는 시험의 실시 연도를 변경할 수 있다.
• 시험의 합격자 결정은 제1차시험에서는 과목당 100점을 만점으로 하여 각 과목의 점수가 40점 이상이고 전 과목 평균점수가 60점 이상인 사람으로 하며, 제2차시험에서는 100점을 만점으로 하여 70점 이상인 사람으로 한다.

농림축산식품부장관 또는 해양수산부장관은 처분을 하려는 때에는 미리 그 처분 내용과 사유를 당사자에게 통지하여 소명할 기회를 주어야 한다.

농림축산식품부장관 또는 해양수산부장관은 경매사 자격시험의 관리에 관한 업무를 대통령령으로 정하는 바에 따라 시험관리 능력이 있다고 인정하는 관계 전문기관에 위탁할 수 있다.

4) 농수산물유통 및 가격안정에 관한 법률 시행령 제17조의2.

13. 경매사의 업무 등

경매사는 다음의 업무를 수행한다.

- 도매시장법인이 상장한 농수산물에 대한 경매 우선순위의 결정
- 도매시장법인이 상장한 농수산물에 대한 가격평가
- 도매시장법인이 상장한 농수산물에 대한 경락자의 결정

경매사는 「형법」의 규정을 적용할 때에는 공무원으로 본다.

14. 산지유통인의 등록

농수산물을 수집하여 도매시장에 출하하려는 자는 농림축산식품부령 또는 해양수산부령으로 정하는 바에 따라 부류별로 도매시장 개설자에게 등록하여야 한다. 다만, 다음에 해당하는 경우에는 그러하지 아니하다.

- 생산자단체가 구성원의 생산물을 출하하는 경우
- 도매시장법인이 매수한 농수산물을 상장하는 경우
- 중도매인이 비상장 농수산물을 매매하는 경우
- 시장도매인이 매매하는 경우
- 그 밖에 농림축산식품부령 또는 해양수산부령으로 정하는 경우

도매시장법인, 중도매인 및 이들의 주주 또는 임직원은 해당 도매시장에서 산지유통인의 업무를 하여서는 아니 된다.

도매시장 개설자는 이 법 또는 다른 법령에 따른 제한에 위반되는 경우를 제외하고는 등록을 하여주어야 한다.

산지유통인은 등록된 도매시장에서 농수산물의 출하업무 외의 판매·매수 또는 중개업무를 하여서는 아니 된다.

도매시장 개설자는 등록을 하여야 하는 자가 등록을 하지 아니하고 산지유통인의 업무를 하는 경우에는 도매시장에의 출입을 금지·제한하거나 그 밖에 필요한 조치를 할 수 있다.

국가나 지방자치단체는 산지유통인의 공정한 거래를 촉진하기 위하여 필요한 지원을 할 수 있다.

15. 출하자 신고

도매시장에 농수산물을 출하하려는 생산자 및 생산자단체 등은 농수산물의 거래질서 확립과 수급안정을 위하여 농림축산식품부령 또는 해양수산부령으로 정하는 바에 따라 해당 도매시장의 개설자에게 신고하여야 한다.

도매시장 개설자, 도매시장법인 또는 시장도매인은 신고한 출하자가 출하 예약을 하고 농수산물을 출하하는 경우에는 위탁수수료의 인하 및 경매의 우선 실시 등 우대조치를 할 수 있다.

16. 수탁판매의 원칙

도매시장에서 도매시장법인이 하는 도매는 출하자로부터 위탁을 받아 하여야 한다. 다만, 농림축산식품부령 또는 해양수산부령으로 정하는 특별한 사유가 있는 경우에는 매수하여 도매할 수 있다.

중도매인은 도매시장법인이 상장한 농수산물 외의 농수산물은 거래할 수 없다. 다만, 농림축산식품부령 또는 해양수산부령으로 정하는 도매시장법인이 상장하기에 적합하지 아니한 농수산물과 그 밖에 이에 준하는 농수산물로서 그 품목과 기간을 정하여 도매시장 개설자로부터 허가를 받은 농수산물의 경우에는 그러하지 아니하다.

중도매인이 농수산물 전자거래소에서 거래하는 경우에는 그 물품을 도매시장으로 반입하지 아니할 수 있다.

중도매인은 도매시장법인이 상장한 농수산물을 농림축산식품부령 또는 해양수산부령으로 정하는 연간 거래액의 범위에서 해당 도매시장의 다른 중도매인과 거래하는 경우를 제외하고는 다른 중도매인과 농수산물을 거래할 수 없다.

중도매인 간 거래액은 최저거래금액 산정 시 포함하지 아니한다.

다른 중도매인과 농수산물을 거래한 중도매인은 농림축산식품부령 또는 해양수산부령으로 정하는 바에 따라 그 거래 내역을 도매시장 개설자에게 통보하여야 한다.

17. 매매방법

도매시장법인은 도매시장에서 농수산물을 경매·입찰·정가매매 또는 수의매매(隨意賣買)의 방법으로 매매하여야 한다. 다만, 출하자가 매매방법을 지정하여 요청하는 경우 등 농림축산식품부령 또는 해양수산부령으로 매매방법을 정한 경우에는 그에 따라 매매할 수 있다.

18. 경매 또는 입찰의 방법

도매시장법인은 도매시장에 상장한 농수산물을 수탁된 순위에 따라 경매 또는 입찰의 방법으로 판매하는 경우에는 최고가격 제시자에게 판매하여야 한다. 다만, 출하자가 서면으로 거래 성립 최저가격을 제시한 경우에는 그 가격 미만으로 판매하여서는 아니 된다.

도매시장 개설자는 효율적인 유통을 위하여 필요한 경우에는 농림축산식품부령 또는 해양수산부령으로 정하는 바에 따라 대량 입하품, 표준규격품, 예약 출하품 등을 우선적으로 판매하게 할 수 있다.

경매 또는 입찰의 방법은 전자식(電子式)을 원칙으로 하되 필요한 경우 농림축산식품부령 또는 해양수산부령으로 정하는 바에 따라 거수수지식(擧手手指式), 기록식, 서면입찰식 등의 방법으로 할 수 있다. 이 경우 공개경매를 실현하기 위하여 필요한 경우 농림축산식품부장관, 해양수산부장관 또는 도매시장 개설자는 품목별·도매시장별로 경매방식을 제한할 수 있다.

19. 도매시장법인의 영업제한

도매시장법인은 도매시장 외의 장소에서 농수산물의 판매업무를 하지 못한다.

도매시장법인은 다음에 해당하는 경우에는 해당 거래물품을 도매시장으로 반입하지 아니할 수 있다.

- 도매시장 개설자의 사전승인을 받아 「전자문서 및 전자거래 기본법」에 따른 전자거래 방식으로 하는 경우(온라인에서 경매 방식으로 거래하는 경우를 포함한다)
- 농림축산식품부령 또는 해양수산부령으로 정하는 일정 기준 이상의 시설에 보관·저장 중인 거래 대상 농수산물의 견본을 도매시장에 반입하여 거래하는 것에 대하여 도매시장 개설자가 승인한 경우

전자거래 및 견본거래 방식 등에 관하여 필요한 사항은 농림축산식품부령 또는 해양수산부령으로 정한다.

도매시장법인은 농수산물 판매업무 외의 사업을 겸영(兼營)하지 못한다. 다만, 농수산물의 선별·포장·가공·제빙(製氷)·보관·후숙(後熟)·저장·수출입 등의 사업은 농림축산식품부령 또는 해양수산부령으로 정하는 바에 따라 겸영할 수 있다.

도매시장 개설자는 산지(産地) 출하자와의 업무 경합 또는 과도한 겸영사업으로 인하여 도매시장법인의 도매업무가 약화될 우려가 있는 경우에는 대통령령으로 정하는 바에 따라 겸영사업을 1년 이내의 범위에서 제한할 수 있다.

20. 시장도매인의 지정

시장도매인은 도매시장 개설자가 부류별로 지정한다. 이 경우 5년 이상 10년 이하의 범위에서 지정 유효기간을 설정할 수 있다.

시장도매인이 될 수 있는 자는 다음의 요건을 갖춘 법인이어야 한다.

1) 임원 중 이 법을 위반하여 금고 이상의 실형을 선고받고 그 형의 집행이 끝나거나 집행이 면제된 후 2년이 지나지 아니한 사람이 없을 것
2) 임원 중 해당 도매시장에서 시장도매인의 업무와 경합되는 도매업 또는 중도매업을 하는 사람이 없을 것
3) 임원 중 파산선고를 받고 복권되지 아니한 사람이나 피성년후견인 또는 피한정후견인이 없을 것
4) 임원 중 시장도매인의 지정취소처분의 원인이 되는 사항에 관련된 사람이 없을 것
5) 거래규모, 순자산액 비율 및 거래보증금 등 도매시장 개설자가 업무규정으로 정하는 일정 요건을 갖출 것

시장도매인은 해당 임원이 1)부터 4)까지에 해당하는 요건을 갖추지 아니하게 되었을 때에는 그 임원을 지체 없이 해임하여야 한다.

시장도매인의 지정절차와 그 밖에 지정에 필요한 사항은 대통령령으로 정한다.

21. 출하 농수산물의 안전성 검사

도매시장 개설자는 해당 도매시장에 반입되는 농수산물에 대하여 「농수산물 품질관리법」에 따른 유해물질의 잔류허용기준 등의 초과 여부에 관한 안전성 검사를 하여야 한다. 이 경우 도매시장 개설자 중 시는 해당 도매시장의 개설을 허가한 도지사

소속의 검사기관에 안전성 검사를 의뢰할 수 있다.

도매시장 개설자는 안전성 검사 결과 그 기준에 못 미치는 농수산물을 출하하는 자에 대하여 1년 이내의 범위에서 해당 농수산물과 같은 품목의 농수산물을 해당 도매시장에 출하하는 것을 제한할 수 있다. 이 경우 다른 도매시장 개설자로부터 안전성 검사 결과 출하 제한을 받은 자에 대해서도 또한 같다.

안전성 검사의 실시 기준 및 방법과 출하제한의 기준 및 절차 등에 관하여 필요한 사항은 농림축산식품부령 또는 해양수산부령으로 정한다.

22. 매매 농수산물의 인수 등

도매시장법인 또는 시장도매인으로부터 농수산물을 매수한 자는 매매가 성립한 즉시 그 농수산물을 인수하여야 한다.

도매시장법인 또는 시장도매인은 매수인이 정당한 사유 없이 매수한 농수산물의 인수를 거부하거나 게을리하였을 때에는 그 매수인의 부담으로 해당 농수산물을 일정 기간 보관하거나, 그 이행을 최고(催告)하지 아니하고 그 매매를 해제하여 다시 매매할 수 있다.

차손금(差損金)이 생겼을 때에는 당초의 매수인이 부담한다.

23. 하역업무

도매시장 개설자는 도매시장에서 하는 하역업무의 효율화를 위하여 하역체제의 개선 및 하역의 기계화 촉진에 노력하여야 하며, 하역비의 절감으로 출하자의 이익을 보호하기 위하여 필요한 시책을 수립·시행하여야 한다.

도매시장 개설자가 업무규정으로 정하는 규격출하품에 대한 표준하역비는 도매시장법인 또는 시장도매인이 부담한다.

농림축산식품부장관 또는 해양수산부장관은 하역체제의 개선 및 하역의 기계화와 규격출하의 촉진을 위하여 도매시장 개설자에게 필요한 조치를 명할 수 있다.

도매시장법인 또는 시장도매인은 도매시장에서 하는 하역업무에 대하여 하역 전문업체 등과 용역계약을 체결할 수 있다.

제4절 농수산물공판장 및 민영농수산물도매시장 등

1. 공판장의 개설

농림수협등, 생산자단체 또는 공익법인이 공판장을 개설하려면 시·도지사의 승인을 받아야 한다.

농림수협등, 생산자단체 또는 공익법인이 공판장의 개설승인을 받으려면 농림축산식품부령 또는 해양수산부령으로 정하는 바에 따라 공판장 개설승인 신청서에 업무규정과 운영관리계획서 등 승인에 필요한 서류를 첨부하여 시·도지사에게 제출하여야 한다.

공판장의 업무규정 및 운영관리계획서에 정할 사항에 관하여는 제17조제5항[5] 및 제7항[6]을 준용한다.

시·도지사는 신청이 다음에 해당하는 경우를 제외하고는 승인을 하여야 한다.

- 공판장을 개설하려는 장소가 교통체증을 유발할 수 있는 위치에 있는 경우
- 공판장의 시설이 기준에 적합하지 아니한 경우
- 운영관리계획서의 내용이 실현 가능하지 아니한 경우
- 그 밖에 이 법 또는 다른 법령에 따른 제한에 위반되는 경우

2. 공판장의 거래 관계자

공판장에는 중도매인, 매매참가인, 산지유통인 및 경매사를 둘 수 있다.

공판장의 중도매인은 공판장의 개설자가 지정한다.

농수산물을 수집하여 공판장에 출하하려는 자는 공판장의 개설자에게 산지유통인으로 등록하여야 한다.

공판장의 경매사는 공판장의 개설자가 임면한다.

---

5) 농수산물유통 및 가격안정에 관한 법률 제17조 5항 : 중앙도매시장의 개설자가 업무규정을 변경하는 때에는 농림축산식품부장관 또는 해양수산부장관의 승인을 받아야 하며, 지방도매시장의 개설자(시가 개설자인 경우만 해당한다)가 업무규정을 변경하는 때에는 도지사의 승인을 받아야 한다.

6) 농수산물유통 및 가격안정에 관한 법률 제17조 7항 : 업무규정으로 정하여야 할 사항과 운영관리계획서의 작성 및 제출에 필요한 사항은 농림축산식품부령 또는 해양수산부령으로 정한다.

3. 민영도매시장의 개설

민간인등이 특별시·광역시·특별자치시·특별자치도 또는 시 지역에 민영도매시장을 개설하려면 시·도지사의 허가를 받아야 한다.

민간인등이 민영도매시장의 개설허가를 받으려면 농림축산식품부령 또는 해양수산부령으로 정하는 바에 따라 민영도매시장 개설허가 신청서에 업무규정과 운영관리계획서를 첨부하여 시·도지사에게 제출하여야 한다.

시·도지사는 다음에 해당하는 경우를 제외하고는 허가하여야 한다.

- 민영도매시장을 개설하려는 장소가 교통체증을 유발할 수 있는 위치에 있는 경우
- 민영도매시장의 시설이 기준에 적합하지 아니한 경우
- 운영관리계획서의 내용이 실현 가능하지 아니한 경우
- 그 밖에 이 법 또는 다른 법령에 따른 제한에 위반되는 경우

시·도지사는 민영도매시장 개설허가의 신청을 받은 경우 신청서를 받은 날부터 30일 이내에 허가 여부 또는 허가처리 지연 사유를 신청인에게 통보하여야 한다. 이 경우 허가 처리기간에 허가 여부 또는 허가처리 지연 사유를 통보하지 아니하면 허가 처리기간의 마지막 날의 다음 날에 허가를 한 것으로 본다.

시·도지사는 허가처리 지연 사유를 통보하는 경우에는 허가 처리기간을 10일 범위에서 한 번만 연장할 수 있다.

4. 민영도매시장의 운영 등

민영도매시장의 개설자는 중도매인, 매매참가인, 산지유통인 및 경매사를 두어 직접 운영하거나 시장도매인을 두어 이를 운영하게 할 수 있다.

민영도매시장의 중도매인은 민영도매시장의 개설자가 지정한다.

농수산물을 수집하여 민영도매시장에 출하하려는 자는 민영도매시장의 개설자에게 산지유통인으로 등록하여야 한다.

민영도매시장의 경매사는 민영도매시장의 개설자가 임면한다.

민영도매시장의 시장도매인은 민영도매시장의 개설자가 지정한다.

민영도매시장의 개설자가 중도매인, 매매참가인, 산지유통인 및 경매사를 두어 직접 운영하는 경우 그 운영 및 거래방법 등에 관하여는 제42조[7]를 준용한다. 다만, 민

---

7) 농수산물유통 및 가격안정에 관한 법률 제42조(수수료 등의 징수제한) : ① 도매시장 개설자,

영도매시장의 규모·거래물량 등에 비추어 해당 규정을 준용하는 것이 적합하지 아니한 민영도매시장의 경우에는 그 개설자가 합리적이라고 인정되는 범위에서 업무규정으로 정하는 바에 따라 그 운영 및 거래방법 등을 달리 정할 수 있다.

5. 포전매매의 계약

농림축산식품부장관이 정하는 채소류 등 저장성이 없는 농산물의 포전매매(생산자가 수확하기 이전의 경작상태에서 면적단위 또는 수량단위로 매매하는 것)의 계약은 서면에 의한 방식으로 하여야 한다.

농산물의 포전매매의 계약은 특약이 없으면 매수인이 그 농산물을 계약서에 적힌 반출 약정일부터 10일 이내에 반출하지 아니한 경우에는 그 기간이 지난 날에 계약이 해제된 것으로 본다. 다만, 매수인이 반출 약정일이 지나기 전에 반출 지연 사유와 반출 예정일을 서면으로 통지한 경우에는 그러하지 아니하다.

농림축산식품부장관은 포전매매의 계약에 필요한 표준계약서를 정하여 보급하고 그 사용을 권장할 수 있으며, 계약당사자는 표준계약서에 준하여 계약하여야 한다.

농림축산식품부장관과 지방자치단체의 장은 생산자 및 소비자의 보호나 농산물의 가격 및 수급의 안정을 위하여 특히 필요하다고 인정할 때에는 대상 품목, 대상 지역 및 신고기간 등을 정하여 계약 당사자에게 포전매매 계약의 내용을 신고하도록 할 수 있다.

도매시장법인, 시장도매인, 중도매인 또는 대금정산조직은 해당 업무와 관련하여 징수 대상자에게 다음 각 호의 금액 외에는 어떠한 명목으로도 금전을 징수하여서는 아니 된다.

1. 도매시장 개설자가 도매시장법인 또는 시장도매인으로부터 도매시장의 유지·관리에 필요한 최소한의 비용으로 징수하는 도매시장의 사용료
2. 도매시장 개설자가 도매시장의 시설 중 농림축산식품부령 또는 해양수산부령으로 정하는 시설에 대하여 사용자로부터 징수하는 시설 사용료
3. 도매시장법인이나 시장도매인이 농수산물의 판매를 위탁한 출하자로부터 징수하는 거래액의 일정 비율 또는 일정액에 해당하는 위탁수수료
4. 시장도매인 또는 중도매인이 농수산물의 매매를 중개한 경우에 이를 매매한 자로부터 징수하는 거래액의 일정 비율에 해당하는 중개수수료
5. 거래대금을 정산하는 경우에 도매시장법인·시장도매인·중도매인·매매참가인 등이 대금정산조직에 납부하는 정산수수료

② 제1항제1호부터 제5호까지의 규정에 따른 사용료 및 수수료의 요율은 농림축산식품부령 또는 해양수산부령으로 정한다.

제5절 농산물가격안정기금

1. 기금의 설치

정부는 농산물(축산물 및 임산물을 포함)의 원활한 수급과 가격안정을 도모하고 유통구조의 개선을 촉진하기 위한 재원을 확보하기 위하여 농산물가격안정기금을 설치한다.

2. 기금의 조성

기금은 다음의 재원으로 조성한다.

- 정부의 출연금
- 기금 운용에 따른 수익금
- 다른 법률의 규정에 따라 납입되는 금액
- 다른 기금으로부터의 출연금

농림축산식품부장관은 기금의 운영에 필요하다고 인정할 때에는 기금의 부담으로 한국은행 또는 다른 기금으로부터 자금을 차입(借入)할 수 있다.

3. 기금의 운용·관리

기금은 국가회계원칙에 따라 농림축산식품부장관이 운용·관리한다.

기금의 운용·관리에 관한 농림축산식품부장관의 업무는 대통령령으로 정하는 바에 따라 그 일부를 국립종자원장과 한국농수산식품유통공사의 장에게 위임 또는 위탁할 수 있다. 기금의 운용·관리에 관하여 이 법에서 규정한 사항 외에 필요한 사항은 대통령령으로 정한다.

4. 기금의 용도

기금은 다음의 사업을 위하여 필요한 경우에 융자 또는 대출할 수 있다.

- 농산물의 가격조절과 생산·출하의 장려 또는 조절
- 농산물의 수출 촉진
- 농산물의 보관·관리 및 가공
- 도매시장, 공판장, 민영도매시장 및 경매식 집하장의 출하촉진·거래대금정산·운영 및 시설설치
- 농산물의 상품성 향상
- 그 밖에 농림축산식품부장관이 농산물의 유통구조 개선, 가격안정 및 종자산업의 진흥을 위하여 필요하다고 인정하는 사업

기금은 다음의 사업을 위하여 지출한다.

- 「농수산자조금의 조성 및 운용에 관한 법률」에 따른 농수산자조금에 대한 출연 및 지원
- 「종자산업법」에 따른 사업 및 그 사업의 관리, 유통명령 이행자에 대한 지원
- 기금이 관리하는 유통시설의 설치·취득 및 운영
- 도매시장 시설현대화 사업 지원
- 그 밖에 대통령령으로 정하는 농산물의 유통구조 개선 및 가격안정과 종자산업의 진흥을 위하여 필요한 사업

기금의 융자를 받을 수 있는 자는 농업협동조합중앙회, 산림조합중앙회 및 한국농수산식품유통공사로 하고, 대출을 받을 수 있는 자는 농림축산식품부장관이 사업을 효율적으로 시행할 수 있다고 인정하는 자로 한다.

기금의 대출에 관한 농림축산식품부장관의 업무는 기금의 융자를 받을 수 있는 자에게 위탁할 수 있다.

기금을 융자받거나 대출받은 자는 융자 또는 대출을 할 때에 지정한 목적 외의 목적에 그 융자금 또는 대출금을 사용할 수 없다.

5. 기금의 운용계획

농림축산식품부장관은 회계연도마다 「국가재정법」에 따라 기금운용계획을 수립하여야 한다.

기금운용계획에는 다음의 사항이 포함되어야 한다.

- 기금의 수입·지출에 관한 사항

- 융자 또는 대출의 목적, 대상자, 금리 및 기간에 관한 사항
- 그 밖에 기금의 운용에 필요한 사항

융자기간은 1년 이내로 하여야 한다. 다만, 시설자금의 융자 등 자금의 사용 목적상 1년 이내로 하는 것이 적당하지 아니하다고 인정되는 경우에는 그러하지 아니하다.

제6절 농수산물 유통기구의 정비 등

1. 정비 기본방침 등

농림축산식품부장관 또는 해양수산부장관은 농수산물의 원활한 수급과 유통질서를 확립하기 위하여 필요한 경우에는 다음의 사항을 포함한 농수산물 유통기구 정비 기본방침을 수립하여 고시할 수 있다.

- 시설기준에 미달하거나 거래물량에 비하여 시설이 부족하다고 인정되는 도매시장·공판장 및 민영도매시장의 시설 정비에 관한 사항
- 도매시장·공판장 및 민영도매시장 시설의 바꿈 및 이전에 관한 사항
- 중도매인 및 경매사의 가격조작 방지에 관한 사항
- 생산자와 소비자 보호를 위한 유통기구의 봉사(奉仕) 경쟁체제의 확립과 유통 경로의 단축에 관한 사항
- 운영 실적이 부진하거나 휴업 중인 도매시장의 정비 및 도매시장법인이나 시장도매인의 교체에 관한 사항
- 소매상의 시설 개선에 관한 사항

2. 지역별 정비계획

시·도지사는 기본방침이 고시되었을 때에는 그 기본방침에 따라 지역별 정비계획을 수립하고 농림축산식품부장관 또는 해양수산부장관의 승인을 받아 그 계획을 시행하여야 한다.

농림축산식품부장관 또는 해양수산부장관은 지역별 정비계획의 내용이 기본방침

에 부합되지 아니하거나 사정의 변경 등으로 실효성이 없다고 인정하는 경우에는 그 일부를 수정 또는 보완하여 승인할 수 있다.

3. 유사 도매시장의 정비

시·도지사는 농수산물의 공정거래질서 확립을 위하여 필요한 경우에는 농수산물도매시장과 유사(類似)한 형태의 시장을 정비하기 위하여 유사 도매시장구역을 지정하고, 농림축산식품부령 또는 해양수산부령으로 정하는 바에 따라 그 구역의 농수산물도매업자의 거래방법 개선, 시설 개선, 이전대책 등에 관한 정비계획을 수립·시행할 수 있다.

특별시·광역시·특별자치시·특별자치도 또는 시는 제1항에 따른 정비계획에 따라 유사 도매시장구역에 도매시장을 개설하고, 그 구역의 농수산물도매업자를 도매시장법인 또는 시장도매인으로 지정하여 운영하게 할 수 있다.

농림축산식품부장관 또는 해양수산부장관은 시·도지사로 하여금 정비계획의 내용을 수정 또는 보완하게 할 수 있으며, 정비계획의 추진에 필요한 지원을 할 수 있다.

4. 시장의 개설·정비 명령

농림축산식품부장관 또는 해양수산부장관은 기본방침을 효과적으로 수행하기 위하여 필요하다고 인정할 때에는 도매시장·공판장 및 민영도매시장의 개설자에 대하여 대통령령으로 정하는 바에 따라 도매시장·공판장 및 민영도매시장의 통합·이전 또는 폐쇄를 명할 수 있다.

농림축산식품부장관 또는 해양수산부장관은 농수산물을 원활하게 수급하기 위하여 특정한 지역에 도매시장이나 공판장을 개설하거나 제한할 필요가 있다고 인정할 때에는 그 지역을 관할하는 특별시·광역시·특별자치시·특별자치도 또는 시나 농림수협등 또는 공익법인에 대하여 도매시장이나 공판장을 개설하거나 제한하도록 권고할 수 있다.

정부는 명령으로 인하여 발생한 도매시장·공판장 및 민영도매시장의 개설자 또는 도매시장법인의 손실에 관하여는 대통령령으로 정하는 바에 따라 정당한 보상을 하여야 한다.

5. 도매시장법인의 대행

도매시장 개설자는 도매시장법인이 판매업무를 할 수 없게 되었다고 인정되는 경우에는 기간을 정하여 그 업무를 대행하거나 관리공사, 다른 도매시장법인 또는 도매시장공판장의 개설자로 하여금 대행하게 할 수 있다.

도매시장법인의 업무를 대행하는 자에 대한 업무처리기준과 그 밖에 대행에 관하여 필요한 사항은 도매시장 개설자가 정한다.

6. 농수산물 소매유통의 개선

농림축산식품부장관, 해양수산부장관 또는 지방자치단체의 장은 생산자와 소비자를 보호하고 상거래질서를 확립하기 위한 농수산물 소매단계의 합리적 유통 개선에 대한 시책을 수립·시행할 수 있다.

농림축산식품부장관 또는 해양수산부장관은 시책을 달성하기 위하여 농수산물의 중도매업·소매업, 생산자와 소비자의 직거래사업, 생산자단체 및 대통령령으로 정하는 단체가 운영하는 농수산물직판장, 소매시설의 현대화 등을 농림축산식품부령 또는 해양수산부령으로 정하는 바에 따라 지원·육성한다.

농림축산식품부장관, 해양수산부장관 또는 지방자치단체의 장은 농수산물소매업자 등이 농수산물의 유통 개선과 공동이익의 증진 등을 위하여 협동조합을 설립하는 경우에는 도매시장 또는 공판장의 이용편의 등을 지원할 수 있다.

7. 종합유통센터의 설치

국가나 지방자치단체는 종합유통센터를 설치하여 생산자단체 또는 전문유통업체에 그 운영을 위탁할 수 있다.

국가나 지방자치단체는 종합유통센터를 설치하려는 자에게 부지 확보 또는 시설물 설치 등에 필요한 지원을 할 수 있다.

농림축산식품부장관, 해양수산부장관 또는 지방자치단체의 장은 종합유통센터가 효율적으로 그 기능을 수행할 수 있도록 종합유통센터를 운영하는 자 또는 이를 이용하는 자에게 그 운영방법 및 출하 농어가에 대한 서비스의 개선 또는 이용방법의 준수 등 필요한 권고를 할 수 있다.

농림축산식품부장관, 해양수산부장관 또는 지방자치단체의 장은 종합유통센터를 운영하는 자 및 지원을 받아 종합유통센터를 운영하는 자가 권고를 이행하지 아니하는 경우에는 일정한 기간을 정하여 운영방법 및 출하 농어가에 대한 서비스의 개선 등 필요한 조치를 할 것을 명할 수 있다.

8. 유통자회사의 설립

농림수협등은 농수산물 유통의 효율화를 도모하기 위하여 필요한 경우에는 종합유통센터·도매시장공판장을 운영하거나 그 밖의 유통사업을 수행하는 별도의 법인(유통자회사)을 설립·운영할 수 있다.

유통자회사는 「상법」상의 회사이어야 한다.

국가나 지방자치단체는 유통자회사의 원활한 운영을 위하여 필요한 지원을 할 수 있다.

9. 농수산물 전자거래의 촉진 등

농림축산식품부장관 또는 해양수산부장관은 농수산물 전자거래를 촉진하기 위하여 한국농수산식품유통공사 및 농수산물 거래와 관련된 업무경험 및 전문성을 갖춘 기관으로서 대통령령으로 정하는 기관에 다음의 업무를 수행하게 할 수 있다.

- 농수산물 전자거래소(농수산물 전자거래장치와 그에 수반되는 물류센터 등의 부대시설을 포함한다)의 설치 및 운영·관리
- 농수산물 전자거래 참여 판매자 및 구매자의 등록·심사 및 관리
- 농수산물 전자거래 분쟁조정위원회에 대한 운영 지원
- 대금결제 지원을 위한 정산소(精算所)의 운영·관리
- 농수산물 전자거래에 관한 유통정보 서비스 제공
- 그 밖에 농수산물 전자거래에 필요한 업무

농림축산식품부장관 또는 해양수산부장관은 농수산물 전자거래를 활성화하기 위하여 예산의 범위에서 필요한 지원을 할 수 있다.

위에서 규정한 사항 외에 거래품목, 거래수수료 및 결제방법 등 농수산물 전자거래에 필요한 사항은 농림축산식품부령 또는 해양수산부령으로 정한다.

10. 농수산물 전자거래 분쟁조정위원회의 설치

농수산물 전자거래에 관한 분쟁을 조정하기 위하여 한국농수산식품유통공사와 같은 항 각 호 외의 부분에 따른 기관에 농수산물 전자거래 분쟁조정위원회를 둔다.

분쟁조정위원회는 위원장 1명을 포함하여 9명 이내의 위원으로 구성하고, 위원은 농림축산식품부장관 또는 해양수산부장관이 임명하거나 위촉하며, 위원장은 위원 중에서 호선(互選)한다.

위에서 규정한 사항 외에 위원의 자격 및 임기, 위원의 제척(除斥)·기피·회피 등 분쟁조정위원회의 구성·운영에 필요한 사항은 대통령령으로 정한다.

11. 유통 정보화의 촉진

농림축산식품부장관 또는 해양수산부장관은 유통 정보의 원활한 수집·처리 및 전파를 통하여 농수산물의 유통효율 향상에 이바지할 수 있도록 농수산물 유통 정보화와 관련한 사업을 지원하여야 한다.

농림축산식품부장관 또는 해양수산부장관은 정보화사업을 추진하기 위하여 정보기반의 정비, 정보화를 위한 교육 및 홍보사업을 직접 수행하거나 이에 필요한 지원을 할 수 있다.

12. 거래질서의 유지

누구든지 도매시장에서의 정상적인 거래와 도매시장 개설자가 정하여 고시하는 시설물의 사용기준을 위반하거나 적절한 위생·환경의 유지를 저해하여서는 아니 된다. 이 경우 도매시장 개설자는 도매시장에서의 거래질서가 유지되도록 필요한 조치를 하여야 한다.

농림축산식품부장관, 해양수산부장관, 도지사 또는 도매시장 개설자는 대통령령으로 정하는 바에 따라 소속 공무원으로 하여금 이 법을 위반하는 자를 단속하게 할 수 있다. 단속을 하는 공무원은 그 권한을 표시하는 증표를 관계인에게 보여주어야 한다.

13. 교육훈련 등

농림축산식품부장관 또는 해양수산부장관은 농수산물의 유통 개선을 촉진하기 위하여 경매사, 중도매인 등 농림축산식품부령 또는 해양수산부령으로 정하는 유통 종사자에 대하여 교육훈련을 실시할 수 있다.

도매시장법인 또는 공판장의 개설자가 임명한 경매사는 농림축산식품부장관 또는 해양수산부장관이 실시하는 교육훈련을 이수하여야 한다.

농림축산식품부장관 또는 해양수산부장관은 교육훈련을 농림축산식품부령 또는 해양수산부령으로 정하는 기관에 위탁하여 실시할 수 있다.

교육훈련의 내용, 절차 및 그 밖의 세부사항은 농림축산식품부령 또는 해양수산부령으로 정한다.

14. 시장관리운영위원회의 설치

도매시장의 효율적인 운영·관리를 위하여 도매시장 개설자 소속으로 시장관리운영위원회를 둔다.

위원회는 다음의 사항을 심의한다.

- 도매시장의 거래제도 및 거래방법의 선택에 관한 사항
- 수수료, 시장 사용료, 하역비 등 각종 비용의 결정에 관한 사항
- 도매시장 출하품의 안전성 향상 및 규격화의 촉진에 관한 사항
- 도매시장의 거래질서 확립에 관한 사항
- 정가매매·수의매매 등 거래 농수산물의 매매방법 운용기준에 관한 사항
- 최소출하량 기준의 결정에 관한 사항
- 그 밖에 도매시장 개설자가 특히 필요하다고 인정하는 사항

위원회의 구성·운영 등에 필요한 사항은 농림축산식품부령 또는 해양수산부령으로 정한다.

15. 도매시장거래 분쟁조정위원회의 설치 등

도매시장 내 농수산물의 거래 당사자 간의 분쟁에 관한 사항을 조정하기 위하여 도매시장 개설자 소속으로 도매시장거래 분쟁조정위원회(조정위원회)를 둘 수 있다.

조정위원회는 당사자의 한쪽 또는 양쪽의 신청에 의하여 다음의 분쟁을 심의·조정한다.

• 낙찰자 결정에 관한 분쟁
• 낙찰가격에 관한 분쟁
• 거래대금의 지급에 관한 분쟁
• 그 밖에 도매시장 개설자가 특히 필요하다고 인정하는 분쟁

조정위원회의 구성·운영에 필요한 사항은 대통령령으로 정한다.

제7절 벌 칙

1. 벌칙

1) 다음에 해당하는 자는 2년 이하의 징역 또는 2천만원 이하의 벌금에 처한다.
  • 수입 추천신청을 할 때에 정한 용도 외의 용도로 수입농산물을 사용한 자
  • 도매시장의 개설구역이나 공판장 또는 민영도매시장이 개설된 특별시·광역시·특별자치시·특별자치도 또는 시의 관할구역에서 허가를 받지 아니하고 농수산물의 도매를 목적으로 지방도매시장 또는 민영도매시장을 개설한 자
  • 지정을 받지 아니하거나 지정 유효기간이 지난 후 도매시장법인의 업무를 한 자
  • 허가 또는 갱신허가를 받지 아니하고 중도매인의 업무를 한 자
  • 등록을 하지 아니하고 산지유통인의 업무를 한 자
  • 도매시장 외의 장소에서 농수산물의 판매업무를 하거나 농수산물 판매업무 외의 사업을 겸영한 자
  • 지정을 받지 아니하거나 지정 유효기간이 지난 후 도매시장 안에서 시장도매인의 업무를 한 자
  • 승인을 받지 아니하고 공판장을 개설한 자
  • 업무정지처분을 받고도 그 업(業)을 계속한 자
2) 다음에 해당하는 자는 1년 이하의 징역 또는 1천만원 이하의 벌금에 처한다.
  • 다른 중도매인 또는 매매참가인의 거래 참가를 방해하거나 정당한 사유 없이 집단적으로 경매 또는 입찰에 불참한 자
  • 다른 사람에게 자기의 성명이나 상호를 사용하여 중도매업을 하게 하거나 그 허가증을 빌려 준 자

- 경매사 임명 및 면직규정에 위반하여 경매사를 임면한 자
- 도매시장법인, 중도매인, 공판장 및 이들의 주주 또는 임직원이 산지유통인의 업무를 한 자
- 산지유통인이 등록된 도매시장 또는 공판장에서 출하업무 외의 판매·매수 또는 중개 업무를 한 자
- 중도매인이 상장된 농수산물 외의 농수산물을 거래한 자
- 시장도매인의 영업규정에 위반하여 농수산물을 위탁받아 거래한 자
- 시장도매인이 당해 도매시장안의 도매시장법인 또는 중도매인에게 농수산물을 판매한 자
- 표준하역비의 부담을 이행하지 아니한 자
- 수수료 징수명목외의 명목으로 수수료 등 비용을 징수한 자
- 종합유통센터 운영자가 조치명령을 위반한 경우

Appendix

부 록

■ 물류정책기본법 시행령 [별표 1]

물류사업의 범위(제3조 관련)

대분류	세분류	세세분류
화물 운송업	육상화물운송업	화물자동차운송사업, 화물자동차운송가맹사업, 철도사업
	해상화물운송업	외항정기화물운송사업, 외항부정기화물운송사업, 내항화물운송사업
	항공화물운송업	정기항공운송사업, 부정기항공운송사업, 상업서류송달업
	파이프라인운송업	파이프라인운송업
물류 시설 운영업	창고업(공동집배송센터 운영업 포함)	일반창고업, 냉장 및 냉동 창고업, 농 · 수산물 창고업, 위험물품보관업, 그 밖의 창고업
	물류터미널운영업	복합물류터미널, 일반물류터미널, 해상터미널, 공항화물터미널, 화물차전용터미널, 컨테이너화물조작장(CFS), 컨테이너장치장(CY), 물류단지, 집배송단지 등 물류시설의 운영업
물류 서비스업	화물취급업 (하역업 포함)	화물의 하역, 포장, 가공, 조립, 상표부착, 프로그램 설치, 품질검사 등 부가적인 물류업
	화물주선업	국제물류주선업, 화물자동차운송주선사업
	물류장비임대업	운송장비임대업, 산업용 기계 · 장비 임대업, 운반용기 임대업, 화물자동차임대업, 화물선박임대업, 화물항공기임대업, 운반 · 적치 · 하역장비 임대업, 컨테이너 · 파렛트 등 포장용기 임대업, 선박대여업
	물류정보처리업	물류정보 데이터베이스 구축, 물류지원 소프트웨어 개발 · 운영, 물류 관련 전자문서 처리업
	물류컨설팅업	물류 관련 업무프로세스 개선 관련 컨설팅, 자동창고, 물류자동화 설비 등 도입 관련 컨설팅, 물류 관련 정보시스템 도입 관련 컨설팅
	해운부대사업	해운대리점업, 해운중개업, 선박관리업
	항만운송관련업	항만용역업, 선용품공급업, 선박연료공급업, 선박수리업, 컨테이너수리업, 예선업
	항만운송사업	항만하역사업, 검수사업, 감정사업, 검량사업
종합물류 서비스업	종합물류서비스업	종합물류서비스업

■ 물류정책기본법 시행령 [별표 1의2]

사업별 우수물류기업 인증의 주체와 대상(제27조의4 관련)

물류사업	인증 대상 물류기업	인증 주체
1. 화물운송업	화물자동차운송기업	국토교통부장관
2. 물류시설운영업	물류창고기업	국토교통부장관 또는 해양수산부장관(「항만법」 제2조제4호에 따른 항만구역에 있는 창고를 운영하는 기업의 경우만 해당한다)
3. 물류서비스업	가. 국제물류주선기업	국토교통부장관
	나. 화물정보망기업	국토교통부장관
4. 종합물류서비스업	종합물류서비스기업	국토교통부장관·해양수산부장관 공동

■ 물류정책기본법 시행령 [별표 2]

물류관리사 시험과목(제37조제2항 관련)

시험과목	비고
○물류관리론	화물운송론 · 보관하역론 및 국제물류론은 제외한다.
○화물운송론	
○보관하역론	
○국제물류론	
○물류 관련 법규	「물류정책기본법」, 「물류시설의 개발 및 운영에 관한 법률」, 「화물자동차 운수사업법」, 「항만운송사업법」, 「유통산업발전법」, 「철도사업법」, 「농수산물유통 및 가격안정에 관한 법률」 중 물류 관련 규정으로 한다.

■ 물류정책기본법 시행령 [별표 3]

위반행위의 종별과 과징금의 금액(제52조제1항 관련)

위반행위	근거 법조문	과징금 금액	
		2차 위반	3차 위반
1. 법 제43조제3항에 따른 등록기준에 못 미치게 된 경우	법 제47조제1항제2호 및 제67조제1항	100만원	200만원
2. 법 제43조제4항을 위반하여 신고를 하지 않거나 거짓으로 신고한 경우	법 제47조제1항제3호 및 제67조제1항	100만원	200만원

※ 비고: 위반행위의 횟수는 국토교통부령으로 정하는 처분기준에 따른 위반행위의 횟수 산정 기준에 따른다.

■ 물류정책기본법 시행령 [별표 4]

과태료의 부과기준(제55조제1항 관련)

1. 일반기준
   가. 위반행위의 횟수에 따른 과태료의 가중된 부과기준은 최근 1년 동안 같은 위반행위로 과태료 부과처분을 받은 경우에 적용한다. 이 경우 기간의 계산은 같은 위반행위에 대하여 과태료 부과처분을 받은 날과 그 처분 후 다시 같은 위반행위를 하여 적발된 날을 기준으로 하여 계산한다.
   나. 가목에 따라 가중된 부과처분을 하는 경우 가중처분의 적용 차수는 그 위반행위 전 부과처분 차수(가목에 따른 기간 내에 과태료 부과처분이 둘 이상 있었던 경우에는 높은 차수를 말한다)의 다음 차수로 한다.
   다. 부과권자는 다음의 어느 하나에 해당하는 경우에는 제2호의 개별기준에 따른 과태료 금액의 2분의 1 범위에서 그 금액을 줄일 수 있다. 다만, 과태료를 체납하고 있는 위반행위자의 경우에는 그렇지 않다.
      1) 위반행위자가 「질서위반행위규제법 시행령」 제2조의2제1항 각 호의 어느 하나에 해당하는 경우
      2) 위반행위가 사소한 부주의나 오류 등으로 인한 것으로 인정되는 경우
      3) 위반행위를 지체없이 정정하거나 시정하여 해소한 경우
      4) 그 밖에 위반행위의 정도, 위반행위의 동기와 그 결과 등을 고려하여 감경할 필요가 있다고 인정되는 경우

라. 부과권자는 다음의 어느 하나에 해당하는 경우에는 제2호의 개별기준에 따른 과태료 금액의 2분의 1 범위에서 그 금액을 늘릴 수 있다. 다만, 법 제73조에 따른 과태료 금액의 상한을 넘을 수 없다.
1) 위반의 내용 및 정도가 중대하고, 이로 인한 피해가 크다고 인정되는 경우
2) 법 위반상태의 기간이 6개월 이상인 경우
3) 그 밖에 위반행위의 정도, 위반행위의 동기와 그 결과 등을 고려하여 과태료 금액을 늘릴 필요가 있다고 인정되는 경우

2. 개별기준

위반행위	근거 법조문	과태료 금액		
		1차 위반	2차 위반	3차 이상위반
가. 법 제7조제2항, 제11조제3항(법 제13조제2항에서 준용하는 경우를 포함한다) 또는 제15조제1항(법 제16조제2항에서 준용하는 경우를 포함한다)에 따른 자료를 제출하지 않거나 거짓의 자료를 제출한 경우(법 제7조제2항제3호, 제11조제3항제3호 및 제15조제1항제3호에 해당하는 경우만 해당한다)	법 제73조 제1항제1호	50만원	100만원	150만원
나. 법 제29조의2제1항을 위반하여 단말장치를 장착하지 않은 경우	법 제73조 제1항제5호	50만원	100만원	200만원
다. 법 제29조의2제2항을 위반하여 단말장치를 점검·관리하지 않거나 단말장치의 작동을 유지하지 않은 경우	법 제73조 제1항제6호	50만원	100만원	200만원
라. 법 제29조의2제5항을 위반하여 운송계획정보를 입력하지 않거나 거짓으로 입력한 경우	법 제73조 제1항제7호	50만원	100만원	200만원
마. 법 제29조의2제8항을 위반하여 정당한 사유 없이 출입·조사를 거부·방해 또는 기피한 경우	법 제73조 제1항제8호	50만원	100만원	200만원
바. 법 제39조제2항을 위반하여 인증마크를 계속 사용한 경우	법 제73조 제1항제3호	50만원	100만원	200만원
사. 법 제43조제2항에 따른 변경등록을 하지 않은 경우	법 제73조제1항제1호의2			
1) 변경등록 지연기간이 10일 이하인 경우		10만원	20만원	30만원
2) 변경등록 지연기간이 10일 초과 90일 미만인 경우		10만원에 11일째부터 계산하여 1일마다 1만5천원을 더한 금액	20만원에 11일째부터 계산하여 1일마다 1만5천원을 더한 금액	30만원에 11일째부터 계산하여 1일마다 1만5천원을 더한 금액
3) 변경등록 지연기간이 90일 이상인 경우		130만원	140만원	150만원
아. 법 제45조에 따른 신고를 하지 않은 경우	법 제73조 제1항제2호			
1) 신고 지연기간이 10일 이하인 경우		10만원	20만원	30만원
2) 신고 지연기간이 10일 초과 90일 미만인 경우		10만원에 11일째부터 계산하여 1일마다 1만5천원을 더한 금액	20만원에 11일째부터 계산하여 1일마다 1만5천원을 더한 금액	30만원에 11일째부터 계산하여 1일마다 1만5천원을 더한 금액
3) 신고 지연기간이 90일 이상인 경우		130만원	140만원	150만원
자. 법 제60조의6제2항을 위반하여 지정표시를 계속 사용한 경우	법 제73조 제1항제4호	50만원	100만원	200만원

물류정책기본법 시행령

[시행 2021. 9. 24.] [대통령령 제32014호]

제1조(목적) 이 영은 「물류정책기본법」에서 위임된 사항과 그 시행에 필요한 사항을 규정함을 목적으로 한다.

제2조(제3자물류에서 제외되는 특수관계) 「물류정책기본법」에서 "대통령령으로 정하는 특수관계"란 「법인세법 시행령」에 해당하는 관계를 말한다.

제3조(물류사업의 범위) 물류사업의 범위는 별표 1과 같다.

제4조(물류현황조사지침) ① 물류현황조사를 위한 조사지침에는 다음 각 호의 사항이 포함되어야 한다.

1. 조사의 종류 및 항목
2. 조사의 대상·방법 및 절차
3. 조사의 체계
4. 조사의 시기 및 지역
5. 조사결과의 집계·분석 및 관리
6. 그 밖에 효율적인 물류현황조사를 위하여 필요한 사항

② 물류현황조사를 수행하는 자는 물류현황조사지침에 따라 조사를 수행하여야 한다.

제5조(국가물류기본계획의 중요한 사항의 변경) "대통령령으로 정하는 중요한 사항"이란 다음 각 호의 어느 하나에 해당하는 사항을 말한다. 다만, 제2호부터 제4호까지의 사항이 「국토기본법」에 따른 국토종합계획, 「국가통합교통체계효율화법」에 따른 국가기간교통망계획이나 「물류시설의 개발 및 운영에 관한 법률」 에 따른 물류시설개발종합계획 등 국가물류기본계획과 관련된 다른 계획의 변경으로 인한 사항을 반영하는 내용일 경우는 제외한다.

1. 국가물류정책의 목표와 주요 추진전략에 관한 사항
2. 물류시설·장비의 투자 우선 순위에 관한 사항
3. 국제물류의 촉진·지원에 관한 기본적인 사항
4. 그 밖에 법 제17조에 따른 국가물류정책위원회의 심의가 필요하다고 인정하는 사항

제6조(연도별시행계획의 수립 등) ① 국토교통부장관 및 해양수산부장관은 국가물류기본계획의 연도별 시행계획을 수립하려는 경우에는 미리 관계 중앙행정기관의 장, 특별시장·광역시장·특별자치시장·도지사 및 특별자치도지사(시·도지사)와 협의한 후 물류정책분과위원회의 심의를 거쳐야 한다.

② 국토교통부장관은 수립된 연도별시행계획을 관계 행정기관의 장에게 통보하여야 하며, 관계 행정기관의 장은 연도별시행계획의 원활한 시행을 위하여 적극 협조하여야 한다.

③ 관계 행정기관의 장은 전년도의 연도별시행계획의 추진실적과 해당 연도의 시행계획을 매년 2월 말까지 국토교통부장관 및 해양수산부장관에게 제출하여야 한다.

제7조(지역물류기본계획의 중요한 사항의 변경) "대통령령이 정하는 중요한 사항"이란 다음 각 호의 어느 하나에 해당하는 사항을 말한다. 다만, 제2호부터 제4호까지의 사항이 「국토기본법」에 따른 국토종합계획, 「국가통합교통체계효율화법」에 따른 국가기간교통망계획이나 「물류시설의 개발 및 운영에 관한 법률」에 따른 물류시설개발종합계획 등 국가물류기본계획과 관련된 다른 계획의 변경으로 인한 사항을 반영하는 내용일 경우는 제외한다.

1. 지역물류정책의 목표와 주요 추진전략에 관한 사항
2. 지역의 물류시설·장비의 투자 우선순위에 관한 사항
3. 지역 차원의 국제물류의 촉진·지원에 관한 기본적인 사항
4. 그 밖에 법 제20조에 따른 지역물류정책위원회의 심의가 필요하다고 인정하는 사항

제8조(지역물류시행계획의 수립 등) ① 특별시장 또는 광역시장(지역물류기본계획을 수립하는 도지사 및 특별자치도지사를 포함한다)은 지역물류기본계획의 연도별 시행계획(지역물류시행계획)을 수립하려는 경우에는 미리 국토교통부장관, 관계 중앙행정기관의 장, 해당 특별시·광역시·도 및 특별자치도(시·도)에 인접한 시·도의 시·도지사와 협의한 후 지역물류정책위원회의 심의를 거쳐야 한다.

② 특별시장 또는 광역시장은 지역물류시행계획을 수립한 경우에는 국토교통부장관, 관계 중앙행정기관의 장, 해당 시·도에 인접한 시·도의 시·도지사, 관할 시·군 및 구(지방자치단체인 시·군 및 자치구를 말한다)의 시장·군수 및 구청장(시장·군수·구청장)에게 이를 통보하여야 한다.

③ 해당 시·도에 인접한 시·도의 시·도지사, 관할 시·군·구의 시장·군수·구청장 및 관련 법령에

따라 해당 시·도 또는 시·군·구의 지원을 받는 기업 및 단체 등은 지역물류시행계획의 원활한 시행을 위하여 적극 협조하여야 한다.

제9조(국가물류정책위원회의 전문위원) ① 국가물류정책위원회(위원회)에는 5명 이내의 비상근 전문위원을 둘 수 있다.

② 전문위원은 다음 각 호에 해당하는 자 중에서 국토교통부장관이 위촉한다.

1. 법 제18조제2항제1호에 해당하는 중앙행정기관의 장이 추천하는 자
2. 물류 관련 분야에 관한 전문지식 및 경험이 풍부한 자

③ 전문위원의 임기는 3년 이내로 하되, 연임할 수 있다. 이 경우 보궐위원의 임기는 전임자의 잔임기간으로 한다.

④ 전문위원은 위원회와 법 제19조제1항 각 호의 분과위원회에 출석하여 발언할 수 있다.

제10조(위원장의 직무) ① 위원회의 위원장은 위원회를 대표하고, 위원회의 업무를 총괄한다.

② 위원장이 사고가 있거나 그 밖의 다른 사유로 인하여 회의에 참석하지 못하는 경우에는 위원장이 미리 지명한 위원이 그 직무를 대행한다.

제10조의2(위원의 해촉 등) ① 위원을 지명한 자는 위원이 다음 각 호의 어느 하나에 해당하는 경우에는 그 지명을 철회할 수 있다.

1. 심신장애로 인하여 직무를 수행할 수 없게 된 경우
2. 직무와 관련된 비위사실이 있는 경우
3. 직무태만, 품위손상이나 그 밖의 사유로 인하여 위원으로 적합하지 아니하다고 인정되는 경우
4. 위원 스스로 직무를 수행하는 것이 곤란하다고 의사를 밝히는 경우

② 위원회의 위원장은 법 제18조제2항제2호에 따른 위원이 제1항 각 호의 어느 하나에 해당하는 경우에는 해당 위원을 해촉(解囑)할 수 있다.

제11조(위원회의 회의) ① 위원장은 위원회의 회의를 소집하며, 그 의장이 된다.

② 위원장이 회의를 소집하려는 경우에는 회의 개최일 5일 전까지 회의의 일시·장소 및 심의안건을 각 위원에게 통지하여야 한다. 다만, 긴급을 요하거나 부득이한 사유가 있는 경우에는 그러하지 아니하다.

③ 회의는 재적위원 과반수의 출석으로 개의하고, 출석위원 과반수의 찬성으로 의결한다.

④ 위원회는 안건 심의와 그 밖의 업무수행에 필요하다고 인정되는 관계 기관에 자료의 제출을 요청하거나 관계인 또는 전문가를 출석하게 하여 그 의견을 들을 수 있다.

제12조(간사) ① 위원회의 간사는 국토교통부 소속 공무원으로서 고위공무원단에 속하는 일반직공무원 중에서 위원장이 지명한다.

② 간사는 위원장의 명을 받아 위원회의 사무를 처리한다.

제13조(분과위원회) ① 분과위원회는 다음 각 호의 사항을 심의·조정한다.

1. 물류정책분과위원회 : 중장기 물류정책의 수립·조정, 물류산업 및 물류기업의 육성·지원, 물류인력의 양성에 관한 사항과 물류시설분과위원회 및 국제물류분과위원회의 소관에 속하지 아니하는 사항
2. 물류시설분과위원회 : 물류의 공동화·표준화·정보화 및 자동화, 물류시설·장비 및 프로그램의 개발에 관한 사항
3. 국제물류분과위원회 : 국제물류협력체계 구축, 국내물류기업의 해외진출, 해외물류기업의 유치 및 환적화물의 유치, 해외물류시설 투자 등 국제물류의 촉진 및 지원에 관한 사항

② 각 분과위원회의 위원장은 해당 분과위원회의 위원 중에서 국토교통부장관(물류정책분과위원회 및 물류시설분과위원회의 경우로 한정한다) 또는 해양수산부장관(국제물류분과위원회의 경우로 한정한다)이 지명하는 사람으로 한다.

③ 분과위원회의 위원은 다음 각 호의 사람이 된다.

1. 법 제18조제2항제1호의 중앙행정기관 중 해당 분과위원회에서 심의·조정할 사항에 관련되는 기관의 고위공무원단에 속하는 일반직공무원
2. 각 분과위원회의 소관 사항에 관한 전문지식 및 경험이 풍부한 사람 중에서 성별을 고려하여 국토교통부장관이 해양수산부장관과 협의하여 위촉하는 5명 이상 10명 이내의 사람. 다만, 제1항제3호의 국제물류분과위원회의 경우에는 해양수산부장관이 국토교통부장관과 협의하여 위촉하는 5명 이상 10명 이내의 사람으로 한다.

④ 분과위원회의 위원 중 공무원이 아닌 위원의 임기는 2년으로 하되, 연임할 수 있다.
⑤ 분과위원회에 관하여는 제10조, 제10조의2 및 제11조를 준용한다.

제14조(수당 등) 위원회 또는 분과위원회에 출석한 위원에게는 예산의 범위에서 수당과 여비를 지급할 수 있다. 다만, 공무원인 위원이 그 소관 업무와 직접 관련되어 출석하는 경우에는 그러하지 아니하다.

제15조(운영세칙) 이 영에 규정한 것 외에 위원회 및 각 분과위원회의 운영에 필요한 사항은 위원회의 의결을 거쳐 위원회의 위원장이 정한다.

제16조(지역물류정책위원회) ① 지역물류정책위원회는 위원장을 포함한 20명 이내의 위원으로 구성한다.
② 지역물류정책위원회의 위원장은 해당 지역의 시·도지사가 되고, 위원은 다음 각 호의 자 중에서 위원장이 위촉 또는 지명하는 자가 된다.
1. 관할 및 인접 시·군·구의 시장·군수·구청장
2. 해당 시·도의 물류 관련 업무를 담당하는 3급 이상의 공무원
3. 물류 관련 분야에 관한 전문지식 및 경험이 풍부한 자
③ 공무원이 아닌 위원의 임기는 2년으로 하되, 연임할 수 있다.
④ 지역물류정책위원회에 관하여는 제10조부터 제12조까지 및 제14조를 준용한다.
⑤ 그 밖에 지역물류정책위원회의 구성 및 운영에 필요한 사항은 해당 시·도의 조례로 정한다.

제17조(물류관련기관 등) ① "대통령령으로 정하는 물류 관련 기관"이란 다음 각 호의 자를 말한다.
1. 「공공기관의 운영에 관한 법률」에 따른 공공기관 중 물류와 관련된 기관
2. 「지방공기업법」에 따른 지방공기업 중 물류와 관련된 기관
3. 「민법」에 따라 설립된 물류와 관련된 비영리법인
② 법 제22조제3호에서 "대통령령으로 정하는 공항·항만 또는 산업단지"란 다음 각 호를 말한다.
1. 「공항시설법」에 따른 공항 중 화물의 운송을 위한 시설을 갖춘 공항
2. 「항만법」 에 따른 항만 중 화물의 운송을 위한 시설을 갖춘 항만
3. 「산업입지 및 개발에 관한 법률」에 따른 국가산업단지

제18조(기업물류비 산정지침) 기업물류비 산정지침에는 다음 각 호의 사항이 포함되어야 한다.
1. 물류비 관련 용어 및 개념에 대한 정의
2. 영역별·기능별 및 자가·위탁별 물류비의 분류
3. 물류비의 계산 기준 및 계산 방법
4. 물류비 계산서의 표준 서식

제19조(물류정보화 시책) ① 국토교통부장관·해양수산부장관·산업통상자원부장관 또는 관세청장은 물류정보화를 통한 물류체계의 효율화 시책을 강구할 때에는 다음 각 호의 사항이 포함되도록 하여야 한다.
1. 물류정보의 표준에 관한 사항
2. 물류분야 정보통신기술의 도입 및 확산에 관한 사항
3. 물류정보의 연계 및 공동활용에 관한 사항
4. 물류정보의 보안에 관한 사항
5. 그 밖에 물류효율의 향상을 위하여 필요한 사항
② 국토교통부장관·해양수산부장관·산업통상자원부장관 또는 관세청장은 제1항 각 호의 사항을 추진함에 있어서 필요한 경우에는 그 내용을 고시하거나 물류관련기관 또는 기업 등에게 이행을 권고할 수 있다.

제20조(단위물류정보망 전담기관의 지정) ① 관계 행정기관은 단위물류정보망의 전부 또는 일부를 구축·운영하는 전담기관(단위물류정보망 전담기관)을 지정하려는 경우에는 신청방법 등을 정하여 30일 이상 관보, 공보 또는 인터넷 홈페이지에 이를 공고하여야 한다.
② 단위물류정보망 전담기관으로 지정받으려는 자는 제1항에 따른 공고가 있는 때에 국토교통부령으로 정하는 지정신청서에 첨부서류를 갖추어 관계 행정기관의 장에게 제출하여야 한다.
③ 관계 행정기관은 단위물류정보망 전담기관을 지정하려는 경우에는 신청자의 사업수행 능력과 사업계획의 타당성 등을 종합적으로 검토하여야 한다.
④ 관계 행정기관은 단위물류정보망 전담기관을 지정한 때에는 국토교통부령으로 정하는 지정증을 발급하여야 한다. 이 경우 관계 행정기관은 국토교통부장관에게 그 사실을 통보하여야 한다.
⑤ 법 제28조제6항에서 "대통령령으로 정하는 공공기관"이란 다음 각 호의 어느 하나에 해당하는 공

공기관을 말한다.

1. 「인천국제공항공사법」에 따른 인천국제공항공사
2. 「한국공항공사법」에 따른 한국공항공사
3. 「한국도로공사법」에 따른 한국도로공사
4. 「한국철도공사법」에 따른 한국철도공사
5. 「한국토지주택공사법」에 따른 한국토지주택공사
6. 「항만공사법」에 따른 항만공사
7. 제1호부터 제6호까지에서 규정한 기관 외에 국토교통부장관이 지정하여 고시하는 공공기관

⑥ 공공기관이 아닌 자로서 단위물류정보망 전담기관으로 지정받을 수 있는 자의 시설장비와 인력 등의 기준은 다음 각 호와 같다.

1. 다음 각 목의 시설장비를 갖출 것
   가. 물류정보 및 이와 관련된 전자문서의 송신·수신·중계 및 보관 시설장비
   나. 단위물류정보망을 안전하게 운영하기 위한 보호 시설장비
   다. 단위물류정보망의 정보시스템 관리 및 복제·저장 시설장비
   라. 단위물류정보망에 보관된 물류정보와 전자문서의 송신·수신의 일자·시각 및 자취 등을 기록·관리하는 시설장비
   마. 다른 단위물류정보망 및 법 제30조의2에 따른 국가물류통합정보센터와의 정보연계에 필요한 시설장비
2. 다음 각 목의 인력을 보유할 것
   가. 「국가기술자격법」에 따른 정보통신기사·정보처리기사 또는 전자계산기조직응용기사 이상의 국가기술자격이나 이와 동등한 자격이 있다고 국토교통부장관이 정하여 고시하는 사람 2명 이상
   나. 「국가기술자격법」에 따른 정보통신분야(기술·기능 분야)에서 3년 이상 근무한 경력이 있는 사람 1명 이상
3. 자본금이 2억 원 이상인 「상법」에 따른 주식회사일 것

제21조(위험물질운송안전관리센터의 설치·운영) ① 국토교통부장관은 법 제29조제1항 각 호 외의 부분 후단에 따라 위험물질운송안전관리센터의 설치·운영을 「한국교통안전공단법」에 따른 한국교통안전공단(이하 "한국교통안전공단"이라 한다)이 대행하게 한다.

② 한국교통안전공단은 매년 다음 각 호의 사항이 포함된 다음 연도 위험물질운송안전관리센터 운영계획서를 국토교통부장관에게 제출하여 승인을 받아야 한다. 이 경우 한국교통안전공단은 그 운영계획서를 직전 연도 12월 15일까지 국토교통부장관에게 제출하여야 한다.

1. 법 제29조제2항 각 호의 업무 수행에 관한 사항
2. 제1호의 업무 수행에 필요한 예산 내역

③ 한국교통안전공단은 해당 연도의 위험물질운송안전관리센터 운영결과를 다음 연도 2월 말일까지 국토교통부장관에게 제출하여야 한다.

제22조(국가물류통합정보센터운영자의 지정 등) ① 국토교통부장관은 국가물류통합정보센터의 전부 또는 일부를 운영하는 자(국가물류통합정보센터운영자)를 지정하려는 경우에는 미리 물류시설분과위원회의 심의를 거쳐 신청방법 등을 정하여 30일 이상 관보 또는 인터넷 홈페이지에 이를 공고하여야 한다.

② 국가물류통합정보센터운영자로 지정받으려는 자는 제1항에 따른 공고가 있는 때에 국토교통부령으로 정하는 지정신청서에 첨부서류를 갖추어 국토교통부장관에게 제출하여야 한다.

③ 국토교통부장관은 국가물류통합정보센터운영자를 지정하려는 경우에는 신청자의 사업수행 능력과 사업계획의 타당성 등을 종합적으로 검토하여야 한다.

④ 국토교통부장관은 국가물류통합정보센터운영자를 지정한 때에는 국토교통부령으로 정하는 지정증을 발급하고, 그 사실을 관보 또는 인터넷 홈페이지에 공고하여야 한다.

⑤ 법 제30조의2제2항제2호에서 "대통령령으로 정하는 공공기관"이란 제20조제5항 각 호의 공공기관을 말한다.

⑥ 법 제30조의2제2항제4호에서 "자본금 2억 원 이상, 업무능력 등 대통령령으로 정하는 기준과 자격"이란 다음 각 호를 말한다.

1. 자본금이 2억 원 이상일 것

2. 다음 각 목의 시설장비를 갖출 것
   가. 물류정보 및 이와 관련된 전자문서의 송신·수신·중계 및 보관 시설장비
   나. 국가물류통합정보센터를 안전하게 운영하기 위한 보호 시설장비
   다. 국가물류통합정보센터의 정보시스템 관리 및 복제·저장 시설장비
   라. 국가물류통합정보센터에 보관된 물류정보와 전자문서의 송신·수신의 일자·시각 및 자취 등을 기록·관리하는 시설장비
   마. 단위물류정보망 및 외국의 물류정보망과의 정보연계에 필요한 시설장비
3. 다음 각 목의 인력을 보유할 것
   가. 물류관리사 1명 이상
   나. 「국가기술자격법」에 따른 정보통신기사·정보처리기사 또는 전자계산기조직응용기사 이상의 국가기술자격이나 이와 동등한 자격이 있다고 국토교통부장관이 정하여 고시하는 사람 1명 이상
   다. 「국가기술자격법」에 따른 정보통신분야(기술·기능 분야)에서 3년 이상 근무한 경력이 있는 사람 1명 이상
   라. 물류정보의 처리·보관 및 전송 등을 위한 표준전자문서의 개발 또는 전자문서의 송신·수신 및 중계방식과 관련된 기술 분야에서 3년 이상 근무한 경력이 있는 사람 1명 이상
   마. 국가물류통합정보센터의 시스템을 운영하고, 국가물류통합정보센터가 제공하는 물류정보의 이용자에 대한 상담이 가능한 전문요원 1명 이상

제24조(물류에 관한 업무의 범위) "대통령령으로 정하는 물류에 관한 업무" 및 "대통령령으로 정하는 물류시설의 이용 등 관련 업무"란 각각 법 및 다음 각 호의 법률과 이에 따른 명령에 의한 업무 중 물류시설의 개발 및 이용, 물류사업의 지원, 물류사업에 대한 각종 신청 및 신고 그 밖에 물류관리와 관련된 업무를 말한다.

1. 「선박의 입항 및 출항 등에 관한 법률」
2. 「검역법」
3. 「도선법」
4. 「물류시설의 개발 및 운영에 관한 법률」
5. 「상법」
6. 「철도사업법」
7. 「공항시설법」
8. 「항만법」
9. 「항만운송사업법」
10. 「해운법」
11. 「화물자동차 운수사업법」
12. 그 밖에 국토교통부장관이 관계 중앙행정기관의 장과 협의하여 고시하는 법률

제25조(전자문서 및 물류정보의 보관기간) 전자문서 및 물류정보의 보관기간은 2년으로 한다.

제26조(전자문서 및 물류정보의 공개) ① "대통령령으로 정하는 경우"란 국가의 안전보장에 위해가 없고 기업의 영업비밀을 침해하지 아니하는 경우로서 다음 각 호의 어느 하나에 해당하는 경우를 말한다.

1. 관계 중앙행정기관 또는 지방자치단체가 행정목적상의 필요에 따라 신청하는 경우
2. 수사기관이 수사목적상의 필요에 따라 신청하는 경우
3. 법원의 제출명령에 따른 경우
4. 다른 법률에 따라 공개하도록 되어 있는 경우
5. 그 밖에 국가물류통합정보센터운영자 또는 단위물류정보망 전담기관의 요청에 따라 국토교통부장관이 공개할 필요가 있다고 인정하는 경우

② 국가물류통합정보센터운영자 또는 단위물류정보망 전담기관은 전자문서 또는 물류정보를 공개하려는 때에는 제1항 각 호에 따른 신청 등이 있은 날부터 60일 이내에 서면(전자문서를 포함한다)으로 이해관계인의 동의를 받아야 한다.

③ "대통령령으로 정하는 이해관계인"이란 공개하려는 전자문서 또는 물류정보에 대하여 직접적인 이해관계를 가진 자를 말한다.

제26조의2(국가 물류보안 시책의 수립 및 지원) "대통령령으로 정하는 물류보안 활동"이란 다음 각 호의 어느

하나에 해당하는 활동을 말한다.
1. 물류보안 관련 시설·장비의 유지·관리
2. 물류보안 사고 발생에 따른 사후복구조치
3. 그 밖에 국토교통부장관이 정하여 고시하는 활동

제26조의3(물류보안 관련 국제협력 증진) ① 국토교통부장관 및 해양수산부장관은 물류보안 관련 국제협력에 필요한 경비를 예산의 범위에서 지원할 수 있다.
② 국토교통부장관 및 해양수산부장관은 물류보안 표준이 국제적인 기준과 조화를 이루도록 하여야 한다.

제27조(물류 관련 법률) "대통령령으로 정하는 물류 관련 법률"이란 다음 각 호의 법률을 말한다.
1. 제24조제1호부터 제11호까지의 법률
2. 「유통산업발전법」
3. 「농수산물유통 및 가격안정에 관한 법률」
4. 그 밖에 국토교통부장관이 농림축산식품부장관, 산업통상자원부장관 또는 해양수산부장관과 협의하여 고시하는 법률

제27조의2(물류신고센터의 설치 및 운영) ① 물류신고센터는 다음 각 호의 업무를 수행한다.
1. 법 제37조의2제2항에 따른 신고의 접수, 신고 내용에 대한 사실관계 확인 및 조사
2. 법 제37조의3제1항에 따른 조정의 권고
3. 법 제37조의3제3항에 따른 자료의 제출 또는 보고의 요구
4. 그 밖에 신고업무 처리에 필요한 사항

② 물류신고센터의 장은 국토교통부 또는 해양수산부의 물류정책을 총괄하는 부서의 장으로서 국토교통부장관 또는 해양수산부장관이 지명하는 사람이 된다.

제27조의3(비밀누설 등의 금지) 물류신고센터와 관련한 직무에 종사하거나 종사했던 사람(위탁받은 업무를 처리하거나 처리했던 사람을 포함한다)은 그 직무상 알게 된 사업자의 비밀을 누설하거나 목적 외에 이를 이용해서는 안 된다.

제27조의4(물류사업별 우수물류기업 인증의 주체와 대상) 사업별 인증의 주체와 대상은 별표 1의2와 같다.

제28조(인증우수물류기업에 대한 점검) ① 국토교통부장관 또는 해양수산부장관은 우수물류기업으로 인증을 받은 자(인증우수물류기업)가 요건을 유지하는지에 대하여 국토교통부와 해양수산부의 공동부령으로 정하는 바에 따라 3년마다 점검하여야 한다.
② 국토교통부장관 또는 해양수산부장관은 인증우수물류기업이 법 제38조제4항의 요건을 유지하지 못한다고 판단되는 경우에는 공동부령으로 정하는 바에 따라 별도의 점검을 할 수 있다.
③ 국토교통부장관 또는 해양수산부장관은 공동부령으로 정하는 바에 따라 법 제40조에 따른 우수물류기업 인증심사 대행기관(심사대행기관)으로 하여금 제1항 및 제2항에 따른 점검을 하게 할 수 있다.

제29조(심사대행기관의 지원업무 등) ① "대통령령으로 정하는 지원업무"란 다음 각 호의 업무를 말한다.
1. 법 제38조제1항에 따른 인증의 심사방법, 심사절차 등 인증업무에 대한 세부규정 마련
2. 인증심사 계획 및 제28조에 따른 점검 계획의 수립 및 결과 보고
3. 인증심사위원의 관리
4. 인증제도 및 인증우수물류기업에 대한 홍보
5. 인증제도에 대한 연구
6. 그 밖에 공동부령으로 정하는 업무

② 국토교통부장관과 해양수산부장관은 법 제40조제2항에 따라 심사대행기관을 지정하였을 때에는 그 사실을 관보에 공고하여야 한다.

제30조(인증우수물류기업 및 우수녹색물류실천기업에 대한 지원) ① 국가·지방자치단체 또는 공공기관은 스스로 운영·관리하는 다음 각 호의 시설에 물류시설 우선입주대상자나 그 밖의 자보다 인증우수물류기업 또는 지정을 받은 자(우수녹색물류실천기업)를 우선 입주하게 할 수 있다.
1. 「물류시설의 개발 및 운영에 관한 법률」에 따른 복합물류터미널·일반물류터미널 또는 물류단지
2. 「항만법」에 따른 항만배후단지 중 물류시설
3. 「산업입지 및 개발에 관한 법률」에 따른 산업단지 중 물류시설
4. 「철도산업발전기본법」에 따른 철도시설 중 물류시설 및 그 부대시설
5. 「공항시설법」에 따른 공항시설 중 공항구역 안에 있는 화물의 운송을 위한 시설과 그 부대시설 및

지원시설
6. 「유통산업발전법」에 따른 집배송시설 및 공동집배송센터
7. 그 밖에 국토교통부장관과 해양수산부장관이 관계 중앙행정기관의 장과 협의하여 공동으로 고시하는 물류 관련 시설

② 국가 또는 지방자치단체는 제1항 각 호의 시설을 운영·관리하는 자에 대하여 물류시설 우선입주 대상자나 그 밖의 자보다 인증우수물류기업 또는 우수녹색물류실천기업을 우선 입주하게 할 것을 권고할 수 있다.

③ 국가 또는 지방자치단체는 인증우수물류기업이 다음 각 호의 사업을 수행하는 경우에는 다른 물류기업에 우선하여 소요자금의 일부를 융자하거나 부지의 확보를 위한 지원 등을 할 수 있다.
1. 물류시설의 확충
2. 물류정보화·표준화 또는 공동화
3. 첨단물류기술의 개발 및 적용
4. 환경친화적 물류활동
5. 그 밖에 물류사업을 효율적으로 운영하기 위하여 필요한 사항으로서 공동부령으로 정하는 사항

④ 국가 또는 지방자치단체는 인증우수물류기업이 해외시장을 개척하는 경우에는 제3항에 따른 지원 외에 다음 각 호의 사항을 우선적으로 지원할 수 있다.
1. 법 제49조에 따른 자금 지원
2. 해외시장 개척에 소요되는 비용 지원

⑤ 국가 또는 지방자치단체는 인증우수물류기업에 대하여 다음 각 호의 자금을 우선적으로 지원할 수 있다.
1. 「물류시설의 개발 및 운영에 관한 법률」 제21조의5에 따른 자금
2. 「화물자동차 운수사업법」 제43조에 따른 자금

제30조의2(국제물류주선업의 등록) "대통령령으로 정하는 기준"이란 다음 각 호의 어느 하나에 해당하는 경우를 제외하고는 1억원 이상의 보증보험에 가입하여야 하는 것을 말한다.
1. 자본금 또는 자산평가액이 10억원 이상인 경우
2. 컨테이너장치장을 소유하고 있는 경우
3. 「은행법」 제2조제1항제2호에 따른 은행으로부터 1억원 이상의 지급보증을 받은 경우
4. 1억원 이상의 화물배상책임보험에 가입한 경우

제31조(과세정보 제공 요청방법) 시·도지사는 관할 세무관서의 장에게 국제물류주선업자의 휴업·폐업에 관한 과세정보의 제공을 요청하는 경우에는 해당 국제물류주선업자의 「소득세법」, 「법인세법」 또는 「부가가치세법」에 따른 사업자등록번호를 명시하여야 한다.

제34조(물류인력의 양성) "대통령령으로 정하는 물류분야"란 다음 각 호에 해당하는 분야를 말한다.
1. 물류사업에 관련된 분야
2. 물류시설 및 장비에 대한 연구·개발
3. 물류 정보화·표준화·공동화에 대한 연구·개발

제35조(물류관리사 자격시험의 실시) 물류관리사 자격시험은 매년 1회 실시하되, 국토교통부장관이 물류관리사의 수급상 특히 필요하다고 인정하는 경우에는 2년마다 실시할 수 있다.

제36조(시험방법) ① 시험은 필기의 방식으로 실시한다.

② 시험은 선택형을 원칙으로 하되, 기입형을 가미할 수 있다.

제37조(시험과목 등) ① 시험은 물류관리 업무수행에 필요한 소양 및 지식의 검정과 이론 및 실무능력의 검정에 중점을 둔다.

② 시험과목은 별표 2와 같다.

③ 물류관리론(화물운송론·보관하역론 및 국제물류론은 제외한다)·화물운송론·보관하역론 및 국제물류론에 관한 과목이 개설되어 있는 대학원에서 해당 과목을 모두 이수(학점을 취득한 경우로 한정한다)하고 석사학위 이상의 학위를 받은 자는 제2항에 따른 시험과목 중 물류 관련 법규를 제외한 과목의 시험을 면제한다.

제39조(시험의 출제 등) ① 국토교통부장관은 물류 관련 분야에 관한 전문지식 및 경험이 풍부한 자 중에서 시험의 출제 및 선정을 담당할 자(출제위원)를 위촉 또는 지명할 수 있다.

② 제1항에 따라 위촉된 출제위원 및 시험감독 업무에 종사하는 자에게는 예산의 범위에서 수당과 여비를 지급할 수 있다.

제40조(시험의 공고 등) ① 국토교통부장관은 시험을 시행하려는 때에는 시험내용·일시·장소 및 합격자 결정방법 등의 필요한 사항을 시험시행일 90일 전까지 주요 일간신문 및 국토교통부의 인터넷 홈페이지에 공고하여야 한다.

② 시험에 응시하려는 자는 국토교통부령으로 정하는 응시원서를 국토교통부장관에게 제출하여야 한다.

③ 제2항에 따라 응시원서를 제출하는 자는 국토교통부령으로 정하는 바에 따라 수수료를 내야 한다.

④ 제3항에 따라 수수료를 낸 자가 수수료를 과오납하거나 시험시행일의 일정 기간 전까지 응시 의사를 철회하는 등 국토교통부령으로 정하는 사유가 있는 경우에는 국토교통부령으로 정하는 바에 따라 응시수수료의 전부 또는 일부를 반환하여야 한다.

제41조(시험합격자의 결정) ① 시험에 있어서는 매 과목 100점을 만점으로 하여 매 과목 40점 이상, 전 과목 평균 60점 이상을 득점한 자를 합격자로 결정한다. 다만, 국토교통부장관이 물류관리사의 수급상 특히 필요하다고 인정하여 미리 선발예정인원을 공고한 경우에는 선발예정인원의 범위에서 매 과목 40점 이상인 자 중 고득점자 순으로 합격자를 결정한다.

② 제1항 단서에 따라 합격자를 결정함에 있어서 동점자로 인하여 선발예정인원을 초과하는 때에는 해당 동점자 모두를 합격자로 한다. 이 경우 동점자의 점수 계산은 소수점 이하 둘째 자리까지 한다.

③ 국토교통부장관은 합격자가 결정된 때에는 이를 관보 및 국토교통부의 인터넷 홈페이지에 공고한다.

④ 물류관리사 자격증을 발급받거나 재발급받으려는 사람은 국토교통부령으로 정하는 바에 따라 자격증의 발급을 신청하여야 한다.

제41조의2(물류관리사 자격시험 업무의 위탁) 국토교통부장관은 물류관리사 자격시험의 관리 및 자격증 발급에 관한 업무를 다음 각 호의 구분에 따라 위탁한다.

1. 물류관리사 자격시험의 관리: 「한국산업인력공단법」에 따른 한국산업인력공단
2. 물류관리사 자격증의 발급: 법 제55조에 따른 물류관련협회

제42조(물류관련협회의 설립) 물류기업, 화주기업, 그 밖에 물류활동과 관련된 자가 물류관련협회를 설립하려는 때에는 국토교통부령으로 정하는 설립인가 신청서에 다음 각 호의 서류를 첨부하여 소관에 따라 국토교통부장관 또는 해양수산부장관에게 제출하여야 한다.

1. 정관
2. 발기인의 명부 및 이력서
3. 회원의 명부
4. 사업계획서 및 예산의 수입지출계획서
5. 창립총회 회의록

제43조(물류관련협회의 업무) 물류관련협회는 다음 각 호의 업무를 수행한다.

1. 해당 사업의 건전한 발전과 해당 사업자의 공동이익을 도모하는 사업
2. 해당 사업의 진흥·발전에 필요한 통계의 작성·관리와 외국자료의 수집·조사·연구사업
3. 경영자와 종업원의 교육·훈련
4. 해당 사업의 경영개선에 관한 지도
5. 국토교통부장관 또는 해양수산부장관으로부터 위탁받은 업무
6. 제1호부터 제5호까지의 업무에 부수되는 업무

제44조(물류관련협회의 정관) 물류관련협회의 정관에는 다음 각 호의 사항이 포함되어야 한다.

1. 목적
2. 명칭
3. 사무소의 소재지
4. 회원 및 총회에 관한 사항
5. 임원에 관한 사항
6. 업무에 관한 사항
7. 회계 및 회비에 관한 사항
8. 정관의 변경에 관한 사항
9. 해산에 관한 사항

10. 공고의 방법에 관한 사항

제45조(물류지원센터의 설치) "대통령령으로 정하는 물류관련협회 및 물류관련 전문기관·단체"란 다음 각 호의 어느 하나에 해당하는 협회 또는 단체를 말한다.

2. 물류관련협회
3. 「화물자동차 운수사업법」에 따라 화물자동차운수사업자가 설립한 협회 및 연합회
4. 「민법」에 따라 설립된 물류와 관련된 비영리법인
5. 그 밖에 국토교통부장관이 관계 행정기관의 장과 협의하여 지정·고시하는 기관

제46조(물류지원센터의 운영) ① 법 제56조에 따라 설치하는 물류지원센터에는 물류지원센터의 장과 같은 조 제2항 각 호의 업무 수행에 필요한 조직을 둔다.

② 물류지원센터의 장은 매 연도별로 사업계획을 수립하고, 물류지원센터의 조직·인사·복무·보수·회계·물품·문서의 처리에 관한 규정을 정한 후, 이에 따라 사무를 처리하여야 한다.

③ 행정적·재정적 지원을 하는 관계 중앙행정기관의 장은 해당 물류지원센터의 장에 대하여 매년 2월 말까지 같은 조 제2항 각 호의 업무가 포함된 전년도의 사업추진실적 및 해당 연도의 사업추진계획을 작성하여 제출할 것을 요청할 수 있다.

제46조의2(물류기업에 대한 지원 기준) 국토교통부장관·해양수산부장관 또는 시·도지사는 물류기업에 행정적·재정적 지원을 하려는 경우 그 기업이 개발한 같은 조 제1항에 따른 물류신기술 및 첨단물류시설등(물류신기술등)이 다음 각 호의 기준을 갖추었는지를 고려해야 한다.

1. 국내에서 최초로 개발된 기술이거나 외국에서 도입해 익히고 개량된 기술일 것
2. 신규성·진보성 및 안전성이 있는 기술일 것
3. 물류산업에 파급효과가 있는 기술일 것

제46조의3(우수 물류신기술등의 지정 신청 등) ① 우수한 물류신기술등(우수 물류신기술등)의 지정을 받으려는 자는 다음 각 호의 서류를 첨부해서 국토교통부장관 또는 해양수산부장관에게 우수 물류신기술등의 지정을 신청해야 한다.

1. 물류신기술등의 명칭·범위 및 개발배경을 적은 서류
2. 물류신기술등의 내용(물류신기술등의 요지 및 물류신기술등의 신규성·진보성·안전성 등에 관한 구체적인 내용을 포함한다)을 적은 서류
3. 국내외 시장에서의 활용 전망 및 보급 가능성을 적은 서류
4. 물류신기술등의 설계도 또는 기술설명서
5. 그 밖에 국내외의 특허 또는 안전성 등의 시험성적서 등 물류신기술등을 심사하는 데 필요하다고 인정되는 서류

② 우수 물류신기술등의 지정을 신청하려는 자는 공동부령으로 정하는 바에 따라 심사에 드는 비용을 납부해야 한다.

제46조의4(우수 물류신기술등의 지정 심사 등) ① 국토교통부장관 또는 해양수산부장관은 지정 신청을 받으면 신청일부터 120일 이내에 우수 물류신기술등의 지정여부를 결정해야 한다.

② 국토교통부장관 또는 해양수산부장관은 신청된 물류신기술등이 우수 물류신기술등에 해당하는지를 심사하면서 필요한 경우 이해관계인의 의견을 듣거나 물류기술과 관련된 기관, 협회, 학회, 조합 등에 의견을 요청할 수 있다.

③ 국토교통부장관 또는 해양수산부장관은 제2항에 따라 이해관계인의 의견을 들으려는 경우에는 신청된 물류신기술등에 관한 주요 내용을 국토교통부장관 또는 해양수산부장관이 정하는 인터넷 홈페이지 등에 공고할 수 있다.

④ 국토교통부장관 또는 해양수산부장관은 신청된 물류신기술등이 제46조의2 각 호에 따른 기준에 해당하고 그 성능 또는 품질이 우수하다고 판단되는 경우(다른 법령에 따라 신기술로 지정을 받은 경우는 제외한다) 5년의 범위에서 우수 물류신기술등으로 지정할 수 있다. 이 경우 공동부령으로 정하는 우수 물류신기술등 지정증서를 발급해야 한다.

⑤ 제1항부터 제4항까지에서 규정한 사항 외에 우수 물류신기술등 심사의 세부기준 및 절차 등에 관한 사항은 국토교통부장관 또는 해양수산부장관이 정해서 고시한다.

제46조의5(우수 물류신기술등의 지정기간의 연장 등) ① 우수 물류신기술등의 지정을 받은 자가 우수 물류신기술등의 지정기간을 연장 받으려면 그 지정기간이 끝나기 150일 전까지 활용실적을 증명하는 서류

및 지정기간 연장의 필요성을 적은 서류 등을 첨부해서 국토교통부장관 또는 해양수산부장관에게 제출해야 한다.

② 제1항에 따른 지정기간 연장 심사 및 결정 등에 대해서는 제46조의3 및 제46조의4를 준용한다.

제46조의6(우수 물류신기술등에 대한 지원) ① 국토교통부장관 또는 해양수산부장관은 우수 물류신기술등의 보급·활용을 촉진하기 위해서 다음 각 호에 따른 지원 또는 지원 요청을 할 수 있다.

1. 우수 물류신기술등의 지정을 받은 자 및 그 기술을 이용해서 제품을 제조하는 자가 금융지원을 요청하는 경우 관계 기관에 대해 다음 각 목에 따른 자금 또는 보증의 우선 지원 요청
   가. 「한국산업은행법」에 따른 한국산업은행 또는 「중소기업은행법」에 따른 중소기업은행의 지원 자금
   나. 「여신전문금융업법」에 따라 신기술사업금융업을 등록한 여신전문금융회사의 신기술사업자금
   다. 「기술보증기금법」에 따른 기술보증기금의 기술보증
   라. 그 밖에 기술개발 및 보급 등을 위해서 정부 및 공공기관이 조성한 자금
2. 공공기관에 우수 물류신기술등의 우선 적용 권고 또는 우수 물류신기술등을 적용한 제품 구매 권고
3. 우수 물류신기술등에 대한 전시회 개최, 해외진출 지원, 상용화 성능확인서 발급 등 홍보 및 기술사업화 지원
4. 해외 기술정보 등 보유 기술정보의 제공
5. 그 밖에 국토교통부장관 또는 해양수산부장관이 우수 물류신기술등의 보급 및 촉진을 위해서 필요하다고 인정하는 조치

② 공공기관은 우수 물류신기술등을 활용한 제품이나 공사 등을 발주하는 경우 국토교통부장관 또는 해양수산부장관이 정해서 고시하는 바에 따라 발주 제품 또는 공사 등과 관련된 우수 물류신기술등에 입찰 가산점 부여 등의 우대 조치를 할 수 있다.

③ 우수 물류신기술등으로 지정을 받은 자는 그 기술 또는 제품의 활용실적을 매년 12월 31일을 기준으로 다음 해 2월 말까지 국토교통부장관 또는 해양수산부장관에게 제출해야 한다.

제47조(환경친화적 물류활동) "그 밖에 대통령령으로 정하는 환경친화적 물류활동"이란 다음 각 호의 활동을 말한다.

1. 환경친화적인 물류시스템의 도입 및 개발
2. 물류활동에 따른 폐기물 감량
3. 그 밖에 물류자원을 절약하고 재활용하는 활동으로서 국토교통부장관 및 해양수산부장관이 정하여 고시하는 사항

제48조(환경친화적 운송수단으로의 전환 지원) ① 지원대상은 다음 각 호와 같다.

1. 화물자동차·철도차량·선박·항공기 등의 배출가스를 저감하거나 배출가스를 저감할 수 있는 운송수단으로 전환하는 경우 및 이를 위한 시설·장비투자를 하는 경우
2. 환경친화적인 연료를 사용하는 운송수단으로 전환하는 경우 및 이를 위한 시설·장비투자를 하는 경우

② 지원내용은 다음 각 호와 같다.

1. 환경친화적 운송수단으로의 전환에 필요한 자금의 보조·융자 및 융자 알선
2. 환경친화적 운송수단으로의 전환에 필요한 교육, 컨설팅 및 정보의 제공
3. 그 밖에 환경친화적 운송수단으로의 전환을 지원하기 위하여 국토교통부장관이 해양수산부장관 및 관계 행정기관의 장과 협의하여 고시하는 사항

제48조의2(녹색물류협의기구의 구성 및 운영 등) ① 녹색물류협의기구는 위원장을 포함한 15명 이상 30명 이하의 위원으로 구성한다.

② 녹색물류협의기구의 위원장은 위원 중에서 호선(互選)한다.

③ 녹색물류협의기구의 위원은 다음 각 호의 어느 하나에 해당하는 사람 중에서 국토교통부장관이 임명 또는 위촉한다.

1. 산업통상자원부, 국토교통부 및 해양수산부의 물류 또는 에너지 분야 소속 공무원 중 해당 기관의 장이 지명하는 사람 각 1명
2. 물류 또는 에너지 분야 협회·전문기관·단체, 물류기업 및 화주기업에서 추천하는 사람
3. 「고등교육법」에 따른 학교에서 물류 또는 에너지 분야를 가르치는 조교수 이상인 사람

④ 녹색물류협의기구의 위원 중 공무원이 아닌 위원의 임기는 2년으로 한다. 다만, 보궐위원의 임기는 전임자 임기의 남은 기간으로 한다.

⑤ 녹색물류협의기구의 위원장은 녹색물류협의기구의 회의를 소집하고, 그 의장이 된다.
⑥ 녹색물류협의기구의 위원장이 사고가 있거나 그 밖의 다른 사유로 인하여 회의에 참석하지 못하는 경우에는 위원장이 미리 지명한 위원이 그 직무를 대행한다.
⑦ 녹색물류협의기구의 회의는 위원 과반수의 출석으로 개의하고, 출석위원 과반수의 찬성으로 의결한다.
⑧ 녹색물류협의기구의 사무를 처리하기 위하여 간사 1명을 두며, 간사는 국토교통부장관이 국토교통부 소속 공무원 중에서 지명하는 사람이 된다.
⑨ 제1항부터 제8항까지에서 규정한 사항 외에 녹색물류협의기구의 구성 및 운영에 필요한 사항은 국토교통부장관이 정하여 고시한다.

제48조의3(녹색물류협의기구 위원의 해임 및 해촉) 국토교통부장관은 위원이 다음 각 호의 어느 하나에 해당하는 경우에는 해당 위원을 해임 또는 해촉할 수 있다.
1. 심신장애로 인하여 직무를 수행할 수 없게 된 경우
2. 직무와 관련된 비위사실이 있는 경우
3. 직무태만, 품위손상이나 그 밖의 사유로 인하여 위원으로 적합하지 아니하다고 인정되는 경우
4. 위원 스스로 직무를 수행하는 것이 곤란하다고 의사를 밝히는 경우

제48조의4(지정심사대행기관의 지원업무) "대통령령으로 정하는 지원업무"란 우수녹색물류실천기업에 대한 홍보를 말한다.

제48조의5(지정심사대행기관 지정의 공고) 국토교통부장관은 지정심사대행기관을 지정하였을 때에는 그 사실을 관보에 공고하여야 한다.

제49조(국제물류사업에 대한 지원) "대통령령으로 정하는 물류기업 또는 관련 전문기관·단체"란 다음 각 호의 어느 하나에 해당하는 기업 또는 단체를 말한다.
1. 물류사업을 영위하는 기업
2. 「정부출연연구기관 등의 설립·운영 및 육성에 관한 법률」에 따른 다음 각 목의 정부출연연구기관
   가. 국토연구원
   나. 한국교통연구원
   다. 한국해양수산개발원
3. 「과학기술분야 정부출연연구기관 등의 설립·운영 및 육성에 관한 법률」에 따른 한국철도기술연구원
5. 물류관련협회
6. 법 제56조에 따른 물류지원센터
7. 「화물자동차 운수사업법」에 따라 화물자동차운수사업자가 설립한 협회 및 연합회
8. 「민법」에 따라 산업통상자원부장관의 허가를 받아 설립된 한국무역협회
9. 그 밖에 국토교통부장관이 해양수산부장관 및 산업통상자원부장관과 협의하여 지정·고시하는 단체

제50조(투자유치활동의 평가대상기관 등) ① 국토교통부장관 및 해양수산부장관은 다음 각 호의 물류시설에 대한 소유권 또는 관리·운영권을 인정받은 자에 대하여 법 제63조제1항에 따른 투자유치활동에 대한 평가를 할 수 있다.
1. 「공항시설법」에 따른 공항 중 국제공항 및 그 배후지에 위치한 물류시설
2. 「항만법」에 따른 무역항 및 그 배후지에 위치한 물류시설

② 국토교통부장관 및 해양수산부장관은 제1항에 따른 평가를 위하여 필요한 경우에는 평가대상기관에 대하여 관련 자료의 제출을 요청할 수 있다.
③ 제1항에 따른 평가에 필요한 기준과 방법은 국토교통부장관 및 해양수산부장관이 협의하여 정하되, 평가대상기관의 사업내용 및 특성, 투자유치 목표의 달성 정도와 능률성을 객관적으로 측정할 수 있도록 하여야 한다.
④ 국토교통부장관 및 해양수산부장관은 평가대상기관에 대하여 그 평가결과에 따라 행정적·재정적 지원을 달리 할 수 있다.

제51조(권한의 위임 및 업무의 위탁) ① 국토교통부장관은 다음 각 호의 권한을 시·도지사에게 위임한다.
1. 법 제29조의3제1항에 따른 위험물질 운송차량 단말장치의 장착 및 개선명령
2. 법 제29조의3제2항에 따른 위험물질 운송차량의 운행중지명령
3. 법 제73조제1항제5호부터 제7호까지의 규정에 따른 과태료의 부과·징수

② 국토교통부장관 또는 해양수산부장관은 다음 각 호의 업무를 「건설기술 진흥법」에 따라 설립된 기

술평가기관 또는 「해양수산과학기술 육성법」에 따라 설립된 해양수산과학기술진흥원에 위탁한다.

1. 제46조의3부터 제46조의5까지의 규정에 따른 우수 물류신기술등의 지정 또는 지정기간 연장을 위한 신청의 접수, 심사, 의견 요청·청취 및 공고 업무
2. 제46조의6제1항제3호에 따른 홍보 및 기술사업화 지원 업무
3. 제46조의6제1항제4호에 따른 보유 기술정보의 제공 업무

③ 국토교통부장관·해양수산부장관 또는 시·도지사는 다음 각 호의 업무를 물류 분야의 전문성을 갖춘 기관·단체 또는 법인에 위탁할 수 있다.

1. 법 제37조의2제2항에 따른 신고의 접수 및 그 신고 내용에 대한 사실관계 확인
2. 법 제37조의3제3항에 따라 제출 또는 보고된 자료의 접수
3. 법 제59조제1항에 따른 환경친화적 물류활동의 추진 시책 마련에 필요한 조사
4. 법 제59조제2항에 따른 행정적·재정적 지원을 위한 신청의 접수, 확인 및 심사
5. 법 제60조제1항에 따른 환경친화적 운송수단으로의 전환을 위한 신청의 접수, 확인 및 심사
6. 법 제60조의2에 따른 녹색물류협의기구의 운영

④ 시·도지사는 제1항에 따라 위임받은 업무를 처리한 때에는 이를 분기별로 종합하여 해당 분기 종료 후 15일 이내에 국토교통부장관에게 보고하여야 한다.

⑤ 국토교통부장관·해양수산부장관 또는 시·도지사는 제3항에 따라 업무를 위탁한 때에는 위탁받은 기관 및 위탁업무의 내용을 공고하여야 한다.

제52조(과징금을 부과할 위반행위와 과징금의 금액 등) ① 과징금을 부과하는 위반행위의 종별과 과징금의 금액은 별표 3과 같다.

② 시·도지사는 국제물류주선업자의 사업규모, 사업지역의 특수성, 위반행위의 정도 및 횟수 등을 고려하여 제1항에 따른 과징금의 금액의 2분의 1의 범위에서 이를 늘리거나 줄일 수 있다. 이 경우 과징금을 늘리더라도 과징금의 총액은 1천만원을 초과할 수 없다.

제53조(과징금의 부과 및 납부) ① 시·도지사는 위반행위를 한 자에 대하여 과징금을 부과하려는 경우에는 해당 위반행위를 조사·확인한 후 위반사실·이의방법·이의기간 등을 서면으로 명시하여 이를 낼 것을 과징금 부과대상자에게 통지하여야 한다.

② 제1항에 따라 통지를 받은 자는 통지를 받은 날부터 20일 이내에 시·도지사가 정하는 수납기관에 과징금을 내야 한다. 다만, 천재지변이나 그 밖의 부득이한 사유로 인하여 그 기간 안에 과징금을 낼 수 없는 경우에는 그 사유가 없어진 날부터 7일 이내에 내야 한다.

③ 제2항에 따라 과징금의 납부를 받은 수납기관은 그 납부자에게 영수증을 교부하여야 한다.

④ 과징금의 수납기관은 제3항에 따라 과징금영수증을 교부한 때에는 시·도지사에게 영수필통지서를 송부하여야 한다.

제54조의2(고유식별정보의 처리) 국토교통부장관·해양수산부장관 및 시·도지사(해당 권한이 위임·위탁된 경우에는 그 권한을 위임·위탁받은 자를 포함한다)는 다음 각 호의 사무를 수행하기 위하여 불가피한 경우 「개인정보 보호법 시행령」 제19조에 따른 주민등록번호, 여권번호 또는 외국인등록번호가 포함된 자료를 처리할 수 있다.

1. 법 제37조의2에 따른 물류신고센터의 운영에 관한 사무
2. 법 제43조에 따른 국제물류주선업의 등록 및 등록기준에 관한 사항의 신고에 관한 사무
3. 법 제45조에 따른 국제물류주선업 권리·의무 승계의 신고에 관한 사무
4. 법 제51조에 따른 물류관리사 자격시험에 관한 사무

제54조의3(규제의 재검토) 국토교통부장관은 다음 각 호의 사항에 대하여 다음 각 호의 기준일을 기준으로 3년마다(매 3년이 되는 해의 기준일과 같은 날 전까지를 말한다) 그 타당성을 검토하여 개선 등의 조치를 하여야 한다.

1. 제20조에 따른 단위물류정보망 전담기관의 지정: 2017년 1월 1일
2. 제26조에 따른 전자문서 및 물류정보의 공개: 2017년 1월 1일
3. 제28조에 따른 인증우수물류기업에 대한 점검: 2017년 1월 1일
4. 제30조의2에 따른 국제물류주선업의 등록: 2017년 1월 1일

제55조(과태료의 부과) ① 과태료의 부과기준은 별표 4와 같다.

■ 물류시설의 개발 및 운영에 관한 법률 시행령 [별표 1] 〈개정 2022. 7. 19.〉

과징금의 부과기준(제7조 및 제12조의6 관련)

1. 일반기준
   가. 위반행위가 둘 이상인 경우로서 그에 해당하는 과징금 금액이 다른 경우에는 각 과징금 금액을 합산한 금액을 넘지 않는 범위에서 무거운 과징금 금액의 2분의 1의 범위에서 가중한다. 이 경우 그 가중한 금액은 복합물류터미널사업자의 경우 법 제18조제1항에 따른 과징금의 상한을, 물류창고업자의 경우 법 제21조의9제1항에 따른 과징금의 상한을 각각 넘을 수 없다.
   나. 위반행위의 횟수에 따른 가중처분의 기준은 최근 1년간 같은 위반행위로 처분을 받은 경우에 적용한다. 이 경우 기간의 계산은 위반행위에 대하여 처분을 받은 날과 그 처분 후 다시 같은 위반행위를 하여 적발된 날을 기준으로 한다.
   다. 나목에 따라 가중된 처분을 하는 경우 가중처분의 적용 차수는 그 위반행위 전 부과처분의 차수(가중처분 적용 기간 내에 처분이 둘 이상 있었던 경우에는 높은 차수를 말한다)의 다음 차수로 한다. 다만, 적발된 날부터 소급하여 1년이 되는 날 전에 한 부과처분은 가중처분의 차수 산정 대상에서 제외한다.
   라. 국토교통부장관은 사업자의 사업 규모, 사업지역의 특수성, 위반행위의 정도, 그 밖의 특별한 사유 등을 고려하여 제2호의 개별기준에 따른 과징금의 금액의 2분의 1의 범위에서 과징금을 늘리거나 줄일 수 있다. 이 경우 과징금을 늘리더라도 과징금의 총액은 다음의 금액을 초과할 수 없다.
      1) 복합물류터미널사업: 5천만원
      2) 물류창고업: 1천만원
2. 개별기준
   가. 복합물류터미널사업

위반행위	근거 법조문	과징금 금액			
		1차 위반	2차 위반	3차 위반	4차 이상 위반
1) 법 제7조제3항에 따른 변경등록을 하지 않고 등록사항을 변경한 경우	법 제17조 제1항제2호	-	1,500만원	2,000만원	2,000만원
2) 법 제7조제4항의 등록기준에 맞지 않게 된 경우. 다만, 3개월 이내에 그 기준을 충족시키는 경우에는 그렇지 않다.	법 제17조 제1항제3호	-	1,500만원	3,000만원	-
3) 법 제9조제1항에 따른 인가 또는 변경인가를 받지 않고 공사를 시행하거나 변경한 경우	법 제17조 제1항제5호	-	1,500만원	2,000만원	2,000만원
4) 사업의 전부 또는 일부를 휴업한 후 정당한 사유 없이 법 제15조제1항에 따라 신고한 휴업기간이 지난 후에도 사업을 재개(再開)하지 않은 경우	법 제17조 제1항제6호	-	3,000만원	-	-

   나. 물류창고업

위반행위	근거 법조문	과징금 금액			
		1차 위반	2차 위반	3차 위반	4차 이상 위반
1) 법 제21조의2제2항에 따른 변경등록을 하지 않고 등록사항을 변경한 경우	법 제21조의10에서 준용하는 제17조제1항제2호	-	300만원	400만원	400만원
2) 법 제21조의2제3항의 등록기준에 맞지 않게 된 경우. 다만, 3개월 이내에 그 기준을 충족시키는 경	법 제21조의10에서 준용하는 제17조제1항제3호	-	300만원	600만원	-

우에는 그렇지 않다.					
3) 사업의 전부 또는 일부를 휴업한 후 정당한 사유 없이 법 제15조제1항에 따라 신고한 휴업기간이 지난 후에도 사업을 재개(再開)하지 않은 경우	법 제21조의10에서 준용하는 제17조제1항제6호	–	600만원	–	–

■ 물류시설의 개발 및 운영에 관한 법률 시행령 [별표 3] 〈개정 2022. 7. 19.〉

과태료의 부과기준(제48조 관련)

1. 일반기준

가. 위반행위의 횟수에 따른 과태료 부과기준은 최근 1년간 같은 위반행위로 과태료처분을 받은 경우에 적용한다. 이 경우 위반횟수별 부과기준의 적용일은 위반행위에 대한 과태료처분일과 그 처분 후 다시 적발된 날로 한다.

나. 가목에 따라 가중된 부과처분을 하는 경우 가중처분의 적용 차수는 그 위반행위 전 부과처분 차수(가목에 따른 기간 내에 과태료 부과처분이 둘 이상 있었던 경우에는 높은 차수를 말한다)의 다음 차수로 한다. 다만, 적발된 날부터 소급하여 1년이 되는 날 전에 한 부과처분은 가중처분의 차수 선정 대상에서 제외한다.

다. 부과권자는 다음의 어느 하나에 해당하는 경우에는 제2호에 따른 과태료 금액의 2분의 1의 범위에서 그 금액을 줄일 수 있다. 다만, 과태료를 체납하고 있는 위반행위자의 경우에는 그러하지 아니하다.

1) 위반행위자가 「질서위반행위규제법 시행령」 제2조의2제1항 각 호의 어느 하나에 해당하는 경우
2) 위반행위가 사소한 부주의나 오류로 인한 것으로 인정되는 경우
3) 위반행위자가 법 위반상태를 시정하거나 해소하기 위하여 노력한 것으로 인정되는 경우
4) 그 밖에 위반행위의 정도, 위반행위의 동기와 그 결과 등을 고려하여 줄일 필요가 있다고 인정되는 경우

라. 부과권자는 다음의 어느 하나에 해당하는 경우에는 제2호에 따른 과태료 금액의 2분의 1의 범위에서 그 금액을 늘릴 수 있다. 다만, 법 제67조제1항 및 제2항에 따른 과태료 금액의 상한을 넘을 수 없다.

1) 최근 1년간 같은 위반행위로 과태료 부과처분을 3회를 초과하여 받은 경우
2) 그 밖에 위반행위의 정도, 위반행위의 동기와 그 결과 등을 고려하여 늘릴 필요가 있다고 인정되는 경우

2. 개별기준

위반행위	근거 법조문	과태료 금액(만원)		
		1회	2회	3회 이상
가. 법 제14조제2항(법 제21조의9에서 준용하는 경우를 포함한다)에 따른 승계의 신고를 하지 않은 경우	법 제67조 제2항제1호	100	150	200
나. 법 제21조의5제2항을 위반하여 인증마크를 계속 사용한 경우	법 제67조 제2항제2호	100	150	200
다. 법 제61조제1항부터 제4항까지의 규정(법 제49조에서 준용하는 경우를 포함한다)에 따른 보고 또는 자료제출을 하지 않거나 거짓 보고 또는 거짓 자료를 제출한 경우 또는 검사를 방해·거부한 경우	법 제67조 제1항			
1) 보고 또는 자료제출을 하지 않은 경우		100	150	200
2) 거짓 보고 또는 거짓 자료를 제출한 경우		150	200	250
3) 검사를 방해·거부한 경우		200	250	300

물류시설의 개발 및 운영에 관한 법률 시행령(약칭: 물류시설법 시행령)

[시행 2022. 10. 20.] [대통령령 제32810호]

제1장 총칙

제1조(목적) 이 영은 「물류시설의 개발 및 운영에 관한 법률」에서 위임된 사항과 그 시행에 필요한 사항을 규정함을 목적으로 한다.

제2조(가공·조립시설의 규모 등) ① 「물류시설의 개발 및 운영에 관한 법률」(이하 "법"이라 한다) 제2조제2호 단서에서 "대통령령으로 정하는 규모 이하의 것"이란 가공·조립 시설의 전체 바닥면적 합계가 물류터미널의 전체 바닥면적 합계의 4분의 1 이하인 것을 말한다.

② 법 제2조제7호자목에서 "그 밖에 물류기능을 가진 시설로서 대통령령으로 정하는 시설"이란 다음 각 호의 시설을 말한다.

1. 「관세법」에 따른 보세창고
2. 「수산식품산업의 육성 및 지원에 관한 법률」 제16조에 따른 수산물가공업시설(냉동·냉장업 시설만 해당한다)
3. 「항만법」 제2조제5호의 항만시설 중 항만구역에 있는 화물하역시설 및 화물보관·처리 시설
4. 「공항시설법」 제2조제7호의 공항시설 중 공항구역에 있는 화물운송을 위한 시설과 그 부대시설 및 지원시설
5. 「철도사업법」 제2조제8호에 따른 철도사업자가 그 사업에 사용하는 화물운송·하역 및 보관 시설
6. 그 밖에 물류기능을 가진 시설로서 국토교통부령으로 정하는 시설

③ 법 제2조제8호가목에서 "대통령령으로 정하는 가공·제조 시설"이란 다음 각 호의 시설을 말한다.

1. 삭제
2. 「농수산물유통 및 가격안정에 관한 법률」 제51조에 따른 농수산물산지유통센터(축산물의 도축·가공·보관 등을 하는 축산물 종합처리시설을 포함한다)
3. 「산업집적활성화 및 공장설립에 관한 법률」 제2조제1호에 따른 공장
4. 「수산식품산업의 육성 및 지원에 관한 법률」 제15조에 따른 수산가공품 생산공장 및 같은 법 제16조에 따른 수산물가공업시설(냉동·냉장업 시설 및 선상가공업시설은 제외한다)
5. 그 밖에 국토교통부령으로 정하는 제조·가공시설

④ 법 제2조제8호마목에서 "대통령령으로 정하는 시설"이란 다음 각 호의 시설을 말한다.

1. 「건축법 시행령」 별표 1 제5호에 따른 문화 및 집회시설
2. 입주기업체 및 지원기관에서 발생하는 폐기물의 처리를 위한 시설(재활용시설을 포함한다)

2의2. 물류단지의 종사자 및 이용자의 주거를 위한 단독주택, 공동주택 등의 시설

3. 그 밖에 물류단지의 기능 증진을 위한 시설로서 국토교통부령으로 정하는 시설

제2장 물류시설개발종합계획의 수립

제3조(물류시설개발종합계획의 수립) ① 법 제4조제3항제10호에서 "그 밖에 대통령령으로 정하는 사항"이란 용수·에너지·통신시설 등 기반시설에 관한 사항을 말한다.

② 법 제5조제1항 후단에서 "대통령령으로 정하는 사항을 변경하려는 때"란 물류시설별 물류시설용지 면적의 100분의 10 이상으로 물류시설의 수요·공급계획을 변경하려는 때를 말한다.

③ 관계 중앙행정기관의 장은 법 제5조제3항에 따라 물류시설개발종합계획의 변경을 요청할 때에는 국토교통부장관에게 다음 각 호의 사항에 관한 서류를 제출하여야 한다.

1. 물류시설의 현황
2. 자금조달계획 및 투자계획
3. 그 밖에 국토교통부령으로 정하는 사항

④ 국토교통부장관은 법 제5조제4항에 따라 물류시설개발종합계획의 수립 또는 변경에 필요한 자료의 요구나 협조를 요청할 때에는 그 자료 또는 협조의 내용과 제출기간을 명확히 하여야 한다.

제3장 물류터미널사업

제4조(복합물류터미널사업의 등록) ① 법 제7조제2항제2호에서 "대통령령으로 정하는 공공기관"이란 다음 각 호의 기관을 말한다.
1. 「한국철도공사법」에 따른 한국철도공사
2. 「한국토지주택공사법」에 따른 한국토지주택공사
3. 「한국도로공사법」에 따른 한국도로공사
4. 삭제
5. 「한국수자원공사법」에 따른 한국수자원공사
6. 「한국농어촌공사 및 농지관리기금법」에 따른 한국농어촌공사
7. 「항만공사법」에 따른 항만공사

② 법 제7조제3항에서 "대통령령으로 정하는 사항"이란 다음 각 호 외의 사항을 말한다.
1. 복합물류터미널의 부지 면적의 변경(변경 횟수에 불구하고 통산하여 부지 면적의 10분의 1 미만의 변경만 해당한다)
2. 복합물류터미널의 구조 또는 설비의 변경
3. 영업소의 명칭 또는 위치의 변경

③ 법 제7조제1항에 따라 복합물류터미널사업의 등록을 한 자(이하 "복합물류터미널사업자"라 한다)는 같은 조 제3항에 따라 등록사항을 변경하려는 경우에는 국토교통부령으로 정하는 서류를 갖추어 국토교통부장관에게 변경등록신청을 하여야 한다.

제5조(공사시행의 인가 등) ① 법 제10조제1항에 따른 물류터미널사업자(이하 "물류터미널사업자"라 한다)가 법 제9조제1항에 따라 공사시행의 인가 또는 변경인가를 받으려는 경우에는 국토교통부령으로 정하는 공사시행의 인가 또는 변경인가신청서에 공사계획서를 첨부하여 복합물류터미널사업자는 국토교통부장관에게 제출하고, 일반물류터미널사업을 경영하려는 자는 특별시장·광역시장·특별자치시장·도지사 또는 특별자치도지사(이하 "시·도지사"라 한다)에게 제출해야 한다.

② 법 제9조제1항 후단에 따라 공사계획의 변경에 관한 인가를 받아야 하는 경우는 다음 각 호와 같다.
1. 공사의 기간을 변경하는 경우
2. 물류터미널의 부지 면적을 변경하는 경우(부지 면적의 10분의 1 이상을 변경하는 경우만 해당한다)
3. 물류터미널 안의 건축물의 연면적(하나의 건축물의 각 층의 바닥면적의 합계를 말한다. 이하 같다)을 변경하는 경우(연면적의 10분의 1 이상을 변경하는 경우만 해당한다)
4. 물류터미널 안의 공공시설 중 도로·철도·광장·녹지나 그 밖에 국토교통부령으로 정하는 시설을 변경하는 경우

제5조의2(토지 등의 수용·사용 특례대상 공공기관의 범위 등) ① 법 제10조제1항제2호에서 "대통령령으로 정하는 공공기관"이란 다음 각 호의 기관을 말한다.
1. 「한국농어촌공사 및 농지관리기금법」에 따른 한국농어촌공사
2. 「한국도로공사법」에 따른 한국도로공사
3. 「한국수자원공사법」에 따른 한국수자원공사
4. 「한국철도공사법」에 따른 한국철도공사
5. 「한국토지주택공사법」에 따른 한국토지주택공사
6. 「항만공사법」에 따른 항만공사

② 법 제10조제1항제3호에서 "대통령령으로 정하는 자"란 다음 각 호의 자를 말한다.
1. 「지방공기업법」에 따른 지방공사
2. 특별법에 따라 설립된 특수법인

제6조(용도폐지 등의 협의) ① 국토교통부장관이나 시·도지사가 법 제13조제2항 후단에 따라 국가 또는 지방자치단체 소유 재산의 용도폐지 및 매각에 관하여 관계 행정기관의 장에게 협의를 요청하려는 경우에는 다음 각 호의 서류를 첨부하여야 한다.
1. 협의대상 재산의 명세서
2. 용도폐지·매각 및 재산평가방법 등에 관한 협의 내용을 적은 서류

3. 삭제
4. 삭제
5. 위치도
6. 미등기확인서(등기가 되어 있지 아니한 재산의 경우에만 첨부한다)

② 제1항에 따른 협의를 요청받은 관계 행정기관의 장은 「전자정부법」 제36조제1항에 따른 행정정보의 공동이용을 통하여 다음 각 호의 행정정보를 확인하여야 한다.

1. 토지(임야)대장 등본
2. 등기부 등본
3. 지적도 등본

③ 기획재정부장관은 법 제13조제4항에 따라 관리 또는 처분하는 재산을 「국유재산법」 제42조제1항에 따라 위임하여 관리 또는 처분하게 할 수 있다.

제7조(복합물류터미널사업자에 대한 과징금의 부과기준) 법 제18조제1항에 따라 과징금을 부과하는 위반행위의 종류와 위반 정도 등에 따른 과징금의 금액 등 부과기준은 별표 1과 같다.

제8조(과징금의 부과 및 납부) ① 국토교통부장관은 법 제18조제1항에 따라 과징금을 부과하려는 경우에는 해당 위반행위를 조사·확인한 후 위반사실과 이의제기의 방법 및 기간 등을 서면으로 명시하여, 이를 납부할 것을 과징금 부과대상자에게 알려야 한다.

② 제1항의 통지를 받은 자는 그 통지를 받은 날부터 20일 이내에 국토교통부장관이 정하는 수납기관에 과징금을 내야 한다.

③ 제2항에 따라 과징금의 납부를 받은 수납기관은 과징금을 낸 자에게 과징금영수증을 내주어야 한다.

④ 과징금의 수납기관은 제3항에 따른 과징금영수증을 내주었을 때에는 국토교통부장관에게 영수필통지서를 보내야 한다.

제9조(과징금의 독촉 및 징수) ① 국토교통부장관은 법 제18조제3항에 따라 과징금의 납부통지를 받은 자가 납부기한까지 과징금을 내지 아니한 경우에는 납부기한이 지난 날부터 7일 이내에 독촉장을 보내야 한다. 이 경우 납부기한은 독촉장을 보낸 날부터 10일 이내로 한다.

② 국토교통부장관은 제1항에 따라 독촉을 받은 자가 납부기한까지 과징금을 내지 않은 경우에는 소속 공무원으로 하여금 국세강제징수의 예에 따라 과징금을 강제징수하게 할 수 있다. 이 경우 소속 공무원은 그 권한을 표시하는 증표를 지니고 이를 관계인에게 내보여야 한다.

제10조(협회의 설립) ① 물류터미널사업자는 법 제19조에 따른 물류터미널사업협회(이하 "협회"라 한다)를 설립하려는 경우에는 사업자 7명 이상의 발기인이 창립총회의 의결을 거쳐 설립인가신청서에 다음 각 호의 서류를 첨부하여 국토교통부장관에게 제출하여야 한다.

1. 정관
2. 발기인의 명부 및 이력서
3. 회원의 명부
4. 사업계획서 및 예산의 수입지출계획서
5. 창립총회 회의록

제11조(정관) 협회의 정관에는 다음 각 호의 사항을 포함하여야 한다.

1. 목적
2. 명칭
3. 사무소의 소재지
4. 회원 및 총회에 관한 사항
5. 임원에 관한 사항
6. 업무에 관한 사항
7. 회계 및 회비에 관한 사항
8. 정관의 변경에 관한 사항
9. 해산에 관한 사항
10. 공고의 방법에 관한 사항

제12조(업무) 협회는 다음 각 호의 업무를 한다.

1. 물류터미널사업의 건전한 발전과 사업자의 공동이익을 도모하는 사업

2. 물류터미널사업의 진흥·발전에 필요한 통계의 작성·관리와 외국자료의 수집·조사·연구사업
3. 경영자와 종업원의 교육훈련
4. 물류터미널사업의 경영개선에 관한 지도
5. 국토교통부장관으로부터 위탁받은 업무
6. 제1호부터 제5호까지의 사업에 딸린 사업

제12조의2(기반시설) 법 제20조제2항에서 "도로·철도·용수시설 등 대통령령으로 정하는 기반시설"이란 다음 각 호의 어느 하나에 해당하는 시설을 말한다.
1. 「도로법」 제2조제1호에 따른 도로
2. 「철도산업발전기본법」 제3조제1호에 따른 철도
3. 「수도법」 제3조제17호에 따른 수도시설
4. 「물환경보전법」 제2조제12호에 따른 수질오염방지시설

제3장의2 물류창고업

제12조의3(물류창고업의 변경등록) 법 제21조의2제2항에서 "대통령령으로 정하는 사항"이란 다음 각 호의 어느 하나에 해당하는 사항을 말한다.
1. 법 제21조의2제1항에 따라 물류창고업의 등록을 한 자(물류창고업자)의 성명(법인인 경우에는 그 대표자의 성명) 및 상호
2. 물류창고의 소재지
3. 물류창고 면적의 100분의 10 이상의 증감

제12조의4(스마트물류센터 인증의 취소) 국토교통부장관은 법 제21조의5제1항에 따라 인증을 취소한 경우 이를 관보에 고시해야 한다.

제12조의5(스마트물류센터에 대한 지원) ① 국가 또는 지방자치단체는 법 제21조의7제2항에 따라 다음 각 호의 지원을 할 수 있다.
1. 스마트물류센터 구축에 드는 비용의 일부 보조 또는 융자
2. 스마트물류센터 인증을 받은 자가 스마트물류센터의 구축 및 운영에 필요한 자금을 마련하기 위해 국내 금융기관에서 대출을 받은 경우 그 금리와 국토교통부장관이 관계 중앙행정기관의 장과 협의하여 정하는 금리와의 차이에 따른 차액의 전부 또는 일부 보전
3. 스마트물류센터 신축 또는 증·개축 시 「국토의 계획 및 이용에 관한 법률」 제78조에 따라 특별시·광역시·특별자치시·특별자치도·시 또는 군의 조례로 정하는 용적률 및 높이의 상한 적용

② 「신용보증기금법」에 따라 설립된 신용보증기금 및 「기술보증기금법」에 따라 설립된 기술보증기금은 법 제21조의7제2항에 따라 스마트물류센터의 구축 및 운영에 필요한 자금의 대출 등으로 인한 금전채무의 보증한도, 보증료 등 보증조건을 우대할 수 있다.

제12조의6(물류창고업자에 대한 과징금의 부과기준) 법 제21조의9제1항에 따라 과징금을 부과하는 위반행위의 종류와 위반 정도 등에 따른 과징금의 금액 등 부과기준은 별표 1과 같다.

제12조의7(과징금의 부과 및 납부 등) 물류창고업자에 대한 과징금의 부과 및 납부 등에 관하여는 제8조 및 제9조를 준용한다. 이 경우 "국토교통부장관"은 "국토교통부장관 또는 해양수산부장관"으로, "법 제18조제1항"은 "법 제21조의9제1항"으로, "법 제18조제3항"은 "법 제21조의9제3항"으로 본다.

제4장 물류단지의 개발 및 운영

제13조(일반물류단지의 지정) ① 삭제

② 법 제22조제2항 후단 및 같은 조 제3항 후단에서 "대통령령으로 정하는 중요 사항을 변경하려는 때"란 각각 다음 각 호의 어느 하나에 해당하는 변경을 하려는 때를 말한다.
1. 일반물류단지지정 면적의 변경(10분의 1 이상의 면적을 변경하는 경우만 해당한다)
2. 일반물류단지시설용지 면적의 변경(10분의 1 이상의 면적을 변경하는 경우만 해당한다) 또는 일반물류단지시설용지의 용도변경
3. 기반시설(구거를 포함한다)의 부지 면적의 변경(10분의 1 이상의 면적을 변경하는 경우만 해당한다) 또는 그 시설의 위치 변경

4. 일반물류단지개발사업 시행자의 변경

제14조(일반물류단지의 지정요청) ① 국토교통부장관 또는 시·도지사는 법 제22조제2항 또는 제3항에 따라 일반물류단지를 지정할 때에는 일반물류단지개발계획과 제15조에 따른 물류단지개발지침에 적합한 경우에만 일반물류단지를 지정하여야 한다.

② 법 제22조제4항에 따라 일반물류단지의 지정을 요청하려는 자는 일반물류단지개발계획안에 다음 각 호의 서류 및 도면을 첨부하여 국토교통부장관 또는 시·도지사에게 제출하여야 한다.

1. 위치도·시설배치도 및 조감도
2. 지정대상지역의 토지이용 현황에 관한 서류
3. 용수·에너지·교통·통신시설 등 입지 여건의 분석에 관한 서류
4. 개발한 토지·시설 등의 처분계획에 관한 서류(처분계획에는 일반물류단지개발사업으로 공급되는 토지·시설 등의 위치·면적 및 가격결정방법과 공급대상자의 자격요건 및 선정방법, 공급의 시기·방법 및 조건, 임대관리 등에 관한 사항이 포함되어야 한다. 이하 같다)
5. 이주대책에 관한 서류

③ 국토교통부장관 또는 시·도지사는 제2항에 따른 일반물류단지지정 요청이 있는 지역이 일반물류단지로 지정하기에 적합하지 아니하다고 인정되는 경우에는 그 이유를 요청한 자에게 알려야 한다.

④ 법 제22조제5항제9호에서 "그 밖에 대통령령으로 정하는 사항"이란 다음 각 호의 사항을 말한다.

1. 일반물류단지의 개발을 위한 주요시설의 지원계획
2. 환지의 필요성이 있는 경우 그 환지계획

제14조의2(도시첨단물류단지의 지정 등) ① 법 제22조의2제3항에 따른 도시첨단물류단지의 지정 절차 및 개발계획에 관하여는 제13조제2항, 제14조제1항 및 제4항을 준용한다.

② 도시첨단물류단지개발사업의 시행자가 법 제22조의2제4항에 따라 국가나 지방자치단체에 제공하여야 하는 시설 또는 그 운영비용은 대상 부지 토지가액의 100분의 25의 범위에서 국토교통부장관이 정하여 고시하는 기준에 따라 산정한 금액으로 한다.

③ 제2항에 따른 대상 부지 토지가액은 법 제29조제1항에 따라 물류단지개발실시계획의 승인을 고시한 날을 기준으로 산정하되, 「감정평가 및 감정평가사에 관한 법률」에 따른 감정평가법인등 2인 이상이 평가한 금액을 산술평균한 금액으로 한다.

④ 법 제22조의2제4항제4호에서 "대통령령으로 정하는 공익시설"이란 다음 각 호의 시설을 말한다.

1. 「국토의 계획 및 이용에 관한 법률」 제2조제13호에 따른 공공시설
2. 「국토의 계획 및 이용에 관한 법률 시행령」 제2조제1항제4호에 따른 공공·문화체육시설
3. 「국토의 계획 및 이용에 관한 법률 시행령」 제2조제1항제6호에 따른 보건위생시설 중 종합의료시설
4. 「국토의 계획 및 이용에 관한 법률 시행령」 제2조제1항제7호에 따른 환경기초시설 중 폐기물처리시설
5. 「공공주택 특별법」 제2조제1호가목 또는 나목에 따른 공공주택

제14조의3(토지소유자 등의 동의) ① 법 제22조의3제2항에 따른 동의자 수를 산정하는 방법은 다음 각 호와 같다.

1. 1필지의 토지를 여러 명이 공유하는 경우: 다른 공유자의 동의를 받은 대표 공유자 1명만을 해당 토지의 소유자로 본다. 다만, 「집합건물의 소유 및 관리에 관한 법률」 제2조제2호에 따른 구분소유자는 각각을 토지소유자 1명으로 본다.
2. 하나의 건축물을 여러 명이 공유하는 경우: 다른 공유자의 동의를 받은 대표 공유자 1명만을 해당 건축물의 소유자로 본다.
3. 제17조제1항에 따른 공고일 후에 「집합건물의 소유 및 관리에 관한 법률」 제2조제1호에 따른 구분소유권을 분할하게 되어 토지소유자 및 건축물 소유자의 수가 증가하게 된 경우: 공고일 전의 소유자의 수를 기준으로 산정하고, 증가된 소유자의 수는 소유자 총수에 추가 산입하지 아니한다.
4. 토지등기부 등본, 건물등기부 등본, 토지대장 및 건축물대장에 소유자로 등재될 당시 주민등록번호의 기재가 없고, 기재된 주소가 현재 주소와 상이한 경우로서 소재가 확인되지 아니한 자는 토지소유자, 지상권자, 건축물 소유자의 수에서 제외한다.

② 국토교통부장관 또는 시· 도지사는 토지소유자, 지상권자 또는 건축물 소유자의 동의나 동의철회를 받으려는 경우에는 국토교통부령으로 정하는 동의서 또는 동의철회서를 제출받아야 하며, 공유 토지, 지상권 또는 건축물의 대표 소유자로부터는 대표자지정 동의서를 추가로 제출받아야 한다.

③ 제1항 및 제2항에서 규정한 사항 외에 동의자 수의 산정 방법 및 절차 등에 관한 세부적인 사항은 국토교통부령으로 정한다.

제14조의4(입주기업 종사자 등의 주택공급 특례) ① 법 제22조의4제1항에 따른 지원단지에서 주택을 건설하여 공급하는 자는 같은 조 제3항에 따라 입주예정기업 또는 교육·연구기관의 종사자 등에게 그 건설량의 100분의 50(「수도권정비계획법」 제6조제1항제1호에 따른 과밀억제권역에 위치한 도시첨단물류단지의 경우에는 100분의 30)의 범위에서 특별공급할 수 있다.

② 제1항에 따라 특별공급되는 주택의 입주자격 및 선정방법은 국토교통부령으로 정한다.

제14조의5(다른 지구와의 입체개발) 법 제22조의5에서 "「공공주택 특별법」 제2조제2호의 공공주택지구 등 대통령령으로 정하는 지구"란 「공공주택 특별법」 제2조제2호에 따른 공공주택지구를 말한다.

제15조(물류단지개발지침의 내용 등) ① 법 제22조의6제1항에 따른 물류단지개발지침에는 다음 각 호의 사항이 포함되어야 한다.

1. 물류단지의 계획적·체계적 개발에 관한 사항
2. 물류단지의 지정·개발·지원에 관한 사항
3. 「환경영향평가법」에 따른 전략환경영향평가, 소규모 환경영향평가 및 환경영향평가 등 환경보전에 관한 사항
4. 지역 간의 균형발전을 위하여 고려할 사항
5. 문화재의 보존을 위하여 고려할 사항
6. 토지가격의 안정을 위하여 필요한 사항
7. 분양가격의 결정에 관한 사항
8. 토지·시설 등의 공급에 관한 사항

② 물류단지개발지침은 지역 간의 균형 있는 발전을 위하여 물류단지시설용지의 배분이 적정하게 이루어지도록 작성되어야 한다.

제16조(물류단지지정 또는 변경의 고시) ① 법 제23조제1항에서 "대통령령으로 정하는 사항"이란 다음 각 호의 사항을 말한다.

1. 물류단지의 명칭·위치 및 면적
2. 물류단지의 지정 목적
3. 물류단지개발사업의 시행자
4. 물류단지의 개발기간 및 개발방법
5. 토지이용계획 및 주요 기반시설계획

5의2. 법 제22조의2제3항 단서에 따른 건축계획 및 복합용지이용계획(도시첨단물류단지를 지정하거나 그 지정내용을 변경하는 경우만 해당한다)

6. 주요 유치업종 및 유치업종배치계획[법 제22조제1항 또는 제22조의2제1항에 따라 물류단지를 지정하는 자(이하 "물류단지지정권자"라 한다)와 물류단지 입주희망 기업이 입주협약을 체결한 경우에는 그 기업의 배치계획을 포함한다]
7. 수용 또는 사용의 대상이 되는 토지, 건축물 또는 토지에 정착한 물건과 이에 관한 소유권 외의 권리, 광업권·어업권 및 물의 사용에 관한 권리(이하 "토지등"이라 한다)가 있는 경우에는 그 세목과 소유자 및 「공익사업을 위한 토지 등의 취득 및 보상에 관한 법률」 제2조제5호에 따른 관계인의 성명 및 주소
8. 물류단지의 개발을 위한 주요시설지원계획
9. 종전 토지소유자에 대한 환지계획
10. 「공유수면 관리 및 매립에 관한 법률」 제22조 및 제27조에 따른 공유수면매립 기본계획
11. 「국토의 계획 및 이용에 관한 법률」 제30조에 따른 도시·군관리계획
12. 「토지이용규제 기본법」 제8조제3항에 따른 지형도면등
13. 관계 도서의 열람방법

② 제1항제3호·제7호 또는 제9호의 사항이 물류단지를 지정하는 때 확정되지 아니한 경우에는 그 내용이 확정된 후에 이를 따로 고시할 수 있다.

③ 시·도지사는 물류단지를 지정 또는 변경지정한 후 제1항 각 호의 사항을 고시한 때에는 지체 없이 고시 내용을 국토교통부장관에게 통보하여야 한다.

제17조(주민 등의 의견청취) ① 물류단지지정권자는 법 제24조제1항에 따라 물류단지의 지정에 관하여 주민 및 관계 전문가의 의견을 들으려는 경우에는 물류단지개발계획안의 내용을 해당 물류단지의 소재지를 관할하는 특별자치시장·특별자치도지사·시장·군수 또는 구청장(자치구의 구청장을 말한다. 이하 "시장·군수·구청장"이라 한다)에게 보내야 하며, 이를 받은 시장·군수·구청장은 그 주요 내용을 해당 지방에서 발간되는 일간신문, 공보, 인터넷 홈페이지 또는 방송 등을 통하여 공고하고 14일 이상 일반에게 열람하게 해야 한다.

② 제1항에 따라 공고된 물류단지개발계획안의 내용에 대하여 의견이 있는 자는 그 열람기간 내에 해당 시장·군수·구청장에게 의견서를 제출할 수 있다.

③ 시장·군수·구청장은 제2항에 따라 제출된 의견에 대한 검토의견을 물류단지지정권자에게 제출하여야 한다.

④ 법 제24조제1항 단서에서 "대통령령으로 정하는 경미한 사항"이란 다음 각 호의 사항을 말한다.

1. 물류단지지정 면적의 변경(10분의 1 미만의 면적을 변경하는 경우만 해당한다)
2. 물류단지시설용지 면적의 변경(10분의 1 미만의 면적을 변경하는 경우만 해당한다) 또는 물류단지시설용지의 용도변경
3. 기반시설(구거를 포함한다)의 부지 면적의 변경(10분의 1 미만의 면적을 변경하는 경우만 해당한다) 또는 그 시설의 위치 변경

⑤ 물류단지지정권자는 법 제24조제1항 단서에 따라 주민 및 관계 전문가의 의견청취를 생략하려는 경우에는 미리 관계 행정기관의 장과 협의하여야 한다.

제18조(행위허가의 대상 등) ① 법 제25조제1항에 따라 시장·군수·구청장의 허가를 받아야 하는 행위는 다음 각 호와 같다.

1. 건축물의 건축 등 : 「건축법」 제2조제1항제2호에 따른 건축물(가설건축물을 포함한다)의 건축, 대수선 또는 용도변경
2. 공작물의 설치 : 인공을 가하여 제작한 시설물(「건축법」 제2조제1항제2호에 따른 건축물은 제외한다)의 설치
3. 토지의 형질변경: 절토(땅깎기)·성토(흙쌓기)·정지(흙고르기)·포장 등의 방법으로 토지의 형상을 변경하는 행위, 토지의 굴착 또는 공유수면의 매립
4. 토석의 채취 : 흙·모래·자갈·바위 등의 토석을 채취하는 행위. 다만, 토지의 형질변경을 목적으로 하는 것은 제3호에 따른다.
5. 토지분할
6. 물건을 쌓아놓는 행위 : 이동이 쉽지 아니한 물건을 1개월 이상 쌓아놓는 행위
7. 죽목의 벌채 및 식재(植栽)

② 시장·군수·구청장은 법 제25조제1항에 따라 제1항 각 호의 행위에 대한 허가를 하려는 경우로서 법 제27조에 따라 물류단지개발사업의 시행자(이하 "시행자"라 한다)가 지정되어 있는 경우에는 미리 그 시행자의 의견을 들어야 한다.

③ 법 제25조제2항제2호에서 "그 밖에 대통령령으로 정하는 행위"란 다음 각 호의 어느 하나에 해당하는 행위로서 「국토의 계획 및 이용에 관한 법률」 제56조에 따른 개발행위허가의 대상이 아닌 것을 말한다.

1. 농림수산물의 생산에 직접 이용되는 것으로서 국토교통부령으로 정하는 간이공작물의 설치
2. 경작을 위한 토지의 형질변경
3. 물류단지의 개발에 지장을 주지 아니하고 자연경관을 손상하지 아니하는 범위에서의 토석의 채취
4. 물류단지에 존치하기로 결정된 대지 안에서 물건을 쌓아놓는 행위
5. 관상용 죽목의 임시 식재(경작지에서의 임시 식재는 제외한다)

④ 법 제25조제3항에 따라 신고하여야 하는 자는 물류단지가 지정·고시된 날부터 30일 이내에 그 공사 또는 사업의 진행상황과 시행계획을 첨부하여 관할 시장·군수·구청장에게 신고하여야 한다.

제19조(물류단지지정의 해제) ① 법 제26조제1항에서 "대통령령으로 정하는 기간"이란 5년을 말한다.

② 물류단지지정권자는 법 제26조제2항에 따라 물류단지의 지정을 해제하려는 경우에는 다음 각 호의 사항을 명시하여 관계 행정기관의 장과 협의하여야 한다.

1. 해제 사유 및 내역

2. 「국토의 계획 및 이용에 관한 법률」 제36조에 따른 용도지역의 환원에 관한 사항
③ 물류단지지정권자는 법 제26조제1항 및 같은 조 제2항에 따라 물류단지의 지정이 해제된 경우에는 다음 각 호의 사항을 고시하여야 한다.
1. 물류단지의 명칭
2. 해제되는 물류단지의 위치 및 면적
3. 물류단지지정의 해제 사유
4. 「국토의 계획 및 이용에 관한 법률」 제36조에 따른 용도지역의 환원 여부
5. 관계 도서의 열람방법

제20조(시행자) ① 물류단지지정권자는 법 제27조제1항에 따라 시행자를 지정할 때에는 사업계획의 타당성 및 재원조달능력과 다른 법률에 따라 수립된 개발계획과의 관계 등을 고려하여야 한다.
② 법 제27조제2항제2호에서 "대통령령으로 정하는 공공기관"이란 다음 각 호의 기관을 말한다.
1. 「한국토지주택공사법」에 따른 한국토지주택공사
2. 「한국도로공사법」에 따른 한국도로공사
3. 삭제
4. 「한국수자원공사법」에 따른 한국수자원공사
5. 「한국농어촌공사 및 농지관리기금법」에 따른 한국농어촌공사
6. 「항만공사법」에 따른 항만공사
③ 법 제27조제3항에 따라 시행자로 지정받으려는 자는 다음 각 호의 사항을 적은 시행자지정신청서를 물류단지지정권자에게 제출하여야 한다.
1. 사업을 시행하려는 자의 성명(법인인 경우에는 그 명칭 및 대표자의 성명)·주소
2. 사업을 시행하려는 물류단지의 명칭·위치 및 사업시행 면적
3. 사업의 명칭·목적·개요·시행기간·시행방법 등 사업계획의 개요
④ 제3항에 따른 시행자지정신청서에는 다음 각 호의 서류 및 도면을 첨부하여야 한다.
1. 위치도
2. 사업계획서
3. 자금조달계획서

제21조(개발사업의 대행) ① 시행자는 물류단지시설용지의 조성과 물류단지시설의 건설을 병행하게 할 필요가 있거나 물류단지개발사업의 원활한 시행을 위하여 필요하다고 인정하는 경우에는 법 제27조제5항에 따라 입주기업체 또는 지원기관으로 하여금 물류단지개발사업 중 해당 입주기업체 또는 지원기관이 사용할 시설의 부지조성사업을 대행하게 할 수 있다.
② 시행자는 법 제27조제5항에 따라 입주기업체 또는 지원기관으로 하여금 물류단지개발사업의 일부를 대행하게 하려는 때에는 이에 관한 계약을 체결하여야 한다. 이 경우 시행자는 계약을 체결한 날부터 14일 이내에 계약서의 사본을 첨부하여 해당 물류단지지정권자에게 물류단지개발사업의 대행에 관한 보고를 하여야 한다.
③ 시행자는 제2항에 따라 계약을 체결한 물류단지개발사업의 대행자가 그 계약에 따라 성실하게 사업을 시행하도록 지도·감독하여야 한다.

제22조(실시계획의 승인) ① 시행자는 법 제28조제1항에 따른 물류단지개발실시계획(이하 "실시계획"이라 한다)의 승인을 신청하려는 경우에는 다음 각 호의 사항을 적은 실시계획승인신청서를 물류단지지정권자에게 제출하여야 한다.
1. 시행자의 성명(법인인 경우에는 그 명칭 및 대표자의 성명)·주소
2. 사업의 명칭
3. 사업의 목적
4. 사업을 시행하려는 위치 및 면적
5. 사업의 시행방법 및 시행기간
6. 사업시행지역의 토지이용 현황
7. 토지이용계획 및 기반시설계획
8. 공공시설의 귀속 및 관리계획
② 제1항에 따른 실시계획승인신청서에는 다음 각 호의 서류 및 도면을 첨부하여야 한다.

1. 위치도
2. 지적도에 따라 작성한 용지도
3. 계획평면도 및 실시설계도서(공유수면의 매립이 포함되는 경우에는 「공유수면 관리 및 매립에 관한 법률 시행령」 제48조제1항에 따라 제출하여야 하는 매립공사에 관한 설명서를 포함한다)
4. 사업비 및 자금조달계획서(연차별 투자계획을 포함한다)
5. 개발한 토지·시설 등의 처분계획에 관한 서류
6. 사업시행지역에 존치하려는 기존의 물류단지시설이나 건축물 등의 명세서
7. 사업시행지역의 토지·건물 또는 권리 등의 매수·보상 및 주민의 이주대책에 관한 서류
8. 토지등이 있는 경우에는 그 세목과 소유자 및 「공익사업을 위한 토지 등의 취득 및 보상에 관한 법률」 제2조제5호에 따른 관계인의 성명 및 주소
9. 공공시설물 및 토지등의 무상귀속 등에 관한 계획서
10. 도시·군관리계획결정에 필요한 관계 서류 및 도면
11. 「해양환경관리법」 제84조제3항에 따라 제출하여야 하는 해역이용협의를 위한 서류(공유수면매립의 경우에만 첨부한다)
12. 「환경영향평가법」에 따른 환경영향평가 대상사업이거나 「도시교통정비 촉진법」에 따른 교통영향평가 대상사업인 경우에는 환경영향평가서 또는 교통영향평가서
13. 문화재 보존대책에 관한 서류

③ 법 제28조제1항 후단에서 "대통령령으로 정하는 중요 사항"이란 다음 각 호 외의 사항을 말한다.

1. 시행자의 주소 변경
2. 법인인 시행자의 대표자 변경
3. 사업시행지역의 변동이 없는 범위에서의 착오 등에 따른 시행면적의 정정
4. 사업시행 면적을 초과하지 아니하는 범위에서 사업을 분할하여 시행하는 경우의 면적 변경
5. 사업시행 면적의 100분의 10 범위에서의 면적의 감소
6. 사업비의 100분의 10 범위에서의 사업비의 증감
7. 「공간정보의 구축 및 관리 등에 관한 법률」 제45조제2호에 따른 지적확정측량의 결과에 따른 부지면적의 변경

제23조(실시계획승인의 고시) 법 제29조제1항에 따라 고시하여야 하는 사항은 다음 각 호와 같다.

1. 사업의 명칭
2. 시행자의 성명(법인인 경우에는 그 명칭 및 대표자의 성명)
3. 사업의 목적 및 개요
4. 사업시행지역의 위치 및 면적
5. 사업시행기간(착공 및 준공예정일을 포함한다)
6. 도시·군계획시설에 대한 「국토의 계획 및 이용에 관한 법률 시행령」 제25조제6항 각 호의 사항

제24조(물류단지개발사업의 위탁시행) ① 법 제31조제1항에서 "그 밖에 대통령령으로 정하는 공공시설"이란 도로·상수도·철도·공동구(共同溝)·공공폐수처리시설·폐기물처리시설·집단에너지공급시설·제방·호안(기슭·제방 보호시설)·방조제·하굿둑 및 녹지시설을 말한다.

② 시행자는 법 제31조제1항에 따라 물류단지개발사업의 일부를 국가·지방자치단체 또는 공공기관에 위탁하여 시행하려는 경우에는 이를 위탁받아 시행할 자와 다음 각 호의 사항에 관하여 협의하여야 한다.

1. 위탁사업의 사업지
2. 위탁사업의 종류·규모·금액과 그 밖에 공사설계의 기준이 될 사항
3. 위탁사업의 시행기간(착공 및 준공예정일과 공정계획을 포함한다)
4. 위탁사업에 필요한 비용의 지급방법과 그 자금의 관리에 관한 사항
5. 위탁자가 부동산·기자재 또는 근로자를 제공하는 경우에는 그 관리에 관한 사항
6. 위험부담에 관한 사항
7. 그 밖에 위탁사업의 내용을 명백히 하기 위하여 필요한 사항

③ 법 제31조제1항에서 "대통령령으로 정하는 공공기관"이란 제20조제2항 각 호의 기관을 말한다.

제25조(토지소유자에 대한 환지) ① 법 제34조제1항에 따라 환지를 받을 수 있는 토지소유자는 물류단지개발계획에서 정한 유치업종에 적합한 물류단지시설을 설치하려는 자로서 물류단지의 지정·고시일 현재

물류단지개발계획에서 정한 최소공급면적 이상의 토지를 소유한 자로 한다.
② 제1항에 따라 환지를 받으려는 자는 환지신청서에 물류단지시설설치계획서를 첨부하여 시행자에게 제출하여야 한다.
③ 제2항에 따른 환지신청은 시행자가 해당 물류단지에 관한 보상공고에서 정한 협의기간에 하여야 한다.
④ 시행자는 다음 각 호의 기준에 따라 환지의 방법 및 절차 등을 물류단지개발계획에서 정하여야 한다.
1. 환지의 대상이 되는 종전 토지의 가액은 보상공고 시 시행자가 제시한 협의를 위한 보상금액으로 하고, 환지의 가액은 해당 물류단지의 물류단지시설용지의 분양가격을 기준으로 한다.
2. 환지면적은 종전의 토지면적을 기준으로 하되, 지역 여건 및 물류단지의 수급 상황 등을 고려하여 그 면적을 늘리거나 줄일 수 있다.
3. 종전의 토지가액과 환지가액과의 차액은 현금으로 정산하여야 한다.

제26조(공공시설의 범위) 법 제36조에 따른 공공시설은 「국토의 계획 및 이용에 관한 법률」 제2조제13호에 따른 공공시설 중 다음 각 호의 시설을 말한다.
1. 도로
2. 공원
3. 광장
4. 주차장(국가 또는 지방자치단체가 설치한 것만 해당한다)
5. 철도
6. 하천
7. 녹지
8. 운동장(국가 또는 지방자치단체가 설치한 것만 해당한다)
9. 공공공지
10. 수도(한국수자원공사가 설치하는 수도의 경우에는 관로만 해당한다)
11. 하수도
12. 공동구
13. 유수지시설
14. 구거

제27조(전기시설 등의 설치 범위 및 시기 등) ① 법 제38조제2항에 따른 전기시설·전기통신설비·가스공급시설 및 지역난방시설의 설치 범위는 다음 각 호와 같다.
1. 전기시설 : 물류단지 밖의 기간(基幹)이 되는 시설로부터 물류단지 안의 토지이용계획상 6미터 이상의 도시·군계획도로에 접하는 개별필지(이하 "개별필지"라 한다)의 경계선까지의 전기시설
2. 전기통신설비 : 물류단지 밖의 기간이 되는 시설로부터 물류단지 안의 개별필지의 경계선까지의 관로시설 및 물류단지 밖의 기간이 되는 시설로부터 물류단지 안의 개별필지의 최초 단자까지의 케이블시설
3. 가스공급시설: 물류단지 밖의 기간이 되는 가스공급시설로부터 물류단지 안의 개별필지의 경계선까지의 가스공급시설. 다만, 취사나 개별난방용(중앙집중식난방용은 제외한다)으로 가스를 공급하기 위하여 물류단지 안의 개별필지에 정압조정실(일정 압력 유지·조정실)을 설치하는 경우에는 그 정압조정실까지의 가스공급시설
4. 지역난방시설 : 물류단지 밖의 기간이 되는 열수송관의 분기점으로부터 물류단지 안의 개별필지의 각 기계실 입구 차단밸브까지의 열수송관

② 물류단지지정권자는 실시계획을 승인한 때에는 지체 없이 법 38조제2항에 따른 전기시설·전기통신설비·가스공급시설 또는 지역난방시설의 설치자에게 그 사실을 알려야 한다.
③ 제1항에 따른 시설의 설치는 특별한 사유가 없으면 법 제46조에 따른 준공인가신청일(물류단지지정권자가 시행자인 경우에는 물류단지개발사업의 완료일)까지 끝내야 한다.

제28조(비용의 보조 또는 융자) 법 제39조제1항에 따라 국가나 지방자치단체가 보조 또는 융자할 수 있는 비용의 종목은 다음 각 호와 같다.
1. 물류단지의 간선도로의 건설비
2. 물류단지의 녹지의 건설비
3. 이주대책사업비

4. 물류단지시설용지와 지원시설용지의 조성비 및 매입비
5. 용수공급시설·하수도 및 공공폐수처리시설의 건설비
6. 문화재 조사비

제29조(기반시설의 설치지원) 법 제39조제2항에 따라 국가나 지방자치단체가 지원하는 기반시설은 다음 각 호와 같다.
1. 도로·철도 및 항만시설
2. 용수공급시설 및 통신시설
3. 하수도시설 및 폐기물처리시설
4. 물류단지 안의 공동구
5. 집단에너지공급시설
6. 그 밖에 물류단지개발을 위하여 특히 필요한 공공시설로서 국토교통부령으로 정하는 시설

제30조(물류단지개발특별회계의 재원) 법 제40조제2항제6호에서 "대통령령으로 정하는 비율"이란 10퍼센트를 말한다. 다만, 해당 지방자치단체의 조례가 10퍼센트 이상으로 정하는 경우에는 그 비율을 말한다.

제31조(물류단지개발특별회계의 용도) 법 제41조제1항제7호에서 "그 밖에 대통령령으로 정하는 사항"이란 지방자치단체가 시행하는 물류단지개발사업의 사업비를 말한다.

제32조(물류단지개발특별회계의 운용 및 관리) ① 법 제41조에 따라 물류단지개발특별회계에서 보조할 수 있는 범위는 다음 각 호와 같다.
1. 해당 지방자치단체의 장이 시행하는 다음 각 목의 사업비
   가. 물류단지개발사업의 공사비
   나. 물류단지개발사업과 관련된 「국토의 계획 및 이용에 관한 법률」 제2조제10호에 따른 도시·군계획시설사업의 공사비 및 사유대지의 보상비
2. 제1호 외의 자가 시행하는 다음 각 목의 사업비의 2분의 1 이하
   가. 물류단지개발사업 중 도시·군계획시설의 설치에 필요한 공사비
   나. 물류단지개발사업과 관련된 「국토의 계획 및 이용에 관한 법률」 제2조제10호에 따른 도시·군계획시설사업의 공사비
3. 법 제41조제1항제4호의 조사·연구비
4. 법 제41조제1항제6호의 경비

② 법 제41조에 따라 물류단지개발특별회계에서 융자할 수 있는 범위는 다음 각 호와 같다.
1. 물류단지개발사업과 관련된 해당 지방자치단체의 장이 시행하는 「국토의 계획 및 이용에 관한 법률」 제2조제10호에 따른 도시·군계획시설사업의 공사비의 2분의 1 이하
2. 제1호 외의 자가 시행하는 다음 각 목의 사업비의 3분의 1 이하
   가. 물류단지개발사업 중 도시·군계획시설의 설치에 필요한 공사비
   나. 물류단지개발사업과 관련된 「국토의 계획 및 이용에 관한 법률」 제2조제10호에 따른 도시·군계획시설사업의 공사비

제33조(선수금) ① 법 제43조에 따른 선수금(이하 "선수금"이라 한다)을 받으려는 시행자는 다음 각 호의 구분에 따른 요건을 갖추어야 한다.
1. 법 제27조제2항제1호부터 제3호까지에 해당하는 시행자 : 실시계획 승인을 받을 것
2. 법 제27조제2항제4호 및 제5호에 해당하는 시행자 : 다음 각 목의 요건을 모두 갖출 것
   가. 실시계획 승인을 받을 것
   나. 분양하려는 토지에 대한 소유권을 확보하고 해당 토지에 설정된 저당권을 말소하였을 것. 다만, 부득이한 사유로 토지소유권을 확보하지 못하였거나 저당권을 말소하지 못한 경우에는 시행자·토지소유자 및 저당권자는 다음 내용의 공동약정서를 공증하여 법 제28조제1항에 따른 실시계획 승인권자에게 제출하여야 한다.
      1) 토지소유자는 제3자에게 해당 토지를 양도하거나 담보로 제공하지 아니할 것
      2) 법 제43조에 따라 해당 대금을 낸 자가 준공인가 또는 준공인가 전 사용허가를 받아 해당 토지를 사용하게 되는 경우에는 토지소유자 및 저당권자는 지체 없이 소유권을 이전하고 저당권을 말소할 것
   다. 분양하려는 토지에 대한 개발사업의 공사 진척률이 100분의 10 이상에 달하였을 것

라. 분양계약을 이행하지 아니하는 경우 선수금의 환불을 담보하기 위하여 다음의 내용이 포함된 보증서 등(「국가를 당사자로 하는 계약에 관한 법률 시행령」 제37조제2항 각 호의 보증서·보험증권·정기예금증서·수익증권 등을 말한다. 이하 같다)을 물류단지지정권자에게 제출할 것

1) 보증 또는 보험금액은 선수금에 그 금액에 대한 보증 또는 보험기간에 해당하는 약정이자 상당액(지방은행을 제외한 일반은행의 어음대출 금리수준에 따라 산출한 금액을 말한다)을 더한 금액 이상으로 할 것

2) 보증 또는 보험기간의 개시일은 선수금을 받은 날 이전이어야 하며, 종료일은 준공일부터 30일 이상 지난날일 것. 다만, 그 사업기간을 연장한 경우에는 당초의 보증 또는 보험기간에 그 연장한 기간을 더한 기간을 보증 또는 보험기간으로 하는 보증서 등을 제출하여야 한다.

② 시행자는 제1항에 따라 선수금을 받은 후에는 그가 조성한 용지나 시설을 담보로 제공하여서는 아니 된다.

③ 물류단지지정권자는 시행자가 분양계약의 내용대로 사업을 이행하지 아니하거나 이행할 능력이 없다고 인정되는 경우에는 해당 물류단지의 준공 전에 보증서 등을 선수금의 환불을 위하여 사용할 수 있다.

제34조(존치시설부담금의 산정기준 등) ① 법 제44조제1항에서 "대통령령으로 정하는 공공시설"이란 다음 각 호의 시설을 말한다.

1. 물류단지의 진입도로 및 간선도로
2. 물류단지의 공원 및 녹지(도시·군계획시설로 결정된 공원 및 녹지를 말한다)
3. 용수공급시설·하수도시설·전기통신시설 및 폐기물처리시설
4. 법 제36조에 따라 국가나 지방자치단체에 무상으로 귀속되는 공공시설

② 제1항에 따른 공공시설의 설치비용은 제39조제3항의 기준에 따라 산정한 용지비, 용지부담금, 조성비, 기반시설 설치비, 직접인건비, 이주대책비, 판매비, 일반관리비, 자본비용 및 그 밖의 비용을 합산한 금액으로 한다.

③ 법 제44조제1항을 적용할 때에 시행자가 2명 이상인 경우 해당 물류단지에 설치하는 공공시설의 설치비용은 해당 물류단지의 총 가용면적(기존시설 등의 총 부지 면적을 포함한다)에 대한 시행자가 분양받는 개별 가용면적의 비율에 따라 각 시행자가 이를 나누어 부담한다.

④ 제3항에도 불구하고 공공시설이 특정한 시행자만 사용하기 위한 용도로 설치되는 경우에는 공공시설의 위치, 설치목적, 이용 상황, 지역 여건 등을 종합적으로 고려하여 공공시설을 사용할 해당 시행자에게 그 설치비용의 전부 또는 일부를 부담하게 할 수 있다.

⑤ 시행자가 법 제44조제2항에 따라 존치시설의 소유자에게 내게 할 수 있는 시설부담금(이하 이 조, 제34조의2 및 별표 1의2에서 "존치시설부담금"이라 한다)은 별표 1의2에 따른 존치시설부담금 단가에 존치하는 부지면적을 곱하여 산정한다.

⑥ 시행자는 국토교통부령으로 정하는 바에 따라 제5항에 따라 산정된 시설물별 존치시설부담금을 감면할 수 있다.

제34조의2(존치시설부담금의 징수절차 및 납부 등) ① 시행자가 존치시설의 소유자에게 존치시설부담금을 내게 할 때에는 다음 각 호의 사항을 따라야 한다.

1. 다음 각 목의 사항을 명시하여 존치시설의 소유자에게 서면으로 알릴 것
   가. 공공시설의 명칭
   나. 설치비용의 총액
   다. 내야 할 금액
   라. 납부방법 및 납부기한
2. 제1호에 따른 서면 통지 전에 미리 해당 존치시설의 소유자의 의견을 들을 것

② 시행자는 존치시설부담금을 부과받은 자에게 그 존치시설부담금을 분할하여 내게 할 수 있다.

제35조(이주자 등의 취업) ① 시행자는 법 제45조제2항에 따라 이주자 또는 인근지역 주민의 생활안정을 위하여 필요하다고 인정하는 경우에는 취업희망자의 구직표 및 입주기업체의 구인표를 작성하여 관할 직업안정기관의 장이나 시장·군수·구청장에게 구직 또는 구인을 신청할 수 있다.

② 제1항에 따라 구직 또는 구인 신청을 접수한 관할 직업안정기관의 장이나 시장·군수·구청장은 구인자에게는 구인조건에 적합한 구직자의 목록을 제시하고, 구직자에게는 구직조건에 적합한 구인자의 목록을 제시하여 적극적으로 취업을 알선하여야 한다.

제36조(준공인가) ① 시행자는 법 제46조제1항에 따라 준공인가를 받으려는 경우에는 다음 각 호의 사항을 적은 준공인가신청서를 해당 물류단지지정권자에게 제출하여야 한다.
1. 시행자의 성명(법인인 경우에는 그 명칭 및 대표자의 성명) 및 주소
2. 사업의 명칭
3. 사업시행지역의 위치 및 면적
4. 사업시행기간
5. 토지이용계획
6. 기반시설계획
② 제1항에 따른 준공인가신청서에는 다음 각 호의 서류 및 도면을 첨부하여야 한다
1. 준공설계도서(준공사진을 포함한다)
2. 시장·군수·구청장이 발행하는 지적측량성과도
3. 법 제36조에 따른 공공시설 및 토지 등의 귀속 조서와 도면(법 제27조제2항제5호에 따른 시행자인 경우에는 용도폐지된 공공시설 및 토지 등에 대한 「감정평가 및 감정평가사에 관한 법률」에 따른 감정평가법인등의 평가조서와 새로 설치된 공공시설의 공사비산출내역서를 포함한다)
4. 환지계획서 및 신·구 지적대조도(법 제34조에 따라 환지를 하는 경우에만 첨부한다)
5. 「공유수면 관리 및 매립에 관한 법률」 제46조 및 제35조제4항과 같은 법 시행령 제51조에 따라 시행자가 취득할 대상토지와 국가나 지방자치단체에 귀속될 토지 등의 내역서(공유수면을 매립하는 경우에만 첨부한다)
6. 준공 전후의 토지 및 시설 등의 도면
7. 준공 전후의 토지 및 시설대비표
8. 그 밖에 준공검사에 필요한 사항을 적은 서류
③ 제1항에 따른 준공인가신청을 받은 물류단지지정권자는 준공검사를 하여 해당 물류단지개발사업이 법 제28조에 따라 승인된 실시계획대로 끝났다고 인정하는 경우에는 준공인가필증을 내주어야 한다.
④ 법 제46조제2항 전단에서 "대통령령으로 정하는 공공기관, 연구기관, 그 밖의 전문기관"이란 다음 각 호의 기관을 말한다.
1. 「한국토지주택공사법」에 따른 한국토지주택공사
2. 「한국도로공사법」에 따른 한국도로공사
3. 「한국농어촌공사 및 농지관리기금법」에 따른 한국농어촌공사
4. 「정부출연연구기관 등의 설립·운영 및 육성에 관한 법률」에 따른 산업연구원·한국해양수산개발원·한국교통연구원·한국농촌경제연구원 및 국토연구원과 「과학기술분야 정부출연연구기관 등의 설립·운영 및 육성에 관한 법률」에 따른 한국건설기술연구원
5. 「한국수자원공사법」에 따른 한국수자원공사
6. 삭제
7. 「항만공사법」에 따른 항만공사
⑤ 법 제46조제3항에 따라 공고하여야 할 사항은 다음 각 호와 같다.
1. 사업의 명칭
2. 시행자의 성명(법인인 경우에는 그 명칭 및 대표자의 성명)·주소
3. 사업시행지역의 위치 및 면적
4. 준공인가연월일
5. 공공시설 및 토지 등의 관리처분계획
⑥ 시행자는 제3항에 따라 준공인가를 받은 경우에는 준공인가를 받은 날부터 1개월 이내에 제1항 및 제2항 각 호의 내용을 해당 물류단지의 관리기관에 통보하여야 한다.

제37조(준공인가 전 사용허가) ① 시행자는 법 제46조제5항 단서에 따라 개발된 토지나 설치된 시설을 준공인가 전에 사용하려는 경우에는 그 범위를 정하여 국토교통부령으로 정하는 바에 따라 준공인가 전 사용허가신청서에 물류단지개발사업 시행상의 지장 여부에 관한 검토서를 첨부하여 물류단지지정권자에게 제출하여야 한다. 이 경우 사용허가 신청 대상이 되는 토지나 시설에 국·공유재산이 포함되어 있으면 시행자는 해당 재산의 소유권을 미리 취득(물류단지지정권자가 법 제36조제3항에 따라 공공시설의 무상귀속 및 양도에 관하여 관리청의 의견을 들어 실시계획을 승인한 경우는 제외한다)하여야 한다.

② 제1항에 따른 준공인가 전 사용허가신청을 받은 물류단지지정권자는 그 사용으로 인하여 앞으로 시행될 물류단지개발사업에 지장이 있는지 여부를 면밀히 확인한 후 사용허가를 하여야 한다.
③ 제2항에 따라 준공인가 전 사용허가를 받은 시행자는 허가받은 토지 또는 시설을 사용하려는 자의 신청이 있는 경우에는 특별한 사유가 없으면 지체 없이 해당 토지 또는 시설을 사용할 수 있게 하여야 한다.

제38조 삭제

제39조(분양가격의 결정 등) ① 시행자가 법 제50조제1항에 따라 개발한 토지·시설 등을 물류단지시설용지 또는 도시첨단물류단지시설로서 국토교통부장관이 정하는 시설로 분양하는 경우 그 분양가격은 조성원가에 적정이윤을 합한 금액으로 한다. 다만, 시행자가 필요하다고 인정하는 경우에는 분양가격을 그 이하의 금액(공유재산인 경우에는 「공유재산 및 물품관리법」에 따른 금액)으로 할 수 있다.
② 시행자는 제1항에도 불구하고 대규모점포, 전문상가단지 등 판매를 목적으로 사용될 토지·시설 등(주민의 당초 토지등의 소유상황과 생업 등을 고려하여 생활대책에 필요한 토지·시설 등을 대체하여 공급하는 경우는 제외한다)의 분양가격은 「감정평가 및 감정평가사에 관한 법률」에 따른 감정평가액을 예정가격으로 하여 실시한 경쟁입찰에 따라 정할 수 있다.
③ 제1항에 따른 조성원가는 별표 2의 기준에 따라 산정한 용지비, 용지부담금, 조성비, 기반시설 설치비, 직접인건비, 이주대책비, 판매비, 일반관리비, 자본비용 및 그 밖의 비용을 합산한 금액으로 한다.
④ 제1항에 따른 적정이윤은 제3항에 따라 산정한 조성원가에서 자본비용, 법 제27조제5항에 따른 개발사업대행비용, 선수금을 각각 제외한 금액의 100분의 5를 초과하지 아니하는 범위에서 해당 물류단지의 입주 수요와 지역 간 균형발전의 촉진 등 지역 여건을 고려하여 시행자가 정한다.
⑤ 시행자는 준공인가 전에 제1항에 따른 물류단지시설용지 또는 도시첨단물류단지시설로서 국토교통부장관이 정하는 시설을 분양한 경우에는 해당 물류단지개발사업을 위하여 투입된 총사업비 및 적정이윤을 기준으로 준공인가 후에 분양가격을 정산할 수 있다.
⑥ 제5항에 따라 선수금을 낸 자에 대하여 정산을 하는 경우에는 선수금 납부일부터 정산일까지의 시중은행의 1년 만기 정기예금 이자율에 해당하는 금액을 정산금에서 빼야 한다.
⑦ 제1항에 따른 물류단지시설용지 또는 도시첨단물류단지시설로서 국토교통부장관이 정하는 시설 외의 용도로 공급하는 토지·시설 등의 분양가격은 「감정평가 및 감정평가사에 관한 법률」에 따른 감정평가액을 기준으로 결정하되, 시행자가 필요하다고 인정하는 경우에는 그 이하의 금액(공유재산인 경우에는 「공유재산 및 물품관리법」에 따른 금액)으로 할 수 있다.
⑧ 시행자는 제7항에도 불구하고 제2조제4항제2호의2의 시설 중 「민간임대주택에 관한 특별법」 제2조제2호에 따른 민간건설임대주택 또는 「공공주택 특별법」 제2조제1호의2에 따른 공공건설임대주택의 건설을 위한 용도로 토지를 공급하는 경우 그 분양가격은 조성원가에 적정이윤을 합한 금액으로 한다. 이 경우 조성원가 및 적정이윤에 관하여는 제3항 및 제4항을 준용한다.

제40조(임대료의 산정기준) 시행자가 물류단지개발사업으로 개발한 토지·시설 등을 법 제50조제1항에 따라 임대하는 경우 그 임대료의 산정기준은 다음 각 호와 같다. 다만, 시행자가 필요하다고 인정하는 경우에는 그 이하의 금액으로 할 수 있다.
1. 임대하려는 토지·시설 등의 최초의 임대료 : 제39조에 따라 산정한 분양가격에 국토교통부령으로 정하는 임대요율을 곱한 금액
2. 임대기간의 만료 등으로 인하여 재계약을 하는 경우의 임대료: 다음 각 목의 구분에 따른 금액
   가. 토지만을 임대하는 경우에는 「부동산 가격공시에 관한 법률」 제10조에 따라 산정한 개별공시지가에 국토교통부령으로 정하는 임대요율을 곱한 금액
   나. 토지와 시설 등을 함께 임대하거나 시설 등만을 임대하는 경우에는 「감정평가 및 감정평가사에 관한 법률」에 따른 감정평가법인등이 평가한 감정평가액에 국토교통부령으로 정하는 임대요율을 곱한 금액

제41조(토지·시설 등의 공급방법 등) ① 시행자는 물류단지개발사업으로 개발한 토지·시설 등을 법 제22조제2항 또는 제3항(법 제22조의2제3항에 따라 준용되는 경우를 포함한다)에 따라 수립된 물류단지개발계획에서 정한 용도에 따라 분양 또는 임대(이하 "공급"이라 한다)하여야 한다. 이 경우 시행자는 기반시설의 원활한 설치를 위하여 필요하다고 인정하는 때에는 공급대상자의 자격을 제한하거나 공급조건을 부여할 수 있다.
② 제1항에 따른 토지·시설 등의 공급은 시행자가 미리 정한 가격으로 추첨의 방법에 따른다. 다만,

대규모점포, 전문상가단지 등 판매를 목적으로 사용될 토지·시설 등(주민의 당초 토지등의 소유상황과 생업 등을 고려하여 생활대책에 필요한 토지·시설 등을 대체하여 공급하는 경우는 제외한다)은 경쟁입찰의 방법에 따른다.

③ 시행자가 제2항에 따라 토지·시설 등을 공급하려는 경우에는 다음 각 호의 사항을 공고하여야 한다. 다만, 공급대상자가 특정되어 있거나 자격이 제한되어 있는 경우로서 개별통지를 한 경우에는 그러하지 아니하다.

1. 시행자의 명칭 및 주소와 대표자의 성명
2. 토지·시설 등의 위치·면적 및 용도(토지·시설 등의 사용에 제한이 있는 경우에는 그 제한 내용을 포함한다)
3. 공급의 방법 및 조건
4. 공급가격 또는 그 결정방법
5. 공급대상자의 자격요건 및 선정방법
6. 공급신청의 기간 및 장소
7. 그 밖에 시행자가 필요하다고 인정하는 사항

④ 시행자는 다음 각 호의 어느 하나에 해당하는 경우에는 제2항에도 불구하고 수의계약의 방법으로 토지·시설 등을 공급할 수 있다.

1. 학교용지·공공청사용지 등 일반에게 분양할 수 없는 공공시설용지를 국가·지방자치단체나 그 밖에 관계 법령에 따라 해당 공공시설을 설치할 수 있는 자에게 공급하는 경우
2. 법 제29조제1항에 따라 고시한 실시계획에 따라 존치하는 시설물의 유지·관리에 필요한 최소한의 토지를 공급하는 경우
3. 「공익사업을 위한 토지 등의 취득 및 보상에 관한 법률」에 따른 협의에 응하여 자신이 소유하는 물류단지의 토지등의 전부를 시행자에게 양도한 자에게 국토교통부령으로 정하는 기준에 따라 토지를 공급하는 경우
4. 토지상환채권에 따라 토지를 상환하는 경우
5. 토지의 규모 및 형상, 입지조건 등에 비추어 토지의 이용가치가 현저히 낮은 토지로서 인접 토지소유자 등에게 공급하는 것이 불가피하다고 인정되는 경우
6. 법 제27조제2항제1호부터 제3호까지에 해당하는 시행자가 물류산업의 발전을 위하여 물류단지에서 복합적이고 입체적인 개발이 필요하여 국토교통부령으로 정하는 절차와 방법에 따라 선정된 자에게 토지를 공급하는 경우

6의2. 법 제23조제1항에 따라 고시된 사항 중 유치업종배치계획에 포함된 기업에 대하여 물류단지지정권자와 협의하여 그 기업이 직접 사용할 물류시설(판매시설은 제외한다) 용지를 공급하는 경우

7. 그 밖에 관계 법령에 따라 수의계약으로 공급할 수 있는 경우

⑤ 그 밖에 토지·시설 등의 공급방법 등에 필요한 사항은 국토교통부장관이 정한다.

제42조(처분제한대상 토지·시설 등의 양도 등) ① 입주기업체 또는 지원기관은 분양받은 토지·시설 등을 법 제51조제1항에 따라 물류단지시설 또는 지원시설의 설치를 끝내기 전에 시행자나 법 제53조에 따른 관리기관(이하 "관리기관"이라 한다)에 양도하려는 경우에는 처분신청서에 국토교통부령으로 정하는 서류를 첨부하여 시행자나 관리기관에 제출하여야 한다.

② 제1항에 따라 처분신청서를 받은 시행자나 관리기관은 그 처분신청서를 받은 날부터 국토교통부령으로 정하는 기간에 법 제51조제1항에 따라 양도할 대상자를 선정하여 처분신청인에게 알려야 한다.

③ 시행자나 관리기관이 제2항에 따라 양도할 대상자를 선정하려는 경우에는 미리 다음 각 호의 사항을 공고한 후 입주희망자로부터 매수신청을 받아야 한다.

1. 매도물건의 표시
2. 매도가격 및 대금 지급방법
3. 매수시기
4. 매수자의 입주자격
5. 그 밖에 시행자나 관리기관이 필요로 하는 사항

④ 법 제51조제1항제3호에서 "그 밖에 대통령령으로 정하는 자"란 다음 각 호의 기관을 말한다.

1. 「신용보증기금법」에 따른 신용보증기금

2. 「기술보증기금법」에 따른 기술보증기금
3. 「한국자산관리공사 설립 등에 관한 법률」에 따른 한국자산관리공사
4. 「농업협동조합법」에 따른 농협은행
5. 「수산업협동조합법」에 따른 수협은행
6. 「산림조합법」에 따른 산림조합중앙회
7. 「중소기업협동조합법」에 따른 중소기업중앙회
8. 「중소기업진흥에 관한 법률」에 따른 중소벤처기업진흥공단
9. 토지개발사업을 목적으로 하여 「지방공기업법」에 따라 설립된 지방공사
10. 시행자나 관리기관이 해당 물류단지를 관리하기 위하여 특히 필요하다고 인정하는 기관

⑤ 법 제51조제2항에서 "대통령령으로 정하는 이자 및 비용"이란 다음 각 호의 금액을 말한다.

1. 양도할 토지·시설 등의 취득가격에 그 취득일부터 양도일까지의 기간 중의 생산자물가지수를 곱하여 계산한 금액
2. 매수에 들어간 취득세 및 그 밖의 제세공과금. 다만, 취득자의 귀책사유로 추징된 세금은 포함하여 계산할 수 없다.
3. 양도할 토지·시설 등을 유지·보존 또는 개량하기 위하여 지출한 비용

⑥ 법 제51조제1항 각 호의 자가 같은 항에 따라 매수한 토지·시설 등을 양도하려는 경우에는 미리 관리기관과 협의하여야 한다.

⑦ 법 제51조제1항 각 호의 자가 같은 항에 따라 매수한 토지·시설 등의 양도가격은 취득가격에 제5항 각 호의 이자 및 비용을 합산한 금액으로 할 수 있다.

제42조의2(물류단지재정비사업의 구분 등) ① 법 제52조의2제2항에 따른 물류단지의 전부 재정비사업은 법 제22조제5항제5호의 토지이용계획 및 주요 기반시설계획의 변경을 수반하는 경우(법 제22조의2제3항 단서에 따른 건축계획 및 복합용지이용계획의 변경을 수반하는 경우를 포함한다)로서 지정된 물류단지 면적의 100분의 50 이상을 재정비(단계적 재정비를 포함한다)하는 사업을 말한다.

② 법 제52조의2제2항에 따른 물류단지의 부분 재정비사업은 제1항 이외의 물류단지재정비사업을 말한다.

③ 법 제52조의2제3항 후단에서 "대통령령으로 정하는 경미한 사항"이란 제13조제2항 각 호 외의 사항을 말한다.

④ 법 제52조의2제4항제8호에서 "대통령령으로 정하는 사항"이란 다음 각 호의 사항을 말한다.

1. 물류단지재정비사업의 시행기간
2. 지원시설의 확충 계획
3. 입주수요에 대한 조사자료
4. 물류단지재정비계획에 포함된 토지의 세목과 소유자 및 「공익사업을 위한 토지 등의 취득 및 보상에 관한 법률」 제2조제5호에 따른 관계인의 성명 및 주소

⑤ 법 제52조의2제5항 후단에서 "대통령령으로 정하는 경미한 사항"이란 제22조제3항 각 호의 사항을 말한다.

제42조의3(지정·승인·인가의 취소 등에 따른 고시) 법 제52조의3제2항에 따라 고시하여야 할 사항은 다음 각 호와 같다.

1. 사업의 명칭
2. 시행자의 성명(법인인 경우에는 그 명칭 및 대표자의 성명)·주소
3. 사업지역의 위치 및 면적
4. 처분의 내용 및 사유

제43조(관리기구의 범위) 법 제53조제1항에서 "대통령령으로 정하는 관리기구"란 다음 각 호의 어느 하나에 해당하는 자를 말한다.

1. 「한국토지주택공사법」에 따른 한국토지주택공사
2. 「한국도로공사법」에 따른 한국도로공사
3. 「한국수자원공사법」에 따른 한국수자원공사
4. 「한국농어촌공사 및 농지관리기금법」에 따른 한국농어촌공사
5. 「항만공사법」에 따른 항만공사
6. 「지방공기업법」에 따른 지방공사

제43조의2(입주기업체협의회의 구성과 운영) ① 법 제53조제1항에 따른 입주기업체협의회는 그 구성 당시에 해당 물류단지 입주기업체의 75퍼센트 이상이 회원으로 가입되어 있어야 한다.

② 입주기업체협의회는 일반회원과 특별회원으로 구성한다.

③ 입주기업체협의회의 일반회원은 입주기업체의 대표자로 하고, 특별회원은 일반회원 외의 자 중에서 정하되 회원자격은 입주기업체협의회의 정관으로 정하는 바에 따른다.

④ 입주기업체협의회는 매 사업연도 개시일부터 2개월 이내에 정기총회를 개최하여야 하며, 필요한 경우에는 임시총회를 개최할 수 있다.

⑤ 입주기업체협의회의 회의는 정관에 다른 규정이 있는 경우를 제외하고는 회원 과반수의 출석과 출석회원 과반수의 찬성으로 의결한다.

제44조(물류단지관리지침의 내용) 법 제54조제1항에 따른 물류단지관리지침에는 다음 각 호의 사항이 포함되어야 한다.

1. 법 제55조에 따른 물류단지관리계획의 수립에 관한 사항
2. 물류단지의 유치업종 및 기준에 관한 사항
3. 물류단지의 용지 및 시설을 유지·보수·개량하는 등의 물류단지관리업무에 필요한 사항

제45조 삭제

제46조(공동부담금의 징수) ① 법 제56조제2항에서 "그 밖에 대통령령으로 정하는 공동시설"이란 다음 각 호의 시설을 말한다.

1. 단지의 도로
2. 수질오염방지시설
3. 그 밖에 국토교통부령으로 정하는 시설

② 관리기관은 법 제56조제2항에 따라 공동시설의 공동부담금을 입주기업체 및 지원기관의 공동시설 사용에 따른 수익의 정도에 따라 징수한다. 다만, 그 수익의 정도를 산출하기 어려울 때에는 그 비용 전체를 입주기업체 및 지원기관의 용지면적·건축연면적 및 종업원 수에 따라 산출한 부담비율에 따라 징수한다.

③ 관리기관은 공동부담금을 물류단지의 운영 상황에 따라 매월 또는 매 분기별로 징수할 수 있다.

제4장의2 물류 교통·환경 정비사업

제46조의2(물류 교통·환경 정비지구의 지정 요건 등) ① 법 제59조의4제1항에 따라 물류 교통·환경 정비지구(이하 "정비지구"라 한다)의 지정을 신청할 수 있는 지역은 다음 각 호의 요건을 모두 충족하는 지역으로 한다.

1. 물류시설의 밀집으로 도로의 신설·확장·개량 및 보수 등 기반시설의 정비가 필요하거나 소음·진동 방지, 미세먼지 저감 등 생활환경의 개선이 필요한 지역일 것
2. 정비지구로 지정하려는 지역의 면적이 30만 제곱미터 이상일 것
3. 물류시설 총부지면적이 정비지구로 지정하려는 지역의 면적의 100분의 30 이상일 것

② 법 제59조의4제2항제6호에서 "대통령령으로 정하는 사항"이란 다음 각 호의 사항을 말한다.

1. 물류시설의 체계적 개발 및 정비 등에 관한 사항
2. 정비사업을 통해 예상되는 교통·환경 개선 효과
3. 「국토의 계획 및 이용에 관한 법률」에 따른 도시·군관리계획의 수립 또는 변경에 관한 사항
4. 그 밖에 시·도지사가 물류 교통·환경 정비에 필요하다고 인정하여 포함하도록 요청하는 사항

제46조의3(주민의 의견청취 등) ① 시장·군수·구청장은 법 제59조의4제3항 본문에 따른 주민 공람을 하려는 경우 미리 다음 각 호의 사항을 인터넷 홈페이지 또는 일간신문에 공고해야 한다.

1. 정비지구의 개요
2. 정비계획안에 대한 공람 기간과 장소
3. 의견제출의 시기 및 방법

② 정비지구 대상지역의 주민은 법 제59조의4제3항에 따른 공람이 시작된 날부터 공람기간이 끝난 후 7일이 되는 날까지의 기간 동안 시장·군수·구청장에게 의견을 제출할 수 있다.

③ 시장·군수·구청장은 공람기간 내에 법 제59조의6제2항에 따른 주민설명회(이하 "주민설명회"라

한다)를 개최해야 하며, 정비지구 대상지역이 둘 이상의 시·군·구의 관할지역에 걸쳐있는 경우에는 각각의 시·군·구에서 주민설명회를 개최해야 한다.

제46조의4(경미한 사항의 변경) 법 제59조의4제3항 단서에서 "대통령령으로 정하는 경미한 사항의 변경"이란 다음 각 호의 어느 하나에 해당하는 변경을 말한다.

1. 정비지구의 면적 또는 정비사업 비용의 100분의 5 미만의 변경
2. 계산착오, 오기, 누락 또는 이에 준하는 명백한 오류의 수정

제46조의5(공동위원회의 구성·운영) ① 시·도지사는 법 제59조의5제1항에 따라 법 제59조의2에 따른 물류단지계획심의위원회(이하 "물류단지계획심의위원회"라 한다)와 「국토의 계획 및 이용에 관한 법률」 제113조에 따른 지방도시계획위원회(이하 "지방도시계획위원회"라 한다)가 공동으로 정비지구의 지정을 심의하게 하기 위하여 공동위원회를 구성한다.

② 제1항에 따른 공동위원회는 다음 각 호의 기준에 따라 구성한다.

1. 위원장을 제외한 공동위원회의 위원은 물류단지계획심의위원회와 지방도시계획위원회의 위원 중에서 시·도지사가 임명하거나 위촉할 것
2. 공동위원회의 위원 수는 25명 이내로 할 것
3. 공동위원회의 위원 중 물류단지계획심의위원회 위원이 2분의 1 이상이 되도록 할 것

③ 공동위원회의 위원장은 특별시·광역시·특별자치시의 경우에는 시장이 지명하는 부시장으로 하고, 도·특별자치도의 경우에는 도지사가 지명하는 부지사로 한다.

제46조의6(정비지구 지정고시) 법 제59조의5제3항에 따른 고시에는 다음 각 호의 사항이 포함되어야 한다.

1. 정비지구의 위치·면적, 정비기간 등 정비계획의 개요
2. 정비지구의 현황(인구수, 물류시설의 수와 면적·교통량·물동량 등)
3. 도로의 신설·확장·개량 및 보수 등 기반시설 정비계획
4. 소음·진동 방지, 미세먼지 저감 등 생활환경 정비계획
5. 정비사업의 비용분담 계획
6. 정비사업을 통해 예상되는 교통·환경 개선 효과
7. 정비지구 안의 물류시설의 체계적 개발 및 정비 등에 관한 사항
8. 「국토의 계획 및 이용에 관한 법률」에 따른 도시·군관리계획의 수립 또는 변경에 관한 사항
9. 그 밖에 시·도지사가 고시할 필요가 있다고 인정하는 사항

제46조의7(정비지구의 지정 해제) ① 시·도지사는 법 제59조의6제1항에 따라 정비지구의 지정을 해제하려는 때에는 물류단지계획심의위원회와 지방도시계획위원회가 공동으로 하는 심의 전에 관할 시장·군수·구청장의 의견을 들어야 한다.

② 법 제59조의6제1항에 따른 정비지구 지정 해제의 심의에 관하여는 제46조의5를, 법 제59조의6제2항에 따른 주민설명회, 주민 공람 및 주민의 의견청취 방법 등에 관하여는 제46조의3을 각각 준용한다.

③ 법 제59조의6제3항에 따른 고시에는 다음 각 호의 사항이 포함되어야 한다.

1. 정비지구의 위치·면적, 정비기간 등 정비계획의 개요
2. 정비지구의 현황(정비지구 지정 신청 당시와 비교하여 변경된 사항을 포함한다)
3. 정비지구 해제 사유
4. 그 밖에 시·도지사가 고시할 필요가 있다고 인정하는 사항

제46조의8(물류 교통·환경 정비사업의 지원) 법 제59조의7제4호에서 "대통령령으로 정하는 사업"이란 「환경친화적 자동차의 개발 및 보급 촉진에 관한 법률」 제2조제3호에 따른 전기자동차의 충전시설 및 같은 조 제9호에 따른 수소연료공급시설을 설치·정비 또는 개량하는 사업을 말한다.

제5장 보칙

제47조(권한의 위임) ① 국토교통부장관 또는 해양수산부장관은 법 제64조제1항에 따라 다음 각 호의 권한을 시·도지사에게 위임한다.

1. 삭제

1의2. 법 제21조의2제1항 및 제2항에 따른 물류창고업의 등록 및 변경등록

2. 법 제21조의9에 따른 물류창고업자에 대한 과징금의 부과 및 징수

3. 삭제
4. 법 제21조의10에서 준용하는 법 제14조제2항 및 제3항에 따른 물류창고업자에 대한 사업승계의 신고수리 및 신고수리 여부 통지
5. 법 제21조의10에서 준용하는 법 제15조제1항 및 제2항에 따른 물류창고업의 휴업·폐업 및 법인해산의 신고접수
6. 법 제21조의10에서 준용하는 법 제17조제1항에 따른 물류창고업자에 대한 등록취소 및 사업정지
7. 삭제
8. 법 제28조제1항(법 제49조에서 준용하는 경우를 포함한다)에 따른 실시계획의 승인·변경승인 및 같은 조 제3항(법 제49조에서 준용하는 경우를 포함한다)에 따른 관계 행정기관의 장과의 협의
9. 법 제29조제1항(법 제49조에서 준용하는 경우를 포함한다)에 따른 실시계획승인·변경승인의 고시 및 관할 시장·군수·구청장에게의 송부

9의2. 법 제37조에서 준용하는 법 제13조제2항에 따른 물류단지의 국유·공유재산의 용도폐지 및 매각에 관한 관계 행정기관의 장과의 협의

10. 법 제46조제1항(법 제49조 및 제52조의2제9항에서 준용하는 경우를 포함한다)에 따른 준공인가, 같은 조 제3항(법 제49조 및 제52조의2제9항에서 준용하는 경우를 포함한다)에 따른 공고와 시행자 및 관리청에의 통지 및 같은 조 제5항 단서(법 제49조 및 제52조의2제9항에서 준용하는 경우를 포함한다)에 따른 사용허가

10의2. 법 제50조의3(법 제52조의2제9항에서 준용하는 경우를 포함한다)에 따른 이행강제금의 부과·징수

11. 법 제55조제1항에 따른 물류단지관리계획의 접수
12. 법 제57조에 따른 관리기관 등에 대한 권고
13. 법 제61조제2항에 따른 물류창고업자에 대한 보고·자료 제출의 명령 및 업무의 검사
14. 법 제62조제1호에 따른 물류창고업의 등록취소에 관한 청문
15. 법 제67조에 따른 물류창고업자에 대한 과태료의 부과 및 징수

② 해양수산부장관은 법 제64조제3항에 따라 다음 각 호의 권한을 지방해양항만청장에게 위임한다.

1. 법 제21조의2제1항 및 제2항에 따른 물류창고업의 등록 및 변경등록

1의2. 법 제21조의9에 따른 물류창고업자에 대한 과징금의 부과 및 징수

2. 법 제21조의10에서 준용하는 법 제14조제2항 및 제3항에 따른 물류창고업자에 대한 사업승계의 신고수리 및 신고수리 여부 통지
3. 법 제21조의10에서 준용하는 법 제15조제1항 및 제2항에 따른 사업의 휴업·폐업 및 법인해산의 신고접수
4. 법 제21조의10에서 준용하는 법 제17조제1항에 따른 물류창고업자에 대한 등록취소 및 사업정지
6. 법 제61조제2항에 따른 물류창고업자에 대한 보고·자료 제출의 명령 및 업무의 검사
7. 법 제62조제1호에 따른 물류창고업의 등록취소에 관한 청문
8. 법 제67조에 따른 물류창고업자에 대한 과태료의 부과 및 징수

③ 시·도지사는 제1항에 따라 위임받은 업무 중 제1호의2, 제2호, 제4호(사업승계의 신고수리만 해당한다)부터 제6호까지, 제8호(실시계획의 승인 및 변경승인만 해당한다), 제10호(준공인가 및 사용허가만 해당한다), 제10호의2 및 제15호에 관한 업무를 처리하였을 때에는 이를 5일 이내에 국토교통부장관 또는 해양수산부장관에게 보고해야 한다.

제47조의2(규제의 재검토) 국토교통부장관은 다음 각 호의 사항에 대하여 다음 각 호의 기준일을 기준으로 3년마다(매 3년이 되는 기준일과 같은 날 전까지를 말한다) 그 타당성을 검토하여 개선 등의 조치를 하여야 한다.

1. 삭제
2. 제18조에 따른 행위허가의 대상 등: 2017년 1월 1일
3. 제33조에 따른 선수금: 2017년 1월 1일
4. 제34조에 따른 시설부담금: 2017년 1월 1일
5. 제42조에 따른 처분제한대상 토지·시설 등의 양도 등: 2017년 1월 1일
6. 제43조의2에 따른 입주기업체협의회의 구성과 운영: 2017년 1월 1일

제48조(과태료의 부과기준) 법 제67조제1항 및 제2항에 따른 과태료의 부과기준은 별표 3과 같다.

■ 화물자동차 운수사업법 시행령 [별표 1]

화물자동차 운송사업의 허가취소 등의 기준(제5조제1항 관련)

1. 일반기준
   가. 동일한 화물자동차가 여러 건의 위반행위와 관련되는 경우에는 다음의 구분에 따라 처분한다.
      1) 가장 무거운 위반행위에 대한 처분기준이 위반차량 감차 조치인 경우에는 위반차량 감차 조치로 한다.
      2) 각 위반행위에 대한 처분의 기준이 사업정지와 사업정지, 사업정지와 위반차량 운행정지 또는 위반차량 운행정지와 위반차량 운행정지인 경우에는 그 정지기간을 합산한다. 다만, 합산하는 경우에도 그 기간은 6개월을 초과할 수 없다.
   나. 위반행위의 횟수에 따른 행정처분의 가중된 처분기준은 최근 1년(제2호카목, 어목 및 저목의 경우에는 5년)간 같은 위반행위로 행정처분을 받은 경우에 적용한다. 이 경우 기간의 계산은 위반행위에 대하여 행정처분을 받은 날과 그 처분 후 다시 같은 위반행위를 하여 적발된 날을 기준으로 한다.
   다. 나목에 따라 가중된 행정처분을 하는 경우 가중처분의 적용 차수는 그 위반행위 전 행정처분 차수(나목에 따른 기간 내에 행정처분이 둘 이상 있었던 경우에는 높은 차수를 말한다)의 다음 차수로 한다.
   라. 위반행위의 횟수에 따른 가중처분 규정이 없는 경우로서 사업 전부정지, 사업 일부정지 또는 위반차량 운행정지의 처분을 한 날부터 1년 이내에 같은 내용의 위반행위를 적발한 경우에는 해당 처분기준 일수의 2분의 1을 늘려서 처분한다. 다만, 법 제11조제24항에 따라 국토교통부령에서 정한 운송사업자 준수사항을 위반한 경우에는 국토교통부령에서 정하는 바에 따른다.
   마. 공공복리의 침해 정도, 교통사고로 인한 피해의 정도, 위반행위의 내용 · 횟수 등을 고려하여 제2호의 개별기준에 따른 처분기준을 다음의 구분에 따라 늘리거나 줄일 수 있다.
      1) 사업 전부정지, 사업 일부정지 또는 위반차량 운행정지의 경우에는 처분기준 일수의 2분의 1의 범위에서 그 기간을 늘리거나 줄인다. 다만, 늘리는 경우에도 그 기간은 6개월을 초과할 수 없다.
      2) 허가취소(제2호가목 및 아목 본문에 따른 허가취소는 제외한다)를 경감하는 경우에는 2대 이상의 화물자동차에 대한 감차 조치로 한다.
      3) 2대 이상의 화물자동차에 대한 감차 조치를 가중하는 경우에는 허가취소로 하고, 경감하는 경우에는 90일 이상의 사업 전부정지 또는 사업 일부정지로 한다.
      4) 위반차량 감차 조치를 경감하는 경우에는 90일 이상의 위반차량 운행정지로 한다.
   바. 위반차량 감차 조치를 하려는 경우로서 운송사업자가 소유한 화물자동차의 대수가 1대인 경우에는 허가를 취소한다.
   사. 천재지변이나 그 밖의 불가항력적인 사유로 발생한 위반행위는 처분대상에서 제외한다.
   아. 감차 조치, 사업 전부정지 또는 사업 일부정지의 대상이 되는 화물자동차가 2대 이상인 경우에는 화물운송에 미치는 영향을 고려하여 해당 처분을 분할하여 집행할 수 있다.
2. 개별기준

위반행위	근거 법조문	처분기준
가. 부정한 방법으로 법 제3조제1항에 따른 허가를 받은 경우	법 제19조 제1항제1호	○ 허가취소
나. 허가를 받은 후 6개월간의 운송실적이 국토교통부령으로 정하는 기준에 미달한 경우	법 제19조 제1항제1호의2	○ 1차: 사업 전부정지(30일) ○ 2차: 허가취소
다. 부정한 방법으로 법 제3조제3항에 따른 변경허가를 받거나, 변경허가를 받지 않고 허가사항을 변경한 경우	법 제19조 제1항제2호	○ 1차: 위반차량 감차 조치 ○ 2차: 허가취소
라. 법 제3조제7항에 따른 기준을 충족하지 못하게 된 경우	법 제19조 제1항제3호	○ 1차: 사업 전부정지(30일) ○ 2차: 허가취소

마. 법 제3조제9항에 따른 신고를 하지 않았거나 거짓으로 신고한 경우	법 제19조 제1항제4호	○ 1차: 사업 전부정지(20일) ○ 2차: 사업 전부정지(40일) ○ 3차: 허가취소
바. 화물자동차 소유 대수가 2대 이상인 운송사업자가 법 제3조제11항에 따른 영업소 설치 허가를 받지 않고 주사무소 외의 장소에서 상주하여 영업한 경우	법 제19조 제1항제4호의2	○ 사업 일부정지(30일)
사. 법 제3조제14항에 따른 조건 또는 기한을 위반한 경우	법 제19조 제1항제4호의3	○ 1차: 사업 전부정지(30일) ○ 2차: 허가취소
아. 법 제4조 각 호의 어느 하나에 해당하게 된 경우. 다만, 법인의 임원 중 법 제4조 각 호의 어느 하나에 해당하는 사람이 있는 경우에 3개월 이내에 그 임원을 개임(改任)한 경우는 제외한다.	법 제19조 제1항제5호	○ 허가취소
자. 운송 종사자격이 없는 자에게 화물을 운송하게 한 경우	법 제19조 제1항제6호	○ 1차: 위반차량 운행정지(30일) ○ 2차: 위반차량 감차 조치
차. 법 제11조에 따른 준수사항을 위반한 경우	법 제19조 제1항제7호	
1) 법 제11조제1항을 위반하여 부당한 운송조건을 제시하거나 정당한 사유 없이 운송계약의 인수를 거부한 경우		○ 위반차량 운행정지(10일)
2) 법 제11조제2항을 위반하여 운전자를 과도하게 승차근무하게 한 경우		○ 사업 일부정지(10일)
3) 법 제11조제3항을 위반하여 법 제2조제3호 후단에 따른 화물의 기준에 맞지 않는 화물을 운송한 경우		○ 1차: 위반차량 운행정지(10일) ○ 2차: 위반차량 운행정지(20일) ○ 3차 이상: 위반차량 운행정지(30일)
4) 법 제11조제4항을 위반하여 고장 및 사고차량 등 화물의 운송과 관련하여 「자동차관리법」에 따른 자동차관리사업자와 부정한 금품을 주고 받은 경우		○ 1차: 사업 일부정지(20일) ○ 2차: 사업 일부정지(50일) ○ 3차: 허가취소
5) 법 제11조제6항을 위반하여 화물운송의 대가로 받은 운임 및 요금의 전부 또는 일부에 해당하는 금액을 부당하게 화주, 다른 운송사업자 또는 화물자동차 운송주선사업을 경영하는 자에게 되돌려주는 행위를 한 경우		○ 1차: 사업 일부정지(20일) ○ 2차: 사업 일부정지(50일) ○ 3차: 허가취소
6) 법 제11조제7항을 위반하여 택시 요금미터기의 장착 등 국토교통부령으로 정하는 택시 유사표시행위를 한 경우		○ 1차: 위반차량 운행정지(60일) ○ 2차: 위반차량 감차 조치
7) 법 제11조제8항을 위반하여 운임 및 요금과 운송약관을 영업소 또는 화물자동차에 갖추어 두지 않거나 이용자의 요구에 이를 내보이지 않은 경우		○ 사업 일부정지(10일)
8) 법 제11조제13항 본문을 위반하여 위·수탁차주나 개인 운송사업자에게 화물운송을 위탁한 운송사업자가 해당 위·수탁차주나 개인 운송사업자의 요구에도 불구		○ 1차: 사업 일부정지(10일) ○ 2차: 사업 일부정지(20일) ○ 3차 이상: 사업 일부정지(30일)

하고 화물위탁증을 내주지 않은 경우	
9) 법 제11조제13항 단서를 위반하여 운송사업자가 최대 적재량 1.5톤 이상의 「자동차관리법」에 따른 화물자동차를 소유한 위·수탁차주나 개인 운송사업자에게 화물위탁증을 발급하지 않은 경우	○ 1차: 사업 일부정지(10일) ○ 2차: 사업 일부정지(20일) ○ 3차 이상: 사업 일부정지(30일)
10) 법 제11조제14항을 위반하여 법 제16조제1항에 따라 화물자동차 운송사업을 양도·양수하면서 양도·양수에 소요되는 비용을 위·수탁차주에게 부담시킨 경우	○ 1차: 사업 일부정지(30일) ○ 2차: 사업 일부정지(60일) ○ 3차: 허가취소
11) 법 제11조제15항을 위반하여 위·수탁차주가 현물출자한 차량을 위·수탁차주의 동의 없이 타인에게 매도하거나 저당권을 설정한 경우	
가) 타인에게 매도한 경우	○ 1차: 사업 일부정지(30일) ○ 2차: 사업 일부정지(60일) ○ 3차: 허가취소
나) 저당권을 설정한 경우	○ 1차: 사업 일부정지(10일) ○ 2차: 사업 일부정지(30일) ○ 3차 이상: 사업 일부정지(60일)
12) 법 제11조제16항을 위반하여 법 제40조제3항에 따른 위·수탁계약으로 차량을 현물출자 받았음에도 위·수탁차주를 「자동차관리법」에 따른 자동차등록원부에 현물출자자로 기재하지 않은 경우	○ 1차: 사업 일부정지(10일) ○ 2차: 사업 일부정지(30일) ○ 3차 이상: 사업 일부정지(60일)
13) 법 제11조제17항을 위반하여 위·수탁차주가 다른 운송사업자와 동시에 1년 이상의 운송계약을 체결하는 것을 제한하거나 이를 이유로 불이익을 준 경우	○ 1차: 사업 일부정지(10일) ○ 2차: 사업 일부정지(30일) ○ 3차 이상: 사업 일부정지(60일)
14) 법 제11조제18항을 위반하여 「도로법」 제77조 또는 「도로교통법」 제39조에 따른 기준을 위반하는 화물의 운송을 위탁한 경우	○ 1차: 사업 일부정지(10일) ○ 2차: 사업 일부정지(20일) ○ 3차: 허가취소
15) 법 제11조제19항을 위반하여 법 제11조의2제5항에 따라 운송가맹사업자의 화물정보망이나 「물류정책기본법」 제38조에 따라 인증 받은 화물정보망을 통하여 위탁 받은 물량을 재위탁하는 등 화물운송질서를 문란하게 하는 행위를 한 경우	○ 1차: 사업 전부정지(20일) ○ 2차: 사업 전부정지(50일) ○ 3차: 허가취소
16) 법 제11조제20항을 위반하여 적재된 화물이 떨어지지 않도록 국토교통부령으로 정하는 기준 및 방법에 따라 덮개·포장·고정장치 등 필요한 조치를 하지 않고 운행한 경우	○ 1차: 위반차량 운행정지(30일) ○ 2차: 위반차량 운행정지(60일) ○ 3차 이상: 위반차량 감차 조치
17) 법 제11조제21항을 위반하여 법 제3조제7항제1호다목에 따라 같은 조 제1항의 허가 또는 같은 조 제3항의 변경허	○ 1차: 사업 전부정지(30일) ○ 2차: 허가취소

가를 받은 운송사업자가 허가 또는 변경허가의 조건을 위반하여 다른 사람에게 차량이나 그 경영을 위탁한 경우		
18) 법 제11조제22항을 위반하여 법 제59조제1항에 따라 화물자동차의 운전업무에 종사하는 운수종사자가 교육을 받는 데에 필요한 조치를 하지 않거나, 그 교육을 받지 않은 화물자동차의 운전업무에 종사하는 운수종사자를 화물자동차 운수사업에 종사하게 한 경우		○ 사업 일부정지(10일)
19) 법 제11조제23항 및 「자동차관리법」 제35조를 위반하여 전기·전자장치(최고속도제한장치에 한정한다)를 무단으로 해체하거나 조작한 경우		○ 1차: 위반차량 운행정지(30일) ○ 2차: 위반차량 운행정지(50일) ○ 3차 이상: 위반차량 감차 조치
20) 법 제11조제24항에 따라 국토교통부령으로 정하는 화물자동차 운송사업의 차고지 이용과 운송시설에 관한 사항이나 그 밖에 수송의 안전과 화주의 편의를 도모하기 위해 운송사업자가 지켜야 할 사항을 위반한 경우		○ 사업 전부정지, 사업 일부정지 또는 위반차량 운행정지
21) 법 제11조의 준수사항을 위반한 건수가 다음의 기준에 해당하는 경우		
가) 화물자동차 1대의 해당 월간 위반 건수가 8건 이상이 되는 경우		○ 위반차량 감차 조치
나) 화물자동차 1대의 해당 연도 위반 건수가 50건 이상이 되는 경우		○ 위반차량 감차 조치
다) 다음의 계산식에 따라 산출한 해당 연도의 위반지수가 60 이상이 되는 경우 $\frac{\text{위반 건수}}{\text{화물자동차의 대수}} \times 10$		○ 감차 조치(보유차량의 5분의 1대)
라) 다음의 계산식에 따라 산출한 해당 연도의 위반지수가 100 이상이 되는 경우 $\frac{\text{위반 건수}}{\text{화물자동차의 대수}} \times 10$		○ 허가취소
카. 법 제11조의2에 따른 직접운송 의무 등을 위반한 경우	법 제19조제1항제7호의2	
1) 법 제11조의2제1항·제3항 및 제4항에 따른 직접운송 의무를 위반한 경우(같은 조 제5항에 해당하는 경우는 제외한다)		○ 1차: 사업 전부정지(직접운송의무미이행률×30일) ○ 2차: 사업 전부정지(직접운송의무미이행률×60일) ○ 3차 이상: 감차 조치(직접운송의무미이행률×보유대수)
2) 법 제11조의2제2항을 위반하여 다른 운송사업자 또는 다른 운송사업자에게 소속된 위·수탁차주를 제외한 자에게 화물운송을 위탁한 경우		○ 1차: 사업 전부정지(30일) ○ 2차: 사업 전부정지(60일) ○ 3차: 허가취소

타. 1대의 화물자동차를 본인이 직접 운전하는 운송사업자, 운송사업자가 채용한 운수종사자 또는 위·수탁차주가 법 제12조제1항제5호를 위반하여 법 제70조에 따른 과태료 처분을 1년 동안 3회 이상 받은 경우	법 제19조 제1항제7호의4	○ 허가취소
파. 정당한 사유 없이 법 제13조에 따른 개선명령(같은 조 제2호에 따른 화물자동차의 구조변경에 관한 개선명령은 제외한다)을 이행하지 않은 경우	법 제19조 제1항제8호	○ 1차: 사업 전부정지(30일) ○ 2차: 사업 전부정지(60일) ○ 3차: 허가취소
하. 정당한 사유 없이 법 제13조제2호에 따른 화물자동차의 구조변경에 관한 개선명령을 이행하지 않은 경우	법 제19조 제1항제8호	○ 1차: 위반차량 운행정지(60일) ○ 2차: 위반차량 감차 조치
거. 정당한 사유 없이 법 제14조에 따른 업무개시 명령을 이행하지 않은 경우	법 제19조 제1항제9호	○ 1차: 위반차량 운행정지(30일) ○ 2차: 허가취소
너. 법 제16조제9항을 위반하여 사업을 양도한 경우	법 제19조 제1항제9호의2	○ 허가취소
더. 법 제19조에 따른 사업정지처분 또는 감차 조치 명령을 위반하거나 이행하지 않는 경우	법 제19조 제1항제10호	○ 허가취소
러. 중대한 교통사고 또는 빈번한 교통사고로 1명 이상의 사상자를 발생하게 한 경우	법 제19조 제1항제11호	
1) 중대한 교통사고로 1명 이상의 사상자를 발생하게 한 경우		
가) 1건의 교통사고로 다음의 인원이 사망한 경우		
(1) 10명 이상		○ 감차 조치(보유차량의 1/5대)
(2) 5명 이상 9명 이하		○ 감차 조치(보유차량의 1/10대)
(3) 3명 이상 4명 이하		○ 위반차량 운행정지(120일)
(4) 2명 이하		○ 위반차량 운행정지(90일)
나) 1건의 교통사고로 다음의 인원이 중상을 입은 경우		
(1) 10명 이상		○ 감차 조치(2대)
(2) 5명 이상 9명 이하		○ 위반차량 운행정지(60일)
(3) 3명 이상 4명 이하		○ 위반차량 운행정지(30일)
(4) 2명 이하		○ 위반차량 운행정지(10일)
2) 빈번한 교통사고로 1명 이상의 사상자를 발생하게 한 경우		
가) 5대 이상의 차량을 소유한 운송사업자의 경우 다음 계산식에 따라 산출한 해당 연도의 교통사고지수가 3에 이르게 된 경우 $\frac{\text{교통사고 건수}}{\text{화물자동차의 대수}} \times 10$		○ 사업 일부정지(보유차량의 1/5대에 대해 75일)
나) 5대 이상의 차량을 소유한 운송사업자의 경우 다음 계산식에 따라 산출한 해당 연도의 교통사고지수가 6에 이르게 된 경우		○ 감차 조치(보유차량의 1/5대)

$\frac{\text{교통사고 건수}}{\text{화물자동차의 대수}} \times 10$		
다) 5대 이상의 차량을 소유한 운송사업자의 경우 다음 계산식에 따라 산출한 해당 연도의 교통사고지수가 8에 이르게 된 경우 $\frac{\text{교통사고 건수}}{\text{화물자동차의 대수}} \times 10$		○ 허가취소
라) 5대 미만의 차량을 소유한 운송사업자의 경우 해당 사고 이전 최근 1년 동안에 다음의 교통사고가 발생한 경우 (1) 2건 (2) 3건 이상		 ○ 위반차량 운행정지(60일) ○ 위반차량 감차 조치
머. 제5조의2에 따른 차령 이상의 화물자동차를 「자동차관리법」 제43조제1항제2호에 따른 정기검사 또는 같은 법 제43조의2에 따른 자동차종합검사를 받지 않은 상태로 운행하거나 운행하게 한 경우	법 제19조 제1항제14호	○ 1차: 위반차량 운행정지(30일) ○ 2차: 위반차량 운행정지(60일) ○ 3차: 위반차량 감차 조치
버. 화물자동차 교통사고와 관련하여 거짓이나 그 밖의 부정한 방법으로 보험금을 청구하여 금고 이상의 형을 선고받고 그 형이 확정된 경우	법 제19조 제1항제13호	○ 허가취소
서. 법 제44조의2제1항에 따라 보조금의 지급이 정지된 자가 그 날부터 5년 이내에 다시 같은 항 각 호의 어느 하나에 해당하게 된 경우	법 제19조 제1항제12호	○ 위반차량 감차 조치
어. 법 제47조의2제1항에 따른 신고를 하지 않았거나 거짓으로 신고한 경우	법 제19조 제1항제12호의2	○ 1차: 사업 일부정지(신고의무미이행률×10일) ○ 2차: 사업 일부정지(신고의무미이행률×20일) ○ 3차 이상: 사업 일부정지(신고의무미이행률×30일)
저. 법 제47조의2제2항에 따른 기준을 충족하지 못하게 된 경우	법 제19조 제1항제12호의3	○ 1차: 사업 전부정지(최소운송의무미이행율×10일) ○ 2차: 사업 전부정지(최소운송의무미이행율×20일) ○ 3차 이상: 사업 전부정지(최소운송의무미이행율×30일)

비고:

1. 위 표 차목21)에 따른 위반행위를 이유로 처분하려는 경우에는 다음 각 목에서 정하는 방법을 순차적으로 적용한다.
   가. 위반지수를 산정할 때 차량 소유 대수가 변경된 경우에는 다음의 계산식에 따라 계산한다.

$$\text{위반지수} = \left(\frac{\text{변경 전 위반 건수}}{\text{변경 전 화물자동차의 대수}} + \frac{\text{변경 후 위반 건수}}{\text{변경 후 화물자동차의 대수}}\right) \times 10$$

   나. 위 표 차목21)다)에 따른 보유차량의 감차 조치를 계산한 결과 화물자동차의 대수가 1대 이상인 경우에는 소수점 이하의 수는 버리고, 1대 미만인 경우에는 1대로 한다.
2. 위 표 카목, 어목 및 저목에 따른 위반행위를 이유로 처분하려는 경우에는 다음 각 목에서 정하는 방법을

순차적으로 적용한다.

가. 직접운송의무미이행률, 신고의무미이행률 및 최소운송의무미이행률은 다음의 구분에 따른 계산식에 따라 각각 산정한다.

1) 직접운송 의무 미이행률

$$= \frac{\text{화주의뢰계약 직접운송의무금액} - \text{화주의뢰계약 직접운송금액}}{\text{화주의뢰계약 직접운송의무금액}} \times 0.5 + \frac{\text{운송사업자의뢰계약 직접운송의무금액} - \text{운송사업자의뢰계약 직접운송금액}}{\text{운송사업자의뢰계약 직접운송의무금액}} \times 0.5$$

注) ($\frac{\text{화주의뢰계약 직접운송의무금액} - \text{화주의뢰계약직접운송금액}}{\text{화주의뢰계약 직접운송의무금액}}$)이 0보다 작은 경우 0으로 한다.

2) 신고의무미이행률 $= \frac{\text{실적신고대상금액} - \text{실적신고금액}}{\text{실적신고대상 금액}}$

3) 최소운송의무미이행률 $= \frac{\text{최소운송의무금액} - \text{운송계약금액}}{\text{최소운송의무 금액}}$

나. 사업 전부 또는 일부 정지 처분일수를 계산한 결과 처분일수가 1일 이상인 경우에는 소수점 이하의 수는 버리고, 1일 미만인 경우에는 1로 한다.

3. 위 표 러목에 따른 위반행위를 이유로 처분을 하려는 경우에는 다음 각 목에 따른다.
  가. 위 표 러목의 교통사고는 다음과 같이 구분한다.
    1) 사망사고: 교통사고가 주된 원인이 되어 교통사고가 발생한 때부터 30일 이내에 사람이 사망한 사고
    2) 중상사고: 교통사고로 의사의 진단 결과 3주 이상의 치료를 필요로 하는 상해를 입힌 사고
    3) 경상사고: 교통사고로 의사의 진단 결과 5일 이상 3주 미만의 치료를 필요로 하는 상해를 입힌 사고
  나. 위 표 러목1)가)에 따른 중대한 교통사고를 이유로 처분하려는 경우에는 다음에서 정하는 방법을 순차적으로 적용한다.
    1) 보유차량 감차 조치는 다음에서 정하는 감차 조치 기준에 따라 해당 규정에서 정하는 대수나 방법에 따라 산정한 대수로 한다.
      (가) 보유차량의 1/10이 2대 이하인 경우: 2대
      (나) 보유차량의 1/5이 4대 이하인 경우: 4대
      (다) (가) 또는 (나)에서 정한 대수를 초과하는 경우: 소수점 미만은 버리고 산정한 대수
    2) 2대 이상의 차량을 감차 조치를 하려는 경우에는 감차 조치 대상 중 하나로 해당 위반차량을 포함하여 처분해야 한다.
  다. 위 표 러목1)를 위반한 1건의 중대한 교통사고로 여러 개의 위반행위에 해당하게 된 경우에는 이를 합산하여 처분한다.
  라. 위 표 러목2)에 따른 위반행위를 이유로 처분하려는 경우에는 다음에서 정하는 방법을 순차적으로 적용한다.
    1) 교통사고지수를 산정할 때 해당 계산식의 교통사고 건수는 경상사고는 0.3건, 중상사고는 0.7건, 사망사고는 1건으로 각각 하여 해당 연도에 발생한 교통사고 건수를 합산한다.
    2) 교통사고지수를 산정할 때 차량 소유 대수가 변경된 경우에는 다음의 계산식에 따라 계산한다.

$$\text{교통사고지수} = \left(\frac{\text{변경 전 교통사고 건수}}{\text{변경 전 화물자동차의 대수}} + \frac{\text{변경 후 교통사고 건수}}{\text{변경 후 화물자동차의 대수}} \right) \times 10$$

    3) 위 표 러목2)나)에 따른 보유차량의 감차 조치를 계산한 결과 화물자동차의 대수가 1대 이상인 경우에는 소수점 이하의 수는 버리고, 1대 미만인 경우에는 1대로 한다.
  마. 위 표 러목2)에 따라 빈번한 교통사고를 이유로 처분을 하려는 경우 같은 목 1)에 따라 처분을 한 중대한 교통사고가 있으면 해당 교통사고의 건수를 교통사고지수 계산식의 교통사고건수에 합산하여 교통사고지수를 산정한다.

■ 화물자동차 운수사업법 시행령 [별표 2]

과징금을 부과하는 위반행위의 종류와 과징금의 금액(제7조 관련)

1. 일반기준

가. 별표 1, 별표 3 및 별표 4에서 위반행위의 횟수에 따른 행정처분의 가중된 처분기준이 있는 경우에 2차 이상 위반행위에 대한 과징금의 금액은 다음의 계산식에 따라 산정한다. 다만, 제2호가목3)다) 및 같은 호 다목4)다의 경우에는 해당 규정에서 정한 바에 따른다.

$$\left(\text{제2호의 개별기준에서 정한 과징금의 금액} \times \frac{\text{2차 이상 위반 시 행정처분에 따른 정지 기간}}{\text{1차 위반 시 행정처분에 따른 정지 기간}}\right)$$

나. 국토교통부장관은 운송사업자, 운송주선사업자 또는 운송가맹사업자의 사업 규모, 사업지역의 특수성, 위반행위의 정도 및 위반횟수 등을 고려하여 제2호의 개별기준에 따른 과징금 금액의 2분의 1의 범위에서 그 금액을 줄일 수 있다. 다만, 과징금을 체납하고 있는 사업자의 경우에는 그렇지 않다.

1) 위반행위가 사소한 부주의나 오류로 인한 것으로 인정되는 경우
2) 사업자가 법 위반상태를 시정하거나 해소하기 위한 노력을 한 것이 인정되는 경우
3) 그 밖에도 위반행위의 정도, 위반행위의 동기와 그 결과 등을 고려하여 과징금을 줄일 필요가 있다고 인정되는 경우

다. 국토교통부장관은 운송사업자, 운송주선사업자 또는 운송가맹사업자의 사업규모, 사업지역의 특수성, 위반행위의 정도 및 위반횟수 등을 고려하여 가목에 따른 과징금 금액의 2분의 1 범위에서 그 금액을 늘릴 수 있다. 다만, 과징금의 총액은 2천만원을 넘을 수 없다.

1) 위반의 내용 및 정도가 중대하여 화주 및 위·수탁차주 등에 피해가 크다고 인정되는 경우
2) 법 위반상태의 기간이 6개월 이상인 경우
3) 사업자가 1년 이내에 동일한 위반행위로 2회 이상 반복해서 처분을 받는 경우
4) 그 밖에 위반행위의 정도, 위반행위의 동기와 그 결과 등을 고려하여 과징금을 늘릴 필요가 있다고 인정되는 경우

2. 개별기준

가. 화물자동차운송사업

(단위: 만원)

위반행위	근거 법조문	과징금	
		일반	개인
1) 법 제3조제9항에 따른 신고를 하지 않았거나 거짓으로 신고한 경우	법 제19조 제1항제4호	60	30
2) 화물운송 종사자격이 없는 자에게 화물을 운송하게 한 경우	법 제19조 제1항제6호	60	60
3) 법 제11조에 따른 준수사항을 위반한 경우	법 제19조 제1항제7호		
가) 법 제11조제1항을 위반하여 부당한 운송조건을 제시하거나 정당한 사유 없이 운송계약의 인수를 거부한 경우		20	10
나) 법 제11조제2항을 위반하여 운전자를 과도하게 승차근무하게 한 경우		20	10
다) 법 제11조제3항을 위반하여 법 제2조제3호 후단에 따른 화물의 기준에 맞지 않는 화물을 운송한 경우			
(1) 2차 위반		20	20
(2) 3차 이상 위반		30	30
라) 법 제11조제4항을 위반하여 고장 및 사고차량 등 화물의 운송과 관련하여 「자동차관리법」에 따른 자동차관리사업자와 부정한 금품을 주고 받은 경우		360	180
마) 법 제11조제6항을 위반하여 화물운송의 대가로 받은 운		360	180

임 및 요금의 전부 또는 일부에 해당하는 금액을 부당하게 화주, 다른 운송사업자 또는 화물자동차 운송주선사업을 경영하는 자에게 되돌려주는 행위를 한 경우		
바) 법 제11조제8항을 위반하여 운임 및 요금과 운송약관을 영업소 또는 화물자동차에 갖추어 두지 않거나 이용자의 요구에 이를 내보이지 않은 경우	20	10
사) 법 제11조제13항 본문을 위반하여 위·수탁차주나 개인 운송사업자에게 화물운송을 위탁한 운송사업자가 해당 위·수탁차주나 개인 운송사업자의 요구에도 불구하고 화물위탁증을 내주지 않은 경우	60	–
아) 법 제11조제13항 단서를 위반하여 운송사업자가 최대 적재량 1.5톤 이상의 「자동차관리법」에 따른 화물자동차를 소유한 위·수탁차주나 개인 운송사업자에게 화물위탁증을 발급하지 않은 경우	60	–
자) 법 제11조제14항을 위반하여 법 제16조제1항에 따라 화물자동차 운송사업을 양도·양수하면서 양도·양수에 소요되는 비용을 위·수탁차주에게 부담시킨 경우	500	250
차) 법 제11조제15항을 위반하여 위·수탁차주가 현물출자한 차량을 위·수탁차주의 동의 없이 타인에게 매도하거나 저당권을 설정한 경우		
(1) 타인에게 매도한 경우	500	250
(2) 저당권을 설정한 경우	300	150
카) 법 제11조제16항을 위반하여 법 제40조제3항에 따른 위·수탁계약으로 차량을 현물출자 받았음에도 위·수탁차주를 「자동차관리법」에 따른 자동차등록원부에 현물출자자로 기재하지 않은 경우	300	150
타) 법 제11조제17항을 위반하여 위·수탁차주가 다른 운송사업자와 동시에 1년 이상의 운송계약을 체결하는 것을 제한하거나 이를 이유로 불이익을 준 경우	300	150
파) 법 제11조제18항을 위반하여 「도로법」 제77조 또는 「도로교통법」 제39조에 따른 기준을 위반하는 화물의 운송을 위탁한 경우	60	–
하) 법 제11조제19항을 위반하여 법 제11조의2제5항에 따라 운송가맹사업자의 화물정보망이나 「물류정책기본법」 제38조에 따라 인증받은 화물정보망을 통하여 위탁받은 물량을 재위탁하는 등 화물운송질서를 문란하게 하는 행위를 한 경우	360	180
거) 법 제11조제20항을 위반하여 적재된 화물이 떨어지지 않도록 국토교통부령으로 정하는 기준 및 방법에 따라 덮개·포장·고정장치 등 필요한 조치를 하지 않고 운행한 경우	120	120
너) 법 제11조제22항을 위반하여 법 제59조제1항에 따라 화물자동차의 운전업무에 종사하는 운수종사자가 교육을 받는 데에 필요한 조치를 하지 않거나, 그 교육을 받지 않은 화물자동차의 운전업무에 종사하는 운수종사자를 화물자동차 운수사업에 종사하게 한 경우	30	15
더) 법 제11조제23항 및 「자동차관리법」 제35조를 위반하여 전기·전자장치(최고속도제한장치에 한정한다)를 무단으로 해체하거나 조작한 경우	100	50
러) 법 제11조제24항에 따라 국토교통부령으로 정하는 화물	60	30

자동차 운송사업의 차고지 이용과 운송시설에 관한 사항이나 그 밖에 수송의 안전과 화주의 편의를 도모하기 위해 운송사업자가 지켜야 할 사항을 위반한 경우		이하	이하
4) 법 제11조의2에 따른 직접운송 의무 등을 위반한 경우	법 제19조 제1항제7호의2	500	–
5) 정당한 사유 없이 법 제13조에 따른 개선명령(같은 조 제2호에 따른 화물자동차의 구조변경에 관한 개선명령은 제외한다)을 이행하지 않은 경우	법 제19조 제1항제8호	300	150
6) 빈번한 교통사고로 1명 이상의 사상자를 발생하게 한 경우	법 제19조 제1항제11호		
가) 5대 이상의 차량을 소유한 운송사업자의 경우 다음 계산식에 따라 산출한 해당 연도의 교통사고지수가 3에 이르게 된 경우 $\frac{\text{교통사고 건수}}{\text{화물자동차의 대수}} \times 10$		500	250
나) 5대 미만의 차량을 소유한 운송사업자의 경우 해당 사고 이전 최근 1년 동안에 2건의 교통사고가 발생한 경우		60	30
7) 제5조의2에 따른 차령 이상의 화물자동차를 「자동차관리법」 제43조제1항제2호에 따른 정기검사 또는 같은 법 제43조의2에 따른 자동차종합검사를 받지 않은 상태로 운행하거나 운행하게 한 경우	법 제19조 제1항제14호	180	180
8) 법 제47조의2제1항에 따른 신고를 하지 않았거나 거짓으로 신고한 경우	법 제19조 제1항제12호의2	300	150
9) 법 제47조의2제2항에 따른 기준을 충족하지 못하게 된 경우	법 제19조 제1항제12호의3	200	–

비고:
1. 위 표 3)너)에 따른 과징금 중 일반화물자동차 운송사업에 대한 과징금은 다음의 계산식에 따라 산정한다. 이 경우 계산식에 따른 과징금은 300만원을 초과할 수 없다.
   위 표에서 정한 과징금의 금액 × 교육을 이수하지 않은 운수종사자 수
2. 위 표 4), 8), 9)에 따른 의무위반을 이유로 처분하려는 경우 위반행위에 대한 과징금의 금액은 다음의 계산식에 따라 산정하며, 계산한 결과 10원 미만의 금액은 버린다.
   위 표에서 정한 과징금의 금액 × 직접운송의무(또는 신고의무, 최소운송의무) 미이행률
3. 제2호의 계산식에 따른 직접운송의무(또는 신고의무, 최소운송의무) 미이행률은 별표 1 비고 제2호가목에 따라 계산한다.
4. 위 표 6)에 따른 교통사고 건수 및 교통사고지수는 별표 1 비고 제3호가목, 같은 호 라목1) 및 2)의 교통사고 건수 및 교통사고지수의 산정기준에 따른다.
5. 위 표 7)에 따른 과징금의 금액은 다음의 계산식에 따라 산정한다.
   위 표에서 정한 과징금의 금액 × 정기검사 또는 자동차종합검사를 받지 아니한 상태로 운행하거나 운행하게 한 화물자동차 대수

나. 화물자동차 운송주선사업

(단위: 만원)

위반행위	근거 법조문	과징금
1) 법 제24조제7항에 따른 신고를 하지 않거나 거짓으로 신고한 경우	법 제27조 제1항제4호	60
2) 법 제26조에 따른 준수사항을 위반한 경우	법 제27조 제1항제6호	
가) 법 제26조제1항을 위반하여 자기의 명의로 운송계약을 체결한 화물에 대해 해당 계약금액 중 일부를 제외한 나머지 금액으로 다른 운송주선사업자와 재계약하여 이를 운송하도록 한 경우. 다만, 화물운송을 효율적으로 수행할 수 있도록 위·수탁차주나 개인 운송사업자에게 화물운송을 직접 위탁하기 위		360

해 다른 운송업자에게 중개 또는 대리를 의뢰하는 경우는 제외한다.		
나) 법 제26조제2항을 위반하여 화주로부터 중개 또는 대리를 의뢰받은 화물에 대해 다른 운송주선사업자에게 수수료나 그 밖의 대가를 받고 중개 또는 대리를 의뢰한 경우		360
다) 법 제26조제4항을 위반하여 운송사업자에게 화물의 종류·무게 및 부피 등을 거짓으로 통보한 경우		60
라) 법 제26조제4항을 위반하여 「도로법」 제77조 또는 「도로교통법」 제39조에 따른 기준을 위반하는 화물의 운송을 주선한 경우		60
마) 법 제26조제7항에 따라 국토교통부령으로 정하는 화물운송질서의 확립 및 화주의 편의를 위해 운송주선업자가 지켜야 할 사항을 위반한 경우		30 이하
3) 법 제28조에서 준용하는 법 제11조(같은 조 제3항·제4항·제7항, 제14항부터 제18항까지 및 제20항부터 제24항까지의 규정은 제외한다)에 따른 준수사항을 위반한 경우	법 제27조 제1항제7호	
가) 법 제11조제1항을 위반하여 부당한 운송주선조건을 제시하거나 정당한 사유 없이 운송주선계약의 인수를 거부한 경우		20
나) 법 제11조제6항을 위반하여 화물운송주선의 대가로 받은 주선운임 및 주선요금의 전부 또는 일부에 해당하는 금액을 부당하게 화주, 다른 운송사업자 또는 운송주선사업자에게 되돌려주는 행위를 한 경우		360
다) 법 제11조제8항을 위반하여 주선운임 및 주선요금과 운송주선약관을 영업소에 갖추어 두지 않거나 이용자의 제시 요구에 이를 내보이지 않은 경우		10
라) 법 제11조제13항 본문을 위반하여 위·수탁차주나 개인 운송사업자에게 화물운송을 위탁한 운송주선사업자가 해당 위·수탁차주나 개인 운송사업자의 요구에도 불구하고 화물위탁증을 내주지 않은 경우		60
마) 법 제11조제13항 단서를 위반하여 최대 적재량 1.5톤 이상의 「자동차관리법」에 따른 화물자동차를 소유한 위·수탁차주나 개인 운송사업자에게 화물운송을 위탁한 운송주선사업자가 화물위탁증을 발급하지 않은 경우		60
4) 법 제28조에서 준용하는 법 제13조(같은 조 제2호 및 제5호부터 제7호까지의 규정은 제외한다)에 따른 개선명령을 정당한 사유 없이 이행하지 않은 경우	법 제27조 제1항제8호	120
5) 법 제47조의2제1항에 따른 신고를 하지 않았거나 거짓으로 신고한 경우	법 제27조 제1항제8호의2	300

비고:
1. 위 표 5)에 따른 의무위반을 이유로 처분하려는 경우 위반행위에 대한 과징금은 다음의 계산식에 따라 산정하며, 계산한 결과 10원 미만의 금액은 버린다.
   위 표에서 정한 과징금의 금액 × 신고의무미이행률
2. 제1호의 계산식에 따른 신고의무미이행률은 별표 1 비고 제2호가목2)에 따라 산정한다.

다. 화물자동차 운송가맹사업

(단위: 만원)

위반행위	근거 법조문	과징금
1) 화물운송 종사자격이 없는 자에게 화물을 운송하게 한 경우	법 제32조 제1항제2호	60

2) 법 제29조제4항에 따른 신고를 하지 않았거나 거짓으로 신고한 경우	법 제32조 제1항제7호	60
3) 정당한 사유 없이 법 제31조에 따른 개선명령을 이행하지 않은 경우	법 제32조 제1항제8호	120
4) 법 제33조에서 준용하는 법 제11조를 위반한 경우	법 제32조 제1항제9호	
가) 법 제11조제1항을 위반하여 부당한 운송조건을 제시하거나 정당한 사유 없이 운송계약의 인수를 거부한 경우		20
나) 법 제11조제2항을 위반하여 운전자를 과도하게 승차근무하게 한 경우		20
다) 법 제11조제3항을 위반하여 법 제2조제3호 후단에 따른 화물의 기준에 맞지 않는 화물을 운송한 경우		
(1) 2차 위반		20
(2) 3차 이상 위반		30
라) 법 제11조제4항을 위반하여 고장 및 사고차량 등 화물의 운송과 관련하여 「자동차관리법」에 따른 자동차관리사업자와 부정한 금품을 주고 받은 경우		360
마) 법 제11조제6항을 위반하여 운임 및 요금의 전부 또는 일부에 해당하는 금액을 부당하게 화주, 다른 운송가맹사업자 또는 화물자동차 운송주선사업을 경영하는 자에게 되돌려주는 행위를 한 경우		360
바) 법 제11조제8항을 위반하여 운임 및 요금과 운송가맹약관을 영업소 또는 화물자동차에 갖추어 두지 않거나 이용자의 요구에 이를 내보이지 않은 경우		20
사) 법 제11조제13항 본문을 위반하여 위·수탁차주나 개인 운송사업자에게 화물운송을 위탁한 운송가맹사업자가 해당 위·수탁차주나 개인 운송사업자의 요구에도 불구하고 화물위탁증을 내주지 않은 경우		60
아) 법 제11조제13항 단서를 위반하여 최대 적재량 1.5톤 이상의 「자동차관리법」에 따른 화물자동차를 소유한 위·수탁차주나 개인 운송사업자에게 화물운송을 위탁한 운송가맹사업자가 화물위탁증을 발급하지 않은 경우		60
자) 법 제11조제20항을 위반하여 적재된 화물이 떨어지지 않도록 국토교통부령으로 정하는 기준 및 방법에 따라 덮개·포장·고정장치 등 필요한 조치를 하지 않고 운행한 경우		120
차) 법 제11조제22항을 위반하여 법 제59조제 1항에 따라 화물자동차의 운전업무에 종사하는 운수종사자가 교육을 받는 데에 필요한 조치를 하지 않거나, 그 교육을 받지 않은 화물자동차의 운전업무에 종사하는 운수종사자를 화물자동차 운수사업에 종사하게 한 경우		30
카) 법 제11조제23항 및 「자동차관리법」 제35조를 위반하여 전기·전자장치(최고속도제한장치에 한정한다)를 무단으로 해체하거나 조작한 경우		100
타) 법 제11조제24항에 따라 국토교통부령으로 정하는 화물자동차 운송사업의 차고지 이용과 운송시설에 관한 사항이나 그 밖에 수송의 안전과 화주의 편의를 도모하기 위해 운송사업자가 지켜야 할 사항을 위반한 경우		60 이하
5) 법 제34조에서 준용하는 「가맹사업거래의 공정화에 관한 법률」 제7조, 제9조부터 제11조까지, 제13조 및 제14조를 위반한 경우(법 제31조에 따라 개선명령을 받은 경우는 제외한다)	법 제32조 제1항제10호	120

6) 직접 소유한 화물자동차의 빈번한 교통사고로 1명 이상의 사상자를 발생하게 한 경우	법 제32조 제1항제12호	
가) 5대 이상의 차량을 소유한 운송가맹사업자의 경우 다음 계산식에 따라 산출한 해당 연도의 교통사고지수가 3에 이르게 된 경우 $$\frac{\text{교통사고 건수}}{\text{화물자동차의 대수}} \times 10$$		500
나) 5대 미만의 차량을 소유한 운송가맹사업자의 경우 해당 사고 이전 최근 1년 동안에 2건의 교통사고가 발생한 경우		60
7) 영 제13조제1항에 따른 차령 이상의 화물자동차를 「자동차관리법」 제43조제1항제2호에 따른 정기검사 또는 같은 법 제43조의2에 따른 자동차종합검사를 받지 않은 상태로 운행하거나 운행하게 한 경우	법 제32조 제1항제14호	180
8) 법 제47조의2제1항에 따른 신고를 하지 않았거나 거짓으로 신고한 경우	법 제32조 제1항제13호의2	300

비고:
1. 위 표 4)차)에 따른 화물자동차 운송가맹사업자에 대한 과징금은 다음의 계산식에 따라 산정한다. 이 경우 계산식에 따른 과징금의 금액은 300만원을 초과할 수 없다.

   위 표에서 정한 과징금의 금액 × 교육을 이수하지 않은 운송가맹사업자의 운수종사자 수
2. 위 표 6)에 따른 교통사고 건수 및 교통사고지수는 별표 1 비고 제3호가목, 같은 호 라목1) 및 2)의 교통사고 건수 및 교통사고지수의 산정기준에 따른다.
3. 위 표 8)에 따른 의무위반을 이유로 처분하려는 경우 위반행위에 대한 과징금의 금액은 다음의 계산식에 따라 산정하며, 계산한 결과 10원 미만의 금액은 버린다.

   위 표에서 정한 과징금의 금액 × 신고의무미이행률
4. 제3호의 계산식에 따른 신고의무미이행률은 별표 1 비고 제2호가목2)에 따라 산정한다.
5. 위 표 8)에 따른 과징금은 다음의 계산식에 따라 산정한다.

   위 표에서 정한 과징금의 금액 × 정기검사 또는 자동차종합검사를 받지 아니한 상태로 운행하거나 운행하게 한 운송가맹사업자 소유의 화물자동차 대수

■ 화물자동차 운수사업법 시행령 [별표 3] 〈개정 2022. 4. 13.〉

화물자동차 운송주선사업의 허가취소 등의 기준(제9조의2제1항 관련)

1. 일반기준
   가. 위반행위의 횟수에 따른 행정처분의 가중된 처분기준은 최근 1년(제2호타목의 경우에는 5년)간 같은 위반행위로 행정처분을 받은 경우에 적용한다. 이 경우 기간의 계산은 위반행위에 대하여 행정처분을 받은 날과 그 처분 후 다시 같은 위반행위를 하여 적발된 날을 기준으로 한다.
   나. 가목에 따라 가중된 행정처분을 하는 경우 가중처분의 적용 차수는 그 위반행위 전 행정처분 차수(가목에 따른 기간 내에 행정처분이 둘 이상 있었던 경우에는 높은 차수를 말한다)의 다음 차수로 한다.
   다. 위반행위의 횟수에 따른 가중처분 규정이 없는 경우로서 사업정지의 처분을 한 날부터 1년 이내에 같은 내용의 위반행위를 적발한 경우에는 해당 처분기준일수의 2분의 1을 늘려서 처분한다.
   라. 공공복리의 침해 정도, 위반행위의 내용·횟수 등을 고려하여 제2호의 개별기준에 따른 처분기준을 다음의 구분에 따라 늘리거나 줄일 수 있다.
      1) 사업정지의 경우에는 처분기준 일수의 2분의 1의 범위에서 그 기간을 늘리거나 줄인다. 다만, 늘리는 경우에도 그 기간은 6개월을 초과할 수 없다.
      2) 허가취소(제2호가목, 아목 및 자목 본문에 따른 허가취소는 제외한다)를 사업정지로 경감하는 경우에는 90일 이상의 사업정지로 한다.
   마. 천재지변이나 그 밖의 불가항력의 사유로 발생한 위반행위는 처분대상에서 제외한다.

2. 개별기준

위반행위	근거 법조문	처분기준
가. 거짓이나 그 밖의 부정한 방법으로 법 제24조제1항에 따른 허가를 받은 경우	법 제27조 제1항제2호	○ 허가취소
나. 법 제24조제6항에 따른 허가기준을 충족하지 못하게 된 경우	법 제27조 제1항제3호	○ 1차: 사업정지(30일) ○ 2차: 허가취소
다. 법 제24조제7항에 따른 신고를 하지 않거나 거짓으로 신고한 경우	법 제27조 제1항제4호	○ 1차: 사업정지(30일) ○ 2차: 허가취소
라. 법 제24조제8항에 따른 영업소 설치 허가를 받지 않고 주사무소 외의 장소에서 상주하여 영업한 경우	법 제27조 제1항제4호의2	○ 사업정지(30일)
마. 법 제25조를 위반한 경우	법 제27조 제1항제5호	○ 1차: 사업정지(60일) ○ 2차: 허가취소
바. 법 제26조에 따른 준수사항을 위반한 경우	법 제27조 제1항제6호	
1) 법 제26조제1항을 위반하여 자기 명의로 운송계약을 체결한 화물에 대해 해당 계약금액 중 일부를 제외한 나머지 금액으로 다른 운송주선사업자와 재계약하여 이를 운송하도록 한 경우. 다만, 화물운송을 효율적으로 수행할 수 있도록 위·수탁차주나 개인 운송사업자에게 화물운송을 직접 위탁하기 위해 다른 운송주선사업자에게 중개 또는 대리를 의뢰하는 경우는 제외한다.		○ 1차: 사업정지(20일) ○ 2차: 사업정지(50일) ○ 3차: 허가취소
2) 법 제26조제2항을 위반하여 화주로부터 중개 또는 대리를 의뢰받은 화물에 대해 다른 운송주선사업자에게 수수료나 그 밖의 대가를 받고 중개 또는 대리를 의뢰한 경우		○ 1차: 사업정지(20일) ○ 2차: 사업정지(50일) ○ 3차: 허가취소
3) 법 제26조제4항을 위반하여 운송사업자에게 화물의 종류·무게 및 부피 등을 거짓으로 통보한 경우		○ 1차: 사업정지(10일) ○ 2차: 사업정지(20일) ○ 3차: 허가취소
4) 법 제26조제4항을 위반하여 「도로법」 제77조 또는 「도로교통법」 제39조에 따른 기준을 위반하는 화물의 운송을 주선한 경우		○ 1차: 사업정지(10일) ○ 2차: 사업정지(20일) ○ 3차: 허가취소
5) 법 제26조제7항에 따라 국토교통부령으로 정하는 화물운송질서의 확립 및 화주의 편의를 위해 운송주선업자가 지켜야 할 사항을 위반한 경우		○ 사업정지
사. 법 제26조 및 제28조에서 준용하는 법 제11조(같은 조 제3항·제4항·제7항, 제14항부터 제18항까지 및 제20항부터 제24항까지는 제외한다)에 따른 준수사항을 위반한 건수가 다음의 기준에 해당하는 경우	법 제27조 제1항제6호 및 제7호	
1) 해당 연도의 위반 건수가 60건 이상이 되는 경우		○ 사업정지(30일)
2) 해당 연도의 위반 건수가 100건 이상이 되는 경우		○ 허가취소
아. 법 제27조에 따른 사업정지명령을 위반하여 그 사업정지기간 중에 사업을 한 경우	법 제27조 제1항제9호	○ 허가취소

자. 법 제28조에서 준용하는 법 제4조 각 호의 어느 하나에 해당하게 된 경우. 다만, 법인의 임원 중 법 제4조 각 호의 어느 하나에 해당하는 사람이 있는 경우 3개월 이내에 그 임원을 개임(改任)한 경우는 제외한다.	법 제27조 제1항제1호	○ 허가취소
차. 법 제28조에서 준용하는 법 제11조(같은 조 제3항·제4항·제7항, 제14항부터 제18항까지 및 제20항부터 제24항까지는 제외한다)에 따른 준수사항을 위반한 경우	법 제27조 제1항제7호	
1) 법 제11조제1항을 위반하여 부당한 운송주선조건을 제시하거나 정당한 사유 없이 운송주선계약의 인수를 거부한 경우		○ 사업정지(10일)
2) 법 제11조제6항을 위반하여 화물운송주선의 대가로 받은 주선운임 및 주선요금의 전부 또는 일부에 해당하는 금액을 부당하게 화주, 다른 운송사업자 또는 운송주선사업자에게 되돌려주는 행위를 한 경우		○ 1차: 사업정지(20일) ○ 2차: 사업정지(50일) ○ 3차: 허가취소
3) 법 제11조제8항을 위반하여 주선운임 및 주선요금과 운송주선약관을 영업소에 갖추어 두지 않거나 이용자의 제시 요구에 이를 내보이지 않은 경우		○ 사업정지(10일)
4) 법 제11조제13항 본문을 위반하여 위·수탁차주나 개인 운송사업자에게 화물운송을 위탁한 운송주선사업자가 해당 위·수탁차주나 개인 운송사업자의 요구에도 불구하고 화물위탁증을 내주지 않은 경우		○ 1차: 사업정지(10일) ○ 2차: 사업정지(20일) ○ 3차 이상: 사업정지(30일)
5) 법 제11조제13항 단서를 위반하여 최대 적재량 1.5톤 이상의 「자동차관리법」에 따른 화물자동차를 소유한 위·수탁차주나 화물자동차 개인 운송사업자에게 화물운송을 위탁한 운송주선사업자가 화물위탁증을 발급하지 않은 경우		○ 1차: 사업정지(10일) ○ 2차: 사업정지(20일) ○ 3차 이상: 사업정지(30일)
카. 법 제28조에서 준용하는 법 제13조(같은 조 제2호 및 제5호부터 제7호까지는 제외한다)에 따른 개선명령을 정당한 사유 없이 이행하지 않은 경우	법 제27조 제1항제8호	○ 사업정지(30일)
타. 법 제47조의2제1항에 따른 신고를 하지 않았거나 거짓으로 신고한 경우	법 제27조 제1항제8호의2	○ 1차: 사업 일부정지(신고의무미이행률×10일) ○ 2차: 사업 일부정지(신고의무미이행률×20일) ○ 3차 이상: 사업 일부정지(신고의무미이행률×30일)

비고:
1. 위 표 타목에 따른 신고의무 미이행률은 다음의 계산식에 따라 산정한다.

$$신고의무미이행률 = \frac{실적신고대상금액 - 실적신고\ 금액}{실적신고대상\ 금액}$$

2. 위 표 타목에 따른 사업 일부정지 일수를 계산한 결과 정지일수가 1 이상인 경우에는 소수점 이하는 버리고, 1 미만인 경우에는 1로 한다.

■ 화물자동차 운수사업법 시행령 [별표 4] 〈개정 2022. 4. 13.〉

화물자동차 운송가맹사업의 허가취소 등의 기준(제9조의4제1항 관련)

1. 일반기준
   가. 위반행위의 횟수에 따른 행정처분의 가중된 처분기준은 최근 1년(제2호너목의 경우에는 5년)간 같은 위반행위로 행정처분을 받은 경우에 적용한다. 이 경우 기간의 계산은 위반행위에 대하여 행정처분을 받은 날과 그 처분 후 다시 같은 위반행위를 하여 적발된 날을 기준으로 한다.
   나. 가목에 따라 가중된 행정처분을 하는 경우 가중처분의 적용 차수는 그 위반행위 전 행정처분 차수(가목에 따른 기간 내에 행정처분이 둘 이상 있었던 경우에는 높은 차수를 말한다)의 다음 차수로 한다.
   다. 위반행위의 횟수에 따른 가중처분 규정이 없는 경우로서 사업 전부정지, 사업 일부정지 또는 위반차량 운행정지의 처분을 한 날부터 1년 이내에 같은 내용의 위반행위를 적발한 경우에는 해당 처분기준 일수의 2분의 1을 늘려서 처분한다.
   라. 공공복리의 침해 정도, 교통사고로 인한 피해의 정도, 위반행위의 내용 · 횟수 등을 고려하여 제2호의 개별기준에 따른 처분기준을 다음의 구분에 따라 늘리거나 줄일 수 있다.
      1) 사업 전부정지, 사업 일부정지 또는 위반차량 운행정지의 경우에는 그 처분기준 일수의 2분의 1의 범위에서 그 기간을 늘리거나 줄인다. 다만, 늘리는 경우에도 그 기간은 6개월을 초과할 수 없다.
      2) 사업 전부정지로 인하여 운송가맹점의 영업활동에 지장을 줄 우려가 있는 경우에는 그 처분기준 일수와 그 처분기준 일수의 2분의 1에 상당하는 일수를 합산한 기간 동안의 사업 일부정지로 한다.
      3) 허가취소(제2호나목 및 같은 호 카목 본문에 따른 허가취소는 제외한다)를 경감하는 경우에는 90일 이상의 사업 전부정지로 한다.
      4) 2대 이상의 화물자동차에 대한 감차 조치를 가중하는 경우에는 화물자동차 전부에 대한 감차 조치로 하고, 경감하는 경우에는 90일 이상의 사업 일부정지로 한다.
      5) 위반차량 감차 조치를 경감하는 경우에는 90일 이상의 위반차량 운행정지로 한다.
   마. 천재지변이나 그 밖의 불가항력적인 사유로 발생한 위반행위는 처분대상에서 제외한다.
   바. 감차 조치, 사업 전부정지 또는 사업 일부정지의 대상이 되는 화물자동차가 2대 이상인 경우에는 화물운송에 미치는 영향을 고려하여 해당 처분을 분할하여 집행할 수 있다.

2. 개별기준

위반행위	근거 법조문	처분기준
가. 화물운송 종사자격이 없는 자에게 화물을 운송하게 한 경우	법 제32조 제1항제2호	○ 1차: 위반차량 운행정지(30일) ○ 2차: 위반차량 감차 조치
나. 거짓이나 그 밖의 부정한 방법으로 법 제29조제1항에 따른 허가를 받은 경우	법 제32조 제1항제4호	○ 허가취소
다. 거짓이나 그 밖의 부정한 방법으로 법 제29조제2항에 따른 변경허가를 받은 경우	법 제32조 제1항제5호	○ 1차: 사업 전부정지(60일) ○ 2차: 허가취소
라. 법 제29조제3항에 따른 허가 또는 변경허가의 기준을 충족하지 못하게 된 경우	법 제32조 제1항제6호	○ 1차: 사업 전부정지(30일) ○ 2차: 허가취소
마. 법 제29조제4항에 따른 신고를 하지 않았거나 거짓으로 신고한 경우	법 제32조 제1항제7호	○ 1차: 사업 전부정지(30일) ○ 2차: 허가취소
바. 법 제29조제5항에 따른 영업소 설치 허가를 받지 않고 주사무소 외의 장소에서 상주하여 영업한 경우	법 제32조 제1항제7호의2	○ 사업 일부정지(30일)
사. 정당한 사유 없이 법 제31조에 따른 개선명령을 이행하지 않은 경우	법 제32조 제1항제8호	○ 사업 전부정지(30일)
아. 법 제32조에 따른 사업정지명령 또는	법 제32조	○ 허가취소

감차 조치 명령을 위반한 경우	제1항제11호	
자. 중대한 교통사고 또는 빈번한 교통사고로 1명 이상의 사상자를 발생하게 한 경우	법 제32조 제1항제12호	
1) 중대한 교통사고로 1명 이상의 사상자를 발생하게 한 경우		
가) 1건의 교통사고로 다음의 인원이 사망한 경우		
(1) 10명 이상		○ 감차 조치(보유차량의 1/5대)
(2) 5명 이상 9명 이하		○ 감차 조치(보유차량의 1/10대)
(3) 3명 이상 4명 이하		○ 위반차량 운행정지(120일)
(4) 2명 이하		○ 위반차량 운행정지(90일)
나) 1건의 교통사고로 다음의 인원이 중상을 입은 경우		
(1) 10명 이상		○ 감차 조치(2대)
(2) 5명 이상 9명 이하		○ 위반차량 운행정지(60일)
(3) 3명 이상 4명 이하		○ 위반차량 운행정지(30일)
(4) 2명 이하		○ 위반차량 운행정지(10일)
2) 빈번한 교통사고로 1명 이상의 사상자를 발생하게 한 경우		
가) 5대 이상의 차량을 직접 소유한 운송가맹사업자의 경우 다음 계산식에 따라 산출한 해당 연도의 교통사고지수가 3에 이르게 된 경우 $\frac{\text{교통사고 건수}}{\text{직업 소유 대수}} \times 10$		○ 사업 일부정지(보유차량의 1/5대에 대해 75일)
나) 5대 이상의 차량을 직접 소유한 운송가맹사업자의 경우 다음 계산식에 따라 산출한 해당 연도의 교통사고지수가 6에 이르게 된 경우 $\frac{\text{교통사고 건수}}{\text{직업 소유 대수}} \times 10$		○ 감차 조치(보유차량의 1/5대)
다) 5대 이상의 차량을 직접 소유한 운송가맹사업자의 경우 다음 계산식에 따라 산출한 해당 연도의 교통사고지수가 8에 이르게 된 경우 $\frac{\text{교통사고 건수}}{\text{직업 소유 대수}} \times 10$		○ 사업 전부정지(90일)
라) 5대 미만의 차량을 직접 소유한 운송가맹사업자의 경우 해당 사고 이전 최근 1년 동안에 발생한 교통사고가 다음에 이르게 된 경우		
(1) 2건 발생 시		○ 위반차량 운행정지(30일)
(2) 3건 이상 발생 시		○ 위반차량 감차 조치
차. 제9조의4에 따른 차령 이상의 화물자동차를 「자동차관리법」 제43조제1항제2호에 따른 정기검사 또는 같은 법 제43조	법 제32조 제1항제14호	○ 1차: 위반차량 운행정지(30일) ○ 2차: 위반차량 운행정지(60일) ○ 3차: 위반차량 감차 조치

의2에 따른 자동차종합검사를 받지 아니한 상태로 운행하거나 운행하게 한 경우		
카. 법 제33조에서 준용하는 법 제4조 각 호의 어느 하나에 해당하게 된 경우. 다만, 법인의 임원 중 법 제4조 각 호의 어느 하나에 해당하는 사람이 있는 경우 3개월 이내에 그 임원을 개임(改任)한 경우는 제외한다.	법 제32조 제1항제1호	○ 허가취소
타. 법 제33조에서 준용하는 법 제11조 및 제25조(소속 운송가맹점에 자기의 영업표지를 사용하게 하는 경우는 제외한다)를 위반한 경우	법 제32조 제1항제9호	
1) 법 제11조제1항을 위반하여 부당한 운송조건을 제시하거나 정당한 사유 없이 운송계약의 인수를 거부한 경우		○ 사업 전부정지(10일)
2) 법 제11조제2항을 위반하여 운전자를 과도하게 승차근무하게 한 경우		○ 사업 전부정지(10일)
3) 법 제11조제3항을 위반하여 법 제2조제3호 후단에 따른 화물의 기준에 적합하지 않은 화물을 운송한 경우		○ 1차: 위반차량 운행정지(10일) ○ 2차: 위반차량 운행정지(20일) ○ 3차 이상: 위반차량 운행정지(30일)
4) 법 제11조제4항을 위반하여 고장 및 사고차량 등 화물의 운송과 관련하여 「자동차관리법」에 따른 자동차관리사업자와 부정한 금품을 주고 받은 경우		○ 1차: 사업 일부정지(20일) ○ 2차: 사업 일부정지(50일) ○ 3차: 허가취소
5) 법 제11조제6항을 위반하여 운임 및 요금의 전부 또는 일부에 해당하는 금액을 부당하게 화주, 다른 운송가맹사업자 또는 화물자동차 운송주선사업을 경영하는 자에게 되돌려주는 행위를 한 경우		○ 1차: 사업 일부정지(20일) ○ 2차: 사업 일부정지(50일) ○ 3차: 허가취소
6) 법 제11조제7항을 위반하여 택시 요금미터기의 장착 등 국토교통부령으로 정하는 택시 유사표시행위를 한 경우		○ 1차: 위반차량 운행정지(60일) ○ 2차: 위반차량 감차 조치
7) 법 제11조제8항을 위반하여 운임 및 요금과 운송가맹약관을 영업소 또는 화물자동차에 갖추어 두지 않거나 이용자의 요구에 이를 내보이지 않은 경우		○ 사업 전부정지(10일)
8) 법 제11조제13항 본문을 위반하여 위·수탁차주나 개인 운송사업자에게 화물운송을 위탁한 운송가맹사업자가 해당 위·수탁차주나 개인 운송사업자의 요구에도 불구하고 화물위탁증을 내주지 않은 경우		○ 1차: 사업 일부정지(10일) ○ 2차: 사업 일부정지(20일) ○ 3차: 사업 일부정지(30일)
9) 법 제11조제13항 단서를 위반하여 최대 적재량 1.5톤 이상의 「자동차관리법」에 따른 화물자동차를 소유한 위·		○ 1차: 사업 일부정지(10일) ○ 2차: 사업 일부정지(20일) ○ 3차: 사업 일부정지(30일)

위반행위	처분기준
수탁차주나 화물자동차 개인 운송사업자에게 화물운송을 위탁한 운송가맹사업자가 화물위탁증을 발급하지 않은 경우	
10) 법 제11조제20항을 위반하여 적재된 화물이 떨어지지 않도록 국토교통부령으로 정하는 기준 및 방법에 따라 덮개·포장·고정장치 등 필요한 조치를 하지 않고 운행한 경우	○ 1차: 위반차량 운행정지(30일) ○ 2차: 위반차량 운행정지(60일) ○ 3차 이상: 위반차량 감차 조치
11) 법 제11조제22항을 위반하여 법 제59조제1항에 따라 화물자동차의 운전업무에 종사하는 운수종사자가 교육을 받는 데에 필요한 조치를 하지 않거나, 그 교육을 받지 않은 화물자동차의 운전업무에 종사하는 운수종사자를 화물자동차 운수사업에 종사하게 한 경우	○ 사업 일부정지(10일)
12) 법 제11조제23항 및 「자동차관리법」 제35조를 위반하여 전기·전자장치(최고속도제한장치에 한정한다)를 무단으로 해체하거나 조작한 경우	○ 1차: 위반차량 운행정지(30일) ○ 2차: 위반차량 운행정지(50일) ○ 3차 이상: 위반차량 감차 조치
13) 법 제11조제24항에 따라 국토교통부령으로 정하는 화물자동차 운송사업의 차고지 이용과 운송시설에 관한 사항이나 그 밖에 수송의 안전과 화주의 편의를 도모하기 위해 운송사업자가 지켜야 할 사항을 위반한 경우	○ 사업 전부정지, 사업 일부정지 또는 위반차량 운행정지
14) 법 제11조의 준수사항을 위반한 건수가 다음의 기준에 해당하는 경우	
(가) 직접 소유한 화물자동차 1 대의 해당 월의 위반 건수가 8건 이상이 되는 경우	○ 위반차량 감차 조치
(나) 직접 소유한 화물자동차 1 대의 해당 연도의 위반 건수가 50건 이상이 되는 경우	○ 위반차량 감차 조치
(다) 다음의 계산식에 따라 산출 한 해당 연도의 위반지수가 60 이상이 되는 경우 $\frac{\text{위반 건수}}{\text{직업 소유 대수}} \times 10$	○ 사업 일부정지(30일)
(라) 다음의 계산식에 따라 산출 한 해당 연도의 위반지수가 100 이상이 되는 경우 $\frac{\text{위반 건수}}{\text{직업 소유 대수}} \times 10$	○ 사업 일부정지(60일)
15) 법 제25조(소속 운송가맹점에 자기의 영업표지를 사용하게 하는 경우는 제	○ 1차: 사업 전부정지(60일) ○ 2차: 허가취소

외한다)를 위반한 경우		
파. 법 제33조에서 준용하는 법 제14조에 따른 업무개시 명령을 정당한 사유 없이 이행하지 않은 경우	법 제32조 제1항제3호	○ 1차: 위반차량 운행정지(30일) ○ 2차: 위반차량 감차 조치
하. 법 제34조에서 준용하는 「가맹사업거래의 공정화에 관한 법률」 제7조, 제9조부터 제11조까지, 제13조 및 제14조를 위반한 경우(법 제31조에 따라 개선명령을 받은 경우는 제외한다)	법 제32조 제1항제10호	○ 사업 전부정지(10일)
거. 법 제44조의2제1항에 따라 보조금의 지급이 정지된 자가 그 날부터 5년 이내에 다시 같은 항 각 호의 어느 하나에 해당하게 된 경우	법 제32조 제1항제13호	○ 위반차량 감차 조치
너. 법 제47조의2제1항에 따른 신고를 하지 않았거나 거짓으로 신고한 경우	법 제32조 제1항제13호의2	○ 1차: 사업 일부정지(신고의무미이행률×10일) ○ 2차: 사업 일부정지(신고의무미이행률×20일) ○ 3차 이상: 사업 일부정지(신고의무미이행률×30일)

비고:

1. 위 표 자목 및 타목14)에 따른 교통사고 건수, 교통사고지수 및 위반지수는 별표 1 비고 제1호가목, 제3호가목, 같은 호 라목1) 및 2)의 위반지수, 교통사고 건수 및 교통사고지수의 산정기준에 각각 따른다.
2. 위 표 자목1)에 따라 중대한 교통사고를 이유로 처분하려는 경우에는 다음 각 목에서 정하는 방법을 순차적으로 적용한다.
   가. 보유차량 감차 조치는 다음에서 정하는 감차 조치 기준에 따라 해당 규정에서 정하는 대수나 방법에 따라 산정한 대수로 한다.
      1) 보유차량의 1/10이 2대 이하인 경우: 2대
      2) 보유차량의 1/5이 4대 이하인 경우: 4대
      3) 1) 또는 2)에서 정하는 대수를 초과하는 경우: 소수점 미만은 버리고 산정한 대수
   나. 2대 이상의 차량을 감차 조치를 하려는 경우에는 감차 조치 대상 중 하나로 해당 위반차량을 포함하여 처분해야 한다.
3. 위 표 자목1)을 위반한 1건의 중대한 교통사고로 2개 이상의 위반행위에 해당하게 된 경우에는 이를 합산하여 처분한다.
4. 위 표 자목2)에 따라 빈번한 교통사고를 이유로 처분을 하려면 같은 목에 따라 처분을 한 중대한 교통사고의 건수를 빈번한 교통사고의 건수에 합산하여 처분한다.
5. 위 표 너목에 따른 위반을 이유로 처분하려는 경우에는 다음 각 목에서 정하는 방법을 순차적으로 적용한다.
   가. 신고의무미이행률은 다음의 계산식에 따라 산정한다.

$$\text{신고의무미이행률} = \frac{\text{실적신고대상금액 - 실적신고금액}}{\text{실적신고대상 금액}}$$

   나. 사업일부정지 처분일수를 계산한 결과신고의무미이행률을 계산한 결과 처분일수가 1 이상인 경우에는 소수점 이하의 수는 버리고, 1 미만인 경우에는 1로 한다.

■ 화물자동차 운수사업법 시행령 [별표 4의2]

운영위원회 위원의 결격사유에 대한 금융 관련 법률(제11조의5 관련)

1. 「감정평가 및 감정평가사에 관한 법률」
2. 「공인회계사법」
3. 「근로자퇴직급여 보장법」
4. 「금융산업의 구조개선에 관한 법률」
5. 「금융소비자 보호에 관한 법률」
6. 「금융실명거래 및 비밀보장에 관한 법률」
7. 「금융위원회의 설치 등에 관한 법률」
8. 「금융지주회사법」
9. 「금융혁신지원 특별법」
10. 「기술보증기금법」
11. 「기업구조조정투자회사법」
12. 「농림수산식품투자조합 결성 및 운용에 관한 법률」
13. 「농림수산업자 신용보증법」
14. 「농업협동조합법」
15. 「담보부사채신탁법」
16. 「대부업 등의 등록 및 금융이용자 보호에 관한 법률」
17. 「보험사기방지 특별법」
18. 「보험업법」
19. 「부동산투자회사법」
20. 「사회기반시설에 대한 민간투자법」
21. 「산림조합법」
22. 「상호저축은행법」
23. 「새마을금고법」
24. 「선박투자회사법」
25. 「수산업협동조합법」
26. 「신용보증기금법」
27. 「신용정보의 이용 및 보호에 관한 법률」
28. 「신용협동조합법」
29. 「여신전문금융업법」
30. 「예금자보호법」
31. 「온라인투자연계금융업 및 이용자 보호에 관한 법률」
32. 「외국인투자 촉진법」
33. 「외국환거래법」
34. 「유사수신행위의 규제에 관한 법률」
35. 「은행법」
36. 「인터넷전문은행 설립 및 운영에 관한 특례법」
37. 「자동차손해배상 보장법」
38. 「자본시장과 금융투자업에 관한 법률」
39. 「자산유동화에 관한 법률」
40. 「전자금융거래법」
41. 「주식회사 등의 외부감사에 관한 법률」
42. 「주식·사채 등의 전자등록에 관한 법률」
43. 「주택법」
44. 「채권의 공정한 추심에 관한 법률」
45. 「특정 금융거래정보의 보고 및 이용 등에 관한 법률」
46. 「한국은행법」
47. 「한국자산관리공사 설립 등에 관한 법률」
48. 「한국주택금융공사법」
49. 「한국투자공사법」

■ 화물자동차 운수사업법 시행령 [별표 5] 〈개정 2022. 1. 28.〉

과태료의 부과기준(제16조 관련)

1. 일반기준
   가. 하나의 위반행위가 둘 이상의 과태료 부과기준에 해당하는 경우에는 그 중 금액이 큰 과태료 부과기준을 적용한다.
   나. 삭제 〈2019. 6. 25.〉
   다. 부과권자는 다음의 어느 하나에 해당하는 경우에는 제2호에 따른 과태료 금액의 2분의 1의 범위에서 그 금액을 줄일 수 있다. 다만, 과태료를 체납하고 있는 위반행위자의 경우에는 그러하지 아니하다.
      1) 위반행위자가 「질서위반행위규제법 시행령」 제2조의2제1항 각 호의 어느 하나에 해당하는 경우
      2) 위반행위가 사소한 부주의나 오류로 인한 것으로 인정되는 경우
      3) 위반행위자의 법 위반상태를 시정하거나 해소하기 위한 노력이 인정되는 경우
      4) 그 밖에 위반행위의 정도, 위반행위의 동기와 결과 등을 고려하여 그 금액을 줄일 필요가 있다고 인정되는 경우
2. 개별기준

위반행위	근거 법조문	과태료 금액
가. 법 제3조제3항 단서에 따른 허가사항 변경신고를 하지 않은 경우	법 제70조 제2항제1호	50만원
나. 법 제5조제1항(법 제33조에서 준용하는 경우를 포함한다)에 따른 운임 및 요금에 관한 신고를 하지 않은 경우	법 제70조 제2항제2호	50만원
다. 법 제5조의5제1항 또는 제2항을 위반하여 국토교통부장관이 공표한 화물자동차 안전운임보다 적은 운임을 지급한 경우	법 제70조 제1항제1호	500만원
라. 법 제6조(법 제28조 및 제33조에서 준용하는 경우를 포함한다)에 따른 약관의 신고를 하지 않은 경우	법 제70조 제2항제3호	50만원
마. 화물운송 종사자격증을 받지 않고 화물자동차 운수사업의 운전업무에 종사한 경우	법 제70조 제2항제3호의2	50만원
바. 거짓이나 그 밖의 부정한 방법으로 화물운송 종사자격을 취득한 경우	법 제70조 제2항제3호의3	50만원
사. 법 제10조를 위반한 경우	법 제70조 제2항제4호	50만원
아. 법 제10조의2제4항을 위반하여 자료를 제공하지 않거나 거짓으로 제공한 경우	법 제70조 제2항제4호의2	50만원
자. 운송사업자가 법 제11조(같은 조 제3항 및 제4항은 제외하며, 법 제28조 및 제33조에서 준용하는 경우를 포함한다)에 따른 준수사항을 위반한 경우(법 제66조제1호에 따라 형벌을 받은 자는 제외한다)	법 제70조 제2항제5호	

1) 법 제11조제20항에 따른 준수사항을 위반한 경우		200만원
2) 1) 외의 준수사항을 위반한 경우		50만원
차. 운수종사자가 법 제12조(같은 조 제1항제4호는 제외하며, 법 제28조 및 제33조에서 준용하는 경우를 포함한다)에 따른 준수사항을 위반한 경우(법 제66조제2호에 따라 형벌을 받은 자는 제외한다)	법 제70조 제2항제6호	
1) 법 제12조제1항제8호 및 제9호에 따른 준수사항을 위반한 경우		200만원
2) 1) 외의 준수사항을 위반한 경우		50만원
카. 법 제12조의2제2항을 위반하여 조사를 거부·방해 또는 기피한 경우	법 제70조 제2항제6호의2	300만원
타. 법 제13조(법 제28조에서 준용하는 경우를 포함한다)에 따른 개선명령(같은 조 제5호 및 제7호에 따른 개선명령은 제외한다)을 이행하지 않은 경우	법 제70조 제2항제7호	300만원
파. 법 제16조제1항·제2항 또는 제17조제1항(법 제28조 및 제33조에서 준용하는 경우를 포함한다)에 따른 양도·양수, 합병 또는 상속의 신고를 하지 않은 경우	법 제70조 제2항제8호	100만원
하. 법 제18조제1항(법 제28조 및 제33조에서 준용하는 경우를 포함한다)에 따른 휴업·폐업신고를 하지 않은 경우	법 제70조 제2항제9호	100만원
거. 법 제20조제1항(법 제33조에서 준용하는 경우를 포함한다)을 위반하여 자동차등록증 또는 자동차등록번호판을 반납하지 않은 경우	법 제70조 제2항제10호	300만원
너. 법 제24조제2항에 따른 허가사항 변경신고를 하지 않은 경우	법 제70조 제2항제11호	50만원
더. 운송주선사업자가 법 제26조제1항, 제2항, 제4항 및 제6항의 준수사항을 위반한 경우	법 제70조 제2항제12호	100만원
러. 국제물류주선업자가 법 제26조의2에서 적용하는 법 제26조에 따른 운송주선사업자의 준수사항을 위반한 경우	법 제70조 제2항제12호의2	100만원
머. 법 제29조제2항 단서에 따른 허가사항 변경신고를 하지 않은 경우	법 제70조 제2항제13호	50만원
버. 법 제31조에 따른 개선명령을 이행하지 않은 경우	법 제70조 제2항제14호	300만원
서. 법 제35조에 따른 적재물배상보험등에 가입하지 않은 경우	법 제70조 제2항제15호	

1) 운송사업자: 미가입 화물자동차 1대당 가) 가입하지 않은 기간이 10일 이내인 경우 나) 가입하지 않은 기간이 10일을 초과한 경우		1만5천원 1만5천원에 11일째부터 기산하여 1일당 5천원을 가산한 금액. 다만, 과태료의 총액은 자동차 1대당 50만원을 초과하지 못한다.
2) 운송주선사업자 가) 가입하지 않은 기간이 10일 이내인 경우 나) 가입하지 않은 기간이 10일을 초과한 경우		3만원 3만원에 11일째부터 기산하여 1일당 1만 원을 가산한 금액. 다만, 과태료의 총액은 100만원을 초과하지 못한다.
3) 운송가맹사업자 가) 가입하지 않은 기간이 10일 이내인 경우 나) 가입하지 않은 기간이 10일을 초과한 경우		15만원 15만원에 11일째부터 기산하여 1일당 5만 원을 가산한 금액. 다만, 과태료의 총액은자동차 1대당 500만원을 초과하지 못한다.
어. 보험회사등이 법 제36조를 위반하여 책임보험계약등의 체결을 거부한 경우	법 제70조 제2항제16호	50만원
저. 보험등 의무가입자 또는 보험회사등이 법 제37조를 위반하여 책임보험계약등을 해제하거나 해지한 경우	법 제70조 제2항제17호	50만원
처. 보험회사등이 법 제38조제1항 및 제2항을 위반하여 해당 사항을 알리지 않은 경우	법 제70조 제2항제18호	30만원
커. 운송사업자가 법 제40조제4항에 따라 서명날인한 계약서를 위·수탁차주에게 교부하지 않은 경우	법 제70조 제2항제18호의2	300만원
터. 제40조의3제4항을 위반하여 운송사업자가 위·수탁계약의 체결을 명목으로 부당한 금전지급을 요구한 경우	법 제70조 제2항제18호의3	300만원
퍼. 법 제44조제1항을 위반하여 보조금 또는 융자금을 보조받거나 융자받은 목적 외의 용도로 사용한 경우	법 제70조 제2항제19호	200만원
허. 법 제47조의6에 따른 화물운송서비스평가를 위한 자료제출 등의 요구 또는 실지조사를 거부하거나 거짓으로 자료제출 등을 한 경우	법 제70조 제2항제21호의2	50만원
고. 법 제51조의8(법 제51조제2항에서 준용하는 경우를 포함한다)에 따른 개선명령을 따르지 않은 경우	법 제70조 제1항제2호	100만원
노. 법 제51조의9(법 제51조제2항에서 준용하는 경우를 포함한다)에 따른 임직원에 대한 징계·해임의 요구에 따르지 않거나 시정명령을 따르지 않은 경우	법 제70조 제1항제3호	300만원

도. 법 제54조제2항에 따른 조치명령을 이행하지 않거나 조사 또는 검사를 거부 · 방해 또는 기피한 경우	법 제70조 제2항제22호	100만원
로. 법 제55조에 따른 자가용 화물자동차의 사용을 신고하지 않은 경우	법 제70조 제2항제23호	50만원
모. 법 제56조의2에 따른 자가용 화물자동차의 사용 제한 또는 금지에 관한 명령을 위반한 경우	법 제70조 제2항제23호의2	50만원
보. 운수종사자가 법 제59조제1항에 따른 교육을 받지 않은 경우	법 제70조 제2항제23호의3	50만원
소. 법 제61조제1항에 따른 보고를 하지 않거나 거짓으로 보고한 경우	법 제70조 제2항제24호	50만원
오. 법 제61조제1항에 따른 서류를 제출하지 않거나 거짓 서류를 제출한 경우	법 제70조 제2항제25호	50만원
조. 법 제61조제1항에 따른 검사를 거부 · 방해 또는 기피한 경우	법 제70조 제2항제26호	100만원
초. 법 제62조의2에 따른 화물자동차 안전운송원가의 산정을 위한 자료 제출 또는 의견 진술의 요구를 거부하거나 거짓으로 자료 제출 또는 의견을 진술한 경우	법 제70조 제2항제27호	250만원

화물자동차 운수사업법 시행령(약칭: 화물자동차법 시행령)

[시행 2022. 4. 14.] [대통령령 제32576호]

제1조(목적) 이 영은 「화물자동차 운수사업법」에서 위임된 사항과 그 시행에 필요한 사항을 규정함을 목적으로 한다.

제2조(공영차고지 설치 대상 공공기관) 「화물자동차 운수사업법」(이하 "법"이라 한다) 제2조제9호다목에서 "대통령령으로 정하는 공공기관"이란 다음 각 호의 기관을 말한다.

1. 「인천국제공항공사법」에 따른 인천국제공항공사
2. 「한국공항공사법」에 따른 한국공항공사
3. 「한국도로공사법」에 따른 한국도로공사
4. 「한국철도공사법」에 따른 한국철도공사
5. 「한국토지주택공사법」에 따른 한국토지주택공사
6. 「항만공사법」에 따른 항만공사

제3조(화물자동차 운송사업의 허가 및 신고 대상) ① 법 제3조제1항제1호에서 "대통령령으로 정하는 대수"란 20대를 말한다.

② 법 제3조제3항 단서에서 "대통령령으로 정하는 경미한 사항"이란 다음 각 호의 어느 하나에 해당하는 사항을 말한다.

1. 상호의 변경
2. 대표자의 변경(법인인 경우만 해당한다)
3. 화물취급소의 설치 또는 폐지
4. 화물자동차의 대폐차(代廢車)

5. 주사무소·영업소 및 화물취급소의 이전. 다만, 주사무소의 경우 관할 관청의 행정구역 내에서의 이전만 해당한다.

③ 법 제3조제9항(법 제24조제7항 및 제29조제4항에서 준용하는 경우를 포함한다)에서 "대통령령으로 정하는 기간"이란 5년을 말한다.

제3조의2 삭제

제4조(운임 및 요금의 신고) 법 제5조제1항(법 제33조에서 준용하는 경우를 포함한다)에 따라 운임 및 요금을 신고하여야 하는 화물자동차 운송사업의 허가를 받은 자(운송사업자) 또는 화물자동차 운송가맹사업의 허가를 받은 자(운송가맹사업자)는 다음 각 호의 어느 하나에 해당하는 운송사업자 또는 운송가맹사업자(화물자동차를 직접 소유한 운송가맹사업자만 해당한다)를 말한다.

1. 구난형(救難型) 특수자동차를 사용하여 고장차량·사고차량 등을 운송하는 운송사업자 또는 운송가맹사업자
2. 삭제
3. 밴형 화물자동차를 사용하여 화주와 화물을 함께 운송하는 운송사업자 및 운송가맹사업자

제4조의2(화물자동차 안전운임위원회 구성 및 운영 등) ① 법 제5조의2제1항에 따른 화물자동차 안전운임위원회(위원회)는 다음 각 호의 위원으로 구성한다.

1. 화물차주를 대표하는 위원 3명
2. 운송사업자, 법 제24조제2항에 따른 운송주선사업자 및 운송가맹사업자(이하 "운수사업자"라 한다)를 대표하는 위원 3명
3. 화주를 대표하는 위원 3명
4. 공익을 대표하는 위원 4명

② 위원회의 위원(이하 이 조에서 "위원"이라 한다)은 다음 각 호의 구분에 따라 국토교통부장관이 성별을 고려하여 위촉한다.

1. 제1항제1호부터 제3호까지의 규정에 따른 위원: 화물차주, 운수사업자 및 화주를 대표할 수 있는 단체로부터 추천을 받은 사람
2. 제1항제4호에 따른 위원: 다음 각 목의 어느 하나에 해당하는 사람
   가. 5년 이상 대학에서 물류학, 물류산업, 화물교통과 관련된 학과에서 부교수 이상의 직위에 재직 중이거나 재직하였던 사람
   나. 10년(가목에 따른 학과의 박사학위 소지자는 5년) 이상 공인된 연구기관에서 관련 분야에 관한 연구에 종사하고 있거나 종사하였던 사람
   다. 가목 및 나목에 상당하는 학식과 경험이 있다고 국토교통부장관이 인정하는 사람

③ 위원의 임기는 1년으로 하되, 연임할 수 있다. 다만, 위원의 사임 등으로 새로 위촉된 위원의 임기는 전임 위원의 잔여임기로 한다.

④ 국토교통부장관은 위원이 다음 각 호의 어느 하나에 해당하는 경우에는 해당 위원을 해촉(解囑)할 수 있다.

1. 심신장애로 인하여 직무를 수행할 수 없게 된 경우
2. 직무와 관련된 비위사실이 있는 경우
3. 직무태만, 품위손상이나 그 밖의 사유로 인하여 위원으로 적합하지 않다고 인정되는 경우
4. 위원 스스로 직무를 수행하는 것이 곤란하다고 의사를 밝히는 경우

⑤ 위원회의 회의는 다음 각 호의 어느 하나에 해당하는 경우에 위원회의 위원장(이하 "위원장"이라 한다)이 소집한다.

1. 국토교통부장관이 소집을 요구하는 경우
2. 재적위원 3분의 1 이상이 소집을 요구하는 경우
3. 위원장이 필요하다고 인정하는 경우

⑥ 위원회의 회의는 위원장을 포함한 재적위원 과반수의 출석으로 개의하고 출석위원 과반수의 찬성으로 의결한다.

⑦ 제1항부터 제6항까지에서 규정한 사항 외에 위원회의 구성 및 운영 등에 필요한 사항은 국토교통부장관이 정하여 고시한다.

제4조의3(특별위원의 자격 및 위촉) 법 제5조의2제3항에 따른 특별위원은 다음 각 호의 관계 행정기관의 3

급 또는 4급 공무원이나 고위공무원단에 속하는 공무원 중에서 국토교통부장관이 위촉하거나 임명한다.
1. 산업통상자원부
2. 국토교통부
3. 해양수산부

제4조의4(전문위원회의 구성 및 운영) ① 법 제5조의2제4항에 따른 전문위원회의 구성 및 운영에 관하여는 제4조의2를 준용한다. 이 경우 "위원회"는 "전문위원회"로 본다.
② 전문위원회의 위원장은 전문위원회의 공익위원 중 위원회의 위원장이 지명하는 사람으로 한다.
③ 제1항 및 제2항에서 규정한 사항 외에 전문위원회의 구성 및 운영 등에 필요한 사항은 국토교통부장관이 정하여 고시한다.

제4조의5(위원의 수당 등) 위원회 및 전문위원회의 회의에 참석한 위원에게는 예산의 범위에서 수당과 여비를 지급할 수 있다.

제4조의6(화물자동차 안전운송원가 등) ① 법 제5조의3제1항제3호에서 "대통령령으로 정하는 사항"이란 다음 각 호의 사항을 말한다.
1. 화물의 상·하차 대기료
2. 운송사업자의 운송서비스 수준
3. 운송서비스 제공에 필요한 추가적인 시설 및 장비 사용료
4. 그 밖에 화물의 안전한 운송에 필수적인 사항으로서 위원회에서 필요하다고 인정하는 사항

② 법 제5조의3제2항에 따른 적정 이윤을 산정하는 경우 「국가를 당사자로 하는 계약에 관한 법률 시행령」 제9조의 예정가격 결정기준을 고려해야 한다.

제4조의7(화물자동차 안전운송원가 대상 품목 등) ① 법 제5조의4제1항에서 "대통령령으로 정하는 운송품목"이란 다음 각 호의 품목을 말한다.
1. 「자동차관리법」 제2조제1호에 따른 피견인자동차의 경우: 철강재
2. 「자동차관리법」 제3조에 따른 일반형 화물자동차의 경우: 해당 화물자동차로 운송할 수 있는 모든 품목

② 국토교통부장관은 위원회의 심의·의결을 거친 화물자동차 안전운송원가 및 화물자동차 안전운임을 관보에 고시해야 한다.

제4조의8(화물자동차 안전운임의 주지 의무) 법 제5조의6에 따른 화주와 운수사업자는 운송계약 또는 운송주선계약을 체결하려는 다른 운수사업자와 화물차주에게 다음 각 호의 사항을 계약 체결 전까지 알려야 한다.
1. 화물자동차 안전운임의 액수
2. 화물자동차 안전운임의 효력발생 연월일

제4조의9(화물자동차 안전운임신고센터의 업무) 법 제5조의7제1항에 따른 화물자동차 안전운임신고센터는 다음 각 호의 업무를 수행한다.
1. 안전운임 위반 신고 접수
2. 위반사실 확인 및 관할 관청에의 통보
3. 신고 처리상황 안내
4. 화물자동차 안전운임제 홍보
5. 화물자동차 안전운임제 정착을 위한 연구 등

제4조의10(화물자동차 운수사업의 운전업무 종사의 제한) ① 삭제
② 법 제9조의2제1항제1호 각 목 외의 부분에서 "대통령령으로 정하는 기간"이란 다음 각 호의 기간을 말한다.
1. 「특정강력범죄의 처벌에 관한 특례법」 제2조제1항 각 호에 따른 죄: 20년
2. 「특정범죄 가중처벌 등에 관한 법률」 제5조의2, 제5조의4, 제5조의5, 제5조의9(제4항은 제외한다) 및 제11조에 따른 죄: 20년
3. 「특정범죄 가중처벌 등에 관한 법률」 제5조의9제4항에 따른 죄: 6년
4. 「마약류 관리에 관한 법률」 제58조부터 제60조까지의 규정에 따른 죄: 20년
5. 「마약류 관리에 관한 법률」 제61조제1항 각 호에 따른 죄 및 같은 조 제3항에 따른 그 각 미수죄(같은 조 제1항제2호, 제3호 및 제9호의 미수범은 제외한다): 10년
6. 「마약류 관리에 관한 법률」 제61조제2항에 따른 죄 및 같은 조 제3항에 따른 그 각 미수죄(같은

조 제1항제2호, 제3호 및 제9호의 미수범은 제외한다): 15년
7. 「마약류 관리에 관한 법률」 제62조제1항 각 호에 따른 죄 및 같은 조 제3항에 따른 그 각 미수죄: 6년
8. 「마약류 관리에 관한 법률」 제62조제2항에 따른 죄 및 같은 조 제3항에 따른 그 각 미수죄: 9년
9. 「마약류 관리에 관한 법률」 제63조제1항 각 호에 따른 죄 및 같은 조 제3항에 따른 그 각 미수죄(같은 조 제1항제2호부터 제5호까지, 제11호 및 제12호에 따른 죄의 미수범에 한정한다): 4년
10. 「마약류 관리에 관한 법률」 제63조제2항에 따른 죄 및 같은 조 제3항에 따른 그 각 미수죄(같은 조 제2항에 따른 죄의 미수범에 한정한다): 6년
11. 「마약류 관리에 관한 법률」 제64조 각 호에 따른 죄: 2년
12. 「성폭력범죄의 처벌 등에 관한 특례법」 제2조제1항제2호부터 제4호까지, 제3조부터 제9조까지 및 제15조(제14조의 미수범은 제외한다)에 따른 죄: 20년
13. 「아동·청소년의 성보호에 관한 법률」 제2조제2호에 따른 죄: 20년

제4조의11(개선명령) 법 제13조제8호에서 "대통령령으로 정하는 사항"이란 운송사업자가 법 제40조제3항에 따른 계약을 체결하면서 정당한 사유 없이 같은 조 제4항 전단에 따른 사항을 계약서에 명시하지 아니하거나 같은 조 제5항에 따른 위·수탁계약의 기간을 준수하지 아니하는 경우 그 위반사항을 시정하도록 하는 조치를 말한다.

제5조(화물자동차 운송사업의 허가취소 등의 기준) ① 법 제19조제1항에 따른 허가취소, 사업정지처분 또는 감차(減車) 조치 명령은 다음 각 호의 구분에 따라 별표 1의 기준에 따라 해야 한다. 이 경우 별표 1 제2호 차목20)의 위반행위에 대한 처분의 세부 기준은 국토교통부령으로 정한다.
1. 허가취소: 화물자동차 운송사업의 허가취소
2. 감차 조치: 화물자동차의 감차를 수반하는 허가사항의 변경
3. 위반차량 감차 조치: 위반행위와 직접 관련된 화물자동차(위반행위와 직접 관련된 화물자동차가 없는 경우에는 위반행위를 한 운송사업자의 다른 화물자동차를 말한다)에 대한 감차 조치
4. 사업 전부정지: 화물자동차 운송사업 전부의 정지
5. 사업 일부정지: 화물자동차의 5분의 1(이 경우 소수점 이하의 수는 버린다. 다만, 5분의 1에 해당하는 화물자동차의 대수가 1 미만인 경우에는 이를 1대로 본다)에 대한 사용정지
6. 위반차량 운행정지: 위반행위와 직접 관련된 화물자동차(위반행위와 직접 관련된 화물자동차가 없는 경우에는 위반행위를 한 운송사업자의 다른 화물자동차를 말한다)의 사용정지

② 제1항에서 규정한 사항 외에 허가취소 등의 방법 및 절차 등에 관하여 필요한 사항은 국토교통부령으로 정한다.

제5조의2(화물자동차 운송사업의 화물자동차 연한 기준) ① 법 제19조제1항제14호에서 "대통령령으로 정하는 연한"이란 차령(車齡) 13년을 말한다.
② 제1항에 따른 차령의 기산일은 「자동차관리법 시행령」 제3조에 따른다.

제6조(중대한 교통사고 등의 범위) ① 법 제19조제2항에 따른 중대한 교통사고는 다음 각 호의 어느 하나에 해당하는 사유로 별표 1 제2호러목1)에 따른 사상자가 발생한 경우로 한다.
1. 「교통사고처리 특례법」 제3조제2항 단서에 해당하는 사유
2. 화물자동차의 정비불량
3. 화물자동차의 전복(顚覆) 또는 추락. 다만, 운수종사자에게 귀책사유가 있는 경우만 해당한다.

② 법 제19조제2항에 따른 빈번한 교통사고는 사상자가 발생한 교통사고가 별표 1 제2호러목2)에 따른 교통사고지수 또는 교통사고 건수에 이르게 된 경우로 한다.

제7조(과징금의 부과대상 행위 및 금액 등) 법 제21조제1항(법 제28조 및 제33조에서 준용하는 경우를 포함한다)에 따라 과징금을 부과하는 위반행위의 종류와 과징금의 금액은 별표 2와 같다. 이 경우 별표 2 제2호가목3)러), 같은 호 나목2)마) 및 같은 호 다목4)타)의 위반행위에 대한 과징금 금액의 세부 기준은 국토교통부령으로 정한다.

제8조(과징금의 납부) ① 국토교통부장관은 제7조에 따라 위반행위를 한 자에게 과징금을 부과하려면 그 위반행위의 종류와 해당 과징금의 금액을 명시하여 이를 낼 것을 서면으로 통지(과징금 부과대상자가 원하는 경우에는 전자문서에 의한 통지를 포함한다. 이하 이 조에서 같다)하여야 한다.
② 제1항에 따라 통지를 받은 자는 국토교통부령으로 정하는 수납기관에 납부통지일부터 30일 이내에

과징금을 내야 한다. 다만, 천재지변이나 그 밖의 부득이한 사유로 그 기간 내에 과징금을 낼 수 없는 경우에는 그 사유가 없어진 날부터 7일 이내에 내야 한다.

③ 제2항에 따라 과징금을 받은 수납기관은 과징금을 낸 자에게 과징금 영수증을 내주어야 한다.

④ 수납기관은 제3항에 따라 과징금 영수증을 내주었을 때에는 지체 없이 국토교통부장관에게 영수확인통지서를 송부하여야 한다.

제8조의2(과징금의 용도) 법 제21조제4항제3호에서 "경영개선이나 그 밖에 화물에 대한 정보 제공사업 등 화물자동차 운수사업의 발전을 위하여 필요한 사업"이란 다음 각 호의 사업을 말한다.

1. 법 제45조에 따른 공영차고지의 설치·운영사업
2. 특별시장·광역시장·특별자치시장·도지사 또는 특별자치도지사(이하 "시·도지사"라 한다)가 설치·운영하는 운수종사자의 교육시설에 대한 비용의 보조사업
3. 법 제10조제2항에 따른 사업자단체가 법 제49조제3호(법 제50조제2항에 따라 준용되는 경우를 포함한다)에 따라 실시하는 교육훈련 사업[법 제59조제2항에 따른 운수종사자 연수기관이 설립되지 아니하였거나 지정되지 아니한 특별시·광역시·특별자치시·도·특별자치도(시·도)에서 실시한 교육만 해당한다]

제9조(화물자동차 운송주선사업의 허가취소 등의 기준) ① 법 제27조에 따른 허가취소 또는 사업정지처분의 기준은 별표 3과 같다. 이 경우 별표 3 제2호바목5)의 위반행위에 대한 처분의 세부 기준은 국토교통부령으로 정한다.

② 제1항에서 규정한 사항 외에 허가취소 등의 방법 및 절차 등에 관하여 필요한 사항은 국토교통부령으로 정한다.

제9조의2(운송가맹사업자의 허가사항 변경신고의 대상) 법 제29조제2항 단서에 따라 변경신고를 하여야 하는 사항은 다음 각 호와 같다.

1. 대표자의 변경(법인인 경우만 해당한다)
2. 화물취급소의 설치 및 폐지
3. 화물자동차의 대폐차(화물자동차를 직접 소유한 운송가맹사업자만 해당한다)
4. 주사무소·영업소 및 화물취급소의 이전
5. 화물자동차 운송가맹계약의 체결 또는 해제·해지

제9조의3(화물자동차 운송가맹사업의 허가취소 등의 기준) ① 법 제32조에 따른 허가취소·사업정지처분 또는 감차 조치 명령은 다음 각 호의 구분에 따라 별표 4의 기준에 따라 해야 한다. 이 경우 별표 4 제2호타목13)의 위반행위에 대한 처분의 세부 기준은 국토교통부령으로 정한다.

1. 허가취소: 화물자동차 운송가맹사업의 허가취소
2. 감차 조치: 운송가맹사업자가 직접 소유한 화물자동차의 감차를 수반하는 허가사항의 변경
3. 위반차량 감차 조치: 운송가맹사업자가 직접 소유한 화물자동차로서 위반행위와 직접 관련된 화물자동차(위반행위와 직접 관련된 화물자동차가 없는 경우에는 위반행위를 한 운송가맹사업자가 직접 소유한 다른 화물자동차를 말한다)에 대한 감차 조치
4. 사업 전부정지: 화물자동차 운송가맹사업 전부의 정지
5. 사업 일부정지: 운송가맹사업자가 직접 소유한 화물자동차 전부의 사용정지
6. 위반차량 운행정지: 운송가맹사업자가 직접 소유한 화물자동차로서 위반행위와 직접 관련된 화물자동차(위반행위와 직접 관련된 화물자동차가 없는 경우에는 위반행위를 한 운송가맹사업자가 직접 소유한 다른 화물자동차를 말한다)의 사용정지

② 제1항에서 규정한 사항 외에 허가취소 등의 방법 및 절차 등에 관하여 필요한 사항은 국토교통부령으로 정한다.

제9조의4(화물자동차 운송가맹사업의 화물자동차 연한 기준) ① 법 제32조제1항제14호에서 "대통령령으로 정하는 연한"이란 차령 13년을 말한다.

② 제1항에 따른 차령의 기산일은 「자동차관리법 시행령」 제3조에 따른다.

제9조의5(중대한 교통사고 등의 범위) 법 제32조제1항제12호에 따른 중대한 교통사고와 빈번한 교통사고의 범위에 대해서는 제6조를 준용한다. 이 경우 "별표 1 제2호러목1)"은 "별표 4 제2호자목1)"로, "별표 1 제2호러목2)"는 "별표 4 제2호자목2)"로 본다.

제9조의6(「가맹사업거래의 공정화에 관한 법률 시행령」의 준용) 화물자동차 운송가맹사업에 대해서는 「가맹사

업거래의 공정화에 관한 법률 시행령」 제6조, 제7조, 제9조부터 제12조까지, 제14조 및 제15조를 준용한다. 이 경우 "가맹희망자"는 "화물자동차 운송가맹점으로 가입하려는 자"로, "공정거래위원회"는 "국토교통부장관"으로, "가맹본부" 및 "가맹본부나 가맹중개인"은 각각 "운송가맹사업자"로, "가맹점사업자"는 "화물자동차 운송가맹점"으로, "가맹금"은 "명칭이나 지급형태를 가리지 아니하고 화물자동차 운송가맹점으로 가입할 때 영업표지 사용허가의 대가로 운송가맹사업자에게 지급한 금전"으로, "직영점"은 "영업소"로 본다.

제9조의7(적재물배상 책임보험 등의 가입 범위) 법 제35조에 따라 적재물배상 책임보험 또는 공제(이하 "적재물배상보험등"이라 한다)에 가입하려는 자는 다음 각 호의 구분에 따라 사고 건당 2천만원[법 제24조제1항본문에 따라 화물자동차 운송주선사업의 허가를 받은 자(이하 "운송주선사업자"라 한다)가 이사화물운송만을 주선하는 경우에는 500만원] 이상의 금액을 지급할 책임을 지는 적재물배상보험등에 가입하여야 한다.

1. 운송사업자: 각 화물자동차별로 가입
2. 운송주선사업자: 각 사업자별로 가입
3. 운송가맹사업자: 법 제35조제1호에 따른 화물자동차를 직접 소유한 자는 각 화물자동차별 및 각 사업자별로, 그 외의 자는 각 사업자별로 가입

제9조의8(책임보험계약등을 해제·해지할 수 있는 사유) 법 제37조제9호에서 "대통령령으로 정하는 경우"란 「상법」 제650조제1항·제2항, 제651조 또는 제652조제1항에 따른 계약해제 또는 계약해지의 사유가 발생한 경우를 말한다.

제9조의9(화물운송사업분쟁조정협의회) ① 법 제40조제6항에 따라 시·도지사가 설치하는 화물운송사업분쟁조정협의회(이하 이 조에서 "협의회"라 한다)는 다음 각 호의 사항을 심의·조정한다.

1. 운송사업자와 법 제40조제1항에 따라 경영의 일부를 위탁받은 사람(이하 "위·수탁차주"라 한다) 간 금전지급에 관한 분쟁
2. 운송사업자와 위·수탁차주 간 차량의 소유권에 관한 분쟁
3. 운송사업자와 위·수탁차주 간 차량의 대폐차에 관한 분쟁
4. 운송사업자와 위·수탁차주 간 화물자동차 운송사업의 양도·양수에 관한 분쟁
5. 그 밖에 분쟁의 성격·빈도 및 중요성 등을 고려하여 국토교통부장관이 정하여 고시하는 사항에 관한 분쟁

② 협의회는 위원장 1명을 포함하여 5명 이상 10명 이내의 위원으로 구성하며, 위원은 다음 각 호의 어느 하나에 해당하는 사람 중에서 시·도지사가 위촉하거나 임명한다.

1. 「변호사법」에 따른 변호사
2. 화물운수와 관련된 업무를 담당하는 공무원
3. 물류 관련 분야의 연구기관이나 대학에서 재직 중인 연구원 또는 교수
4. 그 밖에 화물운수 및 분쟁해결에 관한 경험과 학식이 풍부한 사람

③ 협의회는 매월 1회 개최한다. 다만, 시·도지사가 분쟁의 신속한 해결을 위하여 협의회의 개최를 요청하는 경우에는 수시로 개최할 수 있다.

④ 분쟁당사자는 협의회의 회의에 출석하여 의견을 진술하거나 관계 자료 등을 제출할 수 있다.

⑤ 협의회는 제1항에 따른 심의 결과 조정안을 작성하여 분쟁당사자에게 권고할 수 있다. 다만, 분쟁의 성격·빈도 및 중요성 등을 고려하여 필요하다고 인정하는 경우에는 분쟁당사자 간의 자율적인 분쟁해결을 권고할 수 있다.

⑥ 제1항부터 제5항까지에서 규정한 사항 외에 협의회의 구성·운영 및 분쟁조정 신청 등에 필요한 사항은 국토교통부장관이 정하여 고시하는 기준에 따라 해당 시·도의 규칙으로 정하여 운영할 수 있다.

제9조의10(위·수탁계약 갱신요구의 거절 사유 등) ① 법 제40조의2제1항제1호나목에서 "대통령령으로 정하는 사유에 해당하는 경우"란 다음 각 호의 어느 하나에 해당하는 경우를 말한다.

1. 삭제
2. 위·수탁차주가 계약기간 동안 법 제12조에 따른 운수종사자의 준수사항을 위반하여 법 제67조에 따른 처벌 또는 법 제70조에 따른 과태료 처분을 받은 경우
3. 위·수탁차주가 계약기간 동안 법 제23조에 따른 처분을 받은 경우
4. 다음 각 목의 어느 하나에 해당하는 운송사업자의 요청 또는 지도·감독을 위·수탁차주가 정당한

사유 없이 따르지 아니한 경우
가. 법 제3조제9항에 따른 신고에 필요한 자료의 제출 요청
나. 법 제11조제5항에 따른 지도·감독

② 법 제40조의2제1항제2호라목에서 "대통령령으로 정하는 사유에 해당하는 경우"란 운송사업자가 운송사업의 전부를 폐업하는 경우를 말한다.

③ 법 제40조의2제3항 단서에서 "대통령령으로 정하는 부득이한 사유가 있는 경우"란 다음 각 호의 어느 하나에 해당하는 경우를 말한다.

1. 운송사업자가 사고·질병 등 일신상의 사유로 위·수탁계약의 갱신에 관한 의사표시를 할 수 없는 경우
2. 위·수탁차주의 소재 불명이나 국외 이주 등으로 운송사업자가 위·수탁차주에게 위·수탁계약의 갱신에 관한 의사표시를 할 수 없는 경우

제9조의11(위·수탁계약 해지 절차의 예외) 법 제40조의3제1항 단서에 따른 위·수탁계약을 지속하기 어려운 중대한 사유가 있는 경우는 다음 각 호의 어느 하나에 해당하는 경우로 한다.

1. 위·수탁차주가 법 제8조제1항에 따른 화물운송 종사자격을 갖추지 아니한 경우
2. 위·수탁차주가 계약기간 동안 법 제12조에 따른 운수종사자의 준수사항을 위반하여 법 제67조에 따른 처벌 또는 법 제70조에 따른 과태료 처분을 받은 경우
3. 위·수탁차주가 계약기간 동안 법 제23조에 따른 처분을 받은 경우
4. 위·수탁차주가 사고·질병 또는 국외 이주 등 일신상의 사유로 더 이상 위탁받은 운송사업을 경영할 수 없게 된 경우

제9조의12(위·수탁계약 실태조사의 시기 등) ① 법 제40조의5제1항에 따른 위·수탁계약서의 작성 여부에 대한 실태조사(이하 "실태조사"라 한다)는 매년 1회 이상 실시한다.

② 실태조사의 범위는 다음 각 호와 같다.

1. 위·수탁계약서의 작성 여부에 관한 사항
2. 법 제40조제4항 후단에 따른 표준 위·수탁계약서의 사용에 관한 사항
3. 위·수탁계약 내용의 불공정성에 관한 사항
4. 위·수탁계약의 체결 절차·과정에 관한 사항
5. 그 밖에 화물운송시장의 질서 확립 및 건전한 발전을 위하여 조사가 필요한 사항

③ 국토교통부장관 또는 시·도지사는 법 제40조의5제2항에 따라 자료를 요청할 때에는 위·수탁계약의 당사자에게 자료의 범위와 내용, 요청 사유 및 제출기한 등을 명시한 문서(전자문서를 포함한다)로 요청하여야 한다.

제9조의13(보조 또는 융자의 신청) ① 법 제43조제1항 각 호 외의 부분에서 "대통령령으로 정하는 공공기관"이란 제9조의19제1항 각 호의 공공기관을 말한다.

② 법 제43조제1항에 따라 보조 또는 융자를 받으려는 자는 다음 각 호의 사항을 적은 신청서를 시·도지사를 거쳐 국토교통부장관에게 제출하여야 한다.

1. 신청인의 성명(법인인 경우에는 그 명칭 및 대표자의 성명을 말한다) 및 주소
2. 사업등록의 종류·등록일 및 등록번호
3. 보조 또는 융자를 받으려는 사유
4. 보조 또는 융자를 받으려는 금액

③ 제1항의 신청서에는 다음 각 호의 서류를 첨부하여야 한다.

1. 보조 또는 융자를 받으려는 사업의 목적, 시행계획, 자금조달계획, 효과 및 시설 등을 적은 사업계획서
2. 보조금 또는 융자금의 사용계획서

제9조의14(유가보조금 지급 기준·방법 및 절차) ① 법 제43조제2항에 따라 운송사업자, 운송가맹사업자 또는 위·수탁차주에게 보조하는 금전(이하 이 조에서 "유가보조금"이라 한다)은 다음 각 호의 요건을 모두 갖춘 경우에 지급한다.

1. 「부가가치세법」 제8조에 따라 사업자등록을 하고 실제로 사업을 영위하는 운송사업자·운송가맹사업자 또는 위·수탁차주가 구매한 유류(油類)일 것
2. 법 또는 다른 법령에 따라 운행의 제한을 받지 아니할 것
3. 법 제8조제1항에 따른 화물자동차 운수사업의 운전업무 종사자격 요건을 갖춘 자가 운행할 것
4. 주유소·충전소·자가주유시설 또는 자가충전시설의 고정된 설비에서 유류를 직접 주유 또는 충전

받을 것

5. 해당 화물자동차의 연료와 일치하는 종류의 유류를 구매할 것
6. 유류 구매를 입증하는 자료에 적힌 구매자 이름, 자동차등록번호, 구매 일시·장소, 구매량, 구매금액, 구매한 유류의 종류·단가 등이 실제 주유 또는 충전한 내용과 일치할 것
7. 운송사업자, 운송가맹사업자 또는 위·수탁차주가 다른 법령이나 국가 간의 조약·협정에 따라 유류비를 지원받거나 조세가 면제된 유류를 공급받지 않을 것
8. 그 밖에 유가보조금의 부정수급을 방지하기 위하여 국토교통부장관이 정하여 고시하는 사항을 지킬 것

② 유가보조금 지급액은 운송사업자, 운송가맹사업자 또는 위·수탁차주가 구매한 유류의 양에 국토교통부장관이 정하여 고시하는 지급단가를 곱하여 산정한 금액으로 한다.

③ 유가보조금은 유류를 주유받은 화물자동차가 소속된 운송사업자 또는 운송가맹사업자에게 지급한다. 다만, 위·수탁차주가 현물출자한 화물자동차의 경우에는 해당 위·수탁차주에게 지급한다.

④ 제1항부터 제3항까지에서 규정한 사항 외에 유가보조금의 지급 기준·방법 및 절차 등에 관한 세부사항은 국토교통부장관이 정하여 고시한다.

제9조의15(수소 연료보조금의 지급 기준·방법 및 절차) 법 제43조제3항에 따른 보조금의 지급 기준·방법 및 절차에 관하여는 제9조의14를 준용한다. 이 경우 "법 제43조제2항"은 "법 제43조제3항"으로, "유가보조금"은 "수소 연료보조금"으로, "유류"는 "수소"로, "주유소·충전소·자가주유시설 또는 자가충전시설"은 "충전소 또는 자가충전시설"로, "주유 또는 충전"은 "충전"으로, "유류비"는 "수소 연료비용"으로 본다.

제9조의16(보조금의 지급정지 등) 법 제44조의2제1항에 따른 보조금의 지급정지는 위반 횟수별로 다음 각 호의 기준에 따른다.

1. 1차 위반: 6개월의 보조금 지급정지
2. 2차 위반: 1년의 보조금 지급정지. 다만, 보조금의 지급이 정지된 날부터 5년이 지나지 않은 경우는 제외한다.

제9조의17(유류구매카드 거래기능 정지의 기준) ① 법 제44조의2제2항 본문에 따른 유류구매카드의 거래기능 정지는 다음 각 호의 기준에 따른다.

1. 1회 가담·공모한 경우: 유류구매카드의 거래기능 정지 3년
2. 2회 이상 가담·공모한 경우: 유류구매카드의 거래기능 정지 5년

② 제1항에 따른 유류구매카드 거래기능 정지에 관한 세부사항은 국토교통부장관이 정하여 고시한다.

제9조의18(화물자동차 휴게소 종합계획 수립) ① 국토교통부장관은 법 제46조의2제5항에 따른 사업시행자(이하 "사업시행자"라 한다)가 법 제46조의2제1항에 따른 휴게소 종합계획(이하 이 조에서 "휴게소 종합계획"이라 한다)의 변경을 요청하는 경우에는 해당 사업시행자에게 그 변경에 관련된 자료의 제출이나 그 밖의 필요한 협력을 요청할 수 있다.

② 국토교통부장관은 법 제46조의2제7항에 따라 휴게소 종합계획의 수립이나 변경을 위하여 필요하다고 인정하는 경우에는 물류 관련 기관이나 단체 또는 전문가 등에 대하여 의견 및 자료제출 또는 그 밖의 필요한 협력을 요청할 수 있다.

제9조의19(화물자동차 휴게소 건설사업의 시행 등) ① 법 제46조의3제1항제2호에서 "대통령령으로 정하는 공공기관"이란 다음 각 호의 기관을 말한다.

1. 「한국철도공사법」에 따른 한국철도공사
2. 「한국토지주택공사법」에 따른 한국토지주택공사
3. 「한국도로공사법」에 따른 한국도로공사
4. 「한국수자원공사법」에 따른 한국수자원공사
5. 「한국농어촌공사 및 농지관리기금법」에 따른 한국농어촌공사
6. 「항만공사법」에 따른 항만공사
7. 「인천국제공항공사법」에 따른 인천국제공항공사
8. 「한국공항공사법」에 따른 한국공항공사
9. 「한국교통안전공단법」에 따른 한국교통안전공단
10. 「국가철도공단법」에 따른 국가철도공단

② 법 제46조의3제1항제4호에 따라 사업시행자로 지정받으려는 법인은 다음 각 호의 사항을 적은 신청서를 시·도지사에게 제출하여야 한다. 다만, 법 제50조에 따른 연합회(이하 "연합회"라 한다)의 경

우에는 국토교통부장관에게 제출하여야 한다.
1. 법인의 명칭 및 주소(대표자의 성명을 포함한다)
2. 사업을 시행하려는 화물자동차 휴게소의 명칭·위치 및 운영계획 등에 관한 사항
3. 사업의 시행기간·시행방법·시행면적 등 사업 시행에 관한 사항
4. 자금조달계획서
③ 국토교통부장관 또는 시·도지사는 제2항에 따른 신청서를 제출받은 경우 사업계획의 타당성, 재원조달능력 및 휴게소 종합계획과의 적합 여부 등을 종합적으로 고려하여 사업시행자를 지정하여야 한다.
④ 국토교통부장관 또는 시·도지사는 제3항에 따라 사업시행자를 지정하는 경우에는 그 지정사실을 관보에 고시한다.
⑤ 법 제46조의3제2항에서 "사업의 명칭·목적, 사업을 시행하려는 위치와 면적 등 대통령령으로 정하는 사항"이란 다음 각 호의 사항을 말한다.
1. 사업의 명칭 및 목적
2. 사업시행지의 위치와 면적
3. 사업 시행시기 및 시행방법
4. 사업에 대한 자금조달계획
5. 수용 또는 사용할 토지 또는 건물 등에 관한 사항
6. 설치 또는 폐지되는 공공시설 등에 관한 사항
7. 그 밖에 사업의 원활한 시행을 위하여 국토교통부장관이 정하여 고시하는 사항
⑥ 법 제46조의3제7항에서 "사업을 시행하려는 위치와 면적 등 대통령령으로 정하는 사항"이란 다음 각 호 외의 사항을 말한다.
1. 전체 사업시행 면적의 100분의 10 범위에서의 면적의 감소
2. 전체 사업비의 100분의 10 범위에서의 사업비의 변경. 다만, 해당 사업비의 변경에 따라 해당 사업에 대한 보조금이 변경되는 경우는 제외한다.
3. 전체 사업을 분할하여 시행하는 경우에는 해당 분할사업에서의 면적의 변경. 다만, 전체 사업면적이 변경되지 아니하는 경우만 해당한다.
4. 「공간정보의 구축 및 관리 등에 관한 법률」 제45조제2호에 따른 지적확정측량의 결과에 따른 부지면적의 변경
5. 그 밖에 계산착오, 오기, 누락 또는 이에 준하는 사유로서 그 변경근거가 분명한 사항의 변경

제9조의20(화물자동차 휴게소 운영의 위탁) ① 법 제46조의6제1항에서 "사업자단체 등 대통령령으로 정하는 자"란 다음 각 호의 자를 말한다. 다만, 제2호의 경우에는 국가 또는 지방자치단체가 위탁하는 경우만 해당한다.
1. 연합회 또는 법 제48조에 따른 협회
2. 제9조의19제1항 각 호의 공공기관 또는 「지방공기업법」에 따른 지방공기업
3. 「민법」 또는 「상법」에 따라 설립된 법인으로서 그 설립목적이 화물운수와 관련이 있는 법인

제9조의21(화물운송서비스 평가결과의 공표) 국토교통부장관은 법 제47조의6제4항에 따라 화물운송서비스에 대한 평가 항목별 평가 결과 및 서비스 품질에 관한 세부사항을 국토교통부 인터넷 홈페이지에 공표하여야 한다.

제10조(공제사업의 허가) ① 연합회는 법 제51조제1항에 따라 공제사업의 허가를 신청할 때에는 허가신청서에 다음 각 호의 서류를 첨부하여 국토교통부장관에게 제출하여야 한다.
1. 공제규정
2. 사업계획서
3. 수지계산서
② 공제사업에 관한 회계는 다른 사업에 관한 회계와 구분하여 경리하여야 한다.
③ 삭제

제11조 삭제

제11조의2(공제조합의 설립 등) ① 법 제51조의2제1항에 따라 공제조합의 설립인가를 받으려는 자는 국토교통부령으로 정하는 인가신청서에 다음 각 호의 서류를 첨부하여 국토교통부장관에게 제출하여야 한다.
1. 정관

2. 사업계획서
3. 수지계산서
4. 창립총회의 회의록

② 국토교통부장관은 법 제50조제1항에 따른 연합회(연합회가 설립되지 아니한 경우에는 그 업종을 말한다)별로 하나의 공제조합만을 인가하여야 한다.

③ 법 제51조의2제7항에 따른 공제조합의 정관에 포함되어야 할 사항은 다음 각 호와 같다.

1. 목적
2. 명칭
3. 사무소의 소재지
4. 조합원의 자격 및 가입·탈퇴에 관한 사항
5. 자산과 회계에 관한 사항
6. 총회에 관한 사항
7. 운영위원회에 관한 사항
8. 임원과 직원에 관한 사항
9. 업무와 그 집행에 관한 사항
10. 정관의 변경에 관한 사항
11. 해산과 잔여재산의 처리에 관한 사항

제11조의3(예산과 결산의 제출) ① 공제조합은 매 사업연도의 총수입과 총지출을 예산으로 편성하여 사업연도가 시작되기 1개월 전까지 국토교통부장관에게 제출하여야 한다.

② 공제조합은 매 사업연도가 끝난 후 2개월 이내에 결산을 완료하고 결산보고서에 재무상태표와 손익계산서를 첨부하여 국토교통부장관에게 제출해야 한다.

③ 공제조합은 제2항에 따라 국토교통부장관에게 제출한 재무상태표와 손익계산서를 주사무소와 지부에 갖추어 두되, 재무상태표는 공고해야 한다.

제11조의4(운영위원회) ① 법 제51조의4에 따른 운영위원회(이하 "운영위원회"라 한다)는 다음 각 호의 위원으로 구성한다. 이 경우 제2호 및 제3호에 해당하는 위원의 수는 전체위원 수의 2분의 1 미만으로 한다.

1. 다음 각 목의 어느 하나에 해당하는 사람으로서 공제조합 이사장(법 제51조제1항에 따라 연합회가 국토교통부장관의 허가를 받아 공제사업을 하는 경우에는 해당 연합회의 회장을 말한다)이 국토교통부장관의 승인을 받아 위촉하는 사람
   가. 금융·보험·회계 분야를 전공하고, 대학에서 부교수 이상으로 재직하고 있거나 재직하였던 사람
   나. 변호사·공인회계사·보험계리사·세무사 또는 손해사정사의 자격이 있는 사람
   다. 「보험업법」에 따른 보험회사나 「소비자기본법」에 따른 한국소비자원 또는 같은 법 제29조에 따라 등록한 소비자단체의 임원으로 재직 중인 사람
   라. 교통분야 정책 또는 연구 업무에 5년 이상 종사한 경력이 있는 사람
2. 총회가 조합원(법 제51조제1항에 따라 연합회가 국토교통부장관의 허가를 받아 공제사업을 하는 경우에는 해당 연합회의 회원인 조합의 조합원을 말한다) 중에서 선임하는 사람
3. 해당 연합회의 회장
4. 해당 공제조합의 이사장(법 제51조제1항에 따라 연합회가 국토교통부장관의 허가를 받아 공제사업을 하는 경우에는 공제규정에서 정하는 바에 따라 공제사업을 총괄하는 사람을 말한다)

② 제1항제1호 및 제2호에 따른 위원의 임기는 2년으로 하되, 보궐위원의 임기는 전임자 임기의 남은 기간으로 한다.

③ 운영위원회에는 위원장과 부위원장 각각 1명을 두되, 위원장 및 부위원장은 위원 중에서 각각 호선한다. 이 경우 위원장과 부위원장 중 1명은 제1항제1호에 해당하는 사람이어야 한다.

④ 운영위원회의 위원장은 운영위원회의 회의를 소집하며 그 의장이 된다.

⑤ 운영위원회의 부위원장은 위원장을 보좌하며, 위원장이 부득이한 사유로 그 직무를 수행할 수 없을 때에는 그 직무를 대행한다.

⑥ 운영위원회의 회의는 재적위원 과반수의 출석으로 개의하고, 출석위원 과반수의 찬성으로 의결한다. 다만, 제7항제6호 및 제7호의 사항은 출석위원 3분의 2 이상의 찬성으로 의결한다.

⑦ 운영위원회는 공제사업에 관하여 다음 각 호의 사항을 심의·의결하며 그 업무집행을 감독한다.

1. 사업계획·운영 및 관리에 관한 기본 방침
2. 예산 및 결산에 관한 사항
3. 차입금에 관한 사항
4. 주요 예산집행에 관한 사항
5. 임원의 임면에 관한 사항
6. 공제약관·공제규정의 변경과 각종 내부규정의 제정·개정 및 폐지에 관한 사항
7. 공제금, 공제 가입금, 분담금 및 요율에 관한 사항
8. 정관으로 정하는 사항
9. 그 밖에 위원장이 필요하다고 인정하여 회의에 부치는 사항

⑧ 운영위원회의 사무를 처리하기 위하여 간사 및 서기를 두되, 간사 및 서기는 해당 공제조합의 직원(법 제51조제1항에 따라 연합회가 국토교통부장관의 허가를 받아 공제사업을 하는 경우에는 해당 연합회의 직원을 말한다) 중에서 위원장이 임명한다.

⑨ 간사는 회의마다 회의록을 작성하여 다음 회의에 보고하고 이를 보관하여야 한다.

⑩ 이 영에서 규정한 사항 외에 운영위원회의 운영에 필요한 사항은 운영위원회의 의결을 거쳐 위원장이 정한다.

제11조의5(운영위원회 위원의 결격사유) 법 제51조의5제1항제3호 및 제4호에서 "대통령령으로 정하는 금융관련 법률"이란 별표 4의2에서 정하는 법률을 말한다.

제11조의6(재무건전성) ① 이 조에서 사용하는 용어의 뜻은 다음과 같다.

1. "지급여력금액"이란 자본금, 대손충당금, 이익잉여금 및 그 밖에 이에 준하는 것으로서 국토교통부장관이 정하는 금액을 합산한 금액에서 영업권, 선급비용 등 국토교통부장관이 정하는 금액을 뺀 금액을 말한다.
2. "지급여력기준금액"이란 공제사업을 운영함에 따라 발생하게 되는 위험을 국토교통부장관이 정하는 방법에 따라 금액으로 환산한 것을 말한다.
3. "지급여력비율"이란 지급여력금액을 지급여력기준금액으로 나눈 비율을 말한다.

② 법 제51조의10제1항에 따라 공제조합이 준수하여야 하는 재무건전성 기준은 다음 각 호와 같다.

1. 지급여력비율은 100분의 100 이상을 유지할 것
2. 구상채권 등 보유자산의 건전성을 정기적으로 분류하고 대손충당금을 적립할 것

③ 법 제51조의10제2항에 따라 국토교통부장관이 공제조합에 대하여 자본금의 증액을 명하거나 주식 등 위험자산의 소유를 제한하는 조치를 하려는 경우에는 다음 각 호의 사항을 고려하여야 한다.

1. 해당 조치가 공제계약자의 보호를 위하여 적정한지 여부
2. 해당 조치가 공제조합의 부실화를 예방하고 건전한 경영을 유도하기 위하여 필요한지 여부

④ 국토교통부장관은 제1항부터 제3항까지의 규정에 관하여 필요한 세부 기준을 정할 수 있다.

제12조(사용신고대상 화물자동차) 법 제55조제1항에서 "대통령령으로 정하는 화물자동차"란 다음 각 호의 어느 하나에 해당하는 화물자동차를 말한다.

1. 국토교통부령으로 정하는 특수자동차
2. 특수자동차를 제외한 화물자동차로서 최대 적재량이 2.5톤 이상인 화물자동차

제13조(차량충당 연한) ① 법 제57조에 따라 화물자동차 운송사업 및 화물자동차 운송가맹사업에 충당되는 화물자동차는 차령 3년 이내의 차량으로 한다.

② 제1항에 따른 차령의 기산일은 「자동차관리법 시행령」 제3조에 따른다.

제13조의2(신고포상금 지급) ① 법 제60조의2에 따라 고발을 받은 수사기관은 지체 없이 그 사실을 관할 시·도지사에게 알려야 한다.

② 시·도지사는 법 제60조의2제1항에 따라 신고를 받거나 제1항에 따라 통보를 받은 경우에는 그 내용을 확인한 후 포상금 지급 여부를 결정해야 한다. 다만, 다음 각 호의 어느 하나에 해당하는 경우에는 포상금을 지급하지 않는다.

1. 법 제60조의2에 따라 신고 또는 고발이 있은 후 같은 위반행위에 대하여 같은 내용의 신고 또는 고발을 한 경우
2. 신고 또는 고발이 있는 사항에 대하여 이미 재판절차가 진행 중인 경우
3. 관계 법령을 위반하여 신고 또는 고발을 한 경우

4. 공무원이 그 직무와 관련하여 신고하거나 고발한 경우

③ 시·도지사는 제2항에 따라 포상금 지급 결정을 한 경우에는 신고인 또는 고발인에게 알려야 한다.

④ 제3항에 따라 포상금 지급결정을 통보받은 신고인 또는 고발인은 관할 시·도지사에게 포상금 지급을 신청하여야 한다. 이 경우 시·도지사는 포상금 지급 신청을 받은 날부터 1개월 이내에 신고인 또는 고발인에게 포상금을 지급하여야 한다.

⑤ 제4항에 따른 포상금은 100만원의 범위에서 시·도의 조례로 정하는 금액을 지급한다.

⑥ 제1항부터 제5항까지에서 규정한 사항 외에 포상금의 지급기준·지급절차 및 지급방법 등에 관하여 필요한 사항은 시·도의 조례로 정한다.

제13조의3(자료의 제공) 법 제62조제2항에서 "대통령령으로 정하는 자료"란 다음 각 호의 자료를 말한다.

1. 법 제8조 및 제23조에 따른 화물자동차 운수사업의 운전업무 종사자격 및 화물운송 종사자격의 취소에 관한 자료
2. 「도로교통법」 제93조에 따른 운전면허의 취소·정지에 관한 자료
3. 「자동차관리법」 제7조에 따른 자동차등록원부 및 같은 법 제8조제2항에 따른 자동차등록증
4. 「자동차손해배상 보장법」 제5조에 따른 보험 등의 가입에 관한 자료
5. 「부가가치세법」 제8조에 따른 사업자등록에 관한 자료
6. 그 밖에 법 제43조제2항 또는 제3항에 따른 보조금 지급업무의 효율적인 운영에 필요한 자료로서 국토교통부장관이 정하여 고시한 자료

제14조(권한의 위임) 국토교통부장관은 법 제63조제1항에 따라 다음 각 호의 사항에 관한 권한을 시·도지사에게 위임한다.

1. 법 제3조제1항에 따른 화물자동차 운송사업의 허가
2. 법 제3조제3항 본문에 따른 화물자동차 운송사업의 허가사항 변경허가
3. 법 제3조제9항(법 제24조제7항 및 제29조제4항에서 준용하는 경우를 포함한다)에 따른 허가기준에 관한 사항의 신고

3의2. 법 제3조제12항에 따른 화물자동차 운송사업의 임시허가

3의3. 법 제3조제11항에 따른 화물자동차 운송사업 영업소의 허가

4. 법 제6조(법 제28조 및 제33조에서 준용하는 경우를 포함한다)에 따른 운송약관의 신고 및 변경신고

4의2. 법 제12조의2에 따른 관계 공무원(국토교통부장관 소속의 공무원은 제외한다) 및 운행제한단속원(국토교통부장관, 한국도로공사 또는 민자도로 관리자가 고용하거나 위탁한 업체의 직원은 제외한다)에 대한 다음 각 목의 도로에서 운행 중인 화물자동차에 대한 조사 명령
 가. 「도로법」 제10조에 따른 특별시도, 광역시도, 지방도, 시도, 군도 및 구도
 나. 「도로법」 제23조제2항에 따른 일반국도

5. 삭제
6. 법 제13조(법 제28조 및 제33조에서 준용하는 경우를 포함한다)에 따른 개선명령
7. 법 제16조(법 제28조 및 제33조에서 준용하는 경우를 포함한다)에 따른 양도·양수 또는 합병의 신고
8. 법 제17조(법 제28조 및 제33조에서 준용하는 경우를 포함한다)에 따른 상속의 신고
9. 법 제18조(법 제28조 및 제33조에서 준용하는 경우를 포함한다)에 따른 사업의 휴업 및 폐업 신고
10. 법 제19조제1항에 따른 화물자동차 운송사업의 허가취소, 사업정지처분 및 감차 조치 명령
11. 법 제20조(법 제33조에서 준용하는 경우를 포함한다)에 따른 화물자동차의 자동차등록증과 자동차등록번호판의 반납 및 반환
12. 법 제21조(법 제28조 및 제33조에서 준용하는 경우를 포함한다)에 따른 과징금의 부과·징수 및 과징금 운용계획의 수립·시행
13. 법 제22조에 따른 청문
14. 법 제23조제1항에 따른 화물운송 종사자격의 취소 및 효력의 정지
15. 법 제23조제3항에 따른 청문
16. 법 제24조제1항 본문에 따른 화물자동차 운송주선사업의 허가
17. 법 제27조에 따른 화물자동차 운송주선사업의 허가취소 및 사업정지처분

17의2. 법 제29조제1항에 따른 화물자동차 운송가맹사업의 허가

17의3. 법 제29조제2항에 따른 화물자동차 운송가맹사업의 변경허가 및 변경신고

17의4. 법 제31조에 따른 개선명령
17의5. 법 제32조제1항에 따른 화물자동차 운송가맹사업의 허가취소, 사업정지처분 및 감차 조치 명령
18. 법 제38조제2항에 따른 통지의 수령
19. 삭제
20. 법 제48조에 따른 협회의 설립인가
21. 법 제54조에 따른 협회사업의 지도·감독
22. 법 제62조제1항에 따른 자료 제공 요청(법 제23조제1항에 따른 화물운송 종사자격의 취소나 효력의 정지에 필요한 자료만 해당한다)
23. 법 제70조에 따른 과태료의 부과 및 징수

제15조(권한의 위탁) ① 국토교통부장관은 법 제64조제1항에 따라 다음 각 호의 사항에 관한 권한을 협회에 위탁한다.
1. 법 제3조제3항 단서에 따른 허가사항 변경신고
2. 법 제24조제2항에 따른 허가사항 변경신고

② 국토교통부장관은 법 제64조제1항에 따라 법 제41조에 따른 경영 지도 중 다음 각 호의 사항에 관한 권한을 연합회에 위탁한다.
1. 사업자 준수사항에 대한 지도활동
2. 과적(過積) 운행, 과로 운전, 과속 운전의 예방 등 안전한 수송을 위한 지도·계몽
3. 법령 위반사항에 대한 처분의 건의

③ 국토교통부장관은 법 제64조제1항에 따라 다음 각 호의 사항에 관한 권한을 「한국교통안전공단법」에 따라 설립된 한국교통안전공단에 위탁한다.
1. 법 제5조의7제1항에 따른 화물자동차 안전운임신고센터의 설치·운영
2. 법 제8조제1항제2호에 따른 운전적성에 대한 정밀검사의 시행
2의2. 법 제8조제1항제4호에 따른 이론 및 실기 교육
3. 법 제8조제1항제3호에 따른 시험의 실시·관리 및 교육
4. 법 제8조제2항에 따른 화물운송 종사자격증의 발급
4의2. 법 제9조의2제2항에 따른 범죄경력자료의 조회 요청
5. 법 제10조의2제1항에 따른 화물자동차 운전자의 교통사고 및 교통법규 위반사항과 범죄경력의 제공요청 및 기록·관리
6. 법 제10조의2제3항에 따른 화물자동차 운전자의 인명사상사고 및 교통법규 위반사항과 범죄경력의 제공
7. 법 제10조의2제4항에 따른 화물자동차 운전자채용 기록·관리 자료의 요청

④ 국토교통부장관은 법 제64조제1항에 따라 법 제5조의8제1항에 따른 화물운송에 소요되는 비용 등의 조사에 관한 업무를 「정부출연연구기관 등의 설립·운영 및 육성에 관한 법률」에 따라 설립된 한국교통연구원에 위탁한다.

⑤ 국토교통부장관은 제2항에 따라 위탁한 업무의 원활한 수행을 위하여 필요하다고 인정하는 경우에는 연합회로 하여금 그 업무 처리에 관한 지침을 작성하여 제출하게 할 수 있다.

제15조의2(민감정보 및 고유식별정보의 처리) ①국토교통부장관, 시·도지사, 시장 또는 군수(법 제47조의2제4항, 제63조 및 제64조에 따라 그 권한을 위임·재위임 또는 위탁받는 자를 포함하며, 제10호의2 및 제10호의3의 경우 군수는 광역시의 군수를 포함한다) 및 「보험업법」에 따른 보험회사(적재물배상책임 공제사업을 하는 자를 포함한다)는 다음 각 호의 사무를 수행하기 위하여 불가피한 경우 「개인정보 보호법 시행령」 제18조제2호에 따른 범죄경력자료에 해당하는 정보나 같은 영 제19조에 따른 주민등록번호, 운전면허의 면허번호 또는 외국인등록번호가 포함된 자료를 처리할 수 있다.
1. 법 제3조에 따른 화물자동차 운송사업 허가에 관한 사무
1의2. 법 제5조의7에 따른 화물자동차 안전운임에 미치지 못하는 운임의 신고에 관한 사무
2. 법 제8조에 따른 화물자동차 운수사업의 운전업무 종사자격에 관한 사무
3. 법 제10조의2에 따른 화물자동차 운전자의 교통안전 기록·관리에 관한 사무
4. 법 제16조에 따른 화물자동차 운송사업의 양도와 양수 등에 관한 사무
5. 법 제17조에 따른 화물자동차 운송사업의 상속에 관한 사무

6. 법 제19조에 따른 화물자동차 운송사업의 허가 취소 등에 관한 사무
7. 법 제23조에 따른 화물운송 종사자격의 취소 등에 관한 사무
7의2. 법 제24조에 따른 화물자동차 운송주선사업의 허가 등에 관한 사무
8. 법 제27조에 따른 화물자동차 운송주선사업의 허가취소 등에 관한 사무
8의2. 법 제29조에 따른 화물자동차 운송가맹사업의 허가 등에 관한 사무
9. 법 제32조에 따른 화물자동차 운송가맹사업의 허가취소 등에 관한 사무
10. 법 제38조에 따른 책임보험계약등의 계약 종료일 통지 등에 관한 사무
10의2. 법 제43조제2항에 따른 보조금의 지급에 관한 사무
10의3. 법 제44조의2제1항에 따른 보조금의 지급 정지에 관한 사무
10의4. 법 제47조의2제3항에 따른 화물운송실적관리시스템의 운영에 관한 사무
11. 법 제51조의4 및 제51조의5에 따른 공제조합 운영위원회의 구성 및 공제조합 운영위원회 위원의 결격 사유 확인에 관한 사무
12. 삭제
13. 법 제51조의9에 따른 공제조합 임직원에 대한 제재 등에 관한 사무
13의2. 법 제56조 단서에 따른 자가용 화물자동차 유상운송 허가에 관한 사무
14. 법 제59조에 따른 운수종사자의 교육 등에 관한 사무

② 연합회 또는 법 제51조의2에 따른 공제조합은 법 제51조 또는 제51조의6에 따른 공제사업을 수행하기 위하여 불가피한 경우 「개인정보 보호법」 제23조에 따른 건강에 관한 정보나 같은 법 시행령 제19조 각 호에 따른 주민등록번호, 여권번호, 운전면허의 면허번호 또는 외국인등록번호가 포함된 자료를 처리할 수 있다.

제15조의3(규제의 재검토) 국토교통부장관은 다음 각 호의 사항에 대하여 2022년 1월 1일을 기준으로 3년마다(매 3년이 되는 해의 기준일과 같은 날 전까지를 말한다) 그 타당성을 검토하여 개선 등의 조치를 해야 한다.

1. 제4조에 따른 운임 및 요금의 신고 대상
2. 제4조의10에 따른 화물자동차 운수사업의 운전업무 종사의 제한 기간
3. 제5조 및 별표 1에 따른 화물자동차 운송사업의 허가취소, 사업정지처분 또는 감차 조치 명령의 기준

제16조(과태료의 부과기준) 법 제70조제1항 및 제2항에 따른 과태료의 부과기준은 별표 5와 같다.

■ 항만운송사업법 시행령 [별표 1] 〈개정 2020. 9. 8.〉

항만하역사업의 등록기준(제4조 관련)

구분	사업종류 / 항만별 / 내용	일반하역사업			한정하역사업
		1급지(부산항, 인천항, 울산항, 포항항, 광양항)	2급지(여수항, 마산항, 동해·묵호항, 군산항, 평택·당진항)	3급지 (1급지와 2급지를 제외한 항)	
1.시설	시설평가액 (해양수산부령으로 정하는 하역장비의 평가액이 총시설평가액의 3분의 2 이상이어야 한다)	10억원 이상	5억원 이상	1억원 이상	일반하역사업의 등록기준을 적용하되, 관리청은 이용자, 취급화물 또는 항만시설의 특성을 고려하여 그 등록기준을 완화할 수 있다.
2. 자본금		2억원 이상	1억원 이상	5천만원 이상	

비고
1. 관리청은 물동량(物動量) 감소, 항만 조건 등의 특수한 사정이 있다고 인정되는 3급지 항만에 대해서는 항만별로 그 사정이 존속하는 기간 동안 해당 등록기준에서 정한 시설기준을 2분의 1의 범위에서 완화할 수 있다.
2. 사업자가 개인인 경우에는 자본금을 갈음하여 재산평가액을 적용한다.
3. 관리청은 지방해양수산청장 또는 시·도지사가 보유하는 하역장비를 전용(專用)하여 사용하는 자에 대해서는 그 사용기간 동안 해양수산부령으로 정하는 하역장비 중 그 전용하여 사용하는 하역장비의 평가액에 해당하는 하역장비의 확보를 유예할 수 있다.
4. 해당 업종에 필요한 시설은 다음 각 목의 어느 하나에 해당하는 것이어야 한다. 다만, 제1호에 따른 시설기준 중 급지별 최저 시설평가액의 3분의 2 이상은 본인이 소유한 것이어야 한다.
   가. 해당 항만하역사업자가 소유하거나 소유권 취득을 조건으로 임차한 시설
   나. 해당 항만하역사업자가 1년 이상 전용하여 사용할 수 있는 시설

■ 항만운송사업법 시행령 [별표 2]

검수사업·감정사업 및 검량사업의 등록기준(제4조 관련)

구분	검수사업			감정사업	검량사업
	1급지(부산항, 인천항, 울산항, 포항항, 광양항)	2급지 (마산항, 군산항)	3급지 (1급지와 2급지를 제외한 항)		
1. 자본금	5천만원 이상	5천만원 이상	5천만원 이상	5천만원 이상	5천만원 이상
2. 검수사	가. 부산항: 40명 이상 나. 인천항: 25명 이상 다. 울산항, 포항항, 광양항: 7명 이상	3명 이상	2명 이상		
3. 감정사				6명 이상	
4. 검량사					6명 이상

비고: 사업자가 개인인 경우에는 자본금을 갈음하여 재산평가액을 적용한다.

■ 항만운송사업법 시행령 [별표 4]

시험과목(제8조 관련)

구분 / 자격의 종류	시험과목
검수사	1. 검수에 관한 일반적 지식 2. 영어
감정사	1. 전문분야의 해당 과목 2. 감정에 관한 일반적 지식 3. 선박에 의한 유류오염손해배상에 관한 일반적 지식 4. 영어
검량사	1. 선박의 구조 및 흘수(吃水) 계산방법 2. 검량에 관한 일반적 지식 3. 영어

비고: 시험과목에 관한 세부 사항은 해양수산부장관이 정하여 고시한다.

■ 항만운송사업법 시행령 [별표 5]

행정처분의 기준(제11조 관련)

Ⅰ. 일반기준

1. 개별기준 같은 호에 해당하지 않는 위반행위가 둘 이상인 경우에는 그 중 가장 무거운 행정처분(이하 "처분"이란 한다)의 기준에 따르되, 그 처분의 기준이 사업정지에 해당하는 경우에는 그 중 가장 무거운 처분의 사업정지기간에 다른 처분의 사업정지기간의 2분의 1씩을 각각 더하여 처분한다. 이 경우 그 최대 기간은 6개월을 초과하지 못한다.
2. 개별기준 같은 호에 해당하는 위반행위(이하 "같은 위반행위"라 한다)가 둘 이상인 경우로서 그 처분의 기준이 사업정지에 해당하는 경우에는 하나의 처분의 사업정지기간에 다른 처분의 사업정지기간의 2분의 1씩을 각각 더하여 처분한다. 이 경우 그 최대 기간은 6개월을 초과하지 못한다.
3. 위반행위의 횟수에 따른 행정처분의 가중된 부과기준은 최근 2년간 같은 위반행위로 행정처분(사업정지처분을 갈음한 과징금 부과처분을 포함한다. 이하 이 호 및 제4호에서 같다)을 받은 경우에 적용한다. 이 경우 기간의 계산은 위반행위에 대하여 행정처분을 받은 날과 그 처분 후 다시 같은 위반행위를 하여 적발된 날을 기준으로 한다.
4. 제3호에 따라 가중된 부과처분을 하는 경우 가중처분의 적용 차수는 그 위반행위 전 행정처분 차수(제3호에 따른 기간 내에 행정처분이 둘 이상 있었던 경우에는 높은 차수를 말한다)의 다음 차수로 한다.
5. 처분의 기준이 사업정지에 해당하는 경우에는 항만의 특성, 위반행위의 성질 또는 정도를 고려하여 그 사업정지기간을 2분의 1의 범위에서 줄일 수 있다.

Ⅱ. 개별기준

위반사항	근거 법령	행정처분의 기준		
		1차 위반	2차 위반	3차 위반
1. 항만운송사업자 또는 항만운송관련사업자가 법 제6조 또는 제26조의3제7항에 따른 등록 또는 신고의 기준에 미달하게 된 경우	법 제26조 제1항제2호 또는 법 제26조의5 제1항제2호	사업정지 1개월	등록취소 또는 사업정지 6개월 (신고사업인 경우만 해당한다)	
1의2. 선박연료공급업을 등록한 자가 법 제26조의3제3항에 따른 변경신고를 하지 않고 장비를 추가하거나 그 밖에 사	법 제26조의5 제1항제1호의2	사업정지 1개월	사업정지 6개월	등록취소

업계획 중 해양수산부령으로 정하는 사항을 변경한 경우				
2. 항만운송사업자가 정당한 사유 없이 운임 및 요금을 인가·신고된 운임 및 요금과 다르게 받은 경우	법 제26조 제1항제1호	사업정지 1개월	사업정지 6개월	등록취소
3. 항만운송사업자·항만운송관련사업자 또는 그 대표자가 「관세법」 제269조부터 제271조까지에 규정된 죄 중 어느 하나의 죄를 범하여 공소가 제기되거나 통고처분을 받은 경우	법 제26조 제1항제3호 또는 법 제26조의5 제1항제1호	사업정지 6개월	등록취소	
4. 항만운송사업자 또는 항만운송관련사업자의 사업 수행 실적이 1년 이상 없는 경우	법 제26조 제1항제4호 또는 법 제26조의5 제1항제4호	사업정지 3개월	등록취소 또는 사업정지 6개월 (신고사업인 경우만 해당한다)	
5. 항만운송사업자 또는 항만운송관련사업자가 부정한 방법으로 사업의 등록 또는 신고를 한 경우	법 제26조 제1항제5호 또는 법 제26조의5 제1항제3호	등록취소		
6. 항만운송사업자 또는 항만운송관련사업자가 사업정지명령을 위반하여 정지기간에 사업을 계속한 경우	법 제26조 제1항제6호 또는 법 제26조의5제1항제5호	등록취소		

■ 항만운송사업법 시행령 [별표 6]

항만운송관련사업의 등록 및 신고의 기준(제12조 관련)

구분			1급지(부산항, 인천항, 울산항, 포항항, 광양항)	2급지 (여수항, 마산항, 군산항)	3급지 (1급지와 2급지를 제외한 항)
등록기준	1. 항만용역업	가. 자본금	1억원 이상	1억원 이상	5천만원 이상
		나. 선박 1) 제2조제1호가목의 사업을 수행하는 경우	통선: 20톤 이상	통선: 10톤 이상	통선: 5톤 이상
		2) 제2조제1호라목의 사업을 수행하는 경우	급수선: 50톤 이상	급수선: 10톤 이상	급수선: 5톤 이상
	2. 선박연료공급업	가. 자본금	1억원 이상	5천만원 이상	5천만원 이상
		나. 다음 중 어느 하나 이상의 장비			
		1) 연료공급선(연료공급부선을 포함한다. 이하 같다)	총톤수 100톤 이상	총톤수 30톤 이상	총톤수 10톤 이상
		2) 연료공급차량(유조차량의 경우 「위험물안전관리법」 제15조제1항 본문에 따른 이동탱크저장소를 말한다. 이하 같다)	탱크 용량 30킬로리터 이상	탱크 용량 20킬로리터 이상	탱크 용량 8킬로리터 이상

	3. 선박수리업 및 컨테이너수리업	가. 자본금 나. 공구창고 또는 공장	5천만원 이상 총면적 30㎡ 이상	5천만원 이상 총면적 20㎡ 이상	5천만원 이상 총면적 20㎡ 이상
신고기준	선용품 공급업	가. 자본금 나. 자동차	5천만원 이상 1대 이상	5천만원 이상 1대 이상	5천만원 이상 1대 이상

비고:

1. 사업자가 개인인 경우에는 자본금을 갈음하여 재산평가액을 적용한다.
2. 해당 업종에 필요한 시설 및 장비(이하 "시설등"이라 한다)는 다음 각 목의 어느 하나에 해당하는 것이어야 한다.
   가. 해당 항만운송관련사업자가 소유하거나 소유권 취득을 조건으로 임차한 시설등
   나. 해당 항만운송관련사업자가 1년 이상 전용하여 사용할 수 있는 시설등
3. 항만용역업의 시설등의 기준 중 통선의 선령(船齡)은 목선(木船)의 경우에는 20년 이하여야 하며 강선(鋼船) 및 FRP(fiber glass reinforced plastic: 유리섬유강화플라스틱)선의 경우에는 25년 이하여야 한다. 다만, 「선박안전법」 제8조부터 제10조까지의 규정에 따른 선박검사 결과 안전운항에 지장을 주지 아니하고 선박의 구조 및 환경 상태가 양호하다고 지방해양수산청장 또는 시 · 도지사가 인정할 때에는 강선 및 FRP선에 대해서만 5년의 범위에서 그 선령기준을 연장할 수 있다.
4. 항만용역업의 등록기준 중 선박 기준의 경우에는 선박의 수와 관계없이 총톤수를 기준으로 판단한다.

4의2. 지방해양수산청장 또는 시·도지사는 해당 항만의 특성을 고려하여 필요하다고 인정할 때에는 제2조제1호 나목 또는 다목의 사업을 수행하려는 경우에 적용되는 통선 또는 급수선의 등록기준을 정하여 고시할 수 있다.

5. 선박연료공급업의 등록기준 중 연료공급선 기준의 경우에는 각각의 연료공급선의 총톤수 합계를 기준으로 판단하고, 연료공급차량 기준의 경우에는 각각의 연료공급차량의 탱크 용량을 합하여 기준의 충족여부를 판단한다.

5의2. 선박연료공급업의 등록기준 중 연료공급선 기준의 경우 각각의 연료공급선은 다음 각 목의 기준을 모두(천연가스 연료를 공급하는 연료공급선의 경우에는 가목의 기준만을 말한다) 충족하여야 한다.
   가. 해양수산부장관이 정하여 고시하는 기준에 따라 연료공급선의 선체 둘레에 방충재(防衝材)를 설치할 것
   나. 해양수산부장관이 정하여 고시하는 기준에 따라 유류의 방제조치에 사용되는 자재 및 약제 또는 방제장비를 비치할 것
   다. 연료공급선으로 인한 유류오염손해가 발생하는 경우 그 손해를 전보(塡補: 부족한 부분을 채워 보상하는 것을 말한다. 이하 같다)하는 보험계약이나 그 손해의 배상의무 이행을 담보하는 계약을 「유류오염손해배상 보장법」 제15조제2항에 따른 보험자등과 체결할 것

5의3. 선박연료공급업의 등록기준 중 연료공급차량 기준의 경우 각각의 연료공급차량은 다음 각 목의 기준을 모두 충족하여야 한다.
   가. 해양수산부장관이 정하여 고시하는 기준에 따라 유류의 방제조치와 화재 소화에 사용되는 장비(천연가스 연료를 공급하는 연료공급차량의 경우에는 유류의 방제조치에 사용되는 장비는 제외한다) 등을 비치할 것
   나. 연료공급차량으로 인한 유류오염과 항만 내 사고 등으로 발생하는 손해(천연가스 연료를 공급하는 연료공급차량의 경우에는 유류오염으로 발생하는 손해는 제외한다)를 전보하는 보험계약이나 그 손해의 배상의무 이행을 담보하는 계약을 해양수산부장관이 정하여 고시하는 기준에 따라 체결할 것
   다. 해양수산부장관이 정하여 고시하는 바에 따라 선박연료공급업에 사용되는 연료공급차량임을 확인할 수 있는 표지를 갖출 것
   라. 그 밖에 항만의 안전, 항만운영의 장애 및 항만에서의 사고 예방 등을 고려하여 해양수산부장관이 정하여 고시하는 기준에 적합할 것

6. 선박수리업 및 컨테이너수리업의 등록기준 중 공구창고 또는 공장 기준의 경우에는 건축물의 동수와 관계없이 총면적을 기준으로 판단한다.
7. 지방해양수산청장 또는 시 · 도지사는 다음 각 목의 어느 하나에 해당하는 경우에는 해당 업종의 시설등의 기준을 완화할 수 있다.
   가. 「수산업협동조합법」 제2조제4호에 따른 조합(수산물가공수산업협동조합은 제외한다)이 어선에 선박의 선박연료나 선박에서 사용하는 맑은 물을 공급하는 경우
   나. 「한국해운조합법」 제3조에 따른 한국해운조합이 여객선에 선박의 선박연료나 선박에서 사용하는 맑은 물을 공급하는 경우
   다. 정부가 보조금을 지급하는 낙도보조항로에 여객선을 취항시킨 여객운송사업자가 자체 연료공급시설을 보유하고 해당 여객선에 선박연료를 공급하는 경우
   라. 부두에 설치된 연료공급시설 또는 급수시설을 이용하여 접안된 선박에 선박의 선박연료나 선박에서 사용하는 맑은 물을 공급하는 경우
   마. 항만의 특성상 또는 업종별 수급 사정 등 불가피한 사유로 통선 또는 급수선이 필요하지 않은 경우
   바. 두 곳 이상의 항만이 인접해 있는 경우로서 인접한 다른 항만에 등록된 장비를 활용하여 사업 수행이 가능한 경우

■ 항만운송사업법 시행령 [별표 7]

교육훈련기관의 교육훈련 대상자, 교육훈련 과정 및 교육훈련 내용(제16조 관련)

<table>
<tr><th>교육훈련 과정</th><th>교육훈련 대상자</th><th>교육훈련 내용</th></tr>
<tr><td rowspan="2">1. 기초교육</td><td>항만운송사업자 등에게 신규로 고용된 사람 또는 고용되려는 사람</td><td rowspan="2">• 항만운송의 기초이론, 화물취급 실무 및 항만하역작업의 안전관리 등
• 항만안전, 항만하역장비 등 항만하역작업에 관한 기초이론과 실습</td></tr>
<tr><td>항만운송사업자 등에게 역무를 제공하기 위하여 조직된 노동조합(이하 "항운노동조합"이라 한다)에 신규로 가입한 사람 또는 가입하려는 사람</td></tr>
<tr><td rowspan="4">2. 양성교육</td><td>항만하역장비의 운전·조작 및 정비 등과 관련된 기능을 습득하려는 사람</td><td>• 항만하역장비의 구조와 특성
• 항만하역장비의 운전·조작 및 정비 등에 관한 이론과 실습</td></tr>
<tr><td>자동차운반전용선의 선적작업 및 야드-트레일러(yard-trailer)운전을 수행하려는 사람</td><td>• 자동차운반전용선의 선적작업에 관한 이론과 실습
• 컨테이너 운송을 위한 야드-트레일러 운전에 관한 이론과 실습</td></tr>
<tr><td>항만하역작업의 현장 감독업무를 수행하려는 사람</td><td>• 항만하역작업의 현장 감독자로서 필요한 이론과 실습</td></tr>
<tr><td>검수·감정·검량사업자 및 항만운송관련사업자에게 고용되려는 사람 또는 역무를 제공하려는 사람</td><td>• 일반화물 및 컨테이너 등의 검수·감정·검량에 관한 이론과 실습
• 항만하역작업 및 관리에 관한 이론과 실습
• 청렴 등 직업윤리에 관한 사항</td></tr>
<tr><td rowspan="2">3. 안전교육</td><td>항만 내 위험물취급에 관한 안전관리자로 배치된 사람 또는 배치될 사람</td><td>• 위험물취급에 관한 이론과 실습</td></tr>
<tr><td>항만하역작업의 현장 종사자 및 감독업무 수행자</td><td>• 항만하역작업의 안전관리에 관한 이론과 실습</td></tr>
<tr><td rowspan="3">4. 연수교육</td><td>항만운송사업 및 항만운송관련 사업의 종사자</td><td rowspan="2">• 「항만운송사업법」, 「개항질서법」 등 항만운송 관련 법령
• 항만운영 관리자 및 현장 감독자에게 필요한 지식과 이론
• 항만물류, 농수산물유통 및 국제유통에 관한 이론과 실습
• 항만운영의 효율화 관리기법
• 그 밖의 항만하역작업 및 관리에 관한 이론과 실습</td></tr>
<tr><td>항운노동조합원</td></tr>
<tr><td>컨테이너터미널 종사자</td><td>• 컨테이너 항만인력 개발계획 프로그램(PDP)
• 터미널의 운용 및 관리에 관한 이론과 실습</td></tr>
<tr><td>5. 정보교육</td><td>항만운송사업자 등의 임직원, 항운노동조합원으로서 항만운영전산망의 운영 및 컴퓨터 운용능력의 습득을 원하는 사람</td><td>• 전자문서 교환 등 항만운영전산망의 운영 실습
• 컴퓨터 기초이론 및 운용능력 실습
• 인터넷, 웹디자인 등에 관한 이론과 실습
• 그래픽 등 응용프로그램의 교육 및 실습</td></tr>
<tr><td>6. 특별교육</td><td>정부와 교육기관 등 외부기관의 위탁 등에 의하여 교육을 받게 된 사람</td><td>• 항만하역장비의 운전·조작·정비 및 관리 기술
• 항만물류, 농수산물유통 및 국제유통에 관한 이론과 실습
• 그 밖의 항만 관련 기술 및 운영관리</td></tr>
</table>

비고: 각 교육훈련 과정에 따른 세부 교과과정 및 교육훈련기관은 교육훈련기관이 각 교육과정별 특성을 고려하여 정한다.

■ 항만운송사업법 시행령 [별표 8]

항만운송사업자·항만운송관련사업자 및 해당 교육훈련을 받는 사람이 부담하는 경비의 내용(제17조 관련)

경비 부담의 주체	교육훈련의 대상	경비 부담의 방법
1. 항만하역사업자	항만하역사업자에게 고용되거나 역무를 제공하는 사람	하역 실적에 따라 경비를 부담하고, 그 방법 및 요율(料率)은 교육훈련기관이 해양수산부장관의 승인을 받아 정한다.
2. 검수·감정·검량사업자 및 항만운송관련사업자	검수·감정·검량 사업자 및 항만운송관련사업자에게 고용되거나 역무를 제공하는 사람	교육기간·교육과정 등을 고려하여 교육훈련기관이 해양수산부장관의 승인을 받아 정한다.
3. 개별적으로 해당 교육훈련을 받는 사람	항만운송사업자 등에게 고용되려고 하거나 역무를 제공하려는 사람	교육기간·교육과정 등을 고려하여 교육훈련기관이 해양수산부장관의 승인을 받아 정한다.

■ 항만운송사업법 시행령 [별표 9]

과징금을 부과하는 위반행위의 종류와 위반 정도에 따른 과징금의 금액(제26조 관련)

Ⅰ. 일반기준

1. 개별기준 같은 호에 해당하지 않는 위반행위가 둘 이상인 경우에는 그 중 가장 높은 금액의 과징금에 다른 과징금의 2분의 1씩을 각각 더하여 과징금을 부과한다. 이 경우 그 최대 금액은 500만원을 초과하지 못한다.
2. 개별기준 같은 호에 해당하는 위반행위가 둘 이상인 경우에는 하나의 과징금에 다른 과징금의 2분의 1씩을 각각 더하여 과징금을 부과한다.
3. 항만의 특성, 위반행위의 성질 또는 정도를 고려하여 해당 과징금을 2분의 1의 범위에서 줄일 수 있다.

Ⅱ. 개별기준

위반사항	근거 법령	과징금의 금액	
		1차 위반	2차 위반
1. 항만운송사업자 또는 항만운송관련사업자가 법 제6조 또는 법 제26조의3제7항에 따른 등록 또는 신고의 기준에 미달하게 된 경우	법 제27조의6	100만원	
1의2. 선박연료공급업을 등록한 자가 법 제26조의3제3항에 따른 변경신고를 하지 않고 장비를 추가하거나 그 밖에 사업계획 중 해양수산부령으로 정하는 사항을 변경한 경우	법 제27조의6	100만원	500만원
2. 항만운송사업자가 정당한 사유 없이 운임 및 요금을 인가·신고된 운임 및 요금과 다르게 받은 경우	법 제27조의6	100만원	500만원
2의2. 항만운송사업자·항만운송관련사업자 또는 그 대표자가 「관세법」제269조부터 제271조까지에 규정된 죄 중 어느 하나의 죄를 범하여 공소가 제기되거나 통고처분을 받은 경우	법 제27조의6	500만원	
3. 항만운송사업자 또는 항만운송관련사업자의 사업수행 실적이 1년 이상 없는 경우	법 제27조의6	300만원	

■ 항만운송사업법 시행령 [별표 10]

과태료의 부과기준(제29조 관련)

1. 일반기준
   가. 위반행위의 횟수에 따른 과태료 기준은 최근 1년간 같은 위반행위로 과태료 부과처분을 받은 경우에 적용한다. 이 경우 기간의 계산은 위반행위에 대하여 과태료 부과처분을 받은 날과 그 처분 후 다시 같은 위반행위를 하여 적발된 날을 기준으로 한다.
   나. 가목에 따라 가중된 부과처분을 하는 경우 가중처분의 적용 차수는 그 위반행위 전 부과처분 차수(가목에 따른 기간 내에 과태료 부과처분이 둘 이상 있었던 경우에는 높은 차수를 말한다)의 다음 차수로 한다.
   다. 부과권자는 다음의 어느 하나에 해당하는 경우에는 제2호의 개별기준에 따른 과태료 금액의 2분의 1의 범위에서 그 금액을 줄일 수 있다. 다만, 과태료를 체납하고 있는 위반행위자에 대해서는 그러하지 아니하다.
      1) 위반행위자가 「질서위반행위규제법 시행령」 제2조의2제1항 각 호의 어느 하나에 해당하는 경우
      2) 위반행위가 위반행위자의 사소한 부주의나 오류 등 과실로 인한 것으로 인정되는 경우
      3) 위반행위자가 스스로 신고하거나 조사에 협조한 것으로 인정되는 경우
      4) 그 밖에 위반행위의 정도, 위반행위의 동기와 그 결과 등을 고려하여 과태료 금액을 줄일 필요가 있다고 인정되는 경우
   라. 부과권자는 위반행위의 정도, 위반행위의 동기와 그 결과 등을 고려하여 제2호의 개별기준에 따른 과태료 금액의 2분의 1의 범위에서 그 금액을 늘려 부과할 수 있다. 다만, 늘려 부과하는 경우에도 법 제34조제1항에 따른 과태료 금액의 상한을 넘을 수 없다.
2. 개별기준

위반행위	근거 법조문	과태료 금액	
		1차 위반	2차 이상 위반
가. 법 제28조의2제1항에 따른 보고 또는 자료제출을 하지 않거나 거짓으로 한 경우	법 제34조 제1항제1호	100만원	200만원
나. 법 제28조의2제1항에 따른 관계 공무원의 출입 또는 검사를 거부·방해하거나 기피한 경우	법 제34조 제1항제2호	150만원	200만원

항만운송사업법 시행령

[시행 2021. 9. 24.] [대통령령 제32014호]

제1조(목적) 이 영은 「항만운송사업법」에서 위임된 사항과 그 시행에 필요한 사항을 규정함을 목적으로 한다.

제2조(항만운송관련사업의 종류) 「항만운송사업법」(이하 "법"이라 한다) 제2조제4항에 따른 항만운송관련사업의 업종별 사업의 내용은 다음 각 호와 같다.
1. 항만용역업: 다음 각 목의 행위를 하는 사업
   가. 통선(通船)으로 본선(本船)과 육지 간의 연락을 중계하는 행위
   나. 본선을 경비(警備)하는 행위나 본선의 이안(離岸) 및 접안(接岸)을 보조하기 위하여 줄잡이 역무(役務)를 제공하는 행위
   다. 선박의 청소[유창(油艙) 청소는 제외한다], 오물 제거, 소독, 폐기물의 수집·운반, 화물 고정, 칠 등을 하는 행위
   라. 선박에서 사용하는 맑은 물을 공급하는 행위
2. 선용품공급업: 선박(건조 중인 선박 및 해양구조물 등을 포함한다)에 음료, 식품, 소모품, 밧줄, 수리용 예비부분품 및 부속품, 집기, 그 밖에 이와 유사한 선용품을 공급하는 사업
3. 선박연료공급업: 선박용 연료를 공급하는 사업

3의2. 선박수리업: 선체, 기관 등 선박시설 및 설비를 수리, 교체 또는 도색하는 사업
4. 컨테이너수리업: 컨테이너를 수리하는 사업

제3조 삭제

제4조(항만운송사업의 등록기준) 법 제6조에 따른 항만하역사업의 등록기준은 별표 1과 같고, 검수사업·감정사업 및 검량사업의 등록기준은 별표 2와 같다.

제5조(검수사등의 자격시험) ① 법 제7조에 따른 검수사·감정사 또는 검량사(이하 "검수사등"이라 한다)의 자격시험(이하 "시험"이라 한다)은 그 종류별로 시행한다.
② 해양수산부장관은 시험을 시행하려는 경우에는 시험 일시 및 장소, 시험과목, 응시절차, 그 밖에 필요한 사항을 시험 실시 90일 전까지 공고하여야 한다.
③ 시험에 응시하려는 사람은 해양수산부령으로 정하는 응시원서를 해양수산부장관에게 제출하여야 한다.

제6조 삭제

제7조(시험의 구분) ① 시험은 필기시험과 면접시험으로 구분하여 실시한다.
② 필기시험에 합격한 사람이 아니면 면접시험에 응시할 수 없다.
③ 면접시험의 시험위원은 2명 이상으로 한다.

제7조의2(시험의 일부면제) 필기시험에 합격한 사람은 다음 회의 시험에 한하여 그 필기시험을 면제한다.

제8조(시험과목) 시험과목은 별표 4와 같다.

제9조(합격결정) 필기시험과 면접시험은 각각 100점을 만점으로 하고, 시험별 합격자는 다음 각 호의 구분에 따라 결정한다.
1. 필기시험: 모든 과목의 점수가 40점 이상이고 전과목 평균점수가 60점 이상인 사람
2. 면접시험: 60점 이상인 사람

제10조(자격증의 발급) 해양수산부장관은 제9조에 따라 시험에 합격한 사람에게 해양수산부령으로 정하는 바에 따라 검수사등의 자격증을 발급하여야 한다.

제11조(사업의 정지 및 등록의 취소) 법 제26조 및 제26조의5에 따른 항만운송사업자 및 항만운송관련사업자에 대한 행정처분의 기준은 별표 5와 같다.

제12조(항만운송관련사업의 등록 및 신고의 기준) 법 제26조의3제7항에 따른 항만운송관련사업의 등록 및 신고의 기준은 별표 6과 같다.

제13조 삭제

제14조(미등록 항만에서의 일시적 영업행위) ① 법 제27조의2제1항에서 "대통령령으로 정하는 부득이한 사유"란 다음 각 호의 어느 하나에 해당하는 경우를 말한다.
1. 같은 사업을 하는 사업자가 해당 항만에 없거나 행정처분 등으로 일시적으로 사업을 할 수 없게 된 경우
2. 사업의 성질상 해당 항만의 사업자가 그 사업을 할 수 없는 경우
② 항만운송사업자 또는 항만운송관련사업자가 법 제27조의2에 따라 등록하지 아니한 항만에서 일시적 영업행위의 신고를 할 때에는 해양수산부령으로 정하는 바에 따라 영업기간 등을 구체적으로 밝힌 서면으로 하여야 한다.
③ 법 제27조의2에 따라 등록을 하지 아니한 항만에서 일시적으로 영업행위를 하기 위하여 신고한 항만운송사업자 또는 항만운송관련사업자는 그 신고한 내용에 맞게 영업행위를 하여야 한다.

제15조(교육훈련기관의 설립) 법 제27조의4제1항에 따라 교육훈련기관을 설립하려는 자는 설립인가신청서에 정관 등 해양수산부령으로 정하는 서류를 첨부하여 해양수산부장관에게 제출하여야 한다.

제16조(교육훈련 과정 등) 법 제27조의4제4항에 따른 교육훈련기관의 교육훈련 대상자, 교육훈련 과정 및 교육훈련 내용은 별표 7과 같다.

제17조(교육훈련기관의 운영경비 부담) 법 제27조의4제5항에 따라 항만운송사업자, 항만운송관련사업자 및 해당 교육훈련을 받는 사람이 부담하는 경비의 내용은 별표 8과 같다.

제18조(교육훈련기관의 운영) ① 교육훈련기관은 법 제27조의4제7항에 따라 다음 해의 사업계획 및 예산안을 매년 11월 30일까지 해양수산부장관에게 제출하여야 한다.
② 교육훈련기관은 법 제27조의4제7항에 따라 매 사업연도의 세입·세출결산서를 다음 해 3월 31일까지 해양수산부장관에게 제출하여야 한다.

제19조(교육훈련기관의 정관) 법 제27조의4제7항에 따른 교육훈련기관의 정관에는 다음 각 호의 사항이 포함되어야 한다.
1. 목적
2. 명칭
3. 사무소의 소재지
4. 재산 및 회계에 관한 사항
5. 이사의 임면(任免)에 관한 사항
6. 총회 및 이사회에 관한 사항
7. 정관의 변경에 관한 사항
8. 존립시기나 해산 사유를 정하는 경우에는 그 시기 또는 사유

제20조(교육훈련기관의 감독) 해양수산부장관은 법 제27조의4제7항에 따라 교육훈련기관의 업무·재산 또는 회계관리에 관하여 위법하거나 부당한 사항을 발견하였을 때에는 그 시정을 명할 수 있다.

제21조 삭제

제22조 삭제

제23조 삭제

제24조 삭제

제25조(과징금의 부과 및 납부) ① 관리청은 법 제27조의6제1항에 따라 과징금을 부과하려는 경우에는 위반행위의 종류와 과징금의 금액 등을 구체적으로 밝혀 이를 낼 것을 서면으로 통지해야 한다.
② 제1항에 따라 통지를 받은 자는 통지를 받은 날부터 20일 이내에 과징금을 관리청이 정하는 수납기관에 내야 한다. 다만, 천재지변이나 그 밖의 부득이한 사유로 그 기간에 과징금을 낼 수 없을 때에는 그 사유가 없어진 날부터 7일 이내에 내야 한다.
③ 제2항에 따라 과징금을 받은 수납기관은 납부자에게 영수증을 발급하여야 한다.
④ 과징금의 수납기관은 제2항에 따라 과징금을 수납했을 때에는 지체 없이 그 사실을 관리청에 통보해야 한다.

제26조(과징금을 부과하는 위반행위의 종류와 과징금의 금액) 법 제27조의6제2항에 따라 과징금을 부과하는 위반행위의 종류와 위반 정도에 따른 과징금의 금액은 별표 9와 같다.

제26조의2(항만인력 수급관리협의회의 구성) ① 법 제27조의7제1항에서 "대통령령으로 정하는 자"란 항만운송사업에 종사하는 인력의 수급 관련 업무를 담당하는 공무원 중에서 해당 항만을 관할하는 지방해양수산청장 또는 특별시장·광역시장·도지사 또는 특별자치도지사(이하 "시·도지사"라 한다)가 지명하는 사람을 말한다.
② 법 제27조의7제1항에 따른 항만인력 수급관리협의회(이하 "수급관리협의회"라 한다)는 위원장 1명을 포함하여 7명의 위원으로 구성하되, 수급관리협의회의 위원장은 위원 중에서 호선(互選)한다.
③ 수급관리협의회의 위원은 다음 각 호의 사람이 된다.
1. 해당 항만의 항만운송사업자가 구성한 단체가 추천하는 사람 3명. 다만, 해당 단체가 2개 이상 있는 경우에는 단체 간 상호 협의하여 추천하는 사람이 된다.
2. 해당 항만의 항만운송사업자에게 고용되거나 역무를 제공하는 자(그 자의 구성원의 과반수가 해당 항만의 항만운송사업자에게 고용되거나 역무를 제공하는 자에 한정한다. 이하 이 조 및 제26조의5에서 같다)가 구성한 단체가 추천하는 사람 3명. 다만, 해당 단체가 2개 이상 있는 경우에는 단체 간 상호 협의하여 추천하는 사람이 된다.
3. 제1항의 사람 1명

제26조의3(수급관리협의회의 운영) ① 수급관리협의회의 위원장은 수급관리협의회를 대표하고, 그 업무를 총괄한다.
② 수급관리협의회의 회의는 수급관리협의회의 위원장이 필요하다고 인정하거나 재적위원 과반수의 요청이 있는 경우에 소집한다.
③ 수급관리협의회의 회의는 재적위원 3분의 2 이상의 출석으로 개의(開議)하고, 출석위원 3분의 2 이상의 찬성으로 의결한다.
④ 제1항부터 제3항까지에서 규정한 사항 외에 수급관리협의회의 운영에 필요한 사항은 수급관리협의회의 의결을 거쳐 수급관리협의회의 위원장이 정한다.

제26조의4(수급관리협의회의 협의사항) 수급관리협의회는 다음 각 호의 사항을 심의·의결한다.
1. 항만운송사업에 필요한 적정한 근로자의 수 산정에 관한 사항
2. 항만운송사업에 종사하는 인력의 채용기준 및 교육훈련 등 인사관리에 관한 사항
3. 그 밖에 수급관리협의회의 위원장이 항만운송사업에 종사하는 인력의 원활한 수급 및 효율적인 관리 등에 필요하다고 인정하여 회의에 부치는 사항

제26조의5(항만운송 분쟁협의회의 구성) ① 법 제27조의8제1항에서 "대통령령으로 정하는 자"란 항만운송사업의 분쟁 관련 업무를 담당하는 공무원 중에서 해당 항만을 관할하는 지방해양수산청장 또는 시·도지사가 지명하는 사람을 말한다.
② 법 제27조의8제1항에 따른 항만운송 분쟁협의회(이하 "분쟁협의회"라 한다)는 위원장 1명을 포함하여 7명의 위원으로 구성하되, 분쟁협의회의 위원장은 위원 중에서 호선한다.
③ 분쟁협의회의 위원은 다음 각 호의 사람이 된다.
1. 해당 항만의 항만운송사업자가 구성한 단체가 추천하는 사람 3명. 다만, 해당 단체가 2개 이상 있는 경우에는 단체 간 상호 협의하여 추천하는 사람이 된다.
2. 해당 항만의 항만운송사업자에게 고용되거나 역무를 제공하는 자가 구성한 단체가 추천하는 사람 3명. 다만, 해당 단체가 2개 이상 있는 경우에는 단체 간 상호 협의하여 추천하는 사람이 된다.
3. 제1항의 사람 1명

제26조의6(분쟁협의회의 운영) ① 분쟁협의회의 위원장은 분쟁협의회를 대표하고, 그 업무를 총괄한다.
② 분쟁협의회의 회의는 분쟁협의회의 위원장이 필요하다고 인정하거나 재적위원 과반수의 요청이 있는 경우에 소집한다.
③ 분쟁협의회의 회의는 재적위원 3분의 2 이상의 출석으로 개의하고, 출석위원 3분의 2 이상의 찬성으로 의결한다.
④ 분쟁당사자는 분쟁협의회의 회의에 출석하여 의견을 진술하거나 관계 자료 등을 제출할 수 있다.
⑤ 제1항부터 제4항까지에서 규정한 사항 외에 분쟁협의회의 운영에 필요한 사항은 분쟁협의회의 의결을 거쳐 분쟁협의회의 위원장이 정한다.

제26조의7(분쟁협의회의 협의사항) 분쟁협의회는 다음 각 호의 사항을 심의·의결한다.
1. 항만운송과 관련된 노사 간 분쟁의 해소에 관한 사항
2. 그 밖에 분쟁협의회의 위원장이 항만운송과 관련된 분쟁의 예방 등에 필요하다고 인정하여 회의에 부치는 사항

제27조(권한 등의 위임·위탁) ① 해양수산부장관은 법 제29조제1항에 따라 「항만법」 제3조제2항제1호에 따른 국가관리무역항 및 법 제2조제3항제2호에 따라 해양수산부령으로 수역을 정하여 지정하는 항만에서의 다음 각 호의 권한을 지방해양수산청장에게 위임한다. 다만, 감정사업과 검량사업에 관한 권한은 제외한다.
1. 법 제4조제1항에 따른 항만운송사업의 등록
2. 법 제5조에 따른 항만운송사업의 등록신청서 접수 및 등록증 발급
3. 법 제6조 단서에 따른 한정하역사업 등록기준의 완화
4. 제10조에 따른 검수사 자격증의 발급
5. 법 제10조에 따른 항만하역사업자에 대한 운임·요금의 인가·변경인가 및 신고수리·변경신고수리, 검수사업자에 대한 요금의 신고수리 및 변경신고수리, 운임·요금의 변경 또는 조정에 필요한 명령
6. 법 제26조제1항에 따른 항만운송사업의 등록취소 또는 정지명령
6의2. 법 제26조의3에 따른 항만운송관련사업의 등록, 선용품공급업의 신고수리, 항만운송관련사업의 등록신청서 등 서류의 접수 및 선박연료공급업의 사업계획 변경신고 수리
6의3. 법 제26조의5에 따른 항만운송관련사업의 등록취소 또는 정지명령
6의4. 법 제27조의2에 따른 미등록 항만에서의 일시적 영업행위의 신고수리
6의5. 법 제27조의3제2항에 따른 항만운송사업 또는 항만운송관련사업에의 종사 제한
7. 법 제27조의6에 따른 항만운송사업자 또는 항만운송관련사업자에 대한 과징금의 부과 및 징수
8. 법 제29조의3에 따른 청문
② 해양수산부장관은 법 제29조제1항에 따라 「항만법」 제3조제2항제2호에 따른 지방관리무역항에서의 법 제27조의3제2항에 따른 항만운송사업 또는 항만운송관련사업에의 종사 제한에 관한 권한을 시·도

지사에게 위임한다.

③ 해양수산부장관은 법 제29조제2항에 따라 법 제7조와 이 영 제5조 및 제9조에 따른 검수사등의 자격시험에 관한 업무를 「한국산업인력공단법」에 따른 한국산업인력공단에 위탁한다.

④ 해양수산부장관은 법 제29조제2항에 따라 법 제7조제1항에 따른 검수사등의 등록업무를 「민법」 제32조에 따라 해양수산부장관의 허가를 받아 설립된 한국검수검정협회에 위탁한다.

⑤ 해양수산부장관은 법 제29조제2항에 따라 법 제27조의3제1항에 따른 교육훈련 업무를 법 제27조의4제1항에 따라 설립된 교육훈련기관에 위탁한다.

제27조의2(고유식별정보의 처리) ① 해양수산부장관(제27조에 따라 해양수산부장관의 권한 등을 위임·위탁받은 자를 포함한다)은 다음 각 호의 사무를 수행하기 위하여 불가피한 경우 「개인정보 보호법 시행령」 제19조제1호에 따른 주민등록번호가 포함된 자료를 처리할 수 있다.

1. 법 제4조제1항에 따른 항만운송사업의 등록에 관한 사무
2. 법 제7조제1항에 따른 검수사등의 자격시험 및 등록에 관한 사무
3. 법 제26조의3제1항에 따른 항만운송관련사업의 등록 및 신고에 관한 사무

② 시·도지사는 제1항제1호 및 제3호에 따른 사무를 수행하기 위하여 불가피한 경우 「개인정보 보호법 시행령」 제19조제1호에 따른 주민등록번호가 포함된 자료를 처리할 수 있다.

제28조(규제의 재검토) 해양수산부장관은 제12조 및 별표 6에 따른 항만운송관련사업의 등록 및 신고의 기준에 대하여 2014년 1월 1일을 기준으로 3년마다(매 3년이 되는 해의 1월 1일 전까지를 말한다) 그 타당성을 검토하여 개선 등의 조치를 하여야 한다.

제29조(과태료의 부과 기준) 법 제34조제1항에 따른 과태료의 부과 기준은 별표 10과 같다.

■ 유통산업발전법 시행령 [별표 2의2]

유통연수기관의 지정기준(제9조의2 관련)

구분	구비요건
1. 시설 기준	가. 강의실 면적: 100㎡ 이상 나. 사무실 면적: 16㎡ 이상 다. 휴게실 면적: 10㎡ 이상
2. 강사 기준	가. 전임강사(1명 이상) 1) 석사 학위 이상의 학력 소지자로서 전문대학, 대학 또는 대학원에서 유통관련 과목을 2년 이상 강의한 경력이 있는 사람 2) 학사 학위 이상의 학력 소지자로서 유통관리사 1급 또는 2급 자격을 획득하고 유통관련 법인에서 7년 이상 근무한 사람 3) 5급 이상의 공무원으로서 유통관련 부서에서 3년 이상 근무한 사람 나. 시간강사(3명 이상) 1) 석사 학위 이상의 학력 소지자로서 고등학교·전문대학·대학 또는 대학원에서 유통관련 과목을 6월 이상 강의한 경력이 있는 사람 2) 유통관련 법인 또는 단체에서 부장 이상으로 근무한 경력이 있는 사람 3) 학사 학위 이상의 학력 소지자로서 유통관련 법인 또는 단체에서 5년 이상 근무한 사람 4) 5급 이상의 공무원으로 유통관련 부서에서 근무한 경력이 있는 사람 5) 1급 또는 2급 유통관리사, 물류관리사 또는 경영지도사(유통분야만 해당한다)의 자격증 소지자
3. 연수 실적	지정신청일 기준으로 1년 이내에 2회(1회당 20시간 이상) 이상의 유통연수강좌를 실시한 실적이 있을 것

■ 유통산업발전법 시행령 [별표 3]

유통관리사 등급구분기준 및 시험과목(제10조제3항 관련)

구분 \ 등급	1급	2급	3급
1. 등급 구분 기준	유통업 경영에 관한 전문적인 지식을 터득하고 경영계획의 입안과 종합적인 관리업무를 수행할 수 있는 사람 및 중소유통업의 경영지도능력을 갖춘 사람	유통에 관한 전문적인 지식을 터득하고 관리업무 및 중소유통업 경영지도의 보조업무능력을 갖춘 사람	유통실무에 관한 기본적인 지식과 기술을 터득하고 판매업무를 직접 수행할 수 있는 능력을 갖춘 사람
2. 시험 과목	유통경영 물류경영 상권분석 유통마케팅 유통정보	유통·물류일반관리 상권분석 유통 마케팅 유통정보	유통상식 판매 및 고객관리

■ 유통산업발전법 시행령 [별표 3의2]

유통관리사 자격정지처분의 기준(제11조제3항 관련)

1. 일반기준
   위반행위의 횟수에 따른 행정처분의 기준은 최근 3년간 같은 위반행위로 행정처분을 받은 경우에 적용한다. 이 경우 위반횟수는 위반행위에 대하여 행정처분을 한 날과 그 처분 후 다시 같은 위반행위를 적발한 날을 각각 기준으로 하여 계산한다.
2. 개별기준

위반행위	근거 법조문	행정처분의 기준	
		1회 위반	2회 이상 위반
다른 사람에게 유통관리사의 명의를 사용하게 하거나 자격증을 빌려준 경우	법 제24조제6항	자격정지 3개월	자격정지 6개월

■ 유통산업발전법 시행령 [별표 3의3]

관리비의 항목별 세부명세(제7조의3 관련)

관리비 항목	구성명세
1. 일반관리비	가. 인건비: 급여, 수당, 상여금, 퇴직금, 산재보험료, 고용보험료, 국민연금, 국민건강보험료 및 식대 등 복리후생비 나. 사무비: 일반사무용품비, 도서인쇄비, 교통통신비 등 관리사무에 직접 소요되는 비용 다. 세금·공과금: 관리기구가 사용한 전기료, 통신료, 우편료 및 관리기구에 부과되는 세금 등 라. 의류비 마. 교육훈련비 바. 차량유지비: 연료비, 수리비, 보험료 등 차량유지에 직접 소요되는 비용 사. 그 밖의 부대비용: 관리용품구입비, 회계감사비, 그 밖에 관리업무에 소요되는 비용
2. 청소비	용역 시에는 용역금액, 직영 시에는 청소원인건비, 의류비 및 청소용품비 등 청소에 직접 소요된 비용
3. 경비비	용역 시에는 용역금액, 직영 시에는 경비원인건비, 의류비 등 경비에 직접 소요된 비용
4. 소독비	용역 시에는 용역금액, 직영 시에는 소독용품비 등 소독에 직접 소요된 비용
5. 승강기 유지비	용역 시에는 용역금액, 직영 시에는 부대비, 자재비 등. 다만, 전기료는 공동으로 사용되는 시설의 전기료에 포함한다.
6. 냉난방비	냉방, 난방 및 급탕에 소요된 원가(유류대, 난방비 및 급탕용수비)에서 급탕비를 뺀 금액
7. 급탕비	급탕용 유류대 및 급탕용수비
8. 수선유지비	가. 대규모점포등의 공용부분의 수선·보수에 소요되는 비용으로 보수용역 시에는 용역금액, 직영 시에는 자재 및 인건비 나. 냉난방시설의 청소비, 소화기충약비 등 공동으로 이용하는 시설의 보수유지비 및 제반 검사비 다. 건축물의 안전점검비용 라. 재난 및 재해 등의 예방에 따른 비용
9. 위탁관리 수수료	건물관리업자에게 위탁하여 관리하는 경우로서 대규모점포등관리자와 건물관리업자 간의 계약으로 정한 월간 비용

■ 유통산업발전법 시행령 [별표 4]

과태료의 부과기준(제19조 관련)

1. 일반기준
   가. 위반행위의 횟수에 따른 과태료의 부과기준은 최근 1년간 같은 위반행위로 부과처분을 받은 경우에 적용한다. 이 경우 위반횟수는 위반행위에 대하여 과태료를 부과처분한 날과 그 처분 후 다시 같은 위반행위를 하여 적발된 날을 각각 기준으로 하여 계산한다.
   나. 가목에 따라 가중된 부과처분을 하는 경우 가중처분의 적용 차수는 그 위반행위 전 부과처분 차수(가목에 따른 기간 내에 과태료 부과 처분이 둘 이상 있었던 경우에는 높은 차수를 말한다)의 다음 차수로 한다.
   다. 제2호거목에 따른 경과일수를 산정할 때 다음의 사유가 있는 기간은 경과일수에 산입하지 아니한다.
      1) 천재 · 지변 등 불가항력적인 경우
      2) 소송 등의 사유로 의무의 불이행에 상당한 사유가 있다고 인정되는 경우
   라. 산업통상자원부장관, 중소벤처기업부장관 또는 지방자치단체의 장은 다음의 어느 하나에 해당하는 경우로서 위반행위자가 과태료를 체납하고 있지 않은 경우에는 제2호에 따른 과태료 금액의 2분의 1의 범위에서 그 금액을 줄일 수 있다.
      1) 위반행위자가 「질서위반행위규제법 시행령」 제2조의2제1항 각 호의 어느 하나에 해당하는 경우
      2) 위반행위자가 처음 해당 위반행위를 한 경우로서 3년 이상 해당 업종을 모범적으로 영위한 사실이 인정되는 경우
      3) 위반행위자가 자연재해 · 화재 등으로 재산에 현저한 손실이 발생하거나 사업여건의 악화로 사업이 중대한 위기에 처하는 등의 사정이 있는 경우
      4) 위반행위가 사소한 부주의나 오류 등 과실로 인한 것으로 인정되는 경우
      5) 위반행위자가 같은 위반행위로 다른 법률에 따라 과태료 · 벌금 · 영업정지 등의 처분을 받은 경우
      6) 위반행위자가 위법행위로 인한 결과를 시정하거나 해소한 경우
      7) 그 밖에 위반행위의 정도, 위반행위의 동기와 그 결과 등을 고려하여 과태료 금액을 줄일 필요가 있다고 인정되는 경우
2. 개별기준

(단위: 만원)

위반행위	근거 법조문	과태료 금액		
		1차 위반	2차 위반	3차 이상 위반
가. 법 제8조제1항 후단을 위반하여 대규모점포등의 변경등록을 하지 않거나 거짓 그 밖의 부정한 방법으로 변경등록을 한 경우	법 제52조 제3항제1호	100	300	500
나. 법 제12조제1항 및 제2항의 대규모점포등 개설자의 업무를 수행하지 않은 경우	법 제52조 제3항제2호	100	300	500
다. 법 제12조의2제1항제1호에 따른 명령을 위반하여 영업제한시간에 영업을 하거나 법 제12조의2제1항제2호에 따른 의무휴업 명령을 위반한 경우	법 제52조 제1항제1호 및 제2호			
1) 전년도 점포당 매출액이 100억원 이상인 경우		3,000	7,000	10,000
2) 전년도 점포당 매출액이 100억원 미만인 경우		1,000	3,000	5,000
라. 법 제12조의3제4항을 위반하여 관리비등의 내역을 공개하지 않거나 거짓으로 공개한 경우	법 제52조 제3항제2호의2	100	300	500

마. 법 제12조의3제5항을 위반하여 계약을 체결한 경우	법 제52조 제3항제2호의3	100	300	500
바. 법 제12조의3제6항을 위반하여 계약서를 공개하지 않거나 거짓으로 공개한 경우	법 제52조 제3항제2호의4	100	300	500
사. 법 제12조의4제1항을 위반하여 장부 및 증빙서류를 작성 또는 보관하지 않거나 거짓으로 작성한 경우	법 제52조 제3항제2호의5	100	300	500
아. 법 제12조의4제2항을 위반하여 회계처리를 한 경우	법 제52조 제3항제2호의6	100	300	500
자. 법 제12조의4제3항을 위반하여 장부나 증빙서류 등의 정보에 대한 열람, 복사의 요구에 응하지 않거나 거짓으로 응한 경우	법 제52조 제3항제2호의7	100	300	500
차. 법 제12조의5제1항을 위반하여 회계감사를 받지 않거나 부정한 방법으로 받은 경우	법 제52조 제2항제1호	300	700	1,000
카. 법 제12조의5제2항을 위반하여 회계감사의 결과를 공개하지 않거나 거짓으로 공개한 경우	법 제52조 제3항제2호의8	100	300	500
타. 법 제12조의5제4항을 위반하여 회계감사를 방해하는 등 같은 항 각 호의 어느 하나에 해당하는 행위를 한 경우	법 제52조 제2항제2호	300	700	1,000
파. 법 제12조의6제3항을 위반하여 관리규정에 대한 열람이나 복사의 요구에 응하지 않거나 거짓으로 응한 경우	법 제52조 제3항 제2호의9	100	300	500
하. 법 제14조제1항을 위반하여 임시시장을 개설한 경우	법 제52조 제3항제3호	100	300	500
거. 법 제29조제4항을 위반하여 변경지정을 받지 않은 경우	법 제52조 제3항제4호			
1) 경과일수 10일 이내		10		
2) 경과일수 10일 초과 20일 이내		20		
3) 경과일수 20일 초과 30일 이내		30		
4) 경과일수 30일 초과 60일 이내		50		
5) 경과일수 60일 초과 100일 이내		80		
6) 경과일수 100일 초과 200일 이내		100		
7) 경과일수 200일 초과 365일 이내		200		
8) 경과일수 365일 초과		300		
너. 공동집배송센터사업자가 법 제33조제1항의 시정명령을 이행하지 않은 경우	법 제52조 제3항제5호	100	300	500
더. 법 제45조제2항의 보고에 있어 허위보고를 한 경우	법 제52조 제3항제6호	100	200	300

유통산업발전법 시행령

[시행 2021. 4. 8.] [대통령령 제31611호, 2021]

제1조(목적) 이 영은 「유통산업발전법」에서 위임된 사항과 그 시행에 필요한 사항을 규정함을 목적으로 한다.

제2조(용역제공장소의 범위) 「유통산업발전법」(이하 "법"이라 한다) 제2조제2호 후단에 따라 매장에 포함되는 용역의 제공장소는 다음 각 호의 어느 하나에 해당하는 시설이 설치되는 장소로 한다.

1. 「건축법 시행령」 별표 1(이하 이 조에서 "같은 표"라 한다) 제3호나목부터 마목까지의 규정에 따른 제1종 근린생활시설
2. 같은 표 제4호에 따른 제2종 근린생활시설
3. 같은 표 제5호에 따른 문화 및 집회시설
4. 같은 표 제13호에 따른 운동시설
5. 같은 표 제14호나목에 따른 일반업무시설(오피스텔은 제외한다)

제3조(대규모점포의 요건 등) ① 삭제

② 법 제2조제3호가목에서 "대통령령으로 정하는 둘 이상의 연접되어 있는 건물"이란 건물간의 가장 가까운 거리가 50미터 이내이고 소비자가 통행할 수 있는 지하도 또는 지상통로가 설치되어 있어 하나의 대규모점포로 기능할 수 있는 것을 말한다.

③ 법 제2조제3호다목의 매장면적 산정(算定) 시 「집합건물의 소유 및 관리에 관한 법률」이 적용되는 건물 내의 매장과 바로 접한 공유부분인 복도가 있는 경우에는 그 복도의 면적을 포함한다.

제3조의2(준대규모점포의 범위) 법 제2조제4호 각 목 외의 부분에서 "대통령령으로 정하는 것"이란 「통계법」 제22조에 따라 통계청장이 2007년 12월 28일 고시한 한국표준산업분류상의 슈퍼마켓(47121)과 기타 음·식료품 위주 종합소매업(47129)을 영위하는 점포를 말한다.

제4조 삭제

제5조(상점가의 범위) 법 제2조제7호에서 "일정 범위의 가로(街路) 또는 지하도에 대통령령으로 정하는 수 이상의 도매점포·소매점포 또는 용역점포가 밀집하여 있는 지구"란 다음 각 호의 어느 하나에 해당하는 지구를 말한다.

1. 2천제곱미터 이내의 가로 또는 지하도에 30개 이상의 도매점포·소매점포 또는 용역점포가 밀집하여 있는 지구
2. 상품 또는 영업활동의 특성상 전시·판매 등을 위하여 넓은 면적이 필요한 동일 업종의 도매점포 또는 소매점포(이하 이 조에서 "특성업종도소매점포"라 한다)를 포함한 점포가 밀집하여 있다고 특별자치시장·시장·군수·구청장이 인정하는 지구로서 다음 각 목의 요건을 모두 충족하는 지구
   가. 가로 또는 지하도의 면적이 특성업종도소매점포의 평균면적에 도매점포 또는 소매점포의 수를 합한 수를 곱한 면적과 용역점포의 면적을 합한 면적 이내일 것
   나. 도매점포·소매점포 또는 용역점포가 30개 이상 밀집하여 있을 것
   다. 특성업종도소매점포의 수가 나목에 따른 점포 수의 100분의 50 이상일 것

제5조의2 삭제

제6조(기본계획 등의 수립을 위한 자료의 제출요청 등) ① 산업통상자원부장관은 관계 중앙행정기관의 장에게 법 제5조제1항에 따른 유통산업발전기본계획(이하 "기본계획"이라 한다)의 수립을 위하여 필요한 자료를 해당 기본계획 개시(開始)연도의 전년도 10월 말일까지 제출하여 줄 것을 요청할 수 있다.

② 산업통상자원부장관은 관계 중앙행정기관의 장에게 법 제6조제1항에 따른 유통산업발전시행계획(이하 "시행계획"이라 한다)의 수립을 위하여 필요한 다음 각호의 사항이 포함된 자료를 매년 3월 말일까지 제출하여 줄 것을 요청할 수 있다.

1. 유통산업발전시책의 기본방향
2. 사업주체 및 내용
3. 필요한 자금과 그 조달방안
4. 사업의 시행방법
5. 그 밖에 시행계획의 수립에 필요한 사항

③ 관계 중앙행정기관의 장은 시행계획의 집행실적을 다음 연도 2월 말일까지 산업통상자원부장관에게 제출하여야 한다.

제6조의2 삭제

제6조의3 삭제

제6조의4(유통산업 실태조사의 범위) ① 법 제7조의4제3항에 따른 유통산업 실태조사(이하 "실태조사"라 한다)의 범위는 다음 각 호와 같다.

1. 대규모점포, 무점포판매 및 도·소매점포의 현황, 영업환경, 물품구매, 영업실태 및 사업체 특성 등에 관한 사항
2. 지역별·업태별 유통기능효율화를 위한 물류표준화·정보화 및 물류공동화에 관한 사항
3. 그 밖에 산업통상자원부장관이 유통산업발전 정책수립을 위하여 실태조사가 필요하다고 인정하는 사항

② 산업통상자원부장관은 제1항에 따른 실태조사를 다음 각 호의 구분에 따라 실시한다.

1. 정기조사 : 유통산업에 관한 계획 및 정책수립과 집행에 활용하기 위하여 3년마다 실시하는 조사
2. 수시조사 : 산업통상자원부장관이 기본계획 및 시행계획 등의 효율적인 수립을 위하여 필요하다고 인정하는 경우 특정 업태 및 부문 등을 대상으로 실시하는 조사

제6조의5(상권영향평가서 및 지역협력계획서의 보완요청 기간 등) ① 법 제8조제2항에서 "대통령령으로 정하는 기간"이란 30일을 말한다. 이 경우 토요일 및 공휴일은 산입하지 아니한다.

제6조의6(상권영향평가서 및 지역협력계획서 조사 전문기관) ① 법 제8조제7항에서 "대통령령으로 정하는 전문기관"이란 다음 각 호의 어느 하나에 해당하는 기관을 말한다.

1. 「상공회의소법」에 따른 대한상공회의소
2. 「정부출연연구기관 등의 설립·운영 및 육성에 관한 법률」 제8조에 따른 산업연구원

제7조(의제되는 허가 등의 범위) 법 제9조제1항제3호에서 "식품의 제조업·가공업·판매업 또는 식품접객업의 허가 또는 신고로서 대통령령으로 정하는 것"이란 다음 각 호의 허가 또는 신고를 말한다.

1. 「식품위생법 시행령」 제23조에 따른 단란주점영업·유흥주점영업의 허가
2. 「식품위생법 시행령」 제25조에 따른 식품제조·가공업, 즉석판매제조·가공업, 식품첨가물제조업, 식품소분·판매업, 휴게음식점영업, 일반음식점영업, 제과점영업의 신고

제7조의2(동의자 수 산정방법 등) ① 법 제12조제2항제2호에 따른 대규모점포 또는 준대규모점포(이하 "대규모점포등"이라 한다)에 입점하여 영업을 하는 상인(이하 "입점상인"이라 한다)의 동의자 수 산정방법은 다음 각 호와 같다.

1. 해당 대규모점포등에서 「부가가치세법」 제8조, 「소득세법」 제168조 또는 「법인세법」 제111조에 따른 사업자등록을 하고 영업을 하는 입점상인 1명당 하나의 동의권을 가진 사람으로 산정한다.
2. 제1호에도 불구하고 다음 각 목의 구분에 해당하는 경우에는 그에 따라 산정한다.
   가. 1명의 입점상인이 2 이상의 점포에서 영업을 하는 경우 하나의 동의권을 가진 사람으로 산정한다.
   나. 2명 이상의 입점상인이 하나의 점포에서 영업을 하는 경우에는 해당 입점상인 간 합의에 따라 동의권을 행사하기로 선정된 1명을 하나의 동의권을 가진 사람으로 산정한다.

② 법 제12조제2항제2호가목에 따라 전체 매장면적에 대한 동의를 얻은 입점상인 운영 매장면적의 비율을 산정할 때 입점상인이 없는 매장을 제외한 매장면적을 전체 매장면적으로 하여 그 비율을 산정한다.

③ 동의권은 다음 각 호의 어느 하나에 해당하는 방법으로 행사할 수 있다.

1. 다음 각 목의 어느 하나에 해당하는 전자적 방법
   가. 「전자서명법」 제2조제2호에 따른 전자서명 또는 같은 조 제6호에 따른 인증서를 통하여 본인 확인을 거쳐 동의권을 행사하는 방법
   나. 법 제12조의6에 따른 관리규정(이하 "관리규정"이라 한다)에서 「전자서명법」 제2조제1호에 따른 전자문서를 제출하는 방법 등 가목보다 본인 확인절차를 완화하여 동의권을 행사할 수 있도록 정하고 있는 경우에는 그에 따른 방법
2. 입점상인의 사업자등록번호, 기명날인 또는 서명이 있는 서면으로 행사하는 방법. 이 경우 대리인으로 하여금 행사하게 할 수 있다.

④ 법 제12조제2항에 따른 대규모점포등관리자(이하 "대규모점포등관리자"라 한다)가 되기 위하여 동의를 얻으려는 자는 입점상인의 동의를 받기 1주일 전에 대규모점포등관리자의 구성방법 및 운영계획, 동의권 행사의 기간과 방법을 입점상인에게 통지하여야 한다.

제7조의3(관리비등) ① 법 제12조의3제2항에 따른 관리비의 내용은 다음 각 호와 같고, 각 비용의 세부적인 내용은 별표 3의3과 같다.

1. 일반관리비
2. 청소비
3. 경비비
4. 소독비
5. 승강기유지비
6. 냉난방비
7. 급탕비
8. 수선유지비(냉난방시설의 청소비를 포함한다)
9. 위탁관리수수료

② 법 제12조의3제3항에서 "대통령령으로 정하는 사용료 등"이란 다음 각 호의 비용을 말한다.

1. 전기료(공동으로 사용하는 시설의 전기료를 포함한다)
2. 수도료(공동으로 사용하는 수도료를 포함한다)
3. 가스사용료
4. 지역난방 방식인 대규모점포등의 냉난방비와 급탕비
5. 분뇨 처리 수수료
6. 폐기물 처리 수수료
7. 건물 전체를 대상으로 하는 보험료

③ 대규모점포등관리자는 보수가 필요한 시설[누수(漏水)되는 시설을 포함한다]이 2개 이상 점포의 공동사용에 제공되는 경우에는 직접 보수하고 해당 입점상인이나 소유자에게 그 비용을 따로 부과할 수 있다.

④ 대규모점포등관리자는 제1항부터 제3항에 따른 금전(이하 "관리비등"이라 한다)의 지급을 입점상인에게 청구하는 경우에는 관리비등의 항목별 산출명세, 연체내용, 수입 및 집행 세부내용을 쉽게 알 수 있도록 정리하여 입점상인에게 알려주어야 한다.

⑤ 대규모점포등관리자는 관리비등을 다음 각 호의 어느 하나에 해당하는 금융기관에 예치하여 관리하여야 한다.

1. 「은행법」에 따른 은행
2. 「중소기업은행법」에 따른 중소기업은행
3. 「상호저축은행법」에 따른 상호저축은행
4. 「보험업법」에 따른 보험회사
5. 「농업협동조합법」에 따른 조합, 농업협동조합중앙회 및 농협은행
6. 「수산업협동조합법」에 따른 조합, 수산업협동조합중앙회 및 수협은행
7. 「신용협동조합법」에 따른 신용협동조합 및 신용협동조합중앙회
8. 「새마을금고법」에 따른 새마을금고 및 새마을금고중앙회
9. 「산림조합법」에 따른 조합 및 산림조합중앙회
10. 「우체국예금·보험에 관한 법률」에 따른 체신관서

⑥ 대규모점포등관리자는 법 제12조의3제4항에 따라 관리비등의 명세(제1항제6호·제7호 및 제2항제1호부터 제4호까지는 사용량을 포함한다) 및 제7항에 따른 잡수입의 명세를 관리비등을 청구한 달의 다음 달 말일까지 해당 대규모점포등의 인터넷 홈페이지(인터넷 홈페이지가 없는 경우에는 해당 대규모점포등의 관리사무소나 게시판 등을 말한다. 이하 같다)에 공개하여야 한다.

⑦ 법 제12조의3제4항제3호에서 "대통령령으로 정하는 사항"이란 잡수입(공용부분 및 복리시설의 사용료 등 대규모점포등을 관리하면서 부수적으로 발생하는 수입을 말한다)을 말한다.

제7조의4(관리비등 집행을 위한 사업자 선정) ① 법 제12조의3제5항에서 "대통령령으로 정하는 입찰방식"이란 공개경쟁입찰 방식을 말한다.

② 법 제12조의3제5항에서 "대통령령으로 정하는 경우"란 다음 각 호의 경우를 말한다.
1. 산업통상자원부장관이 정하여 고시하는 금액 이하의 계약을 체결하는 경우
2. 긴급하게 계약을 체결할 필요성이 있는 경우
3. 그 밖에 공개경쟁입찰 방식에 따른 계약체결이 적절하지 아니하다고 판단하여 산업통상자원부장관이 정하여 고시하는 경우

제7조의5(열람대상 정보의 범위) 법 제12조의4제3항 각 호 외의 부분 전단에서 "대통령령으로 정하는 정보"란 관리비등의 집행에 관한 사업계획, 예산안, 사업실적서 및 결산서를 말한다.

제7조의6(대규모점포등관리자의 회계감사) ① 법 제12조의5제1항에 따라 회계감사를 받아야 하는 대규모점포등관리자는 매 회계연도 종료 후 9개월 이내에 다음 각 호의 재무제표에 대하여 회계감사를 받아야 한다.
1. 재무상태표
2. 운영성과표
3. 이익잉여금처분계산서(또는 결손금처리계산서)
4. 주석(註釋)

② 제1항에 따른 회계감사에 대해서는 「주식회사 등의 외부감사에 관한 법률」 제16조에 따른 회계감사기준을 적용한다.

③ 법 제12조의5제1항 본문에 따른 감사인은 제1항에 따라 대규모점포등관리자가 회계감사를 받은 날부터 1개월 이내에 대규모점포등관리자에게 감사보고서를 제출하여야 한다.

제7조의7(관리규정의 제정·개정 방법) ① 법 제12조의6제1항에 따른 관리규정을 제정하려는 대규모점포등관리자는 법 제12조제3항에 따른 신고를 한 날부터 3개월 이내에 법 제12조의6제4항에 따른 표준관리규정(이하 "표준관리규정"이라 한다)을 참조하여 관리규정을 제정하여야 한다.

② 대규모점포등관리자는 관리규정을 개정하려는 경우 제안내용에 다음 각 호의 사항을 적어 입점상인의 3분의 2 이상의 동의를 얻어야 한다.
1. 개정안
2. 개정 목적
3. 현행의 관리규정과 달라진 내용
4. 표준관리규정과 다른 내용

③ 대규모점포등관리자는 관리규정을 제정하거나 개정하려는 경우 해당 대규모점포등 인터넷 홈페이지에 제안내용을 공고하고 입점상인들에게 개별적으로 통지하여야 한다.

④ 대규모점포등관리자가 관리규정을 제정하거나 개정하려는 경우 입점상인의 동의자 수 산정방법 및 동의권 행사방법에 관하여는 제7조의2제1항부터 제3항까지의 규정을 준용한다.

제7조의8(표준관리규정) 표준관리규정에는 다음 각 호의 사항이 포함되어야 한다.
1. 입점상인의 권리와 의무에 관한 사항
2. 관리규정의 제정·개정·폐지에 관한 사항
3. 입점상인 공동의 이익과 관련된 점포의 사용에 관한 사항
4. 대규모점포등의 대지, 공용부분 및 부속시설의 사용 및 보존·관리에 관한 사항
5. 대규모점포등의 유지·관리를 위하여 대규모점포등관리자가 체결하는 계약에 관한 사항
6. 대규모점포등관리자의 운영경비의 용도 및 사용금액
7. 관리비등의 점포별 부담액 산정방법, 징수, 보관, 예치 및 사용절차
8. 회계장부나 증빙서류 등의 복사 및 열람방법
9. 관리비등을 납부하지 아니하는 입점상인에 대한 조치 및 가산금의 부과
10. 회계처리 및 회계감사에 관한 사항
11. 관리 등으로 인하여 발생한 수입의 용도 및 사용절차
12. 대규모점포등의 관리책임 및 비용부담
13. 관리규정을 위반한 자와 상거래질서를 문란하게 한 자에 대한 조치
14. 그 밖에 대규모점포등의 관리에 필요한 사항

제7조의9(중소유통공동도매물류센터 건립지원의 대상) 법 제17조의2제1항 각 호 외의 부분에서 "대통령령으로 정하는 소매업자 50인 또는 도매업자 10인 이상의 자"란 「중소기업기본법 시행령」 별표 1에 따른 도매

및 소매업 중 산업통상자원부령으로 정하는 업을 하는 소매업자 50인 또는 도매업자 10인 이상의 자를 말한다.

제8조(공개가능한 유통정보의 범위) 법 제22조제2항 단서에서 "대통령령으로 정하는 것"이란 다음 각 호의 어느 하나에 해당하는 정보를 말한다.

1. 관계행정기관의 장, 특별시장·광역시장·도지사 또는 특별자치도지사가 행정목적상 필요에 의하여 신청하는 정보
2. 수사기관이 수사목적상 필요에 의하여 신청하는 정보
3. 법원이 제출을 명하는 정보

제9조(유통표준전자문서의 보관기간) 법 제22조제3항에서 "대통령령으로 정하는 기간"이란 3년을 말한다.

제9조의2(유통인력 양성을 위한 법인) 법 제23조제3항제3호에서 "대통령령으로 정하는 시설·인력 및 연수실적의 기준에 적합한 법인"이란 별표 2의2의 유통연수기관의 지정기준을 갖춘 법인을 말한다.

제10조(유통관리사자격시험의 실시 등) ① 산업통상자원부장관은 법 제24조제2항에 따른 유통관리사자격시험(이하 "시험"이라 한다)을 실시할 때에는 시험일 90일 전까지 시험일시·시험과목·시험장소·응시자격·합격기준 그 밖에 시험의 실시를 위하여 필요한 사항을 일간신문, 인터넷 홈페이지, 방송이나 그 밖의 효과적인 방법으로 공고해야 한다.

② 유통관리사는 1급·2급 및 3급으로 구분한다.

③ 유통관리사의 등급별 구분기준 및 시험과목은 별표 3과 같다.

④ 시험은 필기시험 및 면접시험의 방법에 의하여 실시한다.

⑤ 1급 시험의 응시자격이 있는 자는 다음 각 호의 어느 하나에 해당하는 자이어야 한다.

1. 유통분야에서 7년 이상의 실무경력이 있는 자
2. 유통관리사 2급 자격을 취득한 후 5년 이상의 실무경력이 있는 자
3. 「경영지도사 및 기술지도사에 관한 법률」 제3조에 따른 경영지도사 자격을 취득한 자로서 실무경력이 3년 이상인 자

제11조(유통관리사자격시험의 합격기준 등) ①필기시험의 합격기준은 1과목당 100점을 만점으로 하여 각 과목별성적이 40점 이상, 전과목 평균성적이 60점 이상으로 하며, 면접시험의 합격기준은 100점을 만점으로 하여 60점 이상으로 한다.

② 산업통상자원부장관은 법 제23조제2항에 따른 유통연수기관이 실시하는 연수과정을 수료하거나 정해진 실무경력을 가진 자가 응시하는 경우에는 10점 이내의 범위에서 산업통상자원부령으로 정하는 기준에 따라 평균성적에 가산한다.

③ 법 제24조제6항에 따른 자격정지처분의 기준은 별표 3의2와 같다.

제12조(합격자의 공고 등) ①산업통상자원부장관은 시험실시후 40일 이내에 합격자의 명단을 정보통신망에 공고하여야 한다.

② 산업통상자원부장관은 합격자에 대하여 산업통상자원부령으로 정하는 바에 따라 유통관리사의 자격증을 발급하여야 한다.

제13조 삭제

제14조(협의기간) 법 제30조제2항 후단에서 "대통령령으로 정하는 기간"이란 30일을 말한다.

제15조(공동집배송센터의 지정취소사유) 법 제33조제2항제4호에서 "대통령령으로 정하는 사유로 정상적인 사업추진이 곤란하다고 인정되는 경우"란 다음 각 호의 경우를 말한다.

1. 공동집배송센터사업자가 파산한 경우
2. 공동집배송센터사업자인 법인, 조합 등이 해산된 경우
3. 공동집배송센터의 시공후 공사가 6월 이상 중단된 경우
4. 공동집배송센터의 지정을 받은 날부터 5년 이내에 준공되지 아니한 경우

제15조의2(국·공유재산의 매각) 법 제35조의2제1항 전단에서 "대통령령으로 정하는 경우"란 대규모점포를 개설하거나 중소유통공동도매물류센터를 건립하려는 예정부지에 있는 「국유재산법」 또는 「공유재산 및 물품관리법」에 따른 일반재산을 매각하려는 경우를 말한다.

제15조의3(도로개설의 위탁시행) 법 제35조의2제2항에 따라 대규모점포를 개설하려는 자 또는 중소유통공동도매물류센터를 건립하려는 자가 도로의 개설을 위탁하여 시행하려는 경우에는 국가 또는 지방자치단체와 다음 각 호의 사항에 관한 위탁계약을 체결하여야 한다.

1. 위탁사업의 사업지
2. 위탁사업의 규모·금액 그 밖에 공사설계의 기준이 되는 사항
3. 위탁사업의 시행기간(착공 및 준공예정일과 공정계획을 포함한다)
4. 위탁사업에 필요한 비용의 지급방법과 그 자금의 관리에 관한 사항
5. 위탁자가 부동산·기자재 또는 노무자를 제공하는 경우에는 그 관리에 관한 사항
6. 위험부담에 관한 사항
7. 그 밖에 위탁사업의 내용을 명백히 하는 데 필요한 사항

제15조의4(분쟁의 범위) 법 제36조제6항에 따른 생활환경은 다음 각 호의 어느 하나로 한다.
1. 대규모점포등의 개설로 인한 인근지역의 교통 혼잡
2. 대규모점포등의 개설로 인한 인근지역의 소음, 진동 및 악취
3. 대규모점포등의 개설로 인한 인근지역의 대기오염, 토양오염, 수질오염 및 해양오염
4. 그 밖에 대규모점포등의 개설로 인하여 발생하는 인근지역 주민의 생활 불편

제16조(유통분쟁조정절차) ① 법 제36조에 따른 유통분쟁조정위원회(이하 "유통분쟁조정위원회"라 한다)는 유통분쟁조정신청을 받은 경우 신청일부터 3일 이내에 신청인외의 관련 당사자에게 분쟁의 조정신청에 관한 사실과 그 내용을 통보하여야 한다.

② 유통분쟁조정위원회는 법 제39조에 따른 조정이 성립되거나 법 제40조에 따른 조정의 거부 또는 중지가 있는 경우에는 그 내용을 지체없이 당사자 및 시장(「제주특별자치도 설치 및 국제자유도시 조성을 위한 특별법」 제11조에 따른 행정시장을 포함한다)·군수 또는 구청장(자치구의 구청장을 말한다)에게 통보하여야 한다.

제16조의2(분쟁의 조정신청) 법 제37조에 따라 대규모점포등과 관련된 분쟁의 조정을 신청하려는 자는 다음 각 호의 사항을 기재한 신청서를 특별자치시·시·군·구의 유통분쟁조정위원회에 제출하여야 한다.
1. 신청인의 성명(법인인 경우에는 그 명칭과 대표자의 성명)·주소 및 연락처
2. 상대방의 성명(법인인 경우에는 그 명칭과 대표자의 성명)·주소 및 연락처
3. 분쟁의 발단 및 경위
4. 상대방의 영업활동으로 인한 피해 또는 생활환경에 대한 피해
5. 조정을 요청하는 사항
6. 그 밖에 조정이 필요한 사항

제16조의3(조정신청의 통합) 유통분쟁조정위원회는 동일한 시기에 동일한 사안에 대하여 다수의 분쟁조정이 신청된 경우에는 그 다수의 분쟁조정신청을 통합하여 조정할 수 있다.

제17조(유통분쟁조정비용의 분담) 법 제37조에 따른 유통분쟁의 조정을 위한 연구용역이 필요한 경우로서 당사자가 그 용역의뢰에 합의한 경우 그에 필요한 비용은 당사자가 같은 비율로 부담한다. 다만, 당사자간 비용분담에 대하여 다른 약정이 있는 경우에는 그 약정에 따른다.

제18조(업무의 위탁) 법 제46조제4항에 따라 산업통상자원부장관은 법 제24조에 따른 유통관리사의 자격시험 실시에 관한 업무 및 제12조제2항에 따른 자격증교부에 관한 업무를 대한상공회의소에 위탁한다.

제18조의2(고유식별정보의 처리) 특별자치시장·시장·군수·구청장(해당 권한이 위임·위탁된 경우에는 그 권한을 위임·위탁받은 자를 포함한다)은 법 제8조에 따른 대규모점포등의 개설등록 또는 변경등록에 관한 사무를 수행하기 위하여 불가피한 경우 「개인정보 보호법 시행령」 제19조제1호에 따른 주민등록번호가 포함된 자료를 처리할 수 있다.

제18조의3(규제의 재검토) 산업통상자원부장관은 제9조에 따른 유통표준전자문서의 보관기간에 대해 2019년 1월 1일을 기준으로 5년마다(매 5년이 되는 해의 1월 1일 전까지를 말한다) 그 타당성을 검토하여 개선 등의 조치를 해야 한다.

제19조(과태료의 부과기준) 법 제52조에 따른 과태료의 부과기준은 별표 4와 같다.

■ 철도사업법 시행령 [별표 1]

과징금의 부과기준(제9조 관련)

1. 일반기준
   가. 국토교통부장관은 철도사업자의 사업규모, 사업지역의 특수성, 철도사업자 또는 그 종사자의 과실의 정도와 위반행위의 내용 및 횟수 등을 고려하여 제2호에 따른 과징금 금액의 2분의 1 범위에서 그 금액을 줄이거나 늘릴 수 있다.
   나. 가목에 따라 과징금을 늘리는 경우 과징금 금액의 총액은 법 제17조제1항에 따른 과징금 금액의 상한을 넘을 수 없다.
2. 개별기준

(단위: 만원)

위반행위	근거 법조문	과징금 금액
가. 면허를 받은 사항을 정당한 사유 없이 시행하지 않은 경우	법 제16조제1항제1호	300
나. 사업경영의 불확실 또는 자산상태의 현저한 불량이나 그 밖의 사유로 사업을 계속하는 것이 적합하지 않은 경우	법 제16조제1항제2호	500
다. 철도사업자 또는 그 소속 종사자의 고의 또는 중대한 과실에 의하여 다음 각 목의 사고가 발생한 경우	법 제16조제1항제3호	
1) 1회의 철도사고로 인한 사망자가 40명 이상인 경우		5,000
2) 1회의 철도사고로 인한 사망자가 20명 이상 40명 미만인 경우		2,000
3) 1회의 철도사고로 인한 사망자가 10명 이상 20명 미만인 경우		1,000
4) 1회의 철도사고로 인한 사망자가 5명 이상 10명 미만인 경우		500
라. 법 제5조제1항 후단에 따라 면허에 붙인 부담을 위반한 경우	법 제16조제1항제5호	1,000
마. 법 제6조에 따른 철도사업의 면허기준에 미달하게 된 때부터 3개월이 경과된 후에도 그 기준을 충족시키지 않은 경우	법 제16조제1항제6호	1,000
바. 법 제8조를 위반하여 국토교통부장관이 지정한 날 또는 기간에 운송을 시작하지 않은 경우	법 제16조제1항제8호	300
사. 법 제15조에 따른 휴업 또는 폐업의 허가를 받지 않거나 신고를 하지 않고 영업을 하지 않은 경우	법 제16조제1항제9호	300
아. 법 제20조제1항에 따른 준수사항을 1년 이내에 3회 이상 위반한 경우	법 제16조제1항제10호	500
자. 법 제21조에 따른 개선명령을 위반한 경우	법 제16조제1항제11호	300
차. 법 제23조에 따른 명의대여 금지를 위반한 경우	법 제16조제1항제12호	300

■ 철도사업법 시행령 [별표 2]

과태료의 부과기준(제17조 관련)

1. 일반기준
   가. 국토교통부장관은 다음의 어느 하나에 해당하는 경우에는 제2호의 개별기준에 따른 과태료 금액의 2분의 1 범위에서 그 금액을 줄일 수 있다. 다만, 과태료를 체납하고 있는 위반행위자의 경우에는 그렇지 않다.
      1) 위반행위자가 「질서위반행위규제법 시행령」 제2조의2제1항 각 호의 어느 하나에 해당하는 경우
      2) 위반행위가 사소한 부주의나 오류 등 과실로 인한 것으로 인정되는 경우
      3) 위반행위자가 법 위반상태를 시정하거나 해소하기 위하여 노력한 사실이 인정되는 경우
      4) 그 밖에 위반행위의 정도, 횟수, 동기와 그 결과 등을 고려하여 과태료의 금액을 줄일 필요가 있다고 인정되는 경우
   나. 국토교통부장관은 다음의 어느 하나에 해당하는 경우에는 제2호의 개별기준에 따른 과태료 금액의 2분의 1 범위에서 그 금액을 늘릴 수 있다. 다만, 과태료 금액의 총액은 법 제51조제1항부터 제4항까지의 규정에 따른 과태료 금액의 상한을 넘을 수 없다.
      1) 위반의 내용·정도가 중대하여 소비자 등에게 미치는 피해가 크다고 인정되는 경우
      2) 법 위반상태의 기간이 6개월 이상인 경우
      3) 그 밖에 위반행위의 정도, 위반행위의 동기와 그 결과 등을 고려하여 가중할 필요가 있다고 인정되는 경우
2. 개별기준

(단위: 만원)

위반행위	근거 법조문	과태료 금액
가. 법 제9조제1항에 따른 여객 운임·요금의 신고를 하지 않은 경우	법 제51조제1항제1호	500
나. 법 제10조의2를 위반하여 상습 또는 영업으로 승차권 또는 이에 준하는 증서를 자신이 구입한 가격을 초과한 금액으로 다른 사람에게 판매한 경우	법 제51조제1항제4호	500
다. 법 제10조의2를 위반하여 상습 또는 영업으로 승차권 또는 이에 준하는 증서를 자신이 구입한 가격을 초과한 금액으로 다른 사람에게 판매하는 행위를 알선한 경우	법 제51조제1항제4호	500
라. 법 제11조제1항에 따른 철도사업약관을 신고하지 않거나 신고한 철도사업약관을 이행하지 않은 경우	법 제51조제1항제2호	500
마. 법 제12조에 따른 인가를 받지 않거나 신고를 하지 않고 사업계획을 변경한 경우	법 제51조제1항제3호	500
바. 법 제18조에 따른 사업용철도차량의 표시를 하지 않은 경우	법 제51조제2항제1호	200
사. 법 제20조제2항부터 제4항까지의 규정에 따른 철도사업자의 준수사항을 위반한 경우	법 제51조제3항제1호	100
아. 법 제22조에 따른 철도운수종사자의 준수사항을 위반한 경우	법 제51조제4항	50
자. 삭제 〈2019. 6. 4.〉		
차. 삭제 〈2019. 6. 4.〉		
카. 법 제32조제1항 또는 제2항을 위반하여 회계를 구분하여 경리하지 않은 경우	법 제51조제2항제3호	200
타. 정당한 사유 없이 법 제47조제1항에 따른 명령을 이행하지 않거나, 법 제47조제2항에 따른 검사를 거부·방해 또는 기피한 경우	법 제51조제2항제4호	300

철도사업법 시행령

[시행 2021. 9. 24.] [대통령령 제32014호]

제1조(목적) 이 영은 「철도사업법」에서 위임된 사항과 그 시행에 관하여 필요한 사항을 규정함을 목적으로 한다.

제2조(철도관계법령) 「철도사업법」(이하 "법"이라 한다) 제7조제1호다목 및 라목에서 "대통령령으로 정하는 철도 관계 법령"이란 각각 다음 각 호의 법령을 말한다.

1. 「철도산업발전 기본법」
2. 「철도안전법」
3. 「도시철도법」
4. 「국가철도공단법」
5. 「한국철도공사법」

제3조(여객 운임·요금의 신고) ① 철도사업자는 법 제9조제1항에 따라 여객에 대한 운임·요금(이하 "여객 운임·요금"이라 한다)의 신고 또는 변경신고를 하려는 경우에는 국토교통부령으로 정하는 여객 운임·요금신고서 또는 변경신고서에 다음 각 호의 서류를 첨부하여 국토교통부장관에게 제출하여야 한다.

1. 여객 운임·요금표
2. 여객 운임·요금 신·구대비표 및 변경사유를 기재한 서류(여객 운임·요금을 변경하는 경우에 한정한다)

② 철도사업자는 사업용철도를 「도시철도법」에 의한 도시철도운영자가 운영하는 도시철도와 연결하여 운행하려는 때에는 법 제9조제1항에 따라 여객 운임·요금의 신고 또는 변경신고를 하기 전에 여객 운임·요금 및 그 변경시기에 관하여 미리 당해 도시철도운영자와 협의하여야 한다.

제4조(여객 운임의 상한지정 등) ① 국토교통부장관은 법 제9조제2항 후단에 따라 여객에 대한 운임(이하 "여객 운임"이라 한다)의 상한을 지정하는 때에는 물가상승률, 원가수준, 다른 교통수단과의 형평성, 법 제4조제2항에 따른 사업용철도노선(이하 "사업용철도노선"이라 한다)의 분류와 법 제4조의2에 따른 철도차량의 유형 등을 고려하여야 하며, 여객 운임의 상한을 지정한 경우에는 이를 관보에 고시하여야 한다.

② 국토교통부장관은 제1항에 따라 여객 운임의 상한을 지정하기 위하여 「철도산업발전기본법」 제6조에 따른 철도산업위원회 또는 철도나 교통 관련 전문기관 및 전문가의 의견을 들을 수 있다.

③ 삭제

④ 삭제

⑤ 국토교통부장관이 여객 운임의 상한을 지정하려는 때에는 철도사업자로 하여금 원가계산 그 밖에 여객 운임의 산출기초를 기재한 서류를 제출하게 할 수 있다.

⑥ 국토교통부장관은 사업용철도노선과 「도시철도법」에 의한 도시철도가 연결되어 운행되는 구간에 대하여 제1항에 따른 여객 운임의 상한을 지정하는 경우에는 「도시철도법」 제31조제1항에 따라 특별시장·광역시장·특별자치시장·도지사 또는 특별자치도지사가 정하는 도시철도 운임의 범위와 조화를 이루도록 하여야 한다.

제5조(사업계획의 중요한 사항의 변경) 법 제12조제1항 단서에서 "대통령령으로 정하는 중요 사항을 변경하려는 경우"란 다음 각 호의 어느 하나에 해당하는 경우를 말한다.

1. 철도이용수요가 적어 수지균형의 확보가 극히 곤란한 벽지 노선으로서 「철도산업발전기본법」 제33조제1항에 따라 공익서비스비용의 보상에 관한 계약이 체결된 노선의 철도운송서비스(철도여객운송서비스 또는 철도화물운송서비스를 말한다)의 종류를 변경하거나 다른 종류의 철도운송서비스를 추가하는 경우
2. 운행구간의 변경(여객열차의 경우에 한한다)
3. 사업용철도노선별로 여객열차의 정차역을 신설 또는 폐지하거나 10분의 2 이상 변경하는 경우
4. 사업용철도노선별로 10분의 1 이상의 운행횟수의 변경(여객열차의 경우에 한한다). 다만, 공휴일·방학기간 등 수송수요와 열차운행계획상의 수송력과 현저한 차이가 있는 경우로서 3월 이내의 기간 동안 운행횟수를 변경하는 경우를 제외한다.

제6조(사업계획의 변경을 제한할 수 있는 철도사고의 기준) 법 제12조제2항제4호에서 "대통령령으로 정하는 기준"이란 사업계획의 변경을 신청한 날이 포함된 연도의 직전 연도의 열차운행거리 100만 킬로미터당 철도사고(철도사업자 또는 그 소속 종사자의 고의 또는 과실에 의한 철도사고를 말한다. 이하 같다)로 인한 사망자수 또는 철도사고의 발생횟수가 최근(직전연도를 제외한다) 5년간 평균 보다 10분의 2 이상 증가한 경우를 말한다.

제7조(사업의 휴업·폐업 내용의 게시) 철도사업자는 법 제15조제1항에 따라 철도사업의 휴업 또는 폐업의 허가를 받은 때에는 그 허가를 받은 날부터 7일 이내에 법 제15조제4항에 따라 다음 각 호의 사항을 철도사업자의 인터넷 홈페이지, 관계 역·영업소 및 사업소 등 일반인이 잘 볼 수 있는 곳에 게시하여야 한다. 다만, 법 제15조제1항 단서에 따라 휴업을 신고하는 경우에는 해당 사유가 발생한 때에 즉시 다음 각 호의 사항을 게시하여야 한다.

1. 휴업 또는 폐업하는 철도사업의 내용 및 그 사유
2. 휴업의 경우 그 기간
3. 대체교통수단 안내
4. 그 밖에 휴업 또는 폐업과 관련하여 철도사업자가 공중에게 알려야 할 필요성이 있다고 인정하는 사항이 있는 경우 그에 관한 사항

제8조(면허취소 또는 사업정지 등의 처분대상이 되는 사상자 수) 법 제16조제1항제3호에서 "대통령령으로 정하는 다수의 사상자(死傷者)가 발생한 경우"란 1회 철도사고로 사망자 5명 이상이 발생하게 된 경우를 말한다.

제9조(과징금의 부과기준) 법 제17조제1항에 따라 사업정지처분에 갈음하여 과징금을 부과하는 위반행위의 종류와 정도에 따른 과징금의 금액은 별표 1과 같다.

제10조(과징금의 부과 및 납부) ① 국토교통부장관은 법 제17조제1항의 규정에 의하여 과징금을 부과하고자 하는 때에는 그 위반행위의 종별과 해당 과징금의 금액 등을 명시하여 이를 납부할 것을 서면으로 통지하여야 한다.

② 제1항의 규정에 의하여 통지를 받은 자는 20일 이내에 과징금을 국토교통부장관이 지정한 수납기관에 납부하여야 한다. 다만, 천재·지변 그 밖의 부득이한 사유로 인하여 그 기간 내에 과징금을 납부할 수 없는 때에는 그 사유가 없어진 날부터 7일 이내에 납부하여야 한다.

③ 제2항의 규정에 의하여 과징금의 납부를 받은 수납기관은 납부자에게 영수증을 교부하여야 한다.

④ 과징금의 수납기관은 제2항의 규정에 의하여 과징금을 수납한 때에는 지체 없이 그 사실을 국토교통부장관에게 통보하여야 한다.

제11조(평가결과의 공표) ① 국토교통부장관이 법 제27조의 규정에 의하여 철도서비스의 품질평가결과를 공표하는 경우에는 다음 각 호의 사항을 포함하여야 한다.

1. 평가지표별 평가결과
2. 철도서비스의 품질 향상도
3. 철도사업자별 평가순위
4. 그 밖에 철도서비스에 대한 품질평가결과 국토교통부장관이 공표가 필요하다고 인정하는 사항

② 국토교통부장관은 철도서비스의 품질평가결과가 우수한 철도사업자 및 그 소속 종사자에게 예산의 범위안에서 포상 등 지원시책을 시행할 수 있다.

제12조(전용철도 등록사항의 경미한 변경 등) ① 법 제34조제1항 단서에서 "대통령령으로 정하는 경미한 변경의 경우"란 다음 각 호의 어느 하나에 해당하는 경우를 말한다.

1. 운행시간을 연장 또는 단축한 경우
2. 배차간격 또는 운행횟수를 단축 또는 연장한 경우
3. 10분의 1의 범위안에서 철도차량 대수를 변경한 경우
4. 주사무소·철도차량기지를 제외한 운송관련 부대시설을 변경한 경우
5. 임원을 변경한 경우(법인에 한한다)
6. 6월의 범위안에서 전용철도 건설기간을 조정한 경우

② 전용철도운영자는 법 제38조에 따라 전용철도 운영의 전부 또는 일부를 휴업 또는 폐업하는 경우 다음 각 호의 조치를 하여야 한다.

1. 휴업 또는 폐업으로 인하여 철도운행 및 철도운행의 안전에 지장을 초래하지 아니하도록 하는 조치

2. 휴업 또는 폐업으로 인하여 자연재해·환경오염 등이 가중되지 아니하도록 하는 조치

제13조(점용허가의 신청 및 점용허가기간) ① 법 제42조제1항의 규정에 의하여 국가가 소유·관리하는 철도시설의 점용허가를 받고자 하는 자는 국토교통부령이 정하는 점용허가신청서에 다음 각 호의 서류를 첨부하여 국토교통부장관에게 제출하여야 한다. 이 경우 국토교통부장관은 「전자정부법」 제36조제1항에 따른 행정정보의 공동이용을 통하여 법인 등기사항증명서(법인인 경우로 한정한다)를 확인하여야 한다.

1. 사업개요에 관한 서류
2. 시설물의 건설계획 및 사용계획에 관한 서류
3. 자금조달계획에 관한 서류
4. 수지전망에 관한 서류
5. 법인의 경우 정관
6. 설치하고자 하는 시설물의 설계도서(시방서·위치도·평면도 및 주단면도를 말한다)
7. 그 밖에 참고사항을 기재한 서류

② 국토교통부장관은 법 제42조제1항의 규정에 의하여 국가가 소유·관리하는 철도시설에 대한 점용허가를 하고자 하는 때에는 다음 각 호의 기간을 초과하여서는 아니된다. 다만, 건물 그 밖의 시설물을 설치하는 경우 그 공사에 소요되는 기간은 이를 산입하지 아니한다.

1. 철골조·철근콘크리트조·석조 또는 이와 유사한 견고한 건물의 축조를 목적으로 하는 경우에는 30년
2. 제1호 외의 건물의 축조를 목적으로 하는 경우에는 15년
3. 건물 외의 공작물의 축조를 목적으로 하는 경우에는 5년

③ 제2항에 따라 허가를 받은 철도시설의 점용허가기간은 연장할 수 있다. 이 경우 연장기간은 연장할 때마다 제2항 각 호의 기간을 초과할 수 없다.

제14조(점용료) ① 법 제44조제1항의 규정에 의한 점용료는 점용허가를 할 철도시설의 가액과 점용허가를 받아 행하는 사업의 매출액을 기준으로 하여 산출하되, 구체적인 점용료 산정기준에 대하여는 국토교통부장관이 정한다.

② 제1항의 규정에 의한 철도시설의 가액은 「국유재산법 시행령」 제42조를 준용하여 산출하되, 당해 철도시설의 가액은 산출 후 3년 이내에 한하여 적용한다.

③ 법 제44조제2항에 따른 점용료의 감면은 다음 각 호의 구분에 따른다.

1. 법 제44조제2항제1호 및 제2호에 해당하는 경우: 전체 시설물 중 국가에 무상으로 양도하거나 제공하기 위한 시설물의 비율에 해당하는 점용료를 감면
2. 법 제44조제2항제3호에 해당하는 경우: 해당 철도시설의 부지에 대하여 국토교통부령으로 정하는 기준에 따른 점용료를 감면
3. 법 제44조제2항제4호에 해당하는 경우: 점용허가를 받은 시설을 사용하지 못한 기간에 해당하는 점용료를 면제

④ 점용료는 매년 1월말까지 당해연도 해당분을 선납하여야 한다. 다만, 국토교통부장관은 부득이한 사유로 선납이 곤란하다고 인정하는 경우에는 그 납부기한을 따로 정할 수 있다.

제15조(권리와 의무의 이전) ① 법 제42조의 규정에 의하여 점용허가를 받은 자가 법 제45조의 규정에 의하여 그 권리와 의무의 이전에 대하여 인가를 받고자 하는 때에는 국토교통부령이 정하는 신청서에 다음 각 호의 서류를 첨부하여 권리와 의무를 이전하고자 하는 날 3월 전까지 국토교통부장관에게 제출하여야 한다.

1. 이전계약서 사본
2. 이전가격의 명세서

② 법 제45조의 규정에 의하여 국토교통부장관의 인가를 받아 철도시설의 점용허가로 인하여 발생한 권리와 의무를 이전한 경우 당해 권리와 의무를 이전받은 자의 점용허가기간은 권리와 의무를 이전한 자가 받은 점용허가기간의 잔여기간으로 한다.

제16조(원상회복의무) ① 법 제42조제1항의 규정에 의하여 철도시설의 점용허가를 받은 자는 점용허가기간이 만료되거나 점용을 폐지한 날부터 3월 이내에 점용허가받은 철도시설을 원상으로 회복하여야 한다. 다만, 국토교통부장관은 불가피하다고 인정하는 경우에는 원상회복 기간을 연장할 수 있다.

② 점용허가를 받은 자가 그 점용허가기간의 만료 또는 점용의 폐지에도 불구하고 법 제46조제1항 단

서의 규정에 의하여 당해 철도시설의 전부 또는 일부에 대한 원상회복의무를 면제받고자 하는 경우에는 그 점용허가기간의 만료일 또는 점용폐지일 3월 전까지 그 사유를 기재한 신청서를 국토교통부장관에게 제출하여야 한다.

③ 국토교통부장관은 제2항의 규정에 의한 점용허가를 받은 자의 면제신청을 받은 경우 또는 직권으로 철도시설의 일부 또는 전부에 대한 원상회복의무를 면제하고자 하는 경우에는 원상회복의무를 면제하는 부분을 명시하여 점용허가를 받은 자에게 점용허가 기간의 만료일 또는 점용 폐지일까지 서면으로 통보하여야 한다.

제16조의2(민감정보 및 고유식별정보의 처리) 국토교통부장관은 다음 각 호의 사무를 수행하기 위하여 불가피한 경우 「개인정보 보호법 시행령」 제18조제2호에 따른 범죄경력자료에 해당하는 정보나 같은 영 제19조제1호, 제2호 또는 제4호에 따른 주민등록번호, 여권번호 또는 외국인등록번호가 포함된 자료를 처리할 수 있다.

1. 법 제5조에 따른 면허에 관한 사무
2. 법 제14조에 따른 사업의 양도·양수 등에 관한 사무
3. 법 제16조에 따른 면허취소 등에 관한 사무
4. 법 제34조에 따른 전용철도 등록에 관한 사무
5. 법 제36조에 따른 전용철도 운영의 양도·양수 등에 관한 사무
6. 법 제37조에 따른 전용철도 운영의 상속에 관한 사무
7. 법 제40조에 따른 전용철도 등록의 취소에 관한 사무

제16조의3 삭제

제17조(과태료의 부과기준) 법 제51조제1항부터 제4항까지의 규정에 따른 과태료의 부과기준은 별표 2와 같다.

■ 농수산물 유통 및 가격안정에 관한 법률 시행령 [별표 1]

과징금의 부과기준(제36조의4 관련)

1. 일반기준
   가. 업무정지 1개월은 30일로 한다.
   나. 위반행위의 종류에 따른 과징금의 금액은 법 제82조제2항 및 제5항에 따른 업무정지 기간에 제2호의 과징금 부과기준에 따라 산정한 1일당 과징금 금액을 곱한 금액으로 한다.
   다. 업무정지를 갈음한 과징금 부과의 기준이 되는 거래금액은 처분 대상자의 전년도 연간 거래액을 기준으로 한다. 다만, 신규사업, 휴업 등으로 1년간의 거래금액을 산출할 수 없을 경우에는 처분일 기준 최근 분기별, 월별 또는 일별 거래금액을 기준으로 산출한다.
   라. 도매시장의 개설자는 1일당 과징금 금액을 30퍼센트의 범위에서 가감하는 사항을 업무규정으로 정하여 시행할 수 있다.
   마. 부과하는 과징금은 법 제83조에 따른 과징금의 상한을 초과할 수 없다.
2. 과징금 부과기준
   가. 도매시장법인(도매시장공판장의 개설자를 포함한다)

연간 거래액	1일당 과징금 금액
100억원 미만	40,000원
100억원 이상 200억원 미만	80,000원
200억원 이상 300억원 미만	130,000원
300억원 이상 400억원 미만	190,000원
400억원 이상 500억원 미만	240,000원
500억원 이상 600억원 미만	300,000원
600억원 이상 700억원 미만	350,000원
700억원 이상 800억원 미만	410,000원
800억원 이상 900억원 미만	460,000원
900억원 이상 1천억원 미만	520,000원
1천억원 이상 1천500억원 미만	680,000원
1천500억원 이상	900,000원

   나. 시장도매인

연간 거래액	1일당 과징금 금액
5억원 미만	4,000원
5억원 이상 10억원 미만	6,000원
10억원 이상 30억원 미만	13,000원
30억원 이상 50억원 미만	41,000원
50억원 이상 70억원 미만	68,000원
70억원 이상 90억원 미만	95,000원
90억원 이상 110억원 미만	123,000원
110억원 이상 130억원 미만	150,000원
130억원 이상 150억원 미만	178,000원
150억원 이상 200억원 미만	205,000원
200억원 이상 250억원 미만	270,000원
250억원 이상	680,000원

   다. 중도매인

연간 거래액	1일당 과징금 금액
5억원 미만	4,000원
5억원 이상 10억원 미만	6,000원

10억원 이상 30억원 미만	13,000원
30억원 이상 50억원 미만	41,000원
50억원 이상 70억원 미만	68,000원
70억원 이상 90억원 미만	95,000원
90억원 이상 110억원 미만	123,000원
110억원 이상	150,000원

■ 농수산물 유통 및 가격안정에 관한 법률 시행령 [별표 2]

과태료의 부과기준(제38조 관련)

1. 일반기준
   가. 위반행위의 횟수에 따른 과태료의 가중된 부과기준은 최근 2년간 같은 위반행위로 과태료 부과처분을 받은 경우에 적용한다. 이 경우 기간의 계산은 위반행위에 대하여 과태료 부과처분을 받은 날과 그 처분 후 다시 같은 위반행위를 하여 적발된 날을 기준으로 한다.
   나. 가목에 따라 가중된 부과처분을 하는 경우 가중처분의 적용 차수는 그 위반행위 전 부과처분 차수(가목에 따른 기간 내에 과태료 부과처분이 둘 이상 있었던 경우에는 높은 차수를 말한다)의 다음 차수로 한다.
   다. 부과권자는 다음 어느 하나에 해당하는 경우에는 제2호의 개별기준에 따른 과태료 금액의 2분의 1 범위에서 그 금액을 줄일 수 있다.
      1) 위반행위가 사소한 부주의나 오류로 인정되는 경우
      2) 위반사항을 시정하거나 해소하기 위한 노력이 인정되는 경우
2. 개별기준

(단위: 만원)

위반행위	근거 법조문	위반횟수별 과태료 금액		
		1회	2회	3회 이상
가. 법 제10조제2항에 따른 유통명령을 위반한 경우	법 제90조 제1항제1호	250	500	1,000
나. 법 제27조제4항을 위반하여 경매사 임면(任免) 신고를 하지 않은 경우	법 제90조 제3항제1호	12	25	50
다. 법 제29조제5항(법 제46조제3항에 따라 준용되는 경우를 포함한다)에 따른 도매시장 또는 도매시장 공판장의 출입제한 등의 조치를 거부하거나 방해한 경우	법 제90조 제3항제2호	25	50	100
라. 법 제38조의2제2항에 따른 출하 제한을 위반하여 출하(타인명의로 출하하는 경우를 포함한다)한 경우	법 제90조 제3항제3호	25	50	100
마. 매수인이 법 제53조제1항을 위반하여 포전매매의 계약을 서면에 의한 방식으로 하지 않은 경우	법 제90조 제2항제1호	125	250	500
바. 매도인이 법 제53조제1항을 위반하여 포전매매의 계약을 서면에 의한 방식으로 하지 않은 경우	법 제90조 제3항제3호의2	25	50	100
사. 매수인이 법 제53조제3항의 표준계약서와 다른 계약서를 사용하면서 표준계약서로 거짓 표시하거나 농림수산식품부 또는 그 표식을 사용한 경우	법 제90조 제1항제2호	1,000		
아. 법 제74조제1항 전단을 위반하여 도매시장에서의 정상적인 거래와 시설물의 사용기준을 위반하거나 적절한 위생·환경의 유지를 저해한 경우(도매시장법인, 시장도매인, 도매시장공판장의 개설자 및 중도매인은 제외한다)	법 제90조 제3항제4호	25	50	100
자. 법 제74조제2항에 따른 단속을 기피한 경우	법 제90조 제2항제2호	125	250	500

차. 법 제75조제2항을 위반하여 교육훈련을 이수하지 않은 경우	법 제90조 제3항제4호의2	25	50	100
카. 법 제79조제1항에 따른 보고를 하지 않거나 거짓 보고를 한 경우	법 제90조 제2항제3호	125	250	500
타. 법 제79조제2항에 따른 보고(공판장 및 민영도매시장의 개설자에 대한 보고는 제외한다)를 하지 않거나 거짓 보고를 한 경우	법 제90조 제3항제5호	25	50	100
파. 법 제81조제3항에 따른 명령을 위반한 경우	법 제90조 제3항제6호	25	50	100

농수산물 유통 및 가격안정에 관한 법률 시행령

[시행 2021. 1. 5.] [대통령령 제31380호]

제1조(목적) 이 영은 「농수산물 유통 및 가격안정에 관한 법률」에서 위임된 사항과 그 시행에 필요한 사항을 규정함을 목적으로 한다.

제2조(농수산물도매시장의 거래품목) 「농수산물 유통 및 가격안정에 관한 법률」(이하 "법"이라 한다) 제2조제2호에 따라 농수산물도매시장(이하 "도매시장"이라 한다)에서 거래하는 품목은 다음 각 호와 같다.

1. 양곡부류: 미곡·맥류·두류·조·좁쌀·수수·수수쌀·옥수수·메밀·참깨 및 땅콩
2. 청과부류: 과실류·채소류·산나물류·목과류(木果類)·버섯류·서류(薯類)·인삼류 중 수삼 및 유지작물류와 두류 및 잡곡 중 신선한 것
3. 축산부류: 조수육류(鳥獸肉類) 및 난류
4. 수산부류: 생선어류·건어류·염(鹽)건어류·염장어류(鹽藏魚類)·조개류·갑각류·해조류 및 젓갈류
5. 화훼부류: 절화(折花)·절지(折枝)·절엽(切葉) 및 분화(盆花)
6. 약용작물부류: 한약재용 약용작물(야생물이나 그 밖에 재배에 의하지 아니한 것을 포함한다). 다만, 「약사법」 제2조제5호에 따른 한약은 같은 법에 따라 의약품판매업의 허가를 받은 것으로 한정한다.
7. 그 밖에 농어업인이 생산한 농수산물과 이를 단순가공한 물품으로서 개설자가 지정하는 품목

제3조(농수산물공판장의 개설자) ① 법 제2조제5호에서 "대통령령으로 정하는 생산자 관련 단체"란 다음 각 호의 단체를 말한다.

1. 「농어업경영체 육성 및 지원에 관한 법률」 제16조에 따른 영농조합법인 및 영어조합법인과 같은 법 제19조에 따른 농업회사법인 및 어업회사법인
2. 「농업협동조합법」 제161조의2에 따른 농협경제지주회사의 자회사

② 법 제2조제5호에서 "대통령령으로 정하는 법인"이란 「한국농수산식품유통공사법」에 따른 한국농수산식품유통공사(이하 "한국농수산식품유통공사"라 한다)를 말한다.

제4조(주산지의 지정·변경 및 해제) ① 법 제4조제1항에 따른 주요 농수산물의 생산지역이나 생산수면(이하 "주산지"라 한다)의 지정은 읍·면·동 또는 시·군·구 단위로 한다.

② 특별시장·광역시장·특별자치시장·도지사 또는 특별자치도지사(이하 "시·도지사"라 한다)는 제1항에 따라 주산지를 지정하였을 때에는 이를 고시하고 농림축산식품부장관 또는 해양수산부장관에게 통지하여야 한다.

③ 법 제4조제4항에 따른 주산지 지정의 변경 또는 해제에 관하여는 제1항 및 제2항을 준용한다.

제5조(주요 농수산물 품목의 지정) 농림축산식품부장관 또는 해양수산부장관은 법 제4조제2항에 따라 주요 농수산물 품목을 지정하였을 때에는 이를 고시하여야 한다.

제5조의2(주산지협의체의 구성 등) ① 시·도지사는 법 제4조의2제1항에 따른 주산지협의체(이하 "협의체"라 한다)를 주산지별 또는 시·도 단위별로 설치할 수 있다.

② 협의체는 20명 이내의 위원으로 구성하며, 위원은 다음 각 호의 어느 하나에 해당하는 사람 중에서 시·도지사가 지명 또는 위촉한다.

1. 해당 시·도 소속 공무원

2. 「농업·농촌 및 식품산업 기본법」 제3조제2호에 따른 농업인 또는 「수산업·어촌 발전 기본법」 제3조제3호에 따른 어업인
3. 「농업·농촌 및 식품산업 기본법」 제3조제4호에 따른 생산자단체의 대표·임직원 또는 「수산업·어촌 발전 기본법」 제3조제5호에 따른 생산자단체의 대표·임직원
4. 법 제2조제11호에 따른 산지유통인
5. 해당 농수산물 품목에 관한 전문적 지식이나 경험을 가진 사람 중 시·도지사가 필요하다고 인정하는 사람

③ 협의체의 위원장은 위원 중에서 호선하되, 공무원인 위원과 위촉된 위원 각 1명을 공동위원장으로 선출할 수 있다.

④ 제1항부터 제3항까지에서 규정한 사항 외에 협의체의 구성과 운영에 관한 세부사항은 농림축산식품부장관 또는 해양수산부장관이 정한다.

제5조의3(중앙주산지협의회의 구성 등) ① 법 제4조의2제2항에 따른 중앙주산지협의회(중앙협의회)는 20명 이내의 위원으로 구성하며, 위원은 다음 각 호의 어느 하나에 해당하는 사람이 된다.
1. 각 협의체가 추천한 협의체의 위원 중 농림축산식품부장관 또는 해양수산부장관이 위촉하는 사람 10명 이내
2. 농림축산식품부장관이 지명하는 농림축산식품부 소속 공무원 3명 이내 또는 해양수산부장관이 지명하는 해양수산부 소속 공무원 3명 이내
3. 해당 농수산물 품목에 관한 전문적 지식이나 경험을 가진 사람 중 농림축산식품부장관 또는 해양수산부장관이 필요하다고 인정하여 위촉하는 사람

② 중앙협의회의 위원장은 위원 중에서 호선하되, 공무원인 위원과 위촉된 위원 각 1명을 공동위원장으로 선출할 수 있다.

③ 제1항 및 제2항에서 규정한 사항 외에 중앙협의회의 구성과 운영에 관한 세부사항은 중앙협의회 위원의 의견을 들어 위원장이 정한다.

제6조(종합정보시스템 구축·운영 업무의 위탁 등) ① 농림축산식품부장관 및 해양수산부장관은 법 제5조의3 제2항에 따라 같은 조 제1항에 따른 농수산물유통 종합정보시스템(이하 "종합정보시스템"이라 한다)의 구축·운영 업무를 다음 각 호의 기관에 위탁한다.
1. 농산물의 경우: 「한국농수산식품유통공사법」에 따른 한국농수산식품유통공사
2. 수산물의 경우: 「정부출연연구기관 등의 설립·운영 및 육성에 관한 법률」에 따른 한국해양수산개발원

② 농림축산식품부장관 및 해양수산부장관은 제1항에 따른 위탁 업무 수행에 필요한 경비를 지원할 수 있다.

제6조의2(종합정보시스템의 구축·운영 등) ① 농림축산식품부장관 및 해양수산부장관은 농수산물의 원활한 수급과 적정한 가격 유지를 위하여 필요한 농수산물의 생산, 유통 및 소비 등에 관한 정보를 수집할 수 있다.

② 농림축산식품부장관 및 해양수산부장관은 제1항의 정보 수집을 위하여 필요한 경우 관계 중앙행정기관의 장 또는 지방자치단체의 장 등에게 자료의 제공을 요청할 수 있다.

③ 제1항 및 제2항에서 규정한 사항 외에 종합정보시스템의 구축·운영에 필요한 세부사항은 농림축산식품부장관 및 해양수산부장관이 정한다.

제7조(계약생산의 생산자 관련 단체) 법 제6조제1항에서 "대통령령으로 정하는 생산자 관련 단체"란 다음 각 호의 자를 말한다.
1. 농산물을 공동으로 생산하거나 농산물을 생산하여 이를 공동으로 판매·가공·홍보 또는 수출하기 위하여 지역농업협동조합, 지역축산업협동조합, 품목별·업종별협동조합, 조합공동사업법인, 품목조합연합회 및 산림조합과 그 중앙회(농협경제지주회사를 포함한다) 중 둘 이상이 모여 결성한 조직으로서 농림축산식품부장관이 정하여 고시하는 요건을 갖춘 단체
2. 제3조제1항 각 호에 해당하는 자
3. 농산물을 공동으로 생산하거나 농산물을 생산하여 이를 공동으로 판매·가공·홍보 또는 수출하기 위하여 농업인 5인 이상이 모여 결성한 법인격이 있는 조직으로서 농림축산식품부장관이 정하여 고시하는 요건을 갖춘 단체
4. 제2호 또는 제3호의 단체 중 둘 이상이 모여 결성한 조직으로서 농림축산식품부장관이 정하여 고

시하는 요건을 갖춘 단체

제8조 삭제

제9조 삭제

제10조(과잉생산된 농산물의 수매 및 처분) ① 농림축산식품부장관은 법 제9조에 따라 저장성이 없는 농산물을 수매할 때에 다음 각 호의 어느 하나의 경우에는 수확 이전에 생산자 또는 생산자단체로부터 이를 수매할 수 있으며, 수매한 농산물에 대해서는 해당 농산물의 생산지에서 폐기하는 등 필요한 처분을 할 수 있다.

1. 생산조정 또는 출하조절에도 불구하고 과잉생산이 우려되는 경우
2. 생산자보호를 위하여 필요하다고 인정되는 경우

② 법 제9조에 따라 저장성이 없는 농산물을 수매하는 경우에는 법 제6조에 따라 생산계약 또는 출하계약을 체결한 생산자가 생산한 농산물과 법 제13조제1항에 따라 출하를 약정한 생산자가 생산한 농산물을 우선적으로 수매하여야 한다.

③ 법 제9조제3항에 따른 저장성이 없는 농산물의 수매·처분의 위탁 및 비용처리에 관하여는 제12조부터 제14조까지의 규정을 준용한다.

제11조(유통조절명령) 법 제10조제2항에 따른 유통조절명령에는 다음 각 호의 사항이 포함되어야 한다.

1. 유통조절명령의 이유(수급·가격·소득의 분석 자료를 포함한다)
2. 대상 품목
3. 기간
4. 지역
5. 대상자
6. 생산조정 또는 출하조절의 방안
7. 명령이행 확인의 방법 및 명령 위반자에 대한 제재조치
8. 사후관리와 그 밖에 농림축산식품부장관 또는 해양수산부장관이 유통조절에 관하여 필요하다고 인정하는 사항

제12조(비축사업등의 위탁) ① 농림축산식품부장관은 법 제13조제4항에 따라 다음 각 호의 농산물의 비축사업 또는 출하조절사업(이하 "비축사업등"이라 한다)을 농업협동조합중앙회·농협경제지주회사·산림조합중앙회 또는 한국농수산식품유통공사에 위탁하여 실시한다.

1. 비축용 농산물의 수매·수입·포장·수송·보관 및 판매
2. 비축용 농산물을 확보하기 위한 재배·양식·선매 계약의 체결
3. 농산물의 출하약정 및 선급금(先給金)의 지급
4. 제1호부터 제3호까지의 규정에 따른 사업의 정산

② 농림축산식품부장관은 제1항에 따라 농산물의 비축사업등을 위탁할 때에는 다음 각 호의 사항을 정하여 위탁하여야 한다.

1. 대상농산물의 품목 및 수량
2. 대상농산물의 품질·규격 및 가격

2의2. 대상농산물의 안전성 확인 방법

3. 대상농산물의 판매방법·수매 또는 수입시기 등 사업실시에 필요한 사항

제13조(비축사업등의 자금의 집행·관리) ① 농림축산식품부장관은 제12조에 따라 농산물의 비축사업등을 위탁하였을 때에는 그 사업에 필요한 자금의 추산액을 법 제54조에 따른 농산물가격안정기금에서 해당 사업의 위탁을 받은 자(이하 "비축사업실시기관"이라 한다)에게 지급해야 한다.

② 비축사업실시기관은 제1항에 따라 비축사업등을 위한 자금(이하 "비축사업등자금"이라 한다)을 지급받았을 때에는 해당 기관의 회계와 구분하여 별도의 계정을 설치하고 비축사업등의 실시에 따른 수입과 지출을 구분하여 회계처리하여야 한다.

③ 비축사업실시기관의 장은 제1항에 따른 사업이 끝났을 때에는 지체 없이 해당 사업에 대한 정산을 하고, 그 결과를 농림축산식품부장관에게 보고하여야 한다.

제14조(비축사업등의 비용처리) ① 비축사업등자금을 사용함에 있어서 그 경비를 산정하기 어려운 수매·판매 등에 관한 사업관리비와 제12조에 따라 비축사업등을 위탁한 경우 비축사업실시기관에 지급하는 비축사업등자금의 관리비는 농림축산식품부장관이 정하는 기준에 따라 산정되는 금액으로 한다.

② 비축사업등의 실시과정에서 발생한 농산물의 감모(減耗)에 대해서는 농림축산식품부장관이 정하는 한도에서 비용으로 처리한다.

③ 화재·도난·침수 등의 사고로 인하여 비축한 농산물이 멸실·훼손·부패 또는 변질된 경우의 피해에 대해서는 비축사업실시기관이 변상한다. 다만, 그 사고가 불가항력으로 인한 것인 경우에는 기금에서 손비(損費)로 처리한다.

제15조(도매시장의 개설) 법 제17조제1항에 따라 도매시장은 양곡부류·청과부류·축산부류·수산부류·화훼부류 및 약용작물부류별로 개설하거나 둘 이상의 부류를 종합하여 개설한다.

제16조(도매시장의 명칭) 법 제17조제1항에 따른 도매시장의 명칭에는 그 도매시장을 개설한 지방자치단체의 명칭이 포함되어야 한다.

제17조(도매시장법인의 지정절차 등) ① 법 제23조제1항에 따라 도매시장법인의 지정을 받으려는 자는 도매시장법인 지정신청서(전자문서로 된 신청서를 포함한다)에 다음 각 호의 서류(전자문서를 포함한다)를 첨부하여 도매시장 개설자에게 제출하여야 한다. 이 경우 도매시장법인 지정신청서를 받은 도매시장 개설자는 「전자정부법」 제36조제1항에 따른 행정정보의 공동이용을 통하여 신청인의 법인 등기사항증명서를 확인하여야 한다.

1. 정관
2. 주주 명부
3. 임원의 이력서
4. 해당 법인의 직전 회계연도의 재무제표와 그 부속서류(신설 법인의 경우에는 설립일을 기준으로 작성한 대차대조표)
5. 사업시작 예정일부터 5년간의 사업계획서(산지활동계획, 경매사확보계획, 농수산물판매계획, 자금운용계획, 조직 및 인력운용계획 등을 포함한다)
6. 거래규모, 순자산액 비율 및 거래보증금 등 도매시장 개설자가 업무규정으로 정한 요건을 갖추고 있음을 증명하는 서류

② 도매시장 개설자는 제1항에 따라 신청을 받았을 때에는 업무규정으로 정한 도매시장법인의 적정수의 범위에서 이를 지정하여야 한다.

제17조의2(경매사 자격시험의 관리) ① 농림축산식품부장관 또는 해양수산부장관은 법 제27조의2제2항에 따라 같은 조에 따른 경매사 자격시험(이하 “시험”이라 한다)의 관리(경매사 자격증 발급은 제외한다)에 관한 업무를 「한국산업인력공단법」에 따른 한국산업인력공단에 위탁한다.

② 한국산업인력공단이 시험을 실시하려는 경우에는 시험의 일시·장소 및 방법 등 시험 실시에 관한 계획을 수립하여 농림축산식품부장관 또는 해양수산부장관의 승인을 받아야 한다.

③ 한국산업인력공단은 시험의 실시에 필요한 실비를 농림축산식품부령 또는 해양수산부령으로 정하는 바에 따라 징수할 수 있다.

제17조의3(시험과목 및 시험의 일부 면제 등) ① 시험은 제1차 선택형 필기시험(이하 “제1차시험”이라 한다)과 제2차 실기시험(이하 “제2차시험”이라 한다)으로 구분하여 부류별로 시행한다. 이 경우 제2차시험은 제1차시험에 합격한 사람 또는 제1차시험을 면제받은 사람을 대상으로 시행한다.

② 제1차시험은 법과 그 하위법령, 농수산물 유통론, 상품성 평가로 하며, 제2차시험은 모의경매 진행으로 한다.

③ 제1차시험에 합격한 사람이 다음 회의 시험에 응시하는 경우 제1차시험을 면제하며, 제2차시험에 합격한 사람이 다른 부류의 시험에 응시하는 경우에는 다음 회의 시험에 한정하여 제1차시험의 농수산물 유통론을 면제한다.

④ 청과부류·수산부류의 시험은 매년 실시하고, 그 밖의 부류의 시험은 2년마다 실시한다. 다만, 농림축산식품부장관 또는 해양수산부장관은 신속한 인력 충원이 필요하다고 인정하는 경우에는 시험의 실시 연도를 변경할 수 있다.

⑤ 시험의 합격자 결정은 제1차시험에서는 과목당 100점을 만점으로 하여 각 과목의 점수가 40점 이상이고 전 과목 평균점수가 60점 이상인 사람으로 하며, 제2차시험에서는 100점을 만점으로 하여 70점 이상인 사람으로 한다.

제17조의4 삭제

제17조의5(경매사 자격증의 발급 등) ① 농림축산식품부장관 또는 해양수산부장관은 법 제27조의2제2항에

따라 같은 조에 따른 경매사 자격증의 발급에 관한 업무를 한국농수산식품유통공사에 위탁한다.
② 한국농수산식품유통공사의 장은 시험에 합격한 사람에 대하여 경매사 자격증을 발급하고 경매사 자격 등록부에 이를 적어야 한다.
③ 한국농수산식품유통공사의 장은 경매사 자격증의 발급에 필요한 실비를 농림축산식품부령 또는 해양수산부령으로 정하는 바에 따라 징수할 수 있다.

제17조의6(도매시장법인의 겸영사업의 제한) ① 도매시장 개설자는 법 제35조제5항에 따라 도매시장법인이 겸영사업(兼營事業)으로 수탁·매수한 농수산물을 법 제32조, 제33조제1항, 제34조 및 제35조제1항부터 제3항까지의 규정을 위반하여 판매함으로써 산지 출하자와의 업무 경합 또는 과도한 겸영사업으로 인한 도매시장법인의 도매업무 약화가 우려되는 경우에는 법 제78조에 따른 시장관리운영위원회의 심의를 거쳐 법 제35조제4항 단서에 따른 겸영사업을 다음 각 호와 같이 제한할 수 있다.
1. 제1차 위반: 보완명령
2. 제2차 위반: 1개월 금지
3. 제3차 위반: 6개월 금지
4. 제4차 위반: 1년 금지

② 제1항에 따라 겸영사업을 제한하는 경우 위반행위의 차수(次數)에 따른 처분기준은 최근 3년간 같은 위반행위로 처분을 받은 경우에 적용한다.

제18조(시장도매인의 지정절차 등) ① 법 제36조제1항에 따라 시장도매인 지정을 받으려는 자는 시장도매인 지정신청서(전자문서로 된 신청서를 포함한다)에 다음 각 호의 서류(전자문서를 포함한다)를 첨부하여 도매시장 개설자에게 제출하여야 한다. 이 경우 시장도매인의 지정절차에 관하여는 제17조제1항 각 호 외의 부분 후단을 준용한다.
1. 정관
2. 주주 명부
3. 임원의 이력서
4. 해당 법인의 직전 회계연도의 재무제표와 그 부속서류(신설 법인의 경우에는 설립일을 기준으로 작성한 대차대조표)
5. 사업시작 예정일부터 5년간의 사업계획서(산지활동계획, 농수산물판매계획, 자금운용계획, 조직 및 인력운용계획 등을 포함한다)
6. 거래규모, 순자산액 비율 및 거래보증금 등 도매시장 개설자가 업무규정으로 정한 요건을 갖추고 있음을 증명하는 서류

② 도매시장 개설자는 제1항에 따라 신청을 받았을 때에는 업무규정으로 정한 시장도매인의 적정수의 범위에서 이를 지정하여야 한다.

제18조의2(수탁을 거부할 수 있는 사유) 법 제38조제5호에서 "대통령령으로 정하는 경우"란 농림축산식품부장관, 해양수산부장관 또는 도매시장 개설자가 정하여 고시한 품목을 「농수산물 품질관리법」 제5조제1항에 따른 표준규격에 따라 출하하지 아니한 경우를 말한다.

제19조 삭제

제20조(농수산물집하장의 설치·운영) ① 법 제50조에 따라 지역농업협동조합, 지역축산업협동조합, 품목별·업종별협동조합, 조합공동사업법인, 품목조합연합회, 산림조합 및 수산업협동조합과 그 중앙회(농협경제지주회사를 포함한다)나 법 제2조제5호에 따른 생산자 관련 단체 또는 공익법인이 농수산물집하장을 설치·운영하려는 경우에는 농수산물의 출하 및 판매를 위하여 필요한 적정 시설을 갖추어야 한다.
② 농업협동조합중앙회·산림조합중앙회·수산업협동조합중앙회의 장 및 농협경제지주회사의 대표이사는 농수산물집하장의 설치와 운영에 필요한 기준을 정하여야 한다.

제21조(기금계정의 설치) 농림축산식품부장관은 법 제54조에 따른 농산물가격안정기금(이하 "기금"이라 한다)의 수입과 지출을 명확히 하기 위하여 한국은행에 기금계정을 설치하여야 한다.

제22조(기금의 운용·관리사무의 위임·위탁) ① 삭제
② 농림축산식품부장관은 법 제56조제3항에 따라 기금의 운용·관리에 관한 업무 중 다음 각 호의 업무를 한국농수산식품유통공사의 장에게 위탁한다.
1. 종자사업과 관련한 업무를 제외한 기금의 수입·지출
2. 종자사업과 관련한 업무를 제외한 기금재산의 취득·운영·처분 등

3. 기금의 여유자금의 운용
4. 그 밖에 기금의 운용·관리에 관한 사항으로서 농림축산식품부장관이 정하는 업무

제23조(기금의 지출 대상사업) 법 제57조제2항제5호에 따라 기금에서 지출할 수 있는 사업은 다음 각 호와 같다.
1. 농산물의 가공·포장 및 저장기술의 개발, 브랜드 육성, 저온유통, 유통정보화 및 물류 표준화의 촉진
2. 농산물의 유통구조 개선 및 가격안정사업과 관련된 조사·연구·홍보·지도·교육훈련 및 해외시장 개척
3. 종자산업의 진흥과 관련된 우수 종자의 품종육성·개발, 우수 유전자원의 수집 및 조사·연구
4. 식량작물과 축산물을 제외한 농산물의 유통구조 개선을 위한 생산자의 공동이용시설에 대한 지원
5. 농산물 가격안정을 위한 안전성 강화와 관련된 조사·연구·홍보·지도·교육훈련 및 검사·분석시설 지원

제33조(시장의 정비명령) ① 농림축산식품부장관 또는 해양수산부장관이 법 제65조제1항에 따라 도매시장, 농수산물공판장(이하 "공판장"이라 한다) 및 민영농수산물도매시장(이하 "민영도매시장"이라 한다)의 통합·이전 또는 폐쇄를 명령하려는 경우에는 그에 필요한 적정한 기간을 두어야 하며, 다음 각 호의 사항을 비교·검토하여 조건이 불리한 시장을 통합·이전 또는 폐쇄하도록 해야 한다.
1. 최근 2년간의 거래 실적과 거래 추세
2. 입지조건
3. 시설현황
4. 통합·이전 또는 폐쇄로 인하여 당사자가 입게 될 손실의 정도

② 농림축산식품부장관 또는 해양수산부장관은 제1항에 따라 도매시장·공판장 및 민영도매시장의 통합·이전 또는 폐쇄를 명령하려는 경우에는 미리 관계인에게 제1항 각 호의 사항에 대하여 소명을 하거나 의견을 진술할 수 있는 기회를 주어야 한다.

③ 농림축산식품부장관 또는 해양수산부장관은 제1항에 따른 명령으로 인하여 발생한 손실에 대한 보상을 하려는 경우에는 미리 관계인과 협의를 하여야 한다.

제34조(농수산물직판장의 운영단체) 법 제68조제2항에서 "대통령령으로 정하는 단체"란 소비자단체 및 지방자치단체의 장이 직거래사업의 활성화를 위하여 필요하다고 인정하여 지정하는 단체를 말한다.

제35조(분쟁조정위원회의 구성 등) ① 법 제70조의3제1항에 따른 농수산물전자거래분쟁조정위원회(분쟁조정위원회)의 위원은 다음 각 호의 어느 하나에 해당하는 사람으로 한다.
1. 판사·검사 또는 변호사의 자격이 있는 사람
2. 「고등교육법」 제2조에 따른 학교에서 법률학을 가르치는 부교수급 이상의 직에 있거나 있었던 사람
3. 「농업·농촌 및 식품산업 기본법」 제3조제1호에 따른 농업, 같은 조 제8호에 따른 식품산업 또는 「수산업·어촌 발전 기본법」 제3조제1호에 따른 수산업 분야의 법인, 단체 또는 기관 등에서 10년 이상의 근무경력이 있는 사람
4. 「비영리민간단체 지원법」 제2조에 따른 비영리민간단체에서 추천한 사람
5. 그 밖에 농수산물의 유통과 전자거래, 분쟁조정 등에 관하여 학식과 경험이 풍부하다고 인정되는 사람

② 분쟁조정위원회 위원의 임기는 2년으로 하며, 한 차례만 연임할 수 있다.

제35조의2(위원의 제척·기피·회피) ① 분쟁조정위원회의 위원이 다음 각 호의 어느 하나에 해당하는 경우에는 해당 분쟁조정사건의 조정에서 제척된다.
1. 위원 또는 그 배우자가 해당 사건의 당사자가 되거나 해당 사건에 관하여 공동권리자 또는 의무자의 관계에 있는 경우
2. 위원이 해당 사건의 당사자와 친족관계에 있거나 있었던 경우
3. 위원이 해당 사건에 관하여 증언이나 감정을 한 경우
4. 위원이 해당 사건에 관하여 당사자의 대리인으로서 관여하거나 관여하였던 경우

② 분쟁 당사자는 위원에게 공정한 조정을 기대하기 어려운 사정이 있는 경우에는 분쟁조정위원회에 기피신청을 할 수 있다. 이 경우 위원장은 기피신청이 타당하다고 인정하는 때에는 기피의 결정을 한다.

③ 위원은 제1항 각 호에 따른 제척 사유에 해당하는 경우에는 스스로 해당 사건의 조정을 회피(回避)하여야 하고, 제2항 전단에 따른 기피 사유에 해당하는 경우에는 위원장의 허가를 받아 해당 사건의

조정을 회피할 수 있다.

제35조의3(위원의 해임 등) 농림축산식품부장관 또는 해양수산부장관은 위원이 다음 각 호의 어느 하나에 해당하는 경우에는 해당 위원을 해임 또는 해촉(解囑)할 수 있다.

1. 자격정지 이상의 형을 선고받은 경우
2. 심신장애로 직무를 수행할 수 없게 된 경우
3. 직무와 관련된 비위사실이 있는 경우
4. 직무태만, 품위손상이나 그 밖의 사유로 위원으로 적합하지 아니하다고 인정되는 경우
5. 제35조의2제1항 각 호의 어느 하나에 해당하는데도 불구하고 회피하지 아니한 경우
6. 위원 스스로 직무를 수행하기 어렵다는 의사를 밝히는 경우

제35조의4(위원장의 직무) ① 분쟁조정위원회의 위원장은 분쟁조정위원회를 대표하며, 그 업무를 총괄한다.

② 분쟁조정위원회의 위원장이 부득이한 사유로 직무를 수행할 수 없는 때에는 위원장이 미리 지명한 위원이 그 직무를 대행한다.

제35조의5(분쟁조정위원회의 운영 등) ① 분쟁조정위원회의 위원장은 분쟁조정위원회의 회의를 소집하고, 그 의장이 된다.

② 분쟁조정위원회의 회의는 재적위원 과반수의 출석으로 개의하고, 출석위원 과반수의 찬성으로 의결한다.

③ 분쟁조정위원회의 업무를 효율적으로 수행하기 위하여 필요한 경우에는 소위원회를 둘 수 있다.

④ 분쟁조정위원회 또는 소위원회에 출석한 위원에 대해서는 예산의 범위에서 수당과 여비를 지급할 수 있다. 다만, 공무원인 위원이 소관업무와 직접적으로 관련하여 출석하는 경우에는 그러하지 아니하다.

제35조의6(분쟁의 조정 등) ① 농수산물전자거래와 관련한 분쟁의 조정을 받으려는 자는 분쟁조정위원회에 분쟁의 조정을 신청할 수 있다.

② 분쟁조정위원회는 제1항에 따라 분쟁조정 신청을 받은 날부터 20일 이내에 조정안을 작성하여 분쟁 당사자에게 이를 권고하여야 한다. 다만, 부득이한 사정으로 그 기한을 연장하려는 경우에는 그 사유와 기한을 명시하고 분쟁 당사자에게 통보하여야 한다.

③ 분쟁조정위원회는 제2항에 따른 권고를 하기 전에 분쟁 당사자 간의 합의를 권고할 수 있다.

④ 분쟁 당사자가 제2항에 따른 조정안에 동의하면 분쟁조정위원회는 조정서를 작성하여야 하며, 분쟁 당사자로 하여금 이에 기명·날인하도록 한다.

⑤ 이 영에서 규정한 사항 외에 분쟁조정위원회 및 소위원회의 구성·운영, 그 밖에 분쟁조정에 관한 세부절차 등에 관하여 필요한 사항은 분쟁조정위원회의 의결을 거쳐 위원장이 정한다.

제36조(위법행위의 단속) 농림축산식품부장관 또는 해양수산부장관은 법 제74조제2항에 따라 위법행위에 대한 단속을 효과적으로 하기 위하여 필요한 경우 이에 대한 단속 지침을 정할 수 있다.

제36조의2(도매시장거래 분쟁조정위원회의 구성 등) ① 법 제78조의2제1항에 따른 도매시장거래 분쟁조정위원회(이하 "조정위원회"라 한다)는 위원장 1명을 포함하여 9명 이내의 위원으로 구성한다.

② 조정위원회의 위원장은 위원 중에서 도매시장 개설자가 지정하는 사람으로 한다.

③ 조정위원회의 위원은 다음 각 호의 어느 하나에 해당하는 사람 중에서 도매시장 개설자가 임명하거나 위촉한다. 이 경우 제1호 및 제2호에 해당하는 사람이 1명 이상 포함되어야 한다.

1. 출하자를 대표하는 사람
2. 변호사의 자격이 있는 사람
3. 도매시장 업무에 관한 학식과 경험이 풍부한 사람
4. 소비자단체에서 3년 이상 근무한 경력이 있는 사람

④ 조정위원회의 위원의 임기는 2년으로 한다.

⑤ 조정위원회에 출석한 위원에게는 예산의 범위에서 수당과 여비를 지급할 수 있다. 다만, 공무원인 위원이 소관 업무와 직접적으로 관련하여 조정위원회의 회의에 출석하는 경우에는 그러하지 아니하다.

⑥ 조정위원회의 구성·운영 등에 관한 세부 사항은 도매시장 개설자가 업무규정으로 정한다.

제36조의3(도매시장 거래 분쟁조정) ① 도매시장 거래 당사자 간에 발생한 분쟁에 대하여 당사자는 조정위원회에 분쟁조정을 신청할 수 있다.

② 조정위원회의 효율적인 운영을 위하여 분쟁조정을 신청받은 조정위원회의 위원장은 조정위원회를

개최하기 전에 사전 조정을 실시하여 분쟁 당사자 간 합의를 권고할 수 있다.

③ 분쟁조정을 신청받은 조정위원회는 신청을 받은 날부터 30일 이내에 분쟁 사항을 심의·조정하여야 한다. 이 경우 조정위원회는 필요하다고 인정하는 경우 분쟁 당사자의 의견을 들을 수 있다.

제36조의4(과징금의 부과기준) 법 제83조제3항에 따른 과징금의 부과기준은 별표 1과 같다.

제37조(권한의 위임·위탁) ① 농림축산식품부장관 또는 해양수산부장관은 법 제85조제1항에 따라 특별시·광역시·특별자치시·특별자치도 외의 지역에 개설하는 지방도매시장·공판장 및 민영도매시장에 대한 법 제65조제1항 및 제2항에 따른 통합·이전·폐쇄 명령 및 개설·제한 권고의 권한을 도지사에게 위임한다.

② 도매시장 개설자는 「지방공기업법」에 따른 지방공사, 법 제24조에 따른 공공출자법인 또는 한국농수산식품유통공사를 시장관리자로 지정한 경우에는 법 제85조제2항에 따라 다음 각 호의 권한을 그 기관의 장에게 위탁한다.

1. 법 제29조(법 제46조제3항에 따라 준용되는 경우를 포함한다)에 따른 산지유통인의 등록과 도매시장에의 출입의 금지·제한, 그 밖에 필요한 조치
2. 법 제79조제2항에 따른 도매시장법인·시장도매인·중도매인 또는 산지유통인의 업무집행 상황 보고명령

제37조의2(고유식별정보의 처리) ① 농림축산식품부장관(법 제13조제4항에 따라 농림축산식품부장관의 업무를 위탁받은 자를 포함한다)은 법 제13조제1항에 따른 농산물 비축사업에 관한 사무를 수행하기 위하여 불가피한 경우 「개인정보 보호법 시행령」 제19조제1호 또는 제4호에 따른 주민등록번호 또는 외국인등록번호가 포함된 자료를 처리할 수 있다.

② 농림축산식품부장관 또는 해양수산부장관(법 제27조의2제2항, 이 영 제17조의2제1항 및 제17조의5제1항에 따라 농림축산식품부장관 또는 해양수산부장관의 업무를 위탁받은 자를 포함한다)은 법 제27조의2제2항에 따른 시험의 관리(경매사 자격증 발급을 포함한다)에 관한 업무를 수행하기 위하여 불가피한 경우 「개인정보 보호법 시행령」 제19조제1호 또는 제4호에 따른 주민등록번호 또는 외국인등록번호가 포함된 자료를 처리할 수 있다.

③ 도매시장 개설자(제37조제2항에 따라 도매시장 개설자의 권한을 위탁받은 자를 포함한다), 공판장의 개설자 또는 민영도매시장의 개설자는 다음 각 호의 사무를 수행하기 위하여 불가피한 경우 「개인정보 보호법 시행령」 제19조제1호에 따른 주민등록번호가 포함된 자료를 처리할 수 있다.

1. 법 제23조에 따른 도매시장법인의 지정에 관한 사무
2. 법 제23조의2에 따른 도매시장법인의 인수·합병 승인에 관한 사무
3. 법 제25조에 따른 중도매업의 허가에 관한 사무
4. 법 제25조의2에 따른 법인인 중도매인의 인수·합병 승인에 관한 사무
5. 법 제25조의3에 따른 매매참가인의 신고에 관한 사무
6. 법 제29조에 따른 산지유통인 등록에 관한 사무
7. 법 제30조에 따른 출하자 신고에 관한 사무
8. 법 제36조에 따른 시장도매인의 지정에 관한 사무
9. 법 제36조의2에 따른 시장도매인의 인수·합병 승인에 관한 사무

제37조의3 삭제

제38조(과태료의 부과기준) 법 제90조제1항부터 제3항까지의 규정에 따른 과태료의 부과기준은 별표 2와 같다.

저자 약력

■ 이 양 우

부산대학교 국제전문대학원 국제학박사 수료
부산대학교 경영경제연구소 연구교수
㈜세종경영컨설팅 물류전략팀 이사
한국능률협회 및 중소기업정보진흥원 평가위원
(사) 한국물류학회, 한국유통정보학회, 한국무역통상학회 회원
(현) 신라대학교 항공물류학과 교수

물류관련법규

초 판 1쇄 인쇄 —— 2022년 8월 26일
초 판 1쇄 발행 —— 2022년 9월 1일
지은이 —— 이 양 우
펴낸이 —— 전 두 표
펴낸곳 —— 도서출판 두남
서울시 강동구 성내로 6길 34-16 두남빌딩
신 고 : 제25100-1988-9호
TEL : 02) 478-2065~7, 2311
FAX : 02) 478-2068
E-mail : dnbooks@dunam.co.kr
http://www.dunam.co.kr

정가 33,000원

ISBN 978-89-6414-956-0 93320